U0829716

21世纪高职高专精品规划教材

西方经济学

主　编　陈清风

主　审　胡　翮

参　编　杨宇琪　丁晨阳

刘　杰

天津大学出版社

TIANJIN UNIVERSITY PRESS

内 容 提 要

本书主要介绍西方经济学的研究对象、研究方法、发展历史，主要分为两个部分，微观经济学和宏观经济学，微观经济学主要从资源配置的角度分析研究经济现象，宏观经济学主要从资源利用的角度分析研究经济现象。微观经济学部分，主要介绍需求理论、供给理论、价格理论、弹性理论、消费者行为理论、生产理论、市场结构理论、分配理论、一般均衡及市场失灵和微光经济政策。宏观经济学部分，主要介绍国民收入、国民收入决定理论、失业、通货膨胀、经济增长与经济周期和宏观经济政策。

图书在版编目（CIP）数据

西方经济学／陈清风主编. -- 天津：天津大学出版社，2016.8

21世纪高职高专精品规划教材

ISBN 978-7-5618-5603-1

Ⅰ.①西… Ⅱ.①陈… Ⅲ.①西方经济学—高等职业教育—教材 Ⅳ.①F091.3

中国版本图书馆CIP数据核字（2016）第171086号

出版发行 天津大学出版社
地　　址 天津市卫津路92号天津大学内（邮编：300072）
电　　话 发行部：022-27403647
网　　址 publish.tju.edu.cn
印　　刷 廊坊市海涛印刷有限公司
经　　销 全国各地新华书店
开　　本 185mm×260mm
印　　张 18.5
字　　数 462千
版　　次 2016年8月第1版
印　　次 2016年8月第1次
定　　价 38.00元

前 言

Foreword

本书是根据我国高等职业教育发展的新形势，为了深化教学改革，提高教学质量，满足新时期国家和社会对应用型职业人才培养的需要，在借鉴国内外学者研究成果的基础上编写的《西方经济学》。本书整体设计符合现代高职院校“以学生为中心”的教学理念，充分考虑了工学结合的教学模式；主要以经济类和管理类工作岗位的职业技能和职业素养的培养为重点，坚持“理论联系实际，注重应用”的课程设计原则，将现实生活中反映经济学理论和知识的实际例子贯穿整个课程中，充分体现教材的专业性、职业性和实践性。本书是一本系统介绍西方经济学的基础教材，包括微观经济学和宏观经济学两部分，主要介绍经济学的基本原理、分析工具和分析方法、理论应用和政策分析。主要内容包括：需求、供给与价格均衡理论，消费者行为理论，生产者理论，市场结构理论，分配理论，微观经济政策，国民收入核算与决定理论，失业与通货膨胀理论，经济周期与经济增长理论和宏观经济政策等。在编写的过程中尽量贴合国内外经济实情，反映最新的经济动态，尽量做到系统而简洁，深入浅出地阐释西方经济学的深奥理论，使读者能够轻松掌握经济学的基本原理、分析方法和思维方式。

通过本教材的学习，一方面使学生掌握现代经济学的基本理论、基本概念和基本方法，为进一步学习管理类、经济类的专业课程及将来从事经济工作奠定基础；另一方面使学生能分析日常生活中和工作中常见的经济现象，帮助学生做出更加优化的决策。

《西方经济学》由胡翮教授主审，陈清风主编，杨宇琪、丁晨阳和刘杰参编。全书各章节编写分工如下：陈清风编写第一章至第六章，杨宇琪编写第七章和第十一章，丁晨阳编写第九章和第十章，刘杰编写第八章。

本教材篇幅适中，适用于商科类高职院校教学，也适用于自学考试和远程教学等成人高等教育。尽管我们参考了大量文献，也做了最大的努力，可能仍存在不能尽善尽美之处，敬请专家、读者补充和指正。

编　者

目 录

Contents

第一章 西方经济学总论

学习目标

1. 掌握西方经济学的研究对象；
2. 理解西方经济学的主要分类，能够区分微观经济学和宏观经济学；
3. 理解西方经济学的研究方法，能够区分实证经济学和规范经济学；
4. 能够运用生产可能曲线来阐明社会或个人面临的选择；
5. 了解经济学的发展史。

本章重点和难点

1. 稀缺性和选择的含义以及这两个概念与经济学的关系；
2. 经济学研究的对象；
3. 微观经济学与宏观经济学的含义；
4. 实证经济学与规范经济学的区别；
5. 实证分析方法。

案例导入

"君子国"里的奇遇——经济人

我国清代小说《镜花缘》中杜撰了一个君子国。在君子国里，人人都大公无私，绝不存有半点私心。

君子国里也有交易行为，但买者却要多给钱，卖者却要少要钱。经常会发生这样的场景：

买东西的人说："我向你买东西所付的钱已经很少了，你却说多了，这是违心的说法。"

卖东西的人说："我的货物既不新鲜，又很平常，不如别人家的好。我收你付价的一半，已经显得很过分，怎么可能收你的全价呢?"

……

一番争执之后，买东西的人用全价买了上等和下等各一半的货物后才离开。

经济学认为所有的人都是理性经济人（经济人假设），就是一切行为的目标只为个人利益最大化。经济学正是在经济人假设下研究资源既定时的利益最大化的问题。

第一节 什么是西方经济学

案例导入

聪明的“傻瓜”——有限理性

春秋时候，有个小偷跑到晋国的范氏家里想偷点东西，看见院子里吊着一口大钟。小偷心里高兴极了，想把这口精美的大钟背回自己家里去。可是钟又大又重，怎么也挪不动。他想来想去，只有一个办法，那就是把钟敲碎，然后一块一块地搬回家。

小偷找来一柄大锤，拼命朝钟砸去，钟发出了巨大的声响。小偷情急之下想到一个好办法：使劲捂住自己的耳朵。于是，他立刻找来两个布团，把耳朵塞住。就放手砸起钟来，钟声响亮地传到很远的地方。人们听到钟声蜂拥而至，把小偷捉住了。

在经济生活中，人们都是理性经济人，只不过这种理性是有限理性。以最少的成本获得最大的收益是经济人的理性选择，但由于人对事物的计算能力和认识能力是有限的，因而人们的理性往往表现为有限理性。

经济（Economy）这个词源于希腊语 Oikonomoc，它的意思是“管理一个家庭的人”。一个家庭面临着许多决策，例如，要不要买部汽车？什么时候买？买哪个品牌哪个型号的？等等。一个社会也同样如此。为什么人们需要做出决策，面临选择？这一切源于资源的稀缺性。

一、资源的稀缺性

资源，是指用来生产能满足人们需要的物品的物质和劳务。按人们获取资源所付出代价的大小，可以讲资源分为经济资源和自由取用的资源。经济资源，是指取得这些物质或劳务时要付出一定的代价的资源。如劳动、土地、资本、企业家才能等。自由取用资源，是指取得这些物质或劳务时不需要付出一定的代价的资源。如空气、阳光等。

资源的稀缺性是西方经济学关于经济学研究对象的基础性概念。资源稀缺性是指经济生活中存在的这样一个基本事实：“社会拥有的资源是有限的，因而不能生产人们希望所拥有的所有物品和劳务。”

资源稀缺性是相对于人类无限的欲望而言的。关于人的欲望无限性的问题，西方经济学家认为它不属于经济学研究的范围，因而只假定存在这一事实，并把这一问题留给生理学家研究。成语说欲壑难填、得陇望蜀，说的是人的欲望是永远不可能得到完全的满足。骑自行车的人想要摩托车，有了摩托车又想小轿车，有了小轿车，还会希望有自己的飞机、游艇，等等。人的欲望具有无限增长和扩大的趋势，而为了满足这种需要，就要生产更多的物品和劳务，从而需要更多的资源。但在一定时期内，可用于生产物品和提供劳务的资源与人们的欲望相比总是远远不够的。这就是稀缺性。

西方经济学认为，稀缺性是人类社会产生以来就一直困扰人类的一个难题，是人类面临的永恒的问题。每个经济社会都面临很多经济问题，但西方经济学认为，任何社会，不论它的社会经济制度如何，也不论它处在什么历史年代，其经济问题都导源于一个基本的经济事实或矛盾，即人类需要的无限性和满足需要的资源的稀缺性。正是由于这样的一个基本矛盾，因此便产生了社会的基本经济问题，产生了研究经济问题的经济学。从根本上说，经济学是与稀缺性进行斗争的一门学问。

二、经济学的概念和研究的基本问题

（一）经济学的概念

没有稀缺性，就没有经济学存在的理由和必要。假如世界上所有资源都像空气、阳光一样是取之不尽、用之不竭的，那就不会再有经济问题了，因为所有的需要都能得到满足，每一种物品是否生产得过多，资源是否得到有效的利用，每个人应该得多少，等等，这些问题变成了无关紧要的事情。西方经济学认为，经济学是研究人与社会寻找满足他们的物质需要与欲望的方法的科学，是研究如何利用稀缺的资源最大限度地满足人们需要的科学，是研究稀缺资源在各种可供选择的用途中进行合理配置的科学。萨缪尔森为经济学下的定义是："经济学是研究社会如何进行选择，以利用具有多种用途的、稀缺的生产资源来生产各种商品，并将它们在不同的人群中间进行分配的科学。"

综上所述，经济学的定义可以表述为，它是研究各种稀缺资源在可供选择的用途中进行有效配置和利用的科学。

（二）经济学研究的基本问题

由稀缺而产生的第一个基本问题是：社会如何将稀缺性的、竞争性的和生产性的资源在现在和将来、在生产各种商品和劳务之间做出选择，以决定生产什么、生产多少、如何生产和为谁生产等问题。这是关于稀缺资源配置问题。

（1）生产什么和生产多少？这就是说，在可供选择的各种各样的物品和劳务中，生产哪些种和生产的数量是多少？由于资源的有限性，用于某一种产品生产的资源太多，则其他产品的生产数量必然会减少。社会是以怎样的次序和什么样的机制来分配稀缺资源以满足各种各样的需要是很重要的。在一个以社会分工和交换为纽带联结起来的社会化大生产的社会里，正如亚当·斯密所说的，每个人只生产他所消费的一小部分物品，他的大部分需要必须依赖于别人提供的劳动生产物来满足。如果鞋子生产得过少，而生产的鞋带和鞋垫滚滚而来，那么，这个社会肯定不可能长期生存下去。由于显而易见的原因，社会化大生产的社会需要某种机制来协调生产。

（2）如何生产？即应用何种技术来生产物品？是用蒸汽还是用水力或原子能发电？多用劳动少用资本和土地，还是恰恰相反？生产是大规模还是小规模？怎样区别一种生产方法是高效率的还是低效率的？

（3）为谁生产？即社会总产品以何种尺度分配给不同的个人和家庭？谁得什么？得多少？为什么穷人仅有一点点，而富人却拥有得太多？这种分配是公平的吗？

由稀缺性而引起的另一个基本问题是，社会能否最好地利用其有限的资源，在资源、需要和技术的约束条件下，最大限度地生产尽可能多的产品和劳务？这是关于经济效率的问题。"经济"这一词的最初含义就是效率、节约和避免浪费。作为一门研究经济的学问，经济学研究以尽可能小的代价获得同样的满足，或以同样的代价获得更大的满足。如果社会能以更便宜的方法生产，就意味着这个社会将生产更多的产品和劳务，从而得到更大的满足。

稀缺资源的合理配置和有效利用本身并不是目的，而是达到更大目的的手段，这个更大目的就是福利。经济福利或物质福利是指需要或欲望的满足，一般是以所拥有和消费的物品和劳务的数量来衡量。稀缺资源配置和利用的目的是改善每一个社会成员的福利状况，使之达到最大化。西方经济学家提供了有效利用稀缺资源的优化标准，即：如果改变既定的资源配置状态，结果是有人的福利状况变好，而没有人的福利状况变坏，则社会福利有所改善，这种改变是好的，应当继续下去；改变一直到在不会使其他人的情况变坏的前提条件下不再可能增进任何人的经济福利，则达到了社会福利的最大化。这也是稀缺资源的合理配置和有效利用的效率标准。这个标准可以容纳人们能够想象到的经济结果的所有方面，如效率提高、收入分配平等、充分就业、物价稳定、经济增长、稳定和协调发展、经济自由和安全，等等。

三、选择和机会成本

案例分析

爱情为何只换来一场悔恨

经济学家正在房间里埋头做自己的学问。这时，一个中意他的女子大胆地敲开了房门：“让我做你的妻子吧，错过我你将再也找不到比我更爱你的女人了。”经济学家虽然也很喜欢她，但仍回答说：“让我考虑考虑！”于是，他陷入长期的苦恼之中，迟迟无法做决定。最后，他终于得出一个结论：“我该答应那个女人的请求。”

于是，经济学家来到女子的家中，对女子的父亲说：“你的女儿呢？我已经决定娶她为妻。”老父亲冷漠地回答：“你来晚了10年，她现在已经是3个孩子的妈妈了。”经济学家听了，整个人近乎崩溃，他万万没有想到自己向来引以为傲的经济学头脑，最后换来的竟然是一场悔恨。

经济学是一门理性选择的学问，他与人自身最根本的利益息息相关，教人从对自己、对社会最有利的角度去分析、解决问题，给人们的生活提供了理性且有益的帮助，给人们警示，让人们清醒。

由于稀缺性的存在，人们就必须对现有资源的使用取向做出选择，稀缺本身就隐含着选择。在经济学中，选择就是在一定的约束条件下，如何有效地利用有限的资源去生产经济物品，以便尽可能地满足人类的欲望。选择是稀缺性的必然结果。换言之，如果不存在稀缺性，便没有必要去选择，也就没有必要去节约。

任何选择，一方面可以带来某种结果，另一方面也会产生一定的成本。如果选择的结果是生产某种有价值的商品，那么为了生产这些商品，就必须放弃生产其他的商品。换句话说，任何选择都是有代价的。在经济学中，这种代价由机会成本进行衡量。

所谓机会成本，是指因选择而放弃的其他机会所产生的收益（这一概念还将在“生产者行为理论”一章详细讨论)。在经济学中，如果一项资源可以用于多项用途，则机会成本可以看作是生产者为此而放弃的最佳用途的代价的衡量或表达，即一项资源被用于一种产品生产时的机会成本，是指这一资源在其他用途上可以获得的最高价值。例如，一个人在企业工作的年薪是 10 万元，在机关工作的年薪是 5 万元，那么，他自己创业的机会成本就是 10 万元。

四、生产可能性边界

虽然一个社会可以生产成千上万种物品和劳务，但是由于要受到资源和可供利用的技术的限制，它无法生产它想要拥有的一切东西。生产可能性边界描述了这种限制。所谓生产可能性边界（Production Possibility Prontire，PPF），是指在可投入品数量（土地、劳动和资本等）和技术知识既定的条件下，一个社会所能达到的最大产量。PPF 代表可供社会利用的物品和劳务的不同组合。

我们假设一个社会只生产两种物品——黄油和面包。在这个社会经济系统中，如果将所有的资源都用于生产面包，每年生产的数量会有一个最大的数量，它取决于该社会所拥有的资源的数量和质量以及使用资源的效率。假如利用现有的资源和技术，每年能够生产出来的面包最大数量是 5 000 个。同样道理，由于资源的有限性，该社会最多能够生产 150 斤（75 千克）黄油。这是两种极端的情况。多数情况下，要么是多生产一些面包，就必须放弃一些黄油的生产；要么是多生产一些黄油，就必须放弃一些面包的生产。具体情况见表 1－1。

表 1－1　生产可能性

可能性	面包/个	黄油/斤
A	0	150
B	1 000	140
C	2 000	120
D	3 000	90
E	4 000	50
F	5 000	0

我们还可以用图 1－1 来描述该社会的生产可能性边界。在图 1－1 中，横轴表示面包，纵轴表示黄油。*F* 点表示只生产面包不生产黄油的极端情况，而 *A* 点则表示只生产黄油不生产面包的极端情况。生产边界以外的 *S* 点表示不可能即无法达到的情况，因为该社会目前的资源和技术条件无法达到 *S* 点的水平。*G* 点则代表无效率的生产情况，因为在 *G* 点只生产了 2 000 个面包和 60 斤黄

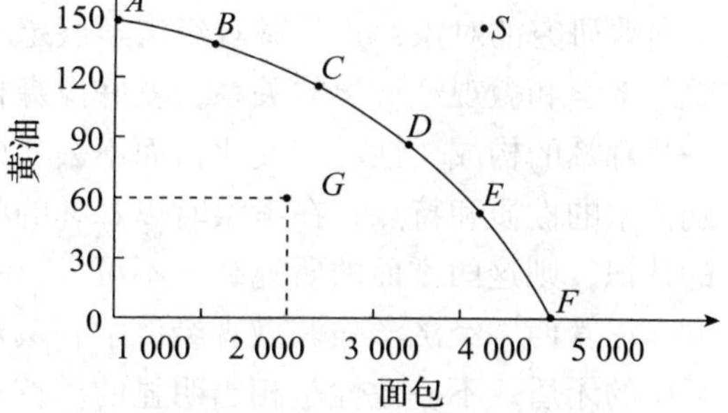

图 1－1　黄油和面包的生产可能性边界

油，某些资源和技术没有得到充分利用。有效率的生产情况必然是在生产可能性边界上。下面我们进一步分析在生产可能性边界上进行生产的情况。例如，在 A 点向 F 点移动时，意味着在资源和技术既定的条件下，如果要增加面包的生产，就必须减少黄油的生产。由此可见，在稀缺资源下进行选择时必然会产生机会成本。

五、西方经济学的理论体系

西方经济学根据它所研究的具体对象、范围的不同，可以分为微观经济学和宏观经济学两个组成部分。

（一）微观经济学

微观经济学是研究构成整个经济制度的各个经济决策单位的经济行为，这些单位有：作为消费决策单位的家庭、作为生产决策单位的厂商和资源所有者。它研究这些单个单位如何做出决策以及影响这些决策的因素。如居民家庭或单个消费者如何合理支配收入，怎样以有限的收入获得最大效用和满足；厂商的成本、价格和产量是如何决定的，企业如何取得最大利润；收入如何在不同生产要素的所有者之间进行分配等问题。由于这些决策是市场上或通过市场进行的，各种商品和劳务的市场价格及其变动对各个单位的经济决策会产生决定性的影响，所以微观经济学主要研究市场的价格机制、供求机制和竞争机制的作用，通过分析各种商品市场和要素市场的价格决定过程，考察各种经济变量之间的关系和相互影响，找到实现稀缺资源最佳配置的方法和途径。

（二）宏观经济学

宏观经济学研究经济作为一个整体的运行，分析的是经济总量之间的关系和相互作用，诸如国民收入、就业、总产量、经济增长、周期波动、一般物价水平的变化以及政府的财政、货币、收入政策对整个国民经济的影响，等等。宏观经济学所要解决的是经济稳定和经济增长问题，它主要研究整个经济的价格和产出水平的决定过程，分析经济不稳定的原因，探索实现整个社会生产能力长期稳定增长的方法和途径。

微观经济学和宏观经济学的目标都是为了实现稀缺资源的节省和提高经济效率，达到社会福利最大化，区别主要在于观察同一事物的角度不同。微观经济学代表由下而上的视角，而宏观经济学代表由上而下的视角。在微观经济学中，总产量、价格总水平、总就业量是作为已知变量看待，侧重用个量分析方法分析单个经济单位的经济行为。而宏观经济学所要研究的对象，正是微观经济学假定不变的经济总量。因此，西方经济学家认为，宏观经济学和微观经济学的关系，就好像森林和树木之间的关系一样。宏观经济学好比研究一片森林的构成、性质和变化，而不去考虑一棵棵树木；微观经济学则是考察森林中的个别树木的性质和特点，在考察时以森林的状态不变为假定前提。如果要对整片森林有充分的认识，则这两方面的研究缺一不可。

尽管西方经济学强调微观经济学和宏观经济学之间的联系，但目前西方经济学理论体系中的矛盾、不一致性是相当明显的。首先，这一理论体系中的两个组成部分缺乏有机的联系。微观经济分析是以价格理论为核心而展开，而宏观经济分析是以收入决定理论为核心而展开的，这两个核心理论没有内在联系，这就是说，这两个组成部分是互相脱离的：价格理论不能运用于宏观，而宏观分析则缺乏它的微观基础。其次，这两个组成部分的结论是互相矛盾和互相否定的。微观经济学强调通过市场价格机制自发地调节经济活动，可以达到社会福利最大化，因此政府对经济的过分干预是不必要的。宏观经济学强调国家对经济生活的直接干预，否则自发的市场调节不能有效运转。西方经济学理论体系是由两个针锋相对的学说体系拼凑而成的。微观经济学的理论基础是以马歇尔为代表的新古典经济学，其核心是市场的有效性和自由放任。宏观经济学的理论基础是凯恩斯主义经济学，其核心是市场失灵和国家干预。现代西方经济学家以在充分就业的前提下（通过执行凯恩斯主义）新古典经济学仍然有效为由，把这两个完全对立的学说拼凑在一起。这一做法遭到许多经济学家们的反对。

第二节　西方经济学的产生与发展

西方经济学的产生，最早可以追溯到17世纪重商主义的创立，其发展经历了重商主义、古典政治经济学、新古典经济学、凯恩斯主义经济学和新自由主义经济学等阶段。

一、重商主义

重商主义活跃在17—18世纪。大多数的经济学家认为，重商主义是最早出现的经济学。但是，与现代经济学不同，重商主义的研究仅仅停留在流通领域，而且尚未形成完整的理论体系，其主要内容是一些政策主张。例如，重商主义认为金银是唯一的财富，政府应该采取各种措施增加出口，减少进口，以保证本国财富的增加。可以这样认为，重商主义是资本原始积累时期代表商业资本利益的经济学说。它以粗浅的现实主义总结了商业资本的实践经验，有些学者认为，严格地讲，重商主义发展时期只能算是经济理论的史前时期。

二、古典政治经济学

“经济”一词源于希腊语，由家庭和管理两个词组成。古代的奴隶制经济以家庭为基本的生产单位，而规模较大的奴隶主庄园往往役使成百上千的奴隶进行劳动。由此产生了最初的经济学，其主要内容是探讨奴隶制经济应如何组织生产，管理奴隶，以增加具有实用价值的财富总量。严格地说，在资本主义市场经济以前，不可能有真正的政治经济学。这不仅是因为在前资本主义社会中占统治支配地位的哲学、宗教意识对“生计”问题采取蔑视的态度，而且是因为古代经济的生产规模狭小，生产关系简单。到了封建社会的末期，随着商品经济关系的发展和民族国家的出现，社会经济组织发生很大的变化，产生了研究有关国民财富的生产、分配、交换和消费的学问。这门学问被叫作“政治经济学”（Political economy）。之所以在“经济”一词之前加上“政治”的限定语，意指这里所要研究的已经不是家庭管理问题了，而是涉及整个国家的经济问题。按照亚当·斯密的规定：作为研究国民财富的政治经济学有两个目标：一是给人民提供充足的收入或生计，或更确切地说，使人们能给自己提供这样的收入或生计；二是给国家或社会提供充足的收入。

从17世纪下半叶开始，英法两国一大批优秀的思想家、哲学家、医生和商人如威廉·配第、约翰·洛克、大卫·休谟、弗朗斯瓦·魁奈等人开始有目的地探索资本主义市场经济发展的规律，寻求对经济现象的理论发现与解释。他们的理论发现和观点被汇集到亚当·斯密的著作中，形成了第一个完整、系统的经济理论体系，再经过大卫·李嘉图的加工和改造，最终完成了具有古典意义的政治经济学。古典政治经济学代表了一个半世纪内一大批学者研究经济现象和经济规律的总汇，它不仅探索了资本主义生产方式的内部联系，从经济学发展的历史角度来看，它之所以被称为“古典”的，也在于它是整个经济学发展的基础和出发点。

古典政治经济学在以下两个方面取得了伟大的理论成就。

一是它深入到资本主义社会生产关系内部研究它的生理解剖学。古典经济学的名言是：“劳动是财富之父，土地是财富之母。”（在产业革命以前，资本的作用并不重要）但在财富的生产方面，劳动被视为是积极的主动因素，而土地是被动的消极因素。在一个以劳动的分工和交换为基础的社会内，商品交换实质上是劳动交换，因而决定商品交换比例的是它们各自所包含的耗费的劳动量。在财富的生产和交换中发挥如此重要作用的劳动要素在财富的分配领域却显得如此不重要，因为劳动与土地的年产物的分配取决于阶级力量之间的对比，分配的结果是以地租为生的地主阶级不用劳心和劳力拿到的最多，以利润为生的资产阶级次之，而以工资为生的劳动阶级仅得一点点供养家糊口。马克思高度评价了古典政治经济学的这一理论功绩，并且继续和发展了古典经济学的科学成分。

二是古典经济学家发现了市场机制的工作原理，并且以广泛的和有系统的方式论述了市场运行的机制作用是怎么样在一个靠利己心驱动的、以利润为目的的社会里，将每个人贪财而又混乱的行为转化为社会经济生活所需要的秩序。价格机制、供求机制和竞争机制被比喻为一只“看不见的手”，借助于这只手的调节，每个人贪婪逐利行为的结果，会比出自于他们真正本意去利他的情况下，更能有效地促进社会和公共福利的增长，而无须政府的干预和指导。古典经济学的这些思想，哺育了差不多所有后来的西方经济学家，成为现代微观经济学理论的核心。

三、新古典经济学

新古典经济学是19世纪下半叶以来西方经济学中具有广泛影响、占有重要地位的经济理论，它的渊源是19世纪70年代的所谓“边际革命”，其创始人为英国剑桥学派的著名经济学家马歇尔。“边际革命”是指19世纪70年代初在欧洲大陆出现的一种反对英国经济学传统的经济学说，其代表人物为奥地利的门格尔、英国的杰文斯和法国的瓦尔拉斯。他们抛弃了从生产、成本和供给等方面对价值分析的所谓英国古典经济学传统，主要侧重于从欲望、需求和效用方面来分析价值，并把这种分析与边际原理结合起来。马歇尔在英国传统经济学三要素生产、成本、价值论的基础上，通过需求曲线和供给曲线相结合的方式，吸收和综合19世纪末风靡一时的边际效用论，建立了一个折中式的经济理论体系，这个经济理论体系被称之为新古典经济学。

新古典经济学的基本特点是：这种学说是建立在人与物的关系及物对人的满足的基础上（“边际革命”），在远离现实世界的条件下（无视垄断的完全竞争的市场经济），在否认经济危机（“萨伊定律”）和资本主义剥削关系（克拉克的边际生产力论）的基础上，把市场经济关系变成了由符号和公式所组成的数学模型（数理经济学），用精密的数学逻辑证明资本主义自由竞争的市场经济可以自动实现均衡和使社会福利最大化（马歇尔局部均衡、瓦尔拉斯一般均衡和帕累托最优）。当危机的风暴在外部世界肆行无忌的时候，新古典经济学家们却还在一个并不存在的世界“模型”里玩着单纯逻辑游戏，它的破产是必然的结果。

四、凯恩斯主义经济学

1929—1933 年的大萧条，不仅猛烈地动摇了资本主义统治的政治和经济基础，而且宣告了新古典经济学的破产。因为按照这种学说，这一类危机是根本不可能存在的，新古典经济学家既无法提出诊断，也不能提出药方，西方经济学陷入一片混乱和危机中。正是在这种情况下，西方经济学界出现了“凯恩斯革命”。

凯恩斯（1883—1946）师承马歇尔，前半生接受新古典经济学的熏陶，沿着新古典经济学路线致力于货币理论的研究。20 世纪 30 年代的大危机动摇了深入于凯恩斯头脑 20 余年之久的传统理论，使他提出了反传统的经济学体系。1936 年，凯恩斯出版了他的代表作《就业、利息和货币通论》，对传统理论和政策提出了全面的挑战和批判，建立了一个以国家干预为中心，以医治资本主义经济危机与失业为目标的完整的理论体系，为资本主义国家的经济干预政策提供了理论依据。凯恩斯以“有效需求不足”论、三个基本心理“规律”和小于充分就业的均衡理论，否定了传统经济学市场供求自动调节论的主要理论支柱——“萨伊定律”，证明了资本主义的常态是总需求不足和小于充分就业均衡，而自由市场经济的自发调节又无法改变这种均衡常态，因此必须依靠政府干预经济，才能克服市场自发调节的不足，来实现理想的充分就业均衡。

凯恩斯在理论上的革命促使他在国家经济政策上的革命。与新古典经济学主张完美的市场机制和不要政府干预不同，凯恩斯公开宣称，资本主义市场制度是有缺陷的，只有国家直接干预经济，资本主义才可以“渐臻完善”。他希望国家多负起直接投资之责，国家必须调节经济，必须用改变租税体系、限制利率以及其他方法，指导消费倾向和吸引投资。凯恩斯把“国家之权威与私人之策动力量互相合作”，看作是挽救资本主义免于灭亡的唯一办法。

第二次世界大战以后，几乎所有发达的资本主义国家都奉行凯恩斯主义经济学，按照“凯恩斯方式”来管理经济。凯恩斯主义成为西方的主流经济学，西方国家进入了所谓的“凯恩斯时代”。但是，凯恩斯根据有效需求不足理论提出的政策建议仍然比较笼统，且有缺陷。当代资产阶级经济学发展的主流是弥补凯恩斯经济理论的缺陷，使之具体化。这主要是通过凯恩斯主义的追随者库兹涅茨、汉森、萨缪尔森、托宾、哈罗德等人完成的。特别是萨缪尔森打出了“新古典派综合”的旗号，把马歇尔的微观分析与凯恩斯的宏观分析拼凑在一起，以政府的需求管理弥补市场机构的缺陷，以市场机制作用来调节稀缺资源的配置，从而完成了西方经济学说史上的第三次大综合。

凯恩斯主义不能真正解决资本主义的经济问题。不仅如此，资本主义国家的过多干预必然会出现新问题、新病症。这是凯恩斯始料不及的，也注定了凯恩斯主义经济学必然破产。从20世纪60年代后期开始，情况发生了根本性的逆转，由于资产阶级各国政府长期推行凯恩斯主义，结果使财政赤字不断增加，国债总额急剧上升，通货膨胀和失业越来越严重，发生了长期经济停滞、国际收支恶化、收入分配差距扩大、资源利用率和劳动生产率下降等多种病症并发，金融危机和经济危机交织在一起，失业与通货膨胀并发，资源耗竭、环境污染、种族歧视、核威胁、战争等一系列问题接踵而来。尤其严重的是，又出现了一种新的摩登病——“滞胀”。面对这一切，一向乞灵于凯恩斯需求管理的资产阶级政府感到束手无策，凯恩斯主义经济学一筹莫展。

五、新自由主义经济学

所谓自由主义经济学，亦即保守主义经济学，以反对国家过多干预经济生活，主张不同程度上加强市场机制的作用为特征。它主要包括货币学派、理性预期学派、供给学派、新古典制度经济学派、公共选择学派等。

经济学中的保守主义思潮或自由主义思潮的存在由来已久，它就是由资产阶级古典经济学奠定的、由资产阶级庸俗经济学加以形式化和数理化的自由主义经济理论。这种思潮的保守主义性质在于：宣扬极端的个人主义和个人选择的自由，宣扬私有财产制度神圣不可侵犯，宣扬市场自动调节机制的充分性和完全性，反对国家对经济的干预，反对集体主义和社会主义，从而充分肯定和坚决维护现存的资本主义秩序。

早在凯恩斯主义鼎盛的20世纪50年代和60年代，经济自由主义思潮就打着所谓的“新古典复兴”的旗号开始出现，抨击和责难以萨缪尔森为首领的新古典综合派。但是，一来这种批判正值凯恩斯主义占统治地位并在实践中取得了成功，未能引起足够重视；二来批判往往集中于某些理论或某些政策，未能击中要害，从而不能形成对凯恩斯主义的总体威胁。到了20世纪70年代，形势发生了根本性的变化，变得明显地有利于自由主义经济思潮，而不利于凯恩斯主义经济学。由于理论上缺乏微观基础和实践上无法对当时西方世界普遍出现的滞胀做出解释，凯恩斯主义不战自败，西方经济学再次出现危机。在经济理论的大危机和大混乱中，一大批自由主义经济学家从研究方法、理论体系、基本原理、经济政策思想等方面，向凯恩斯主义发动了全面进攻，展开了一场声势浩大的对“凯恩斯革命”的“反革命”运动。自由主义经济思潮阵营整齐，影响日益扩大，致使西方经济学再次发生转变，这一转变是“宣布社会反对国家，市场反对计划和调节，个人权利反对不可抗拒的权威和集体主义”这种原始方案的复归。

第三节 西方经济学的研究对象和研究方法

经济学运用一定的方法来研究资源配置与利用问题，对这些问题既可以用实证的方法进行分析，也可以用规范的方法进行分析。用实证方法来分析经济问题称为实证经济学；

用规范方法来分析经济问题称为规范经济学。

一、研究对象

在阶级社会里，经济学是一门具有阶级性的科学。一般来说，持有不同阶级立场的经济学家，对同样的社会经济现象，往往持有不同的观点，研究时也有不同的目的和侧重点。对于经济学的研究对象，资产阶级经济学家和马克思主义经济学家之间，就有不同的定义。

对于作为整个经济学科的基础的理论经济学，在资产阶级经济学界比较流行的一个定义，认为它研究人们既定的目的与具有不同用途供选择的手段之间的关系，即认为人们要满足的欲望是众多的，而一定时期作为满足欲望手段的资源总是有限的，用于某个目的就不能用于其他目的，经济学就是要研究人们在以有限的资源满足众多的欲望时怎样做出合理的选择。在这里，人们之间的剥削关系，资本剥削劳动的本质，就被掩盖了。当然，资产阶级经济学家对理论经济学的对象还有其他种种说法，但是它们具有一个共同特点，就是强调经济学是“超历史”“超阶级”“超政治”的，从而，它适用于任何社会和任何历史时期。这类定义的主旨，显然是要把资本主义经济制度说成是永恒的、普遍的。尽管在资产阶级经济学中，有时也揭露以至谴责资本主义制度的剥削性质及其矛盾，但其目的还是企图经过各种改良的、修修补补的办法，使它永存下去。

马克思主义的理论经济学，一般称为政治经济学。关于它的对象，在马克思主义经济学家中间，虽然也有一些不同看法，但多数认为它是研究人类社会各个发展阶段上的生产关系体系，即在一定的生产资料所有制前提下包括生产、交换、分配、消费诸关系在内的经济关系及其发展规律的科学，在阶级社会里，政治经济学的任务是在于揭露各个阶级社会的阶级剥削。有的则认为它研究人类社会各个阶段上生产方式的发生、发展以及灭亡的规律，因此，它既要研究生产关系，也要研究与之相结合的社会生产力的性质、状况及其发展规律。事实上，就是主张政治经济学研究生产关系的经济学家，也不把生产关系作为孤立的研究对象，而是同社会生产力结合起来研究。同时，马克思主义经济学家认为，政治经济学既然是以人类社会各个发展阶段上的生产关系（或生产方式）作为研究对象，那么，它既是一门理论的科学，也是一门历史的科学。它不仅要研究资本主义生产关系（或生产方式），揭示资本主义发生、发展和必然为社会主义所代替的规律，而且要研究前资本主义生产关系（或生产方式），特别是要研究社会主义生产关系（或生产方式），揭示社会主义经济关系的性质及其运行的规律以及社会主义生产关系（或生产方式）的发生、发展及其走向共产主义的必然性，为促进社会主义经济的发展服务。

至于以理论经济学为基础的应用经济学，它的研究对象是国民经济各个部门的经济活动（如农业、工业、商业等）、或涉及各个部门而带有一定综合性的专业经济活动（如经济计划、财政、货币、银行等）、或单个经济单位的经济活动（如企业的经营管理）及其相应的经济关系。应用经济学就是要研究这些经济活动和经济关系的特殊规律性。由于各种经济活动都是在一定的经济关系中进行的，在资本主义社会里有资本主义的应用经济学，在社会主义社会里有社会主义的应用经济学。由于所有应用经济学都以一定的理论经济学为基础，或多或少地要受到经济学家的阶级立场和观点的制约，这样，就有资产阶级的应用经济学和马克思主义的应用经济学的分野。但是由于资产阶级经济学主要研究在社会化大生产和商品经济支配下的经济活动，因而它们的某些分析内容和分析方法，撇开其资本主义剥削内容，也有可吸取和借鉴的地方。

经济学作为多种经济学科的总称，除了理论经济学与应用经济学外，还包括其他许多门类和分支，它们也都各有自己的研究对象。

二、实证分析与规范分析

实证分析是在给出假定的前提下，研究经济现象之间的关系，分析经济活动的运行过程，预测经济活动的结果。实证分析拒绝价值判断，即不对产生结果的好与坏做出主观判断。实证分析只回答“是什么”的问题。诸如：经济的现状如何？有几种可能的选择？每种选择会带来什么样的结果？但是，它拒绝回答经济现状是好还是坏，应该如何选择，什么样的结果是好的或坏的。

实证分析研究的是社会经济实际上是按照什么规律在运作，人类社会面临经济问题实际上是如何解决的。对于实证分析的基本要求是所研究的内容具有客观性，对实证分析的结果以真、假作为判断的标准。用于解释经济现象的实证分析或理论是否可靠，一般能够用经济中的事实进行检验。

规范分析研究“应该是什么”的问题，或者说规范分析研究的是人类社会面临的实际经济问题应该如何解决的问题。如果说实证分析所做的是“事实判断”，那么规范分析所做的主要是“价值判断”，即对经济现象好与坏、善与恶的判断。由于每个判断者的预设立场不同，不同的人对同一经济现象的价值判断相去甚远。例如，对于“效率优先”还是“公平优先”，不同的人有不同的判断结果。对于规范分析的结果也无法用事实和证据加以证实或证伪。

下面以分析大学收费对学生就学的影响为例，来说明实证分析和规范分析的区别。

假定其他条件不变，大学费用提高，提高了学生上大学的成本；大学费用降低，学生上学的成本降低。大学费用与学生上学的成本之间的这种关系的描述就是实证分析方法。

如果大学费用上升，使部分家庭收人较低的学生难以承受，他们就会选择退学，学生退学增加将会不利于整体国民素质的提高。政府应该采用政策来帮助他们吗？必须考虑政府的主观判断。是选择出资将其大学费用包了还是选择让银行贷款帮助他们完成学业呢？如果选择政府出资政策，国民需要承受政府高开支的赤字带来的经济压力；如果选择银行贷款政策，又可能使银行出现呆、坏账……到底应该采用什么政策合适呢？显然考虑到了价值判断，这样的分析就使用了规范分析方法。

经济学研究的主要方法是实证分析方法，同时也要进行一些必要的规范分析。实证分析是规范分析的基础和前提，任何有影响力的规范分析都必须建立在可靠的实证分析基础之上。

三、实证分析方法

经济学中的实证分析法来自哲学上的实证主义方法。实证分析是一种根据事实加以验证的陈述，而这种实证性的陈述则可以简化为某种能根据经验数据加以证明的形式。在运用实证分析法来研究经济问题时，要提出用于解释事实（即经济现象）的理论，并以此为根据做出预测。这也就是形成经济理论的过程。下面重点介绍如何用实证分析法得出经济理论。

（一）理论的组成

一个完整的理论包括定义、假设、假说和预测。

定义是对经济学所研究的各种变量所规定的明确的含义。变量是一些可以取不同数值的量。在经济分析中常用的变量有内生变量与外生变量、存量与流量。

内生变量是“一种理论内所要解释的变量”。外生变量是“一种理论内影响其他变量，但本身由该理论外的因素所决定的变量”。例如，在分析商品市场均衡时，该商品的供给量和需求量属于内生变量，而其他相关商品的价格、生产该商品的技术条件属于外生变量。

存量是指对某种东西的持有量，其数值大小与时间维度无关。例如，一个国家的人口数、企业的库存量以及企业拥有的资本量等，这些经济现象总是处于不断变动之中，而且量值的变化与时间变化没有直接关系，因而是存量。流量是指一定时期内增加或减少的数量，其数值大小与时间维度相关。例如，某一国家一年内的人口出生数、某企业的月产量等，这些量值反映了经济现象在某一段时间内发生变化的总量，是各个时点上发生的量值的总和，因而是流量。

假设是某一理论所适用的条件。因为任何理论都是有条件的、相对的，所以在理论的形成中假设非常重要。西方经济学家在分析问题时特别重视假设条件。离开了一定的假设条件，分析与结论都是毫无意义的。例如，需求定理是在假设消费者的收入、嗜好、人口量、社会风尚等不变的前提下来分析需求量与价格之间的关系。消费者收入、嗜好、人口量、社会风尚等不变就是需求定理的假设。离开这些假设，需求定理所说明的需求量与价格反方向变动的真理就没有意义。在形成理论时，所假设的某些条件往往并不现实，但没有这些假设就很难得出正确的结论。

假说是对两个或更多的经济变量之间关系的阐述，也就是未经证明的理论。在理论形成中提出假说是十分重要的，这种假说往往是对某些现象的经验性概括或总结，但要经过验证才能说明它是否能成为具有普遍意义的理论。因此，假说并不是凭空产生的，它仍然来源于实际。

预测是根据假说对未来进行预期。科学的预测是一种有条件性的说明，其形式一般是“如果……就会……”。根据预测的结果，可以对假说的正确与否进行验证。正确的假说的作用就在于它能正确地预测未来。

（二）理论的形成

我们可以用图1－2来说明一种经济理论是如何形成的。

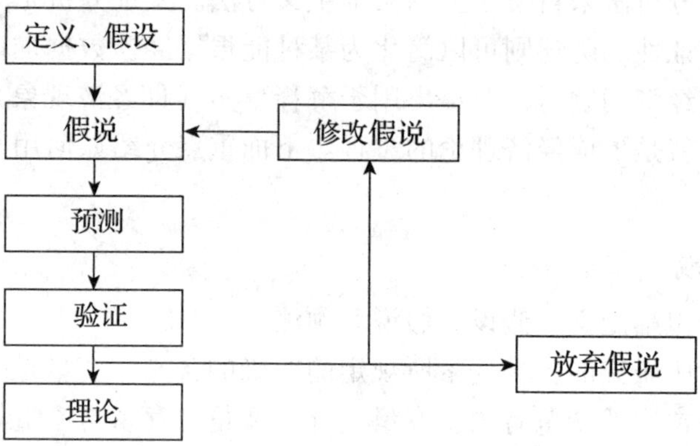

图1－2　经济理论的形成

图1－2说明了在形成一种理论时，首先要对所研究的经济变量确定定义，并提出一些假设条件。然后，根据这些定义与假设提出一种假说。根据这种假说可以提出对未来的预测。最后，用事实来验证这一预测是否正确。如果预测是正确的，这一假说就是正确的理论；如果预测是不正确的，这种假说就是错误的，要被放弃，或进行修改。

（三）理论的表述方式

运用实证分析所得出的各种理论可以用不同的方法进行表述。一般说来，经济理论有四种表述方法。

第一，口述法，或称叙述法。用文字来表述经济理论。这种表达方法在入门的经济学课程中被大量使用，其缺点是对复杂的经济现象的说明会相应地变得复杂繁冗，并且也不直观。

第二，算术表示法，或称列表法。用表格来表述经济理论。其优点是简洁直观，缺点是所列内容有限。

第三，几何等价法，或称图形法。用几何图形来表述经济理论。几何图形可以使深奥的理论直观化和形象化，缺点是当所研究的经济变量超过三个时，就无法使用几何图形来表现。

第四，代数表达法，或称模型法。用函数关系来表述经济理论。在经济分析中运用数学符号和公式进行推演，可以使经济现象和过程的表述较为简洁、清晰。与文字说明相比，数学模型更方便、更准确；与几何方法相比，其分析不受变量个数的限制。

四、实证分析工具

（一）均衡分析与过程分析

均衡是在西方经济学中被广泛运用的一个重要概念。均衡本是物理学中的名词。当一个物体同时受到方向相反的两个外力的作用，而这两种力量恰好相等时，该物体由于受力相等而处于静止状态，这种状态就是均衡状态。经济学中的均衡，是指经济事物中的有关变量在一定条件的相互作用下所达到的一种相对静止的状态。西方经济学家认为，经济学研究的一项重要任务就是寻找在一定条件下经济事物的变化最终趋于静止点的均衡状态。

在微观经济分析中，市场均衡可以分为局部均衡和一般均衡。局部均衡是就单个市场或部分市场的供求与价格之间的关系和均衡状态进行分析。比如，马歇尔的均衡价格论就是所谓的局部均衡分析方法。它假定某一商品或生产要素的价格只取决于该商品或生产要素本身的供求状况，也就是说，它关注于一个市场上的均衡及影响均衡的各种因素。一般均衡是就一个经济社会中的所有市场的供求与价格之间的关系和均衡状态进行分析。一般均衡假定各种商品的供求和价格都是相互影响的，一个市场的均衡只有在其他所有市场都达到均衡的情况下才能实现。

过程分析是包含着时间因素的经济分析。事实上，任何经济变量从不均衡状态变动到均衡状态总是要经过或长或短的时间，过程分析就是要分析变化发生的过程。由于过程分析通常要把经济运动过程划分为连续的分析期间，以便考察有关经济变量在各期间的变化情况，所以过程分析也称为“期间分析”或“序列分析”。

（二）静态分析、比较静态分析与动态分析

现代经济学分析方法按照研究的时间是否变动，可以分为静态分析、比较静态分析和动态分析。

静态分析是指不考虑时间因素，不考虑均衡达到和变动的过程，只是在假定条件下分析均衡达到和变动的条件。因而静态分析是一种状态分析。显然，静态分析总是与均衡分析联系在一起的。例如，假定在一个社会的资本数量、人口数量和质量、生产技术、生产组织以及需求状况固定不变的条件下，考察研究该社会起作用的经济规律就是静态分析。

比较静态分析是在静态分析的基础上，考察当原有的条件（变量）发生变化时，原有的均衡状态将如何变化，并分析比较新旧均衡状态。例如，由于技术进步引起劳动生产率发生变化，导致商品的供给状况（供给函数或供给曲线）发生变化，从而打破原有的均衡，达到新的均衡。那么分析考察新均衡产量和均衡价格，并与原有均衡进行比较分析，就是比较静态分析。

动态分析是在引进时间变量的基础上，考察研究不同时点上诸变量的相互作用在均衡的形成和变化过程中所起的作用以及在时间变化过程中均衡状态的实际变化过程。动态分析与过程分析总是联系在一起的。例如，当一个社会的资本数量、人口数量和质量、生产技术、生产组织以及需求状况都处于不断变化之中时，即这些变量在随时间的推移而变化的条件下，考察研究该社会所起作用的经济规律就是动态分析。

（三）定性分析与定量分析

定性分析主要分析经济变量的性质及其内在的规定性与规律性。定量分析主要分析经济变量之间的关系，数学是定量分析中非常重要的工具。定量分析方法主要有下面两种。

1. 经济模型

经济模型是一种分析方法，是用来描述和研究经济现象有关经济变量的。经济模型是

经济理论的简明表达，它用抽象的方法极其简单地描述现实经济社会的情况。现实经济社会的情况非常复杂，是由各种主要变量和次要变量构成的，因而需要将次要因素排除出去，才能进行严格的分析研究。首先，通过做出某种或某些假设，排除一些次要因素，然后建立起模型。通过已经建立的经济模型对假设所设定的特殊情况加以分析。经济模型的分析与表达方法主要有普通文字描述、算术式、简单几何及代数式。

图 1－3 这个图是经济组织的纲领性表述。由家庭和企业做出决策，家庭和企业在物品与劳务市场（在这个市场上，家庭是买者而企业是卖者）以及生产要素市场（在这个市场上，企业是买者而家庭是卖者）的相互交易。外面一圈的箭头表示货币的流向，而里面一圈的箭头表示相应的物品与劳务的流向。

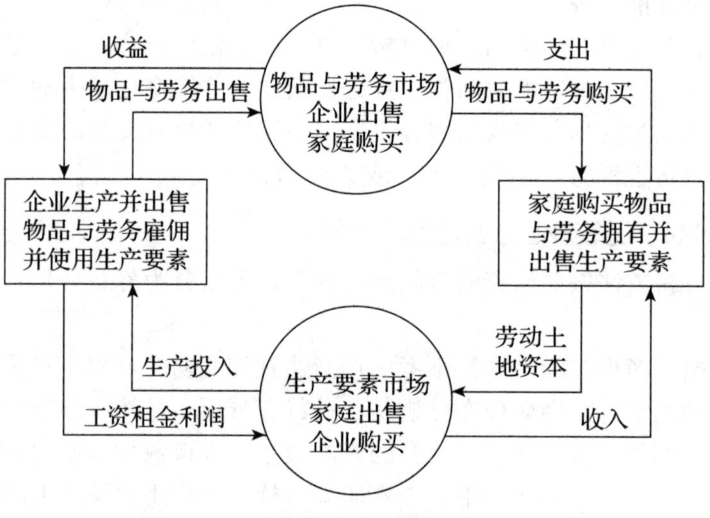

图 1－3　经济组织循环图

2. 边际分析

所谓边际分析，是指分析自变量每增加一单位或增加最后一单位的量值会如何影响和决定因变量的量值。比如微观经济学中的边际效用、边际收益、边际成本、边际生产力等，宏观经济学中的边际消费倾向、边际储蓄倾向、资本边际效率等，都属于边际增量分析之列。现代西方经济学的产生与发展，是与边际分析法的广泛应用分不开的。要掌握边际分析的原理和方法，首先应准确理解和掌握边际的概念。

（1）边际的经济含义。所谓边际（Margin），就是边缘、额外、追加之意。它被人们用来揭示两个具有因果或相关关系的经济变量之间的动态函数关系。当某一经济函数中的自变量发生微小单位的数量变化时，因变量因此而发生的相应的数量变化值，被称为该因变量的边际值。例如，企业的销售收入是其产品销售量的函数，在某一既定的销售水平上，产品销售量再增加或减少一个单位可能使销售收人增加或减少的货币额，就称为在特定销售量条件下的边际销售收入。

（2）边际的数学含义。从数学的角度看，所谓边际就是某一连续函数的导数。它反映的是自变量的微小变化对因变量的影响。设 x 为自变量，Δx 表示其变化量，$y=f(x)$ 为因变量，Δy 表示其变化量，则因变量 y 受自变量 x 变化影响的边际值为 $\Delta y/\Delta x$。当 $f(x)$ 为连续函数且可微时，$y=f(x)$ 相对于 x 变化的边际值就是 $f(x)$ 对 x 的导数：

$$y'=\frac{\mathrm{d}y}{\mathrm{d}x}=\lim_{\Delta x\to 0}\frac{\Delta y}{\Delta x}$$

边际的概念实际上是它的经济含义和数学含义的有机统一。边际分析实质上就是在把有关经济变量的相互关系转变成函数关系的前提下，分析和判定自变量最后一个单位的变化可能引起的相关变量的变化方向和幅度。

本章知识小结

• 经济学的定义可以表述为，它是研究各种稀缺资源在可供选择的用途中进行有效配置和利用的科学。在经济学中，如果一项资源可以用于多项用途，则机会成本可以看作是生产者为此而放弃的最佳用途的代价的衡量或表达，即一项资源被用于一种产品生产时的机会成本，是指这一资源在其他用途上可以获得的最高价值。

• 经济学运用一定的方法来研究资源配置与利用问题，对这些问题既可以用实证的方法进行分析，也可以用规范的方法进行分析。用实证方法来分析经济问题称为实证经济学；用规范方法来分析经济问题称为规范经济学。

实证分析是在给出假定的前提下，研究经济现象之间的关系，分析经济活动的运行过程，预测经济活动的结果。实证分析拒绝价值判断，即不对产生结果的好与坏做出主观判断。实证分析只回答“是什么”的问题。

规范分析研究“应该是什么”的问题，或者说规范分析研究的是人类社会面临的实际经济问题应该如何解决的问题。如果说实证分析所做的是“事实判断”，那么规范分析所做的主要是“价值判断”，即对经济现象好与坏、善与恶的判断。

• 西方经济学的产生，最早可以追溯到 17 世纪重商主义的创立，其发展经历了重商主义、古典经济学、新古典经济学、凯恩斯主义经济学和新自由主义经济学等阶段。

• 在对待西方经济学问题上，存在着要么全盘否定、要么全盘接受两种极端倾向。归根到底，这两种倾向来自西方经济学所具有的双重属性：有用性和庸俗性。看到它有用方面的人可能据此而认为它的全体都是有用的；看到它有害方面的人可能据此而认为它的全体都是有害的。实际上，这两种倾向都是错误的。我们要正确地对待西方经济学，实事求是地评价西方经济学。

练　习　题

一、名词解释

1. 稀缺性　　2. 机会成本
3. 生产可能性边界　　4. 微观经济学

5. 宏观经济学
6. 实证分析
7. 规范分析
8. 凯恩斯主义经济学
9. 新自由主义经济学
10. 经济学

二、单项选择题

1. 资源的稀缺性是指（　　）。
   A. 世界上的资源最终会因为人们生产更多的物品而消耗完
   B. 相对人们无穷的欲望而言，资源总是不足的
   C. 生产某种物品所需要的资源的绝对数量较少
   D. 以上均不正确
2. 经济学产生的原因是（　　）。
   A. 生产的需要　　B. 欲望满足的需要
   C. 稀缺性的存在与选择的必要　　D. 选择的需要
3. 经济学的研究方法包括（　　）。
   A. 静态分析、比较静态和动态分析　　B. 局部均衡分析与一般均衡分析
   C. 定性分析与定量分析　　D. 实证分析与规范分析
4. 如果一国在生产可能性曲线内部生产（　　）。
   A. 只能通过减少一种商品的生产来增加另一种商品的生产
   B. 是高效率的生产
   C. 资源被平均分配给所有商品的生产
   D. 有些资源被闲置
5. 下列属于规范表述的是（　　）。
   A. 由于收入水平低，绝大多数中国人还买不起小轿车
   B. 随着收入水平的提高，拥有小轿车的人会越来越多
   C. 鼓励私人购买小轿车有利于促进我国汽车工业的发展
   D. 提倡轿车文明是盲目向西方学习，不适合我国国情
6. 微观经济学解决的问题是（　　）。
   A. 资源利用　　B. 资源配置
   C. 单个经济单位利益的最大化　　D. 整个经济利益的最大化
7. 以下属于存量的是（　　）。
   A. 2010 年我国第六次人口普查我国人口是 13.7 亿
   B. 某人 2015 年共存款 5 万元
   C. 每年的出口量
   D. 某一时期的变量
8. 以下属于流量的是（　　）。
   A. 2010 年我国第六次人口普查我国人口是 13.7 亿
   B. 某人 2015 年共存款 5 万元
   C. 某一时点上的变量

D. 某人在2015年底存款5万元

三、判断题

1. 如果社会不存在资源的稀缺性，也就不会产生经济学。（　）
2. 资源的稀缺性决定了资源可以得到充分利用，因而不会出现资源浪费现象。（　）
3. 生产可能性曲线上任何一点都是现有资源条件下可能生产的最大产量组合。（　）
4. 资源的稀缺性和人类欲望的无限性迫使人们在生产和消费时必须做出选择。（　）
5. 选择要解决“生产什么”“如何生产”“为谁生产”这三个基本问题，这属于资源配置问题，是微观经济学的研究范畴。（　）
6. “人们的收入差距大一点好还是小一点好”的命题属于实证经济学的问题。（　）
7. 2015年的国内生产总值是存量概念。（　）
8. 2015年12月31日的外汇储备量是流量。（　）

四、分析问答题

1. 用生产可能性边界说明经济学既要研究资源配置又要研究资源利用问题。
2. 微观经济学和宏观经济学的研究内容各有哪些？
3. 举例说明经济研究的规范性和实证性。
4. 简述西方经济学的流派。
5. 为什么要学习西方经济学？
6. 如何对待和学习西方经济学？

第二章　需求、供给与价格均衡理论

学习目标

1. 能够用语言和图表来定义需求（供给）；
2. 知道影响需求（供给）的主要因素；
3. 能够解释需求（供给）变动和需求量（供给量）变动的区别；
4. 知道市场经济运行的最基本原理——价格的形成及其对经济的调节；
5. 能够用图表表示需求或供给的变动对一种商品的价格和销售量的影响。

本章重点和难点

1. 需求的含义与需求定理；
2. 需求变动与需求量变动的区别；
3. 供给的含义与供给定理；
4. 供给变动与供给量变动的区别；
5. 需求弹性、供给弹性的含义和需求价格弹性的分类；
6. 需求弹性计算、需求弹性与总收益的关系；
7. 均衡价格的含义；
8. 供求定理；
9. 价格在经济中的作用；
10. 支持价格与限制价格。

案例导入

为什么很多酒吧喝水要钱，却又提供免费花生米

有些酒吧一杯清水卖四块钱，但免费的咸花生却可随意索要。花生的生产成本肯定比水高，那这到底是怎么一回事呢？

理解这种做法的关键在于，弄明白水和咸花生对这些酒吧的核心产品——酒精饮料的需求量会造成什么样的影响。花生和酒是互补的。酒客花生吃得越多，要点的啤酒或白酒也就越多。既然花生相对便宜，而每一种酒精饮料又都能带来相对可观的利润率，那么，免费供应花生能提高酒吧的利润。反之，水和酒是不相容的。酒客水喝得越多，点的酒自然也就越少了。所以，即便水相对廉价，酒吧还是要给它定个高价，打消顾客消费水的积极性。

第一节 需求理论

案例导入

西蒙凭什么在10年赌约中获胜

20世纪80年代，斯坦福大学教授保罗·埃尔里奇认为，由于人口爆炸、食物短缺、不可再生资源的消耗、环境污染等原因，人类的前途堪忧；而马里兰州立大学教授朱利安·西蒙认为，人类社会的技术进步和价格机制会解决人类社会发展中出现的各种问题，所以人类社会的前途还是光明的。这两位教授都有自己的支持者，分别形成了两个派别——悲观派和乐观派。

由于两个派别谁也说服不了谁，他们决定打赌，赌不可再生性资源是否会消耗完的问题。如果像埃尔里奇说的那样，不可再生资源总有一天会消耗完的话，它们的价格必然会大幅度上升；如果像西蒙说的那样，技术的进步和价格机制会解决人类社会出现的各种问题的话，它们的价格不但不会大幅度上升，还会下降。

于是，他们选中了5种金属：铬、铜、镍、锡、钨，各自以假想的方式买入1 000美元的等量物质，每种金属200美元。以1980年9月29日的各种金属价格为准，假如到1990年9月29日，这5种金属的价格在剔除通货膨胀的因素后仍然上升了，西蒙就输了，他要付给埃尔里奇这些金属的总差价；反之，假如这5种金属的价格下降了，埃尔里奇就输了，他将把总差价支付给西蒙。

经过漫长的10年，事情终于有了结果；西蒙赢了，5种金属无一例外都降了价。为什么这5种不可再生资源的价格都下降了呢？

一、需求和需求曲线

（一）需求的定义

一种商品的需求来源于消费者。消费者对一种商品的需求，是指在其他条件不变的情况下，某一特定时期内消费者在各种可能的价格水平下愿意而且能够购买的该商品的数量。

在理解需求这一概念时应该注意的是，需求是购买欲望与支付能力的统一，缺少任何一个条件都不能成为需求。因此需求必须具备两个条件：一方面，需求来自消费者的嗜好或偏好，是一种纯粹主观上的需要；另一方面，需求也受到消费者收入的约束，需求必须是有支付能力或购买能力的需求。例如，有的人不喜欢吃牛肉，他的收入再高也不会去购买牛肉，因而不构成对牛肉的需求；还有的人可能对高档化妆品有特别的偏好，但受到收入的限制没有能力去购买，因而也就构不成对高档化妆品的需求。因此，需求是主观偏好与客观能力的统一。

需求分为个人需求和市场需求。个人需求是指单个消费者对某种商品的需求，个人需求的总和就是该商品的市场需求。个人需求和市场需求都是对某一商品的需求。

每个消费者在不同的价格水平下，对商品的需求量会有所不同，我们可以把商品的价格和需求量的关系通过具体的例子列成需求表来加以说明。例如，在 2015 年 12 月某地鸡蛋市场上，价格与需求量的关系如表 2 - 1 所示。

表 2 - 1　需求表

	价格/千克	需求量/千克
a	5.0	250
b	5.1	200
c	5.2	150
d	5.3	100
e	5.4	50

需求表实际是用数字表格的形式来表述需求这个概念。

（二）需求曲线

我们还可以用图示法把这种关系表现出来，得出一条表示商品价格与需求量关系的曲线，即需求曲线。根据上表可以作出图 2 - 1。在图 2 - 1 中，横轴代表需求量，纵轴代表价格，*D* 为需求曲线。需求曲线是表示某种商品价格与需求量关系的曲线，向右下方倾斜，表明需求量与价格反方向变动。

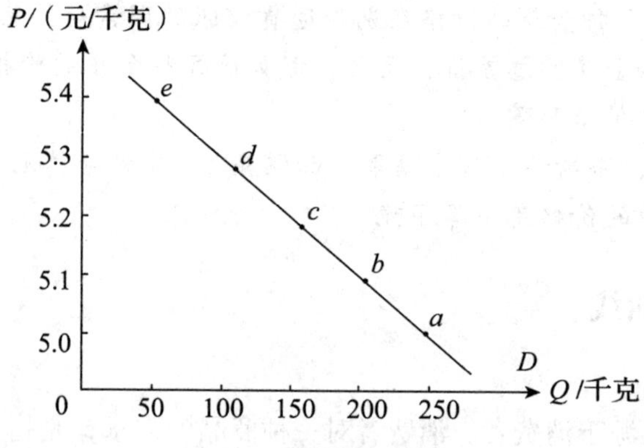

图 2 - 1　需求曲线

二、影响需求的因素与需求函数

（一）影响需求的因素

在上述关于需求的定义中，一个隐含的假定是“其他条件不变”，消费者根据商品的价格决定需求量，其他因素不影响消费者愿意并且能够购买的商品数量。但事实上，除了价格以外，其他许多因素都会对消费者的需求量产生影响。影响需求的因素很多，概括起来主要有以下几种。

1. 商品本身的价格

假定其他条件不变，商品本身价格高，需求量就少；价格低，需求量就多。

2. 其他商品的价格

各种商品之间存在着不同的关系，因此，需求不仅取决于商品本身的价格，也在相当程度上受其他商品价格的影响。商品之间的关系有两种，一种是互补关系，另一种是替代关系。互补关系是指两种商品互相补充，共同满足人们的同一种欲望，如钢笔与墨水、汽车与汽油等。显然，如果汽油价格暴涨，使用汽车就会变得昂贵，因而对汽车的需求会减少。因此，当某种商品的互补品价格上涨时，这种商品的需求也会随之减少。反之，当某种商品的互补品价格下降时，这种商品的需求会随之增加。替代关系是指两种商品可以互相代替来满足同一种欲望，如猪肉与牛肉、可口可乐与百事可乐等。一般说来，某种商品的替代品价格越高，就显得这种商品相对便宜，因而对这种商品的需求会增加；反之，则相反。例如，如果猪肉的价格上涨，牛肉的价格相对猪肉来说会显得较为便宜，人们就会用牛肉去替代猪肉，从而增加对牛肉的需求。

3. 消费者的偏好

毛泽东一生最喜欢的荤菜当数红烧肉，他经常说："吃点红烧肉补补脑子。"而美国总统克林顿夫妇却对上海和平饭店范正明厨师做的中国虾仁情有独钟，享用时可以忘记"时间"；喜欢运动的人经常会说生命在于运动，而好静的人喜欢以"千年乌龟"的典故作为自己不好动的理由。

偏好是消费者对商品的喜好程度。偏好在消费者的市场行为中表现出来，它决定了消费者对商品的需求程度。当消费者对某种商品的偏好程度增强时，该商品的需求就会增加。相反，偏好程度减弱，需求就会减少。偏好既与消费者的个人爱好和个性有关，也与整个社会风俗、时尚有关。例如，一些时效性较强的商品（如流行时装、音乐唱片）的需求对社会偏好十分敏感，即使价格不变，由于社会时尚的改变，需求量也会有急剧的变化。

4. 消费者的收入

对于消费者而言，消费收入水平与其支付能力成正比。即在别的条件不变的情况下，消费者收入水平越高，对商品的需求越多；相反，收入水平越低，对商品的需求越少。

5. 消费者对未来的预期

对商品需求产生影响的是社会的群体预期，而且无论这种预期正确与否。如果人们普遍预期某一商品未来价格会显著上涨，则会增加现时的消费，或多买一些储存起来。

其他如气候、消费人数、时间等因素也可能会影响商品的需求。但上述五种因素是基本因素。

（二）需求函数

如果把影响需求量的所有因素作为自变量，把需求量当作因变量，则可以用函数关系来表达需求量和这些影响需求量的因素之间的依存关系，这种函数称为需求函数。P 代表商品价格、P_i代表其他商品的价格、T代表偏好、I代表收入，E代表对未来情况的预期，等等，则需求函数可以表示为：

$$Q_d = f(P, P_i, T, I, E, \cdots)$$

假定其他条件不变，仅分析一种商品的价格变化对该商品需求量的影响，即把一种商品的需求量仅仅看成是这种商品价格的函数，于是需求函数就可以用下式表示：

$$Q_d = f(P)$$

三、需求定理

（一）需求定理

根据上述分析，我们可以把商品价格与需求量的关系概括为如下需求定理：在其他条件不变的情况下，某商品的需求量与价格之间呈反向变动，即需求量随着商品本身的价格上升而减少，随着商品本身价格的下降而增加。

在理解需求定理时，要特别注意其他条件不变这一点。其他条件不变是指影响需求的其他因素不变。也就是说，需求定理是在假定影响需求的其他因素不变的前提下，研究商品本身价格与需求量之间的关系。离开了这一前提，需求定理就无法成立。例如，如果收入在增加，商品本身的价格与需求量就不一定呈反向变动。

（二）需求定理的例外

需求定理给出了消费者对商品需求的基本特征，但这一定理也有例外。并不是所有消费者的消费行为都严格符合这一定理。下面的三种情况可以作为需求定理的特例。

（1）消费者对某种商品的需求量不受该商品价格的影响。此时消费者的需求曲线是一条垂直于数量轴的直线。这表明，无论商品的价格有多高，消费者愿意并且能够购买的商品数量都保持不变。比如，人们对火葬服务的需求。

（2）消费者对价格的变动极其敏感，以至于价格升高时消费者的需求量为零，而价格降低时需求量趋于无穷大。此时，消费者的需求曲线是一条平行于数量轴的直线。例如，在一个出售鸡蛋的自由市场上，鸡蛋的产地相同，大小相近，出售的价格均为 2 元。如果其中一个销售商按高价出售，消费者就不会购买他的产品。从而使得对其产品的需求量为零；如果该销售商低于 2 元销售，他的鸡蛋就会被抢购一空，消费者的需求表现为一条直线。

（3）消费者的需求量随着商品价格的提高而增加。此时，消费者的需求曲线向右上方倾斜。比较重要的例子是炫耀性商品与吉芬商品。炫耀性商品是用来显示人的社会身份的商品，例如首饰、豪华型轿车等。这种商品只有在高价时才有显示人的社会身份的作用，因此，价格上升时需求反而增加。此外，在某些特定条件下，某些商品的价格上升，需求量反而减少。例如，英国经济学家吉芬发现，在 1845 年爱尔兰大灾荒时，土豆的价格上升，需求量反而增加。这种价格上升，需求量增加的现象被称为“吉芬难题”，具有这种特点的商品被称为“吉芬商品”。

四、需求量的变动与需求的变动

（一）需求量的变动

在分析需求变动时，要区分商品本身价格变动引起的需求量的变动和由其他因素引起的需求的变动。当商品自身价格变动时，所引起的是需求量的变动。所谓需求量的变动是指在其他条件不变的情况下，商品本身价格变动所引起的需求量的变动。需求量的变动表现为需求曲线上点的移动。如图 2－2 所示，当价格由 P_0上升到 P_1时，需求量从 Q_0减少到 Q_1在需求曲线上表现为 b 点向上方移动到 a 点。当价格由 P_0下降到 P_2时，需求量从 Q_0增加到 Q_2，需求曲线上的 b 点向下方移动到 c 点。可见，在同一条需求曲线上，向上方移动是需求量减少，向下方移动是需求量增加。

（二）需求的变动

当价格以外的其他因素变动时，则引起需求变动。所谓需求的变动是指商品本身价格不变的情况下，其他因素变动所引起的需求的变动。需求的变动表现为需求曲线的平行移动。如图 2－3 所示，价格 P_0不变，由于其他因素的变动，例如收入变动，在收入减少时，需求曲线由 D_0移动到 D_1，需求从 Q_0减少到 Q_1；收入增加时，需求曲线由 D_0移动到 D_2，需求从 Q_0增加到 Q_2。

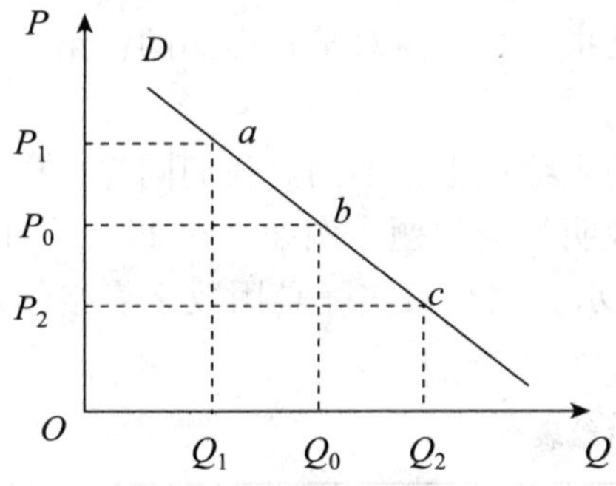

图 2－2　需求量的变动

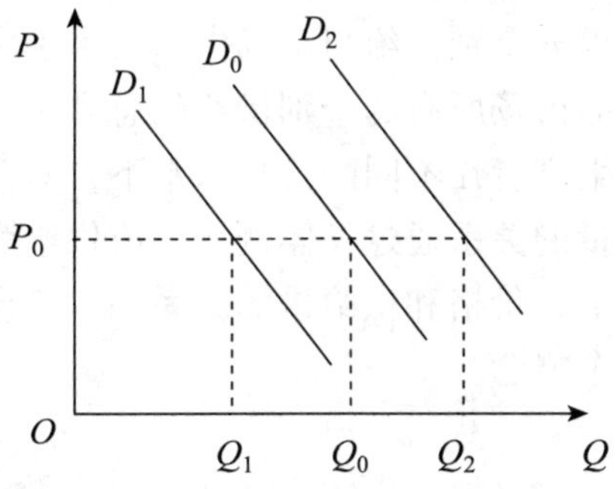

图 2－3　需求的变动

需求的变化会引起需求量的变化。例如，当需求增加的时候，在各个价格下的需求量都增加了。但是，需求量的变化不一定引起需求的变化，例如，当需求量随着价格的上升而减少时，需求可以不变。

第二节　供给理论

案例导入

乳胶手套为什么会积压

1986 年，艾滋病的发现引起了世人的恐慌，转眼间，几乎使全美的乳胶手套脱销。所有的人都害怕被该病毒感染，美国医护人员套上两三层手套以加强防护，甚至警察不戴上乳胶手套绝不对嫌疑犯下手。于是，国际市场上乳胶手套一时供不应求，价格上扬。这一消息被我国某一报纸披露后，全国各地许多企业纷纷上马投产，但大多数企业在既不知道国际上到底有多大需求，也不清楚国内生产能力究竟形成什么规模的情况下盲目建设。例如，1988 年春，江苏省张家港市便建成了 77 条乳胶手套生产线，大有方兴未艾之势。结果这些不重视商品供求关系的厂商，不久便遭到市场经济规律无情的惩罚。1988 年下半年，国际乳胶手套市场出现疲软。据《市场报》报道，仅江苏就积压了乳胶原料 5 800 吨，成品手套 22.5 万双。

一、供给和供给曲线

（一）供给的定义

供给也是市场供求中的一方，决定价格的关键因素之一。供给与需求是相对应的概念，需求的实现与满足来源于供给，一种商品的供给来源于厂商。厂商对一种商品的供给，是指在其他条件不变的情况下，某一特定时期内厂商在各种价格水平上愿意而且能够提供出售的该产品的数量。

与需求的概念相似，供给也要具备两个条件：一是生产者愿意供给；二是有供给能力。仅具备供给愿望而不具备供给能力，不能形成真正的供给；同样，只具备供给能力而无供给愿望，也无法形成供给。

供给也分个别供给与市场供给。个别供给是指单个厂商对某种商品的供给，市场供给是指该商品市场所有的个别供给的总和。

每个生产者在不同的价格水平下，对商品的供给量也会不同。我们同样可以把商品价格和供给量的关系通过具体例子列成供给表来说明供给问题。例如，在 2015 年 12 月某地鸡蛋市场上，价格和供给量的关系由表 2－2 所示。供给表实际是用数字表格的形式来表述供给这个概念。

表 2－2　供给表

	每千克价格/（元/千克）	供给量/千克
a	5.0	50
b	5.1	100
c	5.2	150
d	5.3	200
e	5.4	250

（二）供给曲线

我们还可以用图示法把这种关系表现出来，根据表 2－2 可以做出图 2－4。在图 2－4 中，横轴代表供给量，纵轴代表价格，*S* 为供给曲线。供给曲线是表示某种商品价格与供给量关系的曲线，向右上方倾斜，表明供给量与价格同方向变动。

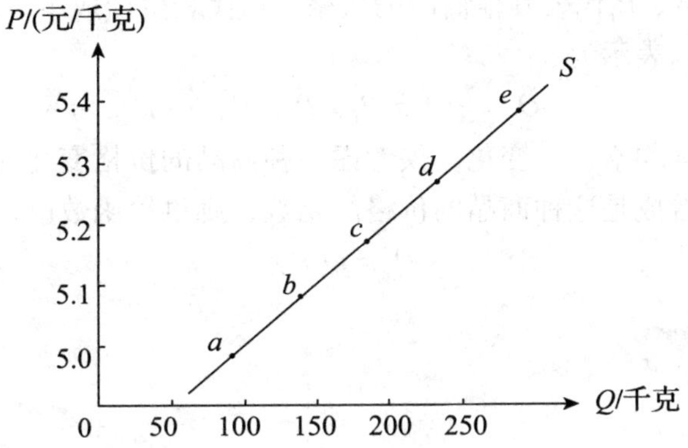

图 2－4　供给曲线

二、影响供给的因素与供给函数

（一）影响供给的因素

影响供给的因素很多，既有经济因素，也有非经济因素，概括起来主要有以下几种。

1. 商品本身的价格

一般来讲，商品本身价格高，供给量就多；价格低，供给量就少。

2. 生产成本

在商品自身价格不变的条件下，生产成本上升会减少利润，从而使得商品的供给量减少；相反，生产成本下降会增加利润，从而使得商品的供给量增加。

3. 相关商品的价格

在一种商品的价格不变，而其他相关商品的价格发生变化时，该商品的供给量会发生变化。比如，对某个生产小麦和玉米的农户来说，在玉米价格不变和小麦价格上升时，该农户就可能增加小麦的耕种面积而减少玉米的耕种面积。

4. 厂商的预期

与消费者一样，厂商也对未来的市场价格有预期。如果预期未来价格上涨，则厂商会尽量减少现时供给；如果预期价格下跌，则相反。

5. 其他因素

如政府的经济政策和税收政策，也会对供给产生影响。比如，政府采用鼓励投资与生产的政策（例如减税），可能刺激生产增加供给。反之，政府采取限制投资与生产的政策（如增税），则会抑制生产减少供给。另外，其他如气候、厂商数量、时间等因素也可能会影响供给。

（二）供给函数

如果把影响供给量的所有因素作为自变量，把供给量作为因变量，则可以用函数关系来表达商品供给量和这些影响供给量的因素之间的依存关系，这种函数称为供给函数。用

P 来代表该商品的价格、P_i代表其他商品的价格、P_j代表生产成本、E 代表对未来的预期，等等，则供给函数可以表示为：

$$Q_s = g(P, P_i, P_j, E, \cdots)$$

如果假定其他因素均不发生变化，仅考虑一种商品的价格变化对其供给量的影响，即把一种商品的供给只看成是这种商品的价格的函数，则供给函数就可以表示为：

$$Q_s = g(P)$$

三、供给定理

（一）供给定理

根据上述分析，我们可以把商品价格与供给量的关系概括为如下供给定理：在其他条件不变的情况下，某商品的供给量与价格之间呈同方向变动，即供给量随着商品本身价格的上升而增加，随着商品本身价格的下降而减少。

其他条件不变是指影响供给的其他因素不变。供给定理是在假定影响供给的其他因素不变的前提下，说明商品本身价格与供给量之间的关系。离开了这个前提，供给定理就无法成立。

（二）供给定理的例外

供给定理指的是一般商品的规律，这一定理也有例外。

（1）有些商品的供给量是固定的，价格上升，供给也无法增加（文物、艺术品就属于这种情况）。

（2）劳动力的供给也是个例外。在开始阶段，提高工资，工人愿意增加工时数，但工资水平上升到一定高度，劳动者的一般生活需要得到了满足后，他就希望多一点休息和娱乐的时间。这样，工资提高，他用于劳动的时间反而逐渐减少，因此，劳动力供给曲线先是随着工资的上升而向右上方延伸，然后向左弯曲成为向后倾斜的供给曲线。

（3）某些商品价格小幅度升降时，供给按供给定理正常变动，而大幅度升降价时，供给则会出现不规则的变化。证券、黄金市场就常是如此。以股票为例，当市场上某种股票价格大幅度下降时，股票持有者害怕其进一步贬值，会抛出这种股票，使股票的供给不仅不会随着其价格的下跌而减少，反而会增加。其他有价证券的供给也是这样。

（4）有些商品，在正常时期，供给量按供给定理正常变化；在非正常时期，则会出现不正常的变化。比如粮食欠收时，粮价上涨，并不能立即引起粮食供给量的增加，甚至会因生产者囤积粮食而减少；丰收时，粮价下降也不能立即引起供给量的减少。

四、供给量的变动和供给的变动

（一）供给量的变动

供给量的变动是指在其他条件不变的情况下，商品本身价格变动所引起的供给量的变动。供给量的变动表现为同一条供给曲线上点的移动。图 2－5 表示的是供给量的变动。当价格由 P_0上升到 P_1时，供给量从 Q_0增加到 Q_1，在供给曲线 S 上则是从 b 点向上方移动

到 a 点；当价格由 P_0下降到 P_2时，供给量从 Q_0减少到 Q_2，在供给曲线 S 上则是从 b 点向下方移动到 c 点。可见，在同一条供给曲线上，向上方移动是供给量的增加，向下方移动是供给量减少。

（二）供给的变动

供给的变动是指在商品本身价格不变的情况下，其他因素变动引起的供给的变动。供给变动表现为供给曲线的平行移动。图 2－6 表示的是供给的变动。在价格 P_0不变的情况下，由于其他因素，如生产成本下降，在同样的价格水平下，厂商所获得的利润增加，从而产量增加，供给量从 Q_0增加到 Q_1，供给曲线从 S_0平移到 S_1；当生产成本上升后，供给量从 Q_0减少到 Q_2，供给曲线由 S_0平移到 S_2。可见，供给曲线向左移动是供给减少，供给曲线向右移动是供给增加。

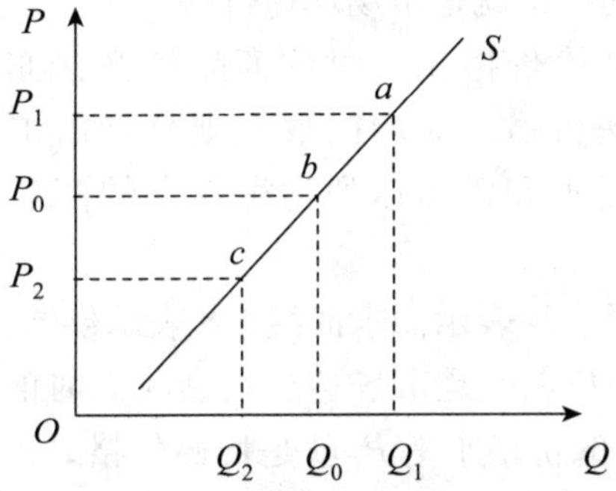

图 2－5　供给量的变动

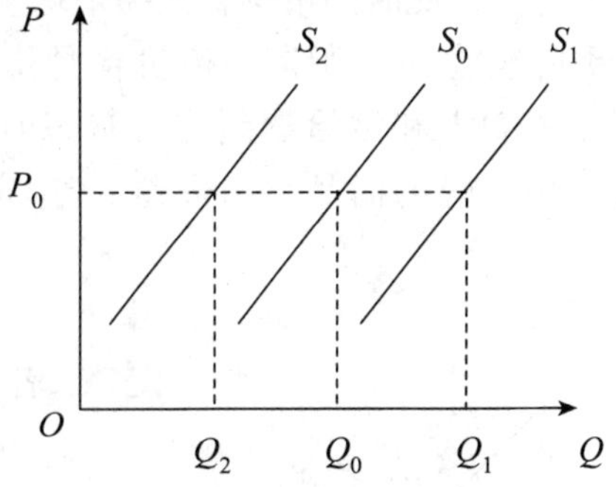

图 2－6　供给的变动

案例分析

环境立法与纸张的供给

造纸是一个高污染行业，其生产过程中要排放大量的污水，可能严重污染河流。同时，造纸需要大量的木材，伐木可能造成水土流失乃至气候的变化。为此各国都颁布了一系列环境立法。例如，伐木者必须同时进行绿化，企业必须安装污染处理设备，污染超标要支付罚款或停产。在造纸等严重污染行业，反污染方面的投资已经接近甚至超过生产方面的投资。这必然引起纸张供给曲线向右上方移动，或者导致纸张供给减少。

这种做法是完全必要的。首先，它为我们保护了子孙后代赖以生存的环境。其次，它会迫使企业通过挖掘改造来降低成本。此外，它也会让社会节约用纸，或通过网络等其他渠道来传输信息。

我国的各种环境立法尚处于起步阶段，一些法规未得到有效执行，许多污染严重的小造纸厂仍在生产。这虽然有增加供给的作用，但是社会为此付出的代价是巨大的。

第三节　均衡价格理论及应用

在市场经济中，价格是由需求与供给这两种力量决定的，这种价格又称为均衡价格。

本节供求理论即是研究需求与供给两方如何决定均衡价格的理论。

一、均衡价格

（一）均衡价格的定义

在经济学中，均衡是指经济中各种对立的、变动着的力量处于一种力量相当、相对静止、暂时稳定的状态。当市场供给量恰好等于市场需求量时，便实现了市场均衡。当市场需求量不等于供给量时，要么出现过度供给，要么出现过度需求，这便是市场非均衡。

当市场出现过度供给时，价格有下跌的趋势；当市场出现过度需求时，价格有上升的趋势；只有当市场供给量等于需求量时，在现有条件下，价格没有任何变动的压力，市场实现了均衡，此时的市场就是一个均衡市场，此时的价格就是市场均衡价格。

更明确地说，所谓均衡价格是指需求价格和供给价格相等时的商品价格，亦即一种商品的需求和供给达到均衡状态时所形成的市场价格。而均衡数量则是指需求量与供给量相等时的商品交易数量，亦即一种商品的需求和供给达到均衡状态的商品交易数量。

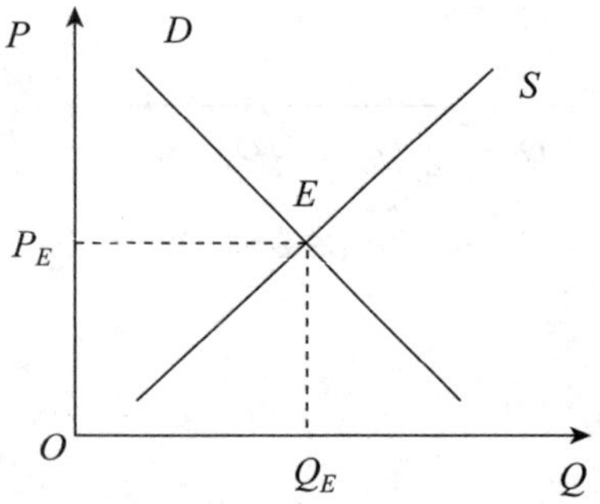

图 2-7　均衡价格和均衡产量

如图 2-7 所示，D 表示需求曲线，S 表示供给曲线，二者相交于 E，则 E 点就是市场达到均衡状态时的均衡点，与 E 点相对应的价格水平 P_E 就是均衡价格，即供求平衡时的价格；与 E 点相对应的产量 Q_E 就是均衡产量，即供求平衡时的产量。

（二）均衡价格的形成

按需求定理和供给定理可知：价格越高，需求量越小，而供给量越大；反之，价格越低，需求量越高，而供给量越小。一种商品的市场均衡价格并不由消费者或厂商单方向决定，而是由需求和供给这两种力量相互影响、相互冲击而形成的。正是通过价格联系的需求和供给相互影响，此消彼长，最终会使需求与供给双方力量均等，需求与供给量相一致，需求价格与供给价格也相一致。

均衡价格的形成过程可以用图 2-8 来说明。在图 2-8 中，需求曲线 D 和供给曲线 S 相交于点 E，点 E 为均衡点。在均衡点 E 时，消费者的购买量和生产者的销售量是相等的，即为 Q_E。这样的状态便是使买卖双方都感到满意并愿意持续下去的均衡状态。如果价格高于均衡价格，如价格水平位于 P_1 时，供给量 P_1B 大于需求量 P_1A，市场出现过度供给 AB，这时必然会引起供给方内部的竞争，供给者会竞相降价销售并逐步减少商品的供给量，另一方面需求者在降低价格过程中会逐步

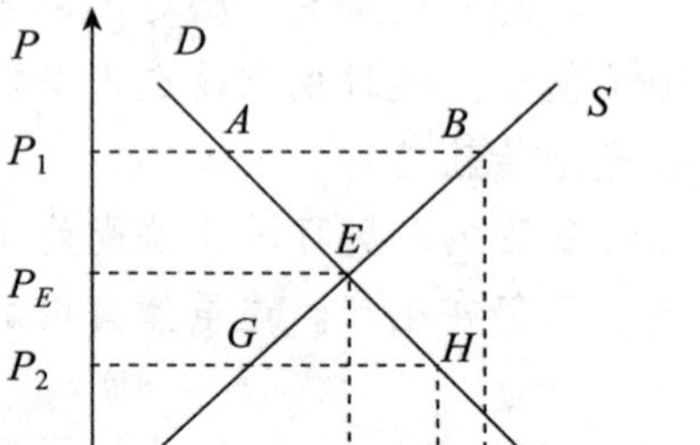

图 2-8　均衡价格的形成

增加购买量。最终竞争的结果将使价格不断下降，供求数量趋于一致，直至达到均衡价格P_E和均衡数量Q_E为止。

如果价格低于均衡价格，如价格水平位于P_2时，需求量P_2H大于供给量P_2G，则会出现商品短缺或超额需求GH，这必然会引起购买方内部的竞争，购买者竞相购买会使价格上升并逐步减少购买量，另一方面供给会因为价格上升愿意增加供给量，最终竞争的结果将使市场价格上升，供求数量趋于一致，直至达到均衡价格P_E和均衡数量Q_E为止。

由此可见，当实际价格偏离均衡价格时，市场上总存在着变化的力量，最终达到市场的均衡或市场出清。

二、需求与供给变动对均衡价格的影响

以上讨论的均衡价格，是从价格变化引起需求和供给变化的角度来进行考察的。但是影响供求的因素除了价格之外，还有其他多种因素。当这些因素中的一个或几个发生变动时，会使需求曲线和供给曲线的位置发生变动从而使得原来的均衡遭到破坏，只有再一次经过市场供求的自我调节才能形成新的均衡。

（一）需求的变动对均衡价格的影响

如前所述，需求变动是指在价格不变的情况下，影响需求的其他因素变动所引起的变动，这种变动在图形上表现为需求曲线的平行移动。下面研究在供给不变的情况下，需求变动对均衡价格产量的影响，如图 2－9 所示。

在供给曲线一定的条件下，需求增加使需求曲线右移，均衡价格提高，均衡数量增加；而需求减少使需求曲线左移，均衡价格下降，均衡数量减少。在图 2－9 中，供给曲线为S，当需求曲线为D_0时，均衡价格为P_E。当需求增加时，需求曲线从D_0右移到D_1，均衡价格和均衡产量分别从P_E、Q_E上升到P_1、Q_1；当需求减少时，需求曲线从D_0左移到D_2，均衡价格和均衡产量分别从P_E、Q_E下降到P_2、Q_2。

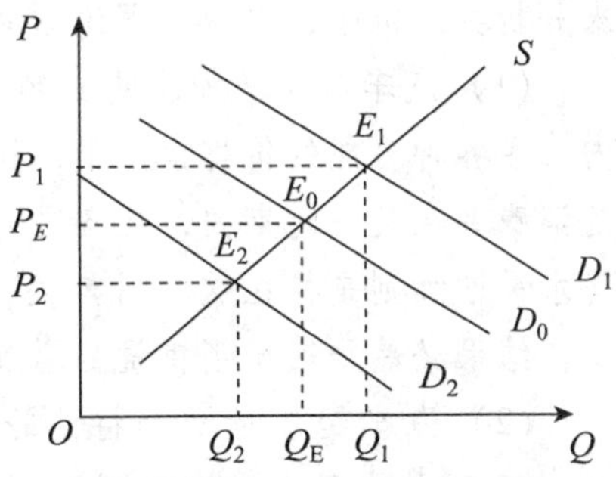

图 2－9　需求变动对均衡价格的影响

由此得出如下结论：需求变动引起均衡价格与均衡数量同方向变动。

（二）供给的变动对均衡价格的影响

如需求变动一样，供给变动是指价格不变的情况下，影响供给的其他因素变动所引起的变动，这种变动在图形上表现为供给曲线的平行移动。下面研究在需求不变的情况下，供给变动对均衡价格和产量的影响。

在需求曲线一定的条件下，供给增加导致供给曲线右移，会使均衡价格下降，使均衡数量增加；而供给减少导致供给曲线左移，会使均衡价格上升，使均衡数量减少。

如图 2－10 所示，需求曲线为D，当供给曲线为S_0时，均衡价格为P_E，均衡产量为Q_E。当供给增加时，供给曲线从S_0右移到S_2，均衡价格从P_E下降到P_2，均衡产量从Q_E增

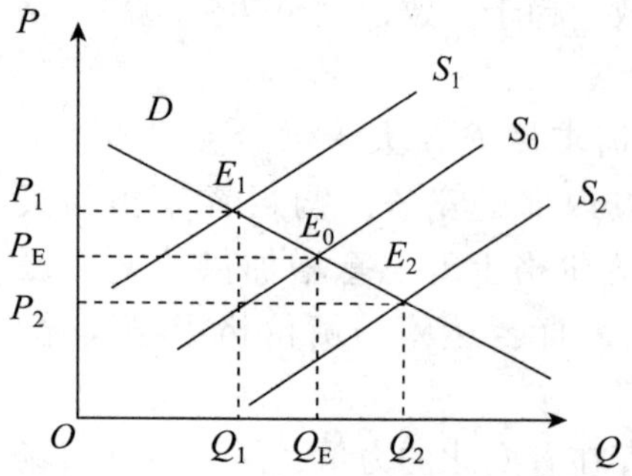

图 2-10　供给变动对均衡价格的影响

加到 Q_2；当供给减少时，供给曲线从 S_0 右移到 S_1，均衡价格从 P_E 上升到 P_1，均衡产量从 Q_E 减少到 Q_1。

由此得出如下结论：供给变动引起均衡价格反方向变动，均衡数量同方向变动。

（三）供求定理

需求与供给的变动对均衡价格与均衡数量的影响就是供求定理，其内容包括如下。

第一，需求的增加引起均衡价格上升，需求的减少引起均衡价格下降。

第二，需求的增加引起均衡数量增加，需求的减少引起均衡数量减少。

第三，供给的增加引起均衡价格下降，供给的减少引起均衡价格上升。

第四，供给的增加引起均衡数量增加，供给的减少引起均衡数量减少。

或者，简单概括为：需求变动引起均衡价格与均衡数量同方向变动；供给变动引起均衡价格反方向变动，均衡数量同方向变动。

案例分析

汽车需求增加对汽车轮胎价格的影响

在上述内容中，介绍了需求和供给的有关概念和理论。这里，要应用这些概念和理论来分析实际例子，以做到理论联系实际，掌握供求分析方法。

(1) 汽车需求增加，使其销售量增加。我们知道，需求是指消费者在某一特定时期内，在各种可能的价格水平下，愿意而且能够购买的某种商品的数量。那么，汽车需求就是消费者在某一时期内，在各种可能的价格水平下，愿意并且能够购买的汽车数量。汽车需求量增加则是指在这一时期内，消费者愿意购买而且有支付能力购买的汽车数量增大了，结果必然是汽车销售量的增加。

(2) 汽车销售量增加将使轮胎需求量增加。我们知道，汽车必须安装轮胎才能使用，而且在使用中汽车轮胎将被磨损，用到一定程度就必须更换轮胎。汽车和轮胎是两种互补品。所以，汽车销售量增加必然导致轮胎销售量的增加，从而引致轮胎需求量的增加。

(3) 轮胎需求量增加将使轮胎价格上升。我们知道，如果轮胎市场原来处于均衡状态，则需求量的增加将使均衡状态被打破，市场会出现需求过度状态。这时消费者之间的竞争将使轮胎价格上升。

案例分析

木碗为什么比山珍海味更有价值——价值悖论

一个穷人家徒四壁，只有一只木碗是自己唯一的财富，他把木碗顶在头上流浪。一天，穷人出海遇见了大风暴，风浪将船打碎。穷人抱着一根大木头，被海水冲到一个小岛上，岛上的酋长看见穷人头顶的木碗，感到非常新奇，便用一大口袋最好的钻石换走了木碗，还派人把穷人送回了家。

一个富商听到穷人的奇遇，心中暗想："一只木碗都能换回这么多宝贝，如果我送去很多可口的食品，该换回多少宝贝！"富商装了满满一船山珍海味和美酒，找到了穷人去过的小岛。酋长接受了富商送来的礼物，品尝之后赞不绝口，声称要送他最珍贵的礼物。富人心中暗自得意。一抬头，富人猛然看见酋长双手捧着的"珍贵礼物"，不由得愣住了：它居然是穷人用过的那只旧木碗！

价值悖论是指某些物品虽然实用价值大，但是廉价，而另一些物品虽然实用价值不大，但很昂贵的现象。

悖论的主要三种形式：一种论断看起来好像肯定错了，但实际上却是对的（佯谬）；一种论断看起来肯定是对的，但实际上却错了（似是而非的理论）；一系列推理看起来好像无懈可击，可是却导致逻辑上自相矛盾。

三、供求理论的应用

根据供求理论，市场价格应该是供求平衡时的均衡价格，它是完全由市场上的供求关系自发地调节的。这种市场状态的优点可以使供求平衡、市场稳定，使资源得到最佳配置。但价格调节是在市场上自发进行的，有其局限性，主要表现为市场调节的滞后性和盲目性，所以在现实中，有时由供求关系决定的价格对经济不一定是最有利的。

基于上述认识，国家制定一些价格政策适当地控制市场价格就成为必要。价格政策的形式很多，这里主要介绍两种：支持价格与限制价格。

（一）支持价格

支持价格是政府为了扶植某一行业的生产而规定的该行业产品的最低价格，可以用图 2－11 来分析支持价格。

从图 2－11 中可以看出，该行业产品由供求关系所决定的均衡价格为 P_0，均衡数量为 Q_0。政府为支持该行业生产而规定的支持价格为 P_1，$P_1 > P_0$，即支持价格一定高于均衡价格。在 P_1 的价格水平上，供给量和需求量由供给曲线和需求曲线上与 P_1 相对应的 F 与 G 决定，即需求量为 Q_1，而供给量为 Q_2，$Q_2 > Q_1$，即供给量大于需求量，$Q_2 - Q_1 = Q_1Q_2$ 为供给过剩部分。由于市场力量的作用，价格存在下降趋势，所以政府必须收购过剩部分用于储备、出口等。

（二）限制价格

限制价格是政府为了限制某些生活必需品的物价上涨而规定的这些产品的最高价格。可以用图 2－12 来分析限制价格。

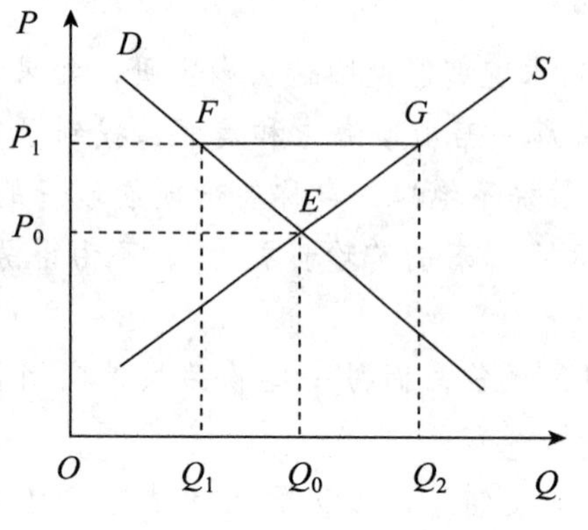

图 2－11　支持价格

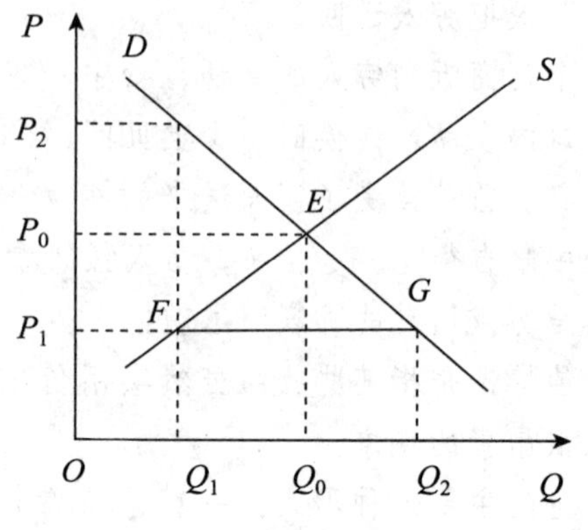

图 2－12　限制价格

从图 2－12 中可以看出，这些产品由供求关系所决定的均衡价格为 P_0，均衡数量为 Q_0。但在这种价格水平时，穷人可能无法得到必需的生活品。政府为了制止过高的价格，规定的限制价格为 P_1，$P_1 < P_0$，即限制价格一定低于均衡价格。这时需求量为 Q_2，供给量为 Q_1，$Q_2 > Q_1$，产品供给量不足，$Q_2 - Q_1 = Q_1Q_2$ 为供给不足部分。由于供不应求，在市场力量的作用下，价格存在上涨的趋势。为了维持限制价格，政府就要实行配给制。否则，在超额需求下，市场上会存在抢购、黑市交易等现象，造成市场秩序的混乱。

第四节　弹性理论及应用

案例导入

丰产并不丰收

我国自 1979 年开始大幅度提高粮价，到 1984 年总产量突破 4 000 亿千克；1985 年，由于粮食实际价格水平比前两年降低，粮食生产迅速滑坡，连续 4 年徘徊不前；1989 年，中国又一次大幅度提高粮价，粮食生产又喜获丰收；1993 年，粮食总产量突破 4 500 亿千克；1994 年粮食生产滑坡，粮食产量减少，当年比 1993 年粮食减产 240 亿千克，价格上涨 50%；1995 年后，粮食连续 4 年大丰收，粮价一路下跌；1999 年，粮食生产开始滑坡；2003 年，粮价又开始上涨。

需求定理和供给定理告诉我们，需求量和供给量都随商品自身价格的变动而变动，但却没有告诉我们需求量和供给量的变动对商品自身价格变动的反应程度。

弹性理论正是从量的角度对这方面的问题进行分析的理论，即说明价格变动与需求量或供给量变动之间的量的关系。“弹性”，亦称伸缩性，原是物理学名词，意指一物体对外部力量的反应程度。在经济学中，弹性是指经济变量之间存在函数关系时一变量对另一变量变动的反应程度，其大小可以用两个变量变动的百分比之比，即弹性系数来表示。

假定设 X 为自变量，Y 为因变量，E 表示弹性系数，则

$$E=\frac{Y\text{变动的百分比}}{X\text{变动的百分比}}=\frac{\Delta Y/Y}{\Delta X/X}=\frac{\Delta Y}{\Delta X}\cdot\frac{X}{Y}$$

一、需求弹性

我们知道，需求量的变化受诸多因素的影响，其中最主要的因素是商品自身的价格、消费者的收入以及相关商品的价格。相应地，可以用需求价格弹性、需求收入弹性、需求交叉弹性来分别描述需求量的变化对每一主要因素变化的反应程度，其中最重要的是需求价格弹性。下面分别予以介绍。

（一）需求价格弹性

1. 需求价格弹性的含义

需求价格弹性简称需求弹性，指价格变动的百分比所引起需求量变动的百分比，即需求量变动对价格变动的反应程度。显然，需求价格弹性反映了消费者对该商品价格变化的敏感程度。

各种商品的需求弹性是不同的，一般用需求弹性的弹性系数来表示弹性的大小。如果以 E_D 代表需求弹性的弹性系数，P 代表价格，ΔP 代表价格的变动量，Q 代表需求量，ΔQ 代表需求的变动量，则需求价格弹性的弹性系数可以表示为

$$E_D=-\frac{\Delta Q/Q}{\Delta P/P}=-\frac{\Delta Q}{\Delta P}\cdot\frac{P}{Q}$$

例如，某种商品的价格上升 10% 时，需求量下降 30%，则这种商品需求弹性的弹性系数为

$$E_D=-\frac{-30\%}{10\%}=3$$

在这个例子中，需求价格弹性是 3，反映了需求量变动的百分比是价格变动百分比的 3 倍。

由于一种商品的需求量与其价格负相关，所以需求量变动的百分比与价格变动的百分比总有相反的符号。在上面这个例子中，价格变动的百分比是正的 10%（反映了上升），而需求量变动的百分比是负的 30%（反映了减少）。在经济学中，为了方便起见，一般在需求价格弹性系数计算时加上一个“-”号，这样得到正的需求价格弹性系数。根据这个习惯，需求价格弹性越大，意味着需求量对价格越敏感。

2. 需求价格弹性的计算

在用上面的公式计算需求价格弹性时，会出现一个令人烦恼的问题：如果商品的价格从 4 元上升到 6 元，其需求量从 120 个单位下降到 80 个单位，其弹性系数为

$$E_D=-\frac{80-120}{6-4}\times\frac{4}{120}\approx 0.67$$

相反，如果价格从6元下降到4元，则其需求量从80个单位增加到120个单位，其弹性系数为

$$E_D = -\frac{120-80}{4-6} \times \frac{6}{80} = 1.5$$

此时，虽然价格涨跌幅度与需求变动的幅度相同，但弹性系数却有着不同的数值。这是由于计算的基础和出发点不同而造成的。为了克服这一缺陷，在计算需求弹性时要区分点弹性与弧弹性。

（1）点弹性。

点弹性是需求曲线上某一点上的弹性，也就是价格变动无限小时所引起的需求量的变动的反应程度。其计算公式为

$$E_D = \lim_{\Delta P \to 0} \frac{-\Delta Q}{\Delta P} \cdot \frac{P}{Q} = -\frac{\mathrm{d}Q}{\mathrm{d}P} \cdot \frac{P}{Q}$$

假如，某商品的需求函数为 $Q_d = 2\,400 - 400P$，当价格 $P=5$ 时，$Q=400$，则在（400，5）组合点的弹性系数为

$$E_D = -\frac{\mathrm{d}Q}{\mathrm{d}P} \cdot \frac{P}{Q} = -(-400) \times \frac{5}{400} = 5$$

（2）弧弹性。

上面介绍的点弹性的计算方法适用于价格和需求量变化极为微小的条件，如果商品价格与需求量的变化都相当大，就要计算需求曲线上两点之间一段弧的弹性，即弧弹性。实际上，弧弹性是需求曲线上两点之间的平均弹性，其计算公式为

$$E_D = -\frac{Q_2 - Q_1}{P_2 - P_1} \cdot \frac{P_1 + P_2}{Q_1 + Q_2} = -\frac{\Delta Q}{\Delta P} \cdot \frac{P_1 + P_2}{Q_1 + Q_2}$$

如上例，如果该产品的价格下降到 $P=4$，则需求量上升到 $Q=800$，则组合点从（400，5）到（800，4）的弧弹性为

$$E_D = -\frac{\Delta Q}{\Delta P} \cdot \frac{P_1 + P_2}{Q_1 + Q_2} = -\frac{400}{-1} \times \frac{5+4}{400+800} = 3$$

3. 需求弹性的分类

各种商品的需求弹性不同，根据需求弹性的弹性系数的大小，可以把需求的价格弹性分为五类，如图2-13所示。

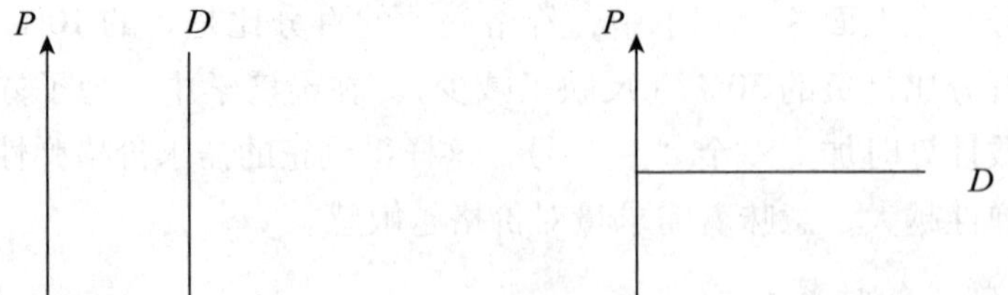

图2-13　需求价格弹性的类型

（a）需求完全无弹性　（b）需求完全有弹性　（c）需求单位弹性

（d）需求缺乏弹性　（e）需求富有了弹性

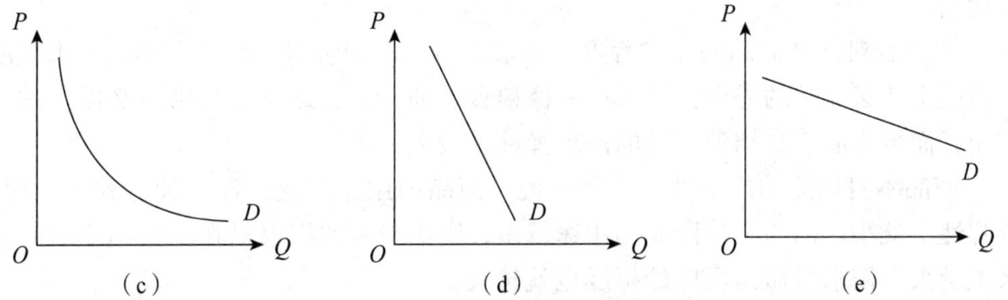

图 2－13　需求价格弹性的类型（续）

（1）需求完全无弹性，即 $E_D=0$。表示无论价格如何变动，需求量都不会变动，这时的需求曲线是一条与纵轴平行的垂线，如图 2－13（a）所示。这种情况并不多见。但某些机器设备的专用零件属于这种情况，棺材、火葬这样的商品和劳务通常被认为也属于这一类商品。

（2）需求完全有弹性，即 $E_D=\infty$。表示价格的任何变动，都会引起需求量无限地变动，这时的需求曲线是一条与横轴平行的直线，如图 2－13（b）所示。这也是一种罕见的情况。在完全竞争市场上，产品价格是由很多买者的需求与很多卖者的供给共同决定的，而且是唯一的，如果有个别卖者将其产品价格略微降低一点，买者就都会去买他的产品，需求量趋向无限。

（3）需求单位弹性，即 $E_D=1$。表示需求量与价格按同一比率发生变动，这时的需求曲线是一条双曲线，如图 2－13（c）所示。这种情况在生活中也比较罕见。

（4）需求缺乏弹性，即 $0<E_D<1$。表示需求量变动的比率小于价格变动的比率，这时的需求曲线是一条比较陡峭的向右下方倾斜的曲线，如图 2－13（d）所示。通常，生活必需品缺乏弹性。如，米、面、油、盐，由于涨价会少买一点，但不会少买很多；由于降价会多买一点，但不会多买很多。

（5）需求富有弹性，即 $1<E_D<\infty$，表示需求量变动的比率大于价格变动的比率。通常，高档奢侈品富有弹性。如珠宝、首饰、化妆品，本属可有可无、锦上添花之物。如果降价不仅会多买，而且会多买很多；如果涨价不仅会少买，而且会少买很多。这时的需求曲线是一条比较平坦的向右下方倾斜的直线，如图 2－13（e）所示。

4. 影响需求弹性的因素

为什么各种商品的需求弹性不同呢？一般来说，有以下几个因素影响着需求弹性的大小。

（1）商品的重要性。商品的重要性就是商品的支出在消费者总支出中所占的比重。如果商品的支出在消费者的总支出中占较小的份额，那么该商品价格的变化对消费者的影响无关紧要，消费者不会大幅度地改变对它的需求量，因而这种商品的需求弹性较小。相反，某种商品的支出在消费者总支出中占较大比重，则这种商品的需求弹性大。

（2）商品的可替代程度。如果某一种商品有许多可替代品，它的需求就富有弹性。因为，价格上升时，消费者会购买其他替代品；价格下降时，消费者会购买这种商品来取代其他替代品。

（3）消费者对某种商品的需求程度。一般来讲，消费者对生活必需品的需求强度大而稳定，所以生活必需品的需求弹性就小。像粮食、油、盐、蔬菜这类生活必需品的需求弹性都较小，而奢侈品、高档消费品的需求弹性就较大。

（4）商品本身用途的广泛性。一般来说，商品的用途广泛，需求弹性就大；用途少，则需求弹性也就小。因为一种商品的用途越多，则消费者的需求量在这些用途之间进行调整的余地越大，需求量做出反应的幅度也就越大。

（5）商品的耐用程度。一般来讲，使用时间长的耐用消费品需求弹性大，而使用时间短的非耐用消费品需求弹性小。

在以上影响需求弹性的诸因素中，最重要的是商品的重要性、可替代程度和需求程度。某种商品的需求弹性到底有多大，是由上述这些因素综合决定的，而且，某种商品的需求弹性也因时期、消费者收入水平和地区的不同而有差异。

案例分析

旧帽换新帽一律八折

对市场上各商家之间“挥泪大甩卖”“赔本跳楼价”的价格大战人们从未仔细考虑过究竟是为什么，只是觉得很开心，因为可以节约大量的金钱。在一家安全帽专卖店，看到它打出这样的广告——“旧帽换新帽一律八折”。店家的意思是，如果你买安全帽时交一顶旧安全帽的话，当场退两成的价款；如果只买新帽，只能按原价购买。这一促销方式让人觉得好奇，是不是店家加入了什么基金会或是店家和供帽商厂家有什么协定，回收旧安全帽可以让店家回收一些成本，因此拿旧帽来才有八折的优惠呢？

如果大家都这么想就猜错了，大凡这种以旧换新的促销活动主要是针对不同消费者的需求弹性而采取的区别定价方法，即给定一定的价格变动比例，购买者需求变动数量较大称为需求弹性较大，变动较小称为需求弹性较小。对需求弹性较小的购买者制定较高的价格，对需求弹性较大的购买者制定较低的价格。而这家安全帽店促销的做法正是这个理论的实际应用。实际上，店家拿到你那顶脏脏旧旧的安全帽并没有什么好处，常常是在你走后往垃圾桶一丢了事。既然没好处，店家为什么还要多此一举呢？

答案是——店家以顾客是否拿安全帽来区别顾客的需求弹性。简单地说，没拿安全帽的顾客说明他没有安全帽，由于法令规定驾驶摩托车必须要戴安全帽，故而无论价格的高低，购买摩托车的人一定要买顶安全帽，因此这种顾客的需求曲线较陡，弹性较小。相对来讲，拿旧安全帽来抵两成价款的顾客表明他本来就有一顶安全帽，如果安全帽的价格便宜他可能有以旧换新的需求，而如果价格太贵他也可以以后再买，因为已经有一顶安全帽，对该商品的需求没有迫切性。因此这类顾客的需求曲线较平坦，弹性较大。

综上所述，不难看出，该安全帽专卖店采用这种“旧帽换新帽一律八折”的促销活动，针对不同消费者需求定价的方法，不仅不会使其营业收入减少，反而会吸引那些本来不想购买新帽的消费者前来购买，增加了收益。因此，认真研究消费者心理，了解市场需求，针对本行业的特点，制定出适合自己的价格策略，一定会给单位、公司带来丰厚的利润。

（二）需求收入弹性

1. 需求收入弹性的含义

需求收入弹性是指收入变动的百分比所引起的需求量变动的百分比，即需求量的变动对收入变动的反应程度。不同商品的需求收入弹性也是不尽相同的，一般用需求收入弹性系数来表示和比较其弹性的大小。需求收入弹性系数是需求量变动比率与收入变动比率的比值，即

$$\text{需求收入弹性} = \frac{\text{需求量变动的百分比}}{\text{收入变动的百分比}}$$

若设 E_M 为需求收入弹性系数，Q 为需求量，ΔQ 为需求量的变动量，I 为收入，ΔI 为收入的变动量，则收入弹性的弹性系数的计算公式为

$$E_M = \frac{\Delta Q/Q}{\Delta I/I} = \frac{\Delta Q}{\Delta I} \cdot \frac{I}{Q}$$

2. 需求收入弹性的分类

一般来说，消费者的收入与需求量是同方向变动的，即收入提高，需求量增加，收入下降，需求量减少。但各种商品的需求收入弹性的大小并不相同，大致可分为五种类型，如图 2－14 所示。

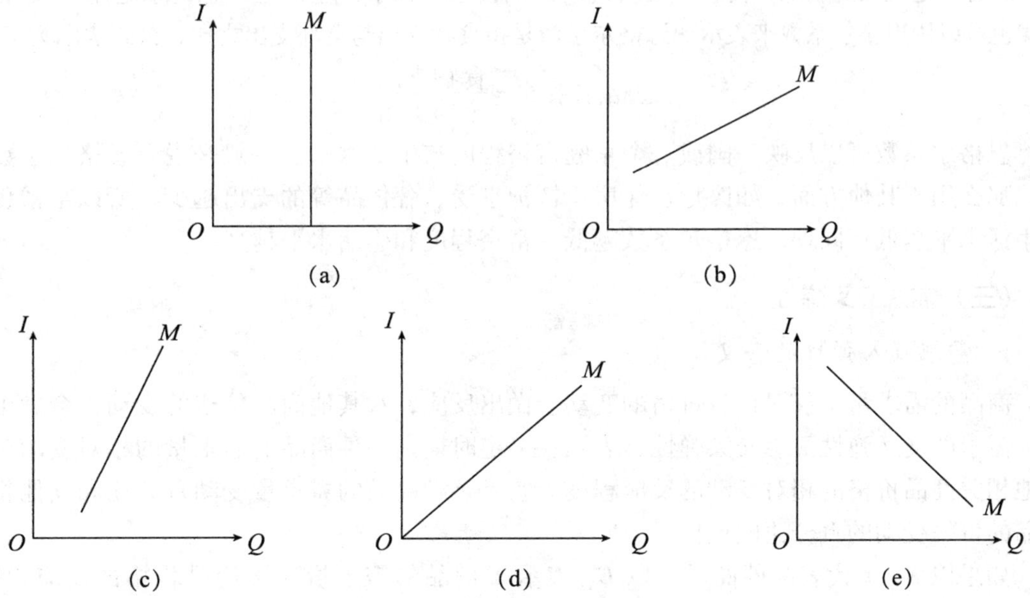

图 2－14 需求收入弹性的类型

（a） （b） （c） （d） （e）

（1）需求无收入弹性，即 $E_M = 0$。意味着无论消费者收入如何变动，需求量都不变。这时收入—需求曲线是一条垂线，如图 2－14（a）所示，这类商品如食盐等。

（2）需求富有收入弹性，即 $E_M > 1$。意味着需求量的变动幅度大于收入变动幅度。这时的收入—需求曲线是一条向右上方倾斜而比较平坦的线，如图 2－14（b）所示，这

类商品如高档消费品。

（3）需求缺乏收入弹性，即 $E_M<1$。意味着需求量的变动幅度小于收入变动幅度。这时的收入—需求曲线是一条向右上方倾斜而比较陡峭的线，如图 2－14（c）所示。这类商品如粮食等。

（4）需求单位收入弹性，即 $E_M=1$。意味着需求量的变动幅度等于收入变动幅度。这时的收入—需求曲线是一条向右上方倾斜而与横轴成 45°的线，如图 2－14（d）所示。

（5）需求负收入弹性，即 $E_M<0$。意味着需求量的变动与收入变动反方向变化，这时的收入—需求曲线是一条向右下方倾斜的线，如图 2－14（e）所示。

在以上五种类型中，前四种属于正常情况，弹性系数为正值，表明需求量与收入成同方向变动；第五种则属于特殊情况，弹性系数为负值，表明需求量与收入成反方向变动。一般来说，高档商品、耐用消费品收入弹性较大，消费者收入增加会导致这些消费品大幅度的消费增加；而一般生活必需品的收入弹性较小，消费者收入增加只会导致这些商品较小幅度的消费增加；而收入弹性为负值的商品，随着消费者收入的增加，消费反而减少，因为收入增加以后，消费者就会少买这些商品。

3. 需求收入弹性的应用：恩格尔定律

19 世纪，德国统计学家恩格尔根据他对德国某些地区消费统计资料的研究，提出一个定理：随着家庭收入的增加，食物开支所占的比例会越来越小，这就是“恩格尔定律”。恩格尔定律也可以用恩格尔系数来表示。恩格尔系数是指食物支出与全部支出之比，公式表示为

$$恩格尔系数=\frac{食物支出}{全部支出}$$

恩格尔系数可以反映一国或一个家庭富裕程度与生活水平。一般来说，恩格尔系数越高，那么用于其他方面，如医疗、住房、精神享受、奢侈品等的支出越少，所以富裕程度与生活水平越低；同理，恩格尔系数越低，富裕程度和生活水平越高。

（三）需求交叉弹性

1. 需求收入弹性的含义

商品的需求量不仅对自身价格的变动会做出反应，对其他商品价格的变动也会做出反应。需求的交叉弹性又称交叉弹性，表示在一定时期内一种商品的需求量的相对变动对于其他相关商品价格的相对变动的反应程度。它是某种商品的需求量变动百分比和其他相关商品的价格变动的百分比的比值。

如果以 X、Y 代表两种商品，以 E_{XY} 表示 X 商品的需求量对 Y 商品价格的反应程度，以 $\Delta Q_X/Q_X$ 代表 X 商品需求量变动的百分比，以 $\Delta P_Y/P_Y$ 代表 Y 商品价格变动的百分比，则 X 商品对 Y 商品的交叉弹性系数的一般公式就是

$$E_{XY}=\frac{X\text{ 商品需求量变动的百分比}}{Y\text{ 商品价格变动的百分比}}=\frac{\Delta Q_X/Q_X}{\Delta P_Y/P_Y}=\frac{\Delta Q_X}{\Delta P_Y}\cdot\frac{P_Y}{Q_X}$$

2. 需求收入弹性的分类

根据 E_{XY} 的大小，能够测定一种商品价格变动对另一种商品需求量的影响程度，并且

还可以根据其正负号把这两种商品之间的关系分为以下三类。

（1）替代品。

当商品 X、Y 可以相互替代时，商品 Y 的价格上涨，消费者就会将一部分本来准备购买商品 Y 的支出转向商品 X，减少商品 Y 的需求量，增加商品 X 的需求量，以商品 X 代替商品 Y。如橘子的价格上涨，需求量减少；可以替代橘子的苹果的价格如果未变，其需求量势必增加。这种可以相互替代的商品叫替代品。替代品之间相互交叉的价格与需求量成同方向变动，$E_{XY}>0$。

（2）互补品。

当商品 X、Y 必须同时按一定比例使用时，若商品 Y 价格上涨，消费者将减少其需求量，也同时会减少商品 X 的需求量。如汽车的价格上涨，消费者减少汽车的消费量，与此同时，汽车必用的汽油的价格虽然未变，其需求量也势必会减少。这种必须同时使用的商品，称为互补品。互补品之间相互交叉的价格与需求量成反向变动，$E_{XY}<0$。

（3）无关品。

当商品 X、Y 互不相关时，商品 Y 价格上涨，对商品 X 的需求量毫无影响或影响甚微，则不管其相互交叉的价格与需求量成正向或反向变动（即 E_{XY} 无论为正或负），都说明这两种商品没有多大关系，即 $E_{XY}\to 0$。

二、供给弹性

（一）供给价格弹性的含义

影响供给的因素对供给的影响程度也要运用供给弹性理论来分析。所谓供给弹性是指供给量对影响供给因素的变量变化所做出的反应程度。供给弹性包括供给的价格弹性、供给的交叉弹性和供给的预期价格弹性等。本节研究的是供给的价格弹性，它通常被简称为供给弹性。

供给弹性表示在一定时期内一种商品的供给量的相对变动对于该商品价格的相对变动的反应程度。它是商品供给量变动的百分比与价格变动百分比之比，即

$$\text{供给的价格弹性}=\frac{\text{供给量变动的百分比}}{\text{价格变动的百分比}}$$

如果以 E_S 表示供给弹性的弹性系数，以 $\Delta Q/Q$ 代表供给量变动的百分比，以 $\Delta P/P$ 代表价格变动的百分比，则供给弹性系数的一般公式就是

$$E_S=\frac{\Delta Q/Q}{\Delta P/P}=\frac{\Delta Q}{\Delta P}\cdot\frac{P}{Q}$$

形式上，供给弹性公式与需求弹性公式完全相同，只是 Q 代表的是供给量，而不是需求量。

假设某种商品价格变动 10% 时，供给量变动 20%，则这种商品供给弹性的弹性系数为

$$E_S=\frac{20\%}{10\%}=2$$

在上面例子中，供给弹性为 2 反映了供给量变动的比率是价格变动比率的 2 倍这一事实。由于供给量与价格一般同方向变动，所以供给弹性一般为正值。

（二）供给价格弹性的计算

与需求弹性一样，供给弹性的计算也区分为点弹性与弧弹性。

1. 供给点弹性

供给点弹性表示供给曲线上某一点的弹性，也就是价格变动无限小时所引起的供给量变动的反应程度。其计算公式为

$$E_S = \lim_{\Delta P \to 0} \frac{\Delta Q}{\Delta P} \cdot \frac{P}{Q} = \frac{\mathrm{d}Q}{\mathrm{d}P} \cdot \frac{P}{Q}$$

2. 供给弧弹性

供给弧弹性表示商品供给曲线上两点之间的平均弹性。其计算公式为

$$E_S = \frac{Q_2 - Q_1}{P_2 - P_1} \cdot \frac{P_1 + P_2}{Q_1 + Q_2} = \frac{\Delta Q}{\Delta P} \cdot \frac{P_1 + P_2}{Q_1 + Q_2}$$

假设供给函数为 $Q_S = -2\,000 + 1\,000P$。当商品的价格 $P = 5$ 时，$Q = 3\,000$，则在组合点（3 000，5）处的点弹性为

$$E_S = \frac{\mathrm{d}Q}{\mathrm{d}P} \cdot \frac{P}{Q} = 1\,000 \times \frac{5}{3\,000} \approx 1.67$$

当商品的价格从 $P = 5$ 提高到 $P = 6$ 时，供给量从 $Q = 3\,000$ 增加到 $Q = 4\,000$，此时供给量与价格的组合从（3 000，5）移动到（4 000，6），则两点之间的弧弹性为

$$E_S = \frac{\Delta Q}{\Delta P} \cdot \frac{P_1 + P_2}{Q_1 + Q_2} = \frac{4\,000 - 3\,000}{6 - 5} \times \frac{6 + 5}{3\,000 + 4\,000} \approx 1.57$$

（三）供给价格弹性的类型

与需求弹性一样，各种商品的供给弹性也并不相同。根据弹性系数大小的不同，把供给弹性可以分为以下五种类型，如图 2－15 所示。

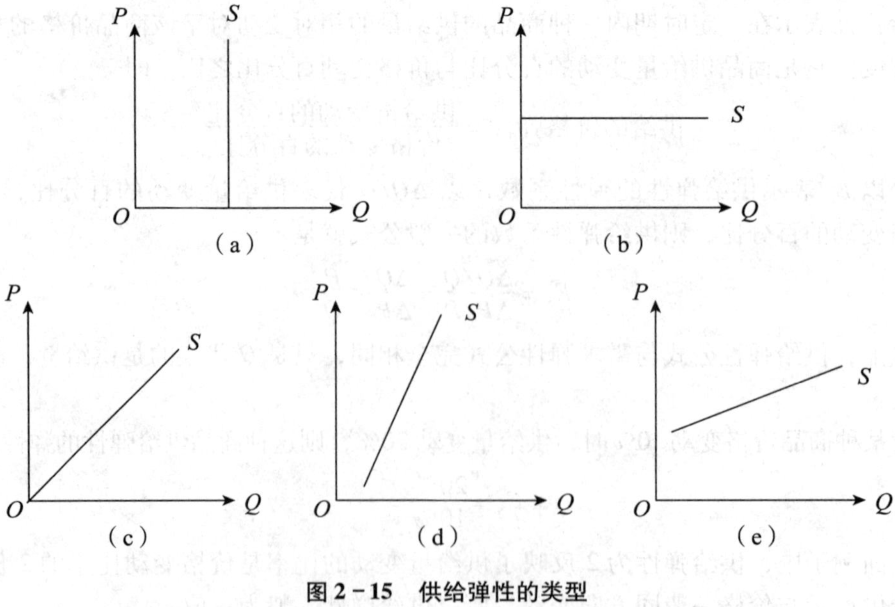

图 2－15　供给弹性的类型

(a)　(b)　(c)　(d)　(e)

（1）供给完全无弹性，即 $E_S=0$。表示无论价格如何变动，都不会引起供给量无限地变动。这时的供给曲线是一条与横轴垂直的线，如图 2－15（a）所示。

（2）供给完全有弹性，即 $E_S=\infty$。表示无论供给量如何变动，都不会引起价格的无限地变动。这时的供给曲线是一条与横轴平行的线，如图 2－15（b）所示。

（3）供给单元弹性，即 $E_S=1$。表示供给量与价格按同一比率发生变动，这时供给曲线是一条与横轴成 45°，并向右上方倾斜的线，如图 2－15（c）所示。

（4）供给缺乏弹性，即 $0<E_S<1$。表示供给量变动的比率小于价格变动的比率。这时的供给曲线是一条向右上方倾斜，且比较陡峭的线，如图 2－15（d）所示。

（5）供给富有弹性，即 $1<E_S<\infty$。表示供给量变动的比率大于价格变动的比率。这时的供给曲线是一条向右上方倾斜，且比较平坦的线，如图 2－15（e）所示。

（四）影响供给弹性的因素

供给取决于生产。影响供给弹性的因素比影响需求价格弹性的因素要复杂得多，主要有以下一些因素。

（1）生产的难易程度。一般而言，在一定时期内，容易生产的产品，当价格变动时，产量变动速度快，因而供给弹性大；较难生产的产品，其产量的变动速度慢，因而供给弹性小。

（2）生产规模和规模变化的难易程度。一般来说，生产规模大的资本密集企业，因受设计和专业化设备等因素的制约，其生产规模较难变动，调整的周期长，因而其产品的供给弹性小；规模较小的劳动密集型企业，则应变能力强，其产品的供给弹性大。

（3）生产成本的变化。商品的供给不仅取决于价格高低，而且取决于成本的高低。如果厂商的某一产品产量增加，只引起单位成本的轻微提高，那么供给弹性就大；相反，如果产量的增加促使成本显著增加，那么，供给弹性就小。

（4）生产时间的长短。商品价格变化后，厂商要改变供给量，总需要有一段调整生产的时间，就是说，价格变动后供给量对它的反应有一个时滞。在短期内，生产设备、劳动等生产要素无法大幅度增加，供给弹性也就小。尤其在较短时期内，供给只能由存货来调节，供给弹性几乎为零。在长期中，生产能力可以提高，因此供给弹性也就大。

（5）对价格的预期。当产品价格上涨时，厂商是否立即增加生产及增产幅度的大小，取决于企业预期这种上涨的价格会不会保持或继续上涨。同样，当产品价格下降时，厂商是否会立即减少生产及减少生产幅度的大小，也取决于企业预期这种下跌的价格会不会保持或继续下跌。

总之，在分析某种商品的供给弹性时要把以上因素综合起来。一般而言，重工业产品一般采用资本密集型技术，生产较为困难，并且生产周期长，所以供给弹性小。轻工业产品，尤其是食品、服装这类产品，一般采用劳动密集型技术，生产较为容易，并且生产周期短，所以供给弹性大。农产品的生产尽管也多采用劳动密集型技术，但由于生产周期长，因此供给也缺乏弹性。

三、弹性理论的应用

弹性理论可用于分析许多实际经济问题。本节即用弹性理论来说明总收益的变动，并介绍分析农产品价格与生产波动的蛛网理论。

（一）需求价格弹性与总收益

总收益也可称为总收入，指厂商出售一定量商品所得到的全部收入，即销售量与价格的乘积。如果以 TR 代表总收益，Q 为销售量，P 为价格，则

$$TR = P \cdot Q$$

按照这个公式，好像只要提高价格，总收益就会增加；降低价格，总收益就一定会减少。实际并不是这样，由于各种商品的需求价格弹性不同，所以，价格变化对总收益的影响也不一样。下面，分析需求量富有弹性的商品与需求缺乏弹性的商品的需求价格弹性与总收益之间的关系。

1. 需求富有弹性的商品需求价格弹性与总收益的关系

如果某种商品的需求富有弹性，当该商品的价格下降时，需求量（销售量）增加的幅度大于价格下降的幅度，从而总支出（即总收益）会增加；当该商品的价格上升时，需求量（销售量）减少的幅度大于价格上升的幅度，所以总支出（消费总收益）会减少。可用图 2－16 来说明。

在图 2－16 中，D 是某种需求富有弹性商品的需求曲线，当价格为 P_1 时，需求量为 Q_1，总收益为 OQ_1AP_1；当价格为 P_2 时，需求量为 Q_2，总收益为 OQ_2BP_2，$OQ_2BP_2 > OQ_1AP_1$。当价格由 P_1 降为 P_2 时，总收益由 OQ_1AP_1 增加到 OQ_2BP_2；相反，当价格由 P_2 上升为 P_1 时，总收益由 OQ_2BP_2 减少到 OQ_1AP_1。根据这种富有弹性的商品价格上升与下降引起的总收益的变化可以看出：如果某种商品的需求是富有弹性的，则价格与总收益成反方向变动，即价格上升，总收益减少；价格下降，总收益增加。

需求富有弹性的商品价格下降而总收益增加，就是我们一般所说的“薄利多销”的原因所在。所以，能够做到薄利多销的商品是需求富有弹性的商品。

2. 需求缺乏弹性的商品需求价格弹性与总收益的关系

如果某种商品的需求是缺乏弹性的，当该商品价格下降时，需求量（销售量）增加幅度小于价格下降的幅度，从而总支出（即消费总收益）会减少；当该商品的价格上升时，需求量（销售量）的减少幅度小于价格上升的幅度，从而总支出（即消费总收益）会增加。可用图 2－17 来说明。

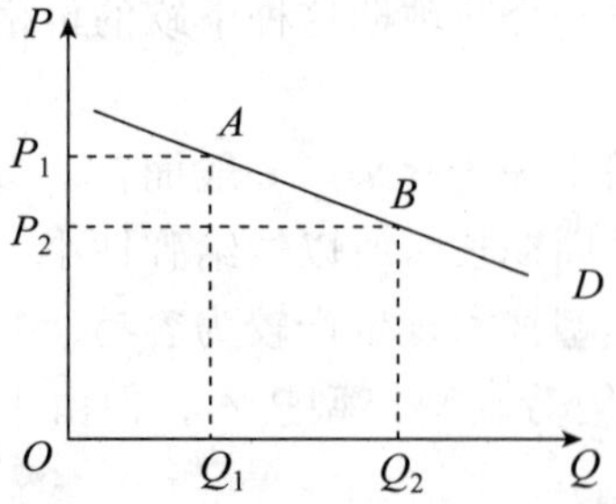

图 2－16　需求富有弹性与总收益的关系

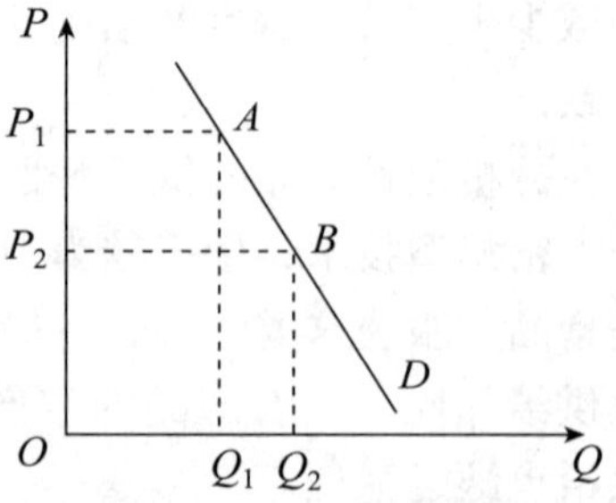

图 2－17　需求缺乏弹性与总收益的关系

在图2-17中，D是某种需求缺乏弹性商品的需求曲线。当价格为P_1时，需求量为Q_1，总收益为OQ_1AP_1；当价格为P_2时，需求量为Q_2，总收益为OQ_2BP_2，$OQ_1AP_1 > OQ_2BP_2$。当价格P_1下降到P_2时，总收益由OQ_1AP_1减少到OQ_2BP_2；当价格P_2上升到P_1时，总收益由OQ_2BP_2增加到OQ_1AP_1。根据这种缺乏弹性的商品价格上升或下降引起的总收益的变化可以得出：如果某种商品是缺乏弹性的，则价格与总收益同方向变动，即价格上升，总收益增加；价格下降，总收益减少。

“谷贱伤农”就是这个道理。在丰收的情况下，由于粮价下跌，农民的收入减少了。因为农产品的需求缺乏弹性，丰收造成粮价下跌，并不会使需求同比例增加，从而总收益减少，农民遭受损失。

（二）蛛网理论

蛛网理论是用弹性理论来分析价格波动对产量的影响，以解释不连续生产的商品价格与产量是怎样波动的。由于描述价格和产量周期波动的图形好像蛛网，所以称为蛛网理论。蛛网理论是20世纪30年代出现的一种动态均衡分析方法。动态均衡分析引入时间因素来分析均衡状态的变动过程，即研究一种均衡向另一种均衡变动的过程和稳定条件。

1．蛛网理论的基本假设

蛛网理论适用于分析不连续生产的商品，如粮食、水果、猪、牛、羊等价格与产量的波动，基本假设是：

（1）从开始生产到生产出产品需要一定的时间，而且在这段时间内生产规模无法改变；

（2）本期的产量决定本期的价格；

（3）本期的价格决定下期的产量。

2．蛛网理论的三种情况

在以上假设条件下，根据需求弹性与供给弹性的不同关系，价格和产量的变化过程主要有三种情况，即收敛型蛛网、发散型蛛网、封闭型蛛网。

（1）供给弹性小于需求弹性：收敛型蛛网。

供给弹性小于需求弹性，在图形中表现为需求曲线比供给曲线平缓，意味着价格变动对于供给量的影响小于对需求量的影响。这时，价格波动对产量的影响越来越小，价格与产量的波动越来越弱，最后自发地趋于均衡。这种情况形成一个向内收敛的蛛网，称为收敛型蛛网，如图2-18所示。

在图2-18中，横轴Q代表产量，纵轴P代表价格，S为供给曲线，D为需求曲线。需求曲线D与供给曲线S交于E点，E为均衡点，P_0为均衡价格，Q_0为均衡数量。如果市场价格高于或低于均衡价格，就会引起产量波动。

假设，第一期开始时，由于某种外在因素的影响（例如粮食丰收），产量由Q_0增加到Q_1，供过于求，价格下降，购买全部Q_1，消费者愿意支付的价格为P_1。

第二期，生产者按P_1的价格决定将第二期的产量减少到Q_2，、Q_2小于均衡数量Q_0，

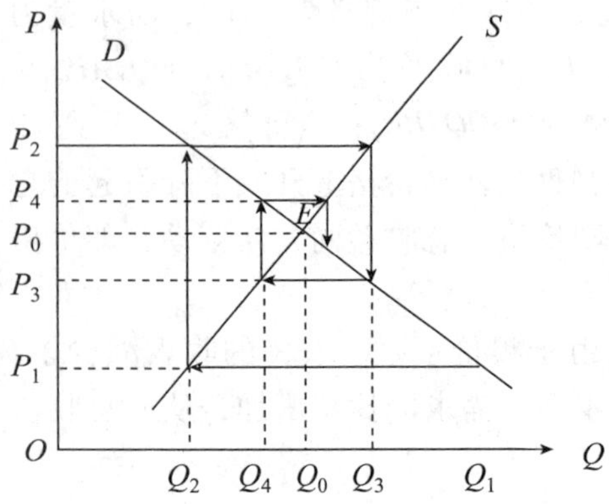

图 2-18　收敛型蛛网

出现供不应求，价格上升到 P_2。第三期，生产者根据 P_2 的价格决定将第三期的产量增加到 Q_3，于是又供过于求，价格跌到 P_3，生产者又按 P_3 的价格将产量减少到 Q_4，供不应求，价格又上升到 P_4。如此循环下去，价格与产量的波动幅度逐渐缩小，最后趋向均衡点 E。

由此可见图中的均衡点 E 所代表的均衡状态是稳定的。也就是说，由于外在的原因，当价格和产量偏离均衡数值（P_0，Q_0）后，经济制度中存在着自发的因素，能使价格和产量自动地恢复均衡状态。

（2）供给弹性大于需求弹性：发散型蛛网。

供给弹性大于需求弹性，在图中表现为需求曲线比供给曲线陡峭，意味着价格变动对供给量的影响要大于对需求量的影响。这时，价格与产量的波动越来越强，越来越远离均衡点。这种蛛网波动称为发散型蛛网，可用图 2-19 来表示。

在图 2-19 中，供给曲线 S 与需求曲线 D 相交于均衡点 E，决定了均衡价格为 P_0，均衡数量为 Q_0。如果市场价格高于或低于均衡价格，就会引起产量波动，产量波动又会引起下一期价格波动。

在第一期，产量为 Q_1，大于均衡产量 Q_0，产量 Q_1 决定了价格为 P_1，且 P_1 小于 P_0。第二期，P_1 决定产量为 Q_2，供给量 Q_2 又决定了价格为 P_2，P_2 大于 P_0。第三期，P_2 决定了产量为 Q_3，Q_3 决定价格为 P_3，P_3 小于 P_0。如此反复下去，价格和产量的波动越来越大，离均衡点越来越远。由此可见，图中的均衡点 E 所代表的均衡状态是不稳定的，被称为不稳定的均衡。

（3）供给弹性等于需求弹性：封闭型蛛网。

供给弹性等于需求弹性，意味着价格变动对供给量的影响和对需求量的影响是一样的。这时，价格和产量的波动幅度相同，既不趋向均衡点，又不远离均衡点，价格与产量始终保持相同的波动幅度。这种蛛网波动称为封闭型蛛网，如图 2-20 所示。

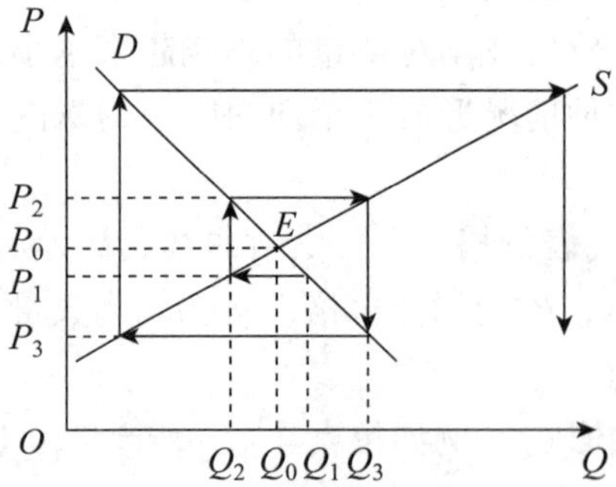

图 2-19　发散型蛛网

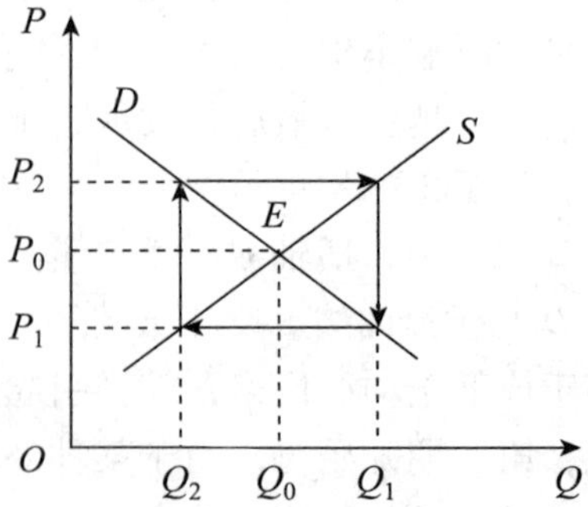

图 2-20　封闭型蛛网

在图 2－20 中，第一期产量为 Q_1，Q_1大于均衡产量 Q_0，决定价格降至 P_1。第二期，价格 P_1决定第二期产量为 Q_2，Q_2小于 Q_0，决定价格升至 P_2。第三期，价格 P_2决定第三期产量为 Q_1，这一产量仍然与第一期产量相同，这就开始了同上次完全相同的波动。如此循环下去，实际产量和实际价格适中，按相同的波动幅度发生变动。

蛛网理论说明了在市场机制自发调节的情况下，农产品市场上必然发生蛛网型周期波动，从而影响农产品生产和农民收入的稳定。一般而言，农产品的供给对价格变动的反应大，但需求较为稳定，对价格变动反应程度小，即农产品的供给弹性大于需求弹性，因此，发散型蛛网波动正是农业生产不稳定的重要原因。

本章知识小结

- 某种商品的需求是购买欲望与支付能力的统一。需求可以用一条需求曲线来表示。需求曲线一般向右下方倾斜，它表示商品的需求量与价格成反方向的变化。

区别需求量变动与需求变动。其他条件不变的情况下，商品本身价格变动会引起需求量的变动，需求量的变动表现为需求曲线上点的移动；当价格以外的其他因素变动时，则引起需求变动。需求的变动表现为需求曲线的平行移动。

- 某种商品的供给是供给欲望与生产能力的统一。供给曲线一般向右上方倾斜，它表示商品的供给量与价格成同方向的变化。

区别供给量变动与供给的变动。其他条件不变的情况下，商品本身价格变动会引起供给量的变动，供给量的变动表现为同一条供给曲线上点的移动；供给的变动是指在商品本身价格不变的情况下，其他因素变动引起的供给的变动，供给变动表现为供给曲线的平行移动。

- 均衡价格是某一种商品需求量与供给量相等时的价格。它是市场供求关系自发调节而形成的，相对应的是均衡数量。需求或供给的变动会引起均衡价格与均衡数量的变动，经济学家称其为供求定理。
- 一国经济在发展中，价格调节是在市场上自发进行的，有时由供求关系决定的价格对经济不一定是最有利的。国家制定一些价格政策（主要是支持价格与限制价格），来适当地控制市场价格就成为必要。
- 在经济学中，弹性是指经济变量之间存在函数关系时一变量对另一变量变动的反应程度，其大小可以用两个变量变动的百分比之比，即弹性系数来表示。弹性系数包括需求弹性和供给弹性。其中需求弹性包括需求价格弹性、需求收入弹性和需求交叉弹性。弹性理论重点把握需求价格弹性。
- 利用弹性公式可以具体计算弧弹性和点弹性的数值。一般地，弹性系数的大小可以归纳为五类，它们是富有弹性、缺乏弹性、单位弹性、完全弹性与完全无弹性。
- 弹性理论可用于分析许多实际经济问题。本章主要用弹性理论来解释两方面的问题：其一，需求富有弹性的商品与需求缺乏弹性的商品的需求价格弹性与总收益之间的关系；其二，农产品价格波动对产量的影响的蛛网理论分析。

练 习 题

一、名词解释

1. 需求定理　2. 供给定理　3. 需求的变动　4. 供给的变动
5. 均衡价格　6. 支持价格　7. 限制价格　8. 需求价格弹性
9. 需求富有弹性　10. 需求缺乏弹性　11. 需求收入弹性　12. 恩格尔系数
13. 需求交叉弹性　14. 替代品　15. 互补品

二、单项选择题

1. 需求曲线是一条倾斜的曲线，其倾斜的方向为（　　）。
   A. 右下方　B. 右上方　C. 左下方　D. 左上方
2. 下列体现需求定理的是（　　）。
   A. 药品的价格上涨，使药品的质量得到了提高
   B. 汽油的价格提高，小汽车的销售量减少
   C. 丝绸价格提高，游览公园的人数增加
   D. 照相机价格下降，导致销售量增加
3. 需求的变动与需求量的变动（　　）。
   A. 需求的变动是由价格以外的其他因素的变动所引起的，而需求量的变动由价格的变动引起
   B. 需求量的变动是由一种因素引起的，需求变动是由两种及两种以上因素引起的
   C. 都是由于一种原因引起的
   D. 是一回事
4. 鸡蛋的供给量增加是指供给量由于（　　）。
   A. 鸡蛋的需求量增加而引起的增加
   B. 人们对鸡蛋偏好的增加
   C. 鸡蛋的价格提高而引起的增加
   D. 由于消费者收入增加而引起的增加
5. 假如生产某种商品所需原材料的价格上升，则这种商品（　　）。
   A. 需求曲线向左方移动　B. 供给曲线向左方移动
   C. 需求曲线向右方移动　D. 供给曲线向左方移动
6. 均衡价格随着（　　）。
   A. 供给和需求的增加而上升
   B. 供给和需求的减少而上升
   C. 需求的减少和供给的增加而上升
   D. 需求的增加和供给的减少而上升
7. 政府为了扶植农产品，规定了高于均衡价格的支持价格。为此政府应采取的措施

是（ ）。

A. 增加农产品的税收　　B. 实行农产品配给制

C. 收购过剩的农产品　　D. 对农产品生产者给予补贴

8. 在下列需求价格弹性的表达中，正确的是（ ）。

A. 需求量变动对价格变动的反应程度

B. 价格变动的绝对值对需求量变动的绝对值的影响

C. 价格的变动量除以需求的变动量

D. 需求的变动量除以价格的变动量

9. 下列商品的需求弹性最大的是（ ）。

A. 面粉　B. 大白菜　C. 治病的药　D. 化妆品

10. 如果商品的价格上升2%，其需求量下降10%，则该商品的需求价格弹性是（ ）。

A. 缺乏弹性　B. 富有弹性　C. 单位弹性　D. 无限弹性

11. 如果人们收入水平提高，则食物支出在总支出中的比重将会（ ）。

A. 大大增加　B. 稍有增加　C. 下降　D. 不变

12. 下列应采用薄利多销的促销政策的是（ ）。

A. 需求价格弹性小于1时　　B. 需求价格弹性大于1时

C. 需求收入弹性大于1时　　D. 任何时候都应薄利多销

13. 下列产品中，需求交叉弹性为负值的是（ ）。

A. 汽车和轮胎　B. 花生油和豆油　C. 棉布和化纤布　D. 大米和面粉

三、多项选择题

1. 影响需求的因素包括（ ）。

A. 价格　B. 质量　C. 收入

D. 个人偏好　E. 未来的预期

2. 影响供给的因素包括（ ）。

A. 价格　B. 质量　C. 成本

D. 自然条件　E. 政府的政策

3. 需求的变动引起（ ）。

A. 均衡价格同方向变动　　B. 均衡价格反方向变动

C. 均衡数量同方向变动　　D. 均衡数量反方向变动

E. 供给同方向变动

4. 供给的变动引起（ ）。

A. 均衡价格同方向变动　　B. 均衡价格反方向变动

C. 均衡数量同方向变动　　D. 均衡数量反方向变动

E. 需求同方向变动

5. 政府对商品的调节通过价格进行，其对价格实施（ ）。

A. 政府直接定价　　B. 指导价

C. 支持价格　　D. 建议价

E. 限制价格

6. 以下关于需求价格弹性大小与销售收入的论述中正确的是（　　）。

A. 需求弹性越大，销售收入越大

B. 如果商品富有弹性，则降价可以扩大销售收入

C. 如果商品缺乏弹性，则降价可以扩大销售收入

D. 如果商品富有弹性，则降价可以提高利润

E. 如果商品为单位弹性，则价格对销售收入没有影响

7. 关于交叉弹性，正确的是（　　）。

A. 交叉弹性可能是正值，也可能是负值

B. 如果交叉弹性是正值，说明这两种商品是互补品

C. 如果交叉弹性是正值，说明这两种商品是替代品

D. 如果交叉弹性是负值，说明这两种商品是互补品

E. 如果交叉弹性是负值，说明这两种商品是替代品

四、判断题

1. 当消费者的收入发生变化时，会引起需求曲线的移动。（　　）
2. 当汽油的价格上升时，消费者对汽车的需求量就会减少。（　　）
3. 在现实经济中，由供求关系决定的价格一定是有利的。（　　）
4. 限制价格是政府规定的某种商品的最低价格。（　　）
5. 价格下降时，吉芬商品的需求量反而下降。（　　）
6. 如果价格和总收益成同方向变化，则需求是缺乏弹性的。（　　）
7. 已知某商品的需求收入弹性大于0小于1，则这种商品是低档品。（　　）
8. 已知两种商品的需求交叉弹性大于0，则这两种商品是替代品。（　　）

五、计算题

1. 已知某一时期内某商品的需求函数为 $Q_D = 50 - 5P$，供给函数为 $Q_S = -10 + 5P$。

（1）求均衡价格 P_E 和均衡数量 Q_E，并画出几何图形。

（2）假定供给函数不变，由于消费者收入水平提高，使需求函数变为 $Q_D = 60 - 5P$。求相应的均衡价格 P_E 和均衡数量 Q_E，并画出几何图形。

（3）假定需求函数不变，由于生产技术水平提高，使供给函数变为 $Q_S = -5 + 5P$。求相应的均衡价格 P_E 和均衡数量 Q_E，并做出几何图形。

2. 某市乘客对公共汽车票价需求的价格弹性为0.6，票价为1元，每日乘客数量为55万人。市政当局计划将提价后净减少的乘客数量控制为10万人，则新的票价应为多少？

3. 假定表1是供给函数 $Q_S = -3 + 2P$ 在一定价格范围内的供给表。

表1　某商品的供给表

价格/元	2	3	4	5	6
供给量	1	3	5	7	9

（1）求出价格在 3 元和 5 元之间的供给价格弧弹性。

（2）根据供给函数，求 $P=4$ 元时的供给的价格点弹性。

六、分析问答题

1. 什么是需求？决定需求的基本因素有哪些？
2. 什么是供给？决定供给的基本因素有哪些？
3. 供求定理的基本内容有哪些？
4. 用图示法解析均衡价格的形成过程。
5. 什么是需求价格弹性？其基本类型有哪些？
6. 什么是供给价格弹性？影响供给价格弹性的因素有哪些？
7. 下列事件对产品 X 的需求会产生什么影响？

（1）产品 X 变得更为流行；

（2）产品 X 的替代品 Y 的价格上升；

（3）预计居民收入将上升；

（4）预计人口将有一个较大的增长。

8. 举例说明什么样的商品适合采用“薄利多销”的销售策略。

第三章 消费者行为理论

学习目标

1. 了解基数效用论和序数效用论的基本内容；
2. 理解总效用和边际效用的定义及两者区别与联系；
3. 掌握消费者最优选择，能够用数量方法表示效用最大化原则；
4. 了解无差异曲线代表与消费者偏好的关系；
5. 了解价格变动和收入变动对消费者选择的影响；
6. 了解恩格尔曲线和消费政策。

本章重点和难点

1. 效用、总效用、边际效用的含义；
2. 总效用与边际效用的关系；
3. 边际效用递减规律的含义；
4. 消费者均衡公式；
5. 无差异曲线的含义与特征；
6. 边际替代率；
7. 用图形说明消费者均衡；
8. 价格变动和收入变动对消费者选择的影响。

案例导入

朝三暮四与朝四暮三的区别

春秋时，宋国有一个很喜欢饲养猴子的人，名叫狙公。他家养了一大群猴子，他能理解猴子的意思，猴子也能理解他的心意。狙公宁可减少全家人的食用，也要满足猴子的要求。然而过了不久，家里越来越穷困了，狙公打算减少猴子吃栗子的数量，但又怕猴子不顺从自己，就先骗猴子说："给你们的栗子，早上三个晚上四个，够吃了吗?"猴子一听，都站了起来，十分恼火。过了一会，狙公又说："给你们栗子，早上四个，晚上三个，这该够吃了吧?"猴子一听，一个个都趴在地上，非常高兴。

这个"朝三暮四"的成语故事原本揭露狙公愚弄猴子的骗术，告诫人们要注重实际，防止被花言巧语所蒙骗。古人认为朝三暮四和朝四暮三没有区别，他们认为总量是没有变化的。从经济学的角度来看，朝三暮四和朝四暮三能给猴子带来不同的效用。

第一节 效用理论概述

效用理论是消费者行为理论的基础。消费者是指在经济中独立做出经济决策的经济主体，可以是个人，也可以是家庭。消费者作为理性的经济人，其消费的目的是在收入有限的条件下最大限度地满足欲望，即实现效用最大化。因此，弄清楚什么是欲望，什么是效用及效用的评价方法，就成为研究消费者行为理论的出发点。

一、欲望及其特点

欲望就是人们的需要（不是需求），是指缺乏的感觉和求得满足的愿望。欲望是一种心理感觉，它是不足之感和“求足”之愿的统一。欲望具有以下几个方面的特点。

（一）欲望的无限性

对于绝大多数消费者来说，消费欲望是无限增长的，一种欲望满足之后又会产生新的欲望。人类为了满足自身不断产生的欲望而不断奋斗，欲望是推动社会不断前进的动力。中国有句俗语说“人心不足蛇吞象”，说的就是欲望无限性这个道理。

（二）消费欲望的层次递进性

按照美国心理学家亚伯拉罕·马斯洛的观点，人的欲望尽管是无限的，但有轻重缓急之分，具有层次性。欲望是由人的需要引导的。根据不同需要的内容，消费欲望可以分为五个层次。

（1）生理需要。这是指消费者要满足衣食住行等基本生存条件需要而产生的欲望。这是人类最基本的欲望，是其他欲望产生和发展的基础。

（2）安全的需要。这主要是指消费者为实现满足对现在与未来安全感的需要的欲望，如身体健康，社会养老保险等方面的欲望。这种欲望实际上是基本生理需要的延伸。

（3）归属和爱的需要。这是人的一种社会需要，是一种精神层次的需要。主要是指人们在社会团体中求得一席之地，建立与家人、朋友之间的感情的欲望。

（4）尊重的需要。尊重包括自尊与来自别人的尊重。这是更高层次的社会需要。

（5）自我实现的需要。这种需要包括对自我道德的完善、对自身价值的体现及对理想与抱负的追求，是人类最高层次的欲望。

在上述五个层次欲望中，低层次欲望满足以后就不再是行为的推动力，但会在此基础上产生新的欲望，人的欲望具有逐级递进的关系。不同的消费者对满足不同层次欲望的商品的选择次序有所不同，不排除个别人在低层次欲望还没有得到满足之前就会产生高层次欲望的可能性。对于绝大多数消费者来说，基本上是遵循在满足低层次欲望后才产生高一层次欲望这一基本规律。

（三）欲望满足对象的可替代性

人的某一方面欲望的满足对象，即消费客体，是可以相互替代的，也就是可以用不同的商品来满足同一消费欲望，完成同一消费功能。另外，随着社会经济的发展与科学技术的进步，满足人类社会同一消费需要的产品种类及功能也在不断发生变化，人们总希望用具有较多功能的产品取代具有较少功能的产品。例如，电视机的品种、功能及性能随时都在发生变化，不同的电视机使人们在收看电视节目时所得到的舒适程度不同。

二、效用

效用是消费者在消费活动中所得到的欲望的满足程度。效用和欲望一样，都是消费者对商品的主观感觉，两者不同之处在于：欲望产生在商品消费之前，而效用是消费者对商品进行消费后的主观评价。效用的特点如下。

（一）效用的主观性

效用是对欲望的满足，因而它与欲望一样，是一种主观心理感觉。同一数量同一物品的效用大小没有客观标准，完全取决于消费者在消费当时的主观感受，它会因人、因时、因地而有不同。例如，香烟对于吸烟者来讲能满足其吸烟的欲望，因而有效用，而对于不吸烟的人来讲则无效用，甚至被动吸烟还会产生负效用。同一件棉衣，在冬天或寒冷地区给人们带来的效用很大，但在夏天或热带地区只能带来负效用。

（二）效用不含伦理学判断

只要能满足人们某种欲望的物品就有效用，这种欲望本身是否符合社会道德规范则不在效用评价范围之内。例如，吸烟对于烟民来说，具有刺激神经，满足烟瘾的功效，同时吸烟者也为社会提供一定量的财政收入；但吸烟有害健康，污染环境，社会要普遍提倡戒烟。社会提倡戒烟和烟民满足烟瘾之间，是社会舆论与个人偏好之间的矛盾，两者之间的协调不能通过法律或社会伦理道德规范来处理。

（三）效用计量可大、可小，可正、可负

消费者在消费活动中获得的满足程度高，就是效用大；反之，就是效用小；如果消费者在消费活动中感受到痛苦，就是负效用。

案例分析

最好吃的东西

兔子和猫争论，世界上什么东西最好吃。兔子说：“世界上萝卜最好吃。萝卜又甜又脆又解渴，我一想起萝卜就要流口水。”猫不同意，说：“世界上最好吃的东西是老鼠。老鼠的肉非常嫩，嚼起来又酥又松，味道美极了！”兔子和猫争论不休、相持不下，跑去请猴子评理。猴子听了，不由得大笑起来：“瞧你们这两个傻瓜，连这点儿常识都不懂！世界上最好吃的东西是什么？是桃子！桃子不但美味可口，而且长得漂亮。我每天做梦都梦见吃桃子。”兔子和猫听了，全都直摇头。那么，世界上到底什么东西最好吃？

以上这个故事说明了效用完全是个人的心理感觉。不同的偏好决定了人们对同一种商品效用大小的不同评价。

三、效用评价

消费者行为理论研究效用最大化的实现，首先遇到的就是对效用大小的比较和评价问题。有些经济学家认为效用大小可以用具体数字大小进行计量；而另外一些经济学家则认为效用大小不能准确量化，而只能以顺序来进行比较。这就是在效用评价理论发展过程中先后出现的基数效用论和序数效用论。

（一）基数效用论

最早解释消费的效用理论叫作基数效用论。其基本观点是：效用可以用效用单位来计量，并且可以加总求和。效用单位是计量效用的单位名称，如同长度单位“米”一样。效用的大小可以用基数（1，2，3，…）来表示。例如，某个消费者在一个特定的条件下吃了一个面包，他认为获得了 5 个效用单位的欲望满足，他又喝了一瓶汽水，认为获得了 3 个效用单位的欲望满足。这时，该消费者总共获得了 8 个效用单位的欲望满足程度。

基数效用论采用边际效用分析法分析消费者均衡问题。

（二）序数效用论

由于效用是人们的主观心理感觉，实际上是没有办法测量的，因此基数效用论在如何衡量效用的问题上存在着致命的缺陷。序数效用论是为了弥补基数效用论的缺陷而提出的另一种评价方法。其基本观点是：效用作为一种心理现象无法准确计量，更不能加总求和。虽然消费者不能说出自己对某种商品的效用量究竟是多少，但他可以说出对不同商品的偏好的顺序。例如，他可以说出对 A 商品的偏好甚于 B，对 B 的偏好甚于 C，等等。因此，可以用序数第一、第二、第三、……来分析偏好的顺序，表示效用水平的高低。

现代西方经济学普遍采用序数效用论观点。序数效用论采用无差异曲线分析法分析消费者均衡。

以下两节分别介绍建立在两种不同效用评价方法上的消费者行为理论。这两种理论所采用的分析方法虽然不同，但分析的结论是相同的。

第二节　边际效用分析

案例导入

半个煎饼的价值为何大于六个煎饼的价值

佛教《百喻经》中有一个寓言，大意如下。

有个人肚子饿了，去买煎饼吃。他买了一个煎饼，很快就吃完了，可肚子还是很饿。于是，他又吃了第二个、第三个……一连吃了六个煎饼，还是没有感到吃饱。紧接着他买了第七个煎饼，刚吃下半个，就觉得自己饱了。这时，他心中懊恼，用手打着自己嘴巴说道："我怎么如此愚痴而不知节约！如果早知道这半个煎饼能吃饱，那么我只要买半个煎饼就行了，前头的六个煎饼不是多吃了吗？"

上面的故事揭示了现代经济学的重要概念——边际。"边际"一词是经济学上的常用术语，一般是指新增的意思。19 世纪 70 年代出现的边际概念，是西方经济学自亚当·斯密以来一个极为重要的变化。经济学把它作为一种理论分析工具，可以应用于任何经济中的任何衡量的事物上。正因为这一分析工具在一定程度上背离了传统的分析方法，故有人称之为边际革命。

本节介绍建立在基数效用论基础之上，运用边际效用分析方法研究消费者均衡的实现，即消费者效用最大化的问题。

一、总效用与边际效用

（一）总效用

总效用（Total Utility，TU）是消费者消费一定量商品所获得的总的满足程度。在效用分析中，商品消费量（Q）是自变量，欲望满足程度即效用是因变量。因而，总效用是商品消费量的函数，总效用函数为

$$TU = f(Q)$$

（二）边际效用

边际效用（Marginal Utility，MU）是指消费者每增加 1 单位某种商品的消费所增加的总效用。若以 ΔQ 表示增加的商品量，以 ΔTU 表示增加的总效用量，则边际效用可以表示为

$$MU = \frac{\Delta TU}{\Delta Q}$$

（三）总效用与边际效用的关系

总效用和边际效用之间的关系可以用表 3－1 和图 3－1 来说明。表 3－1 列出了某消费者在消费某种商品时的总效用与边际效用数值。

表 3－1　效用表

商品消费数量（Q）	总效用（TU）	边际效用（MU）
0	0	—
1	20	20
2	35	15
3	45	10
4	50	5
5	50	0
6	46	-4

根据表 3-1，可以作出总效用曲线和边际效用曲线，如图 3-1 所示。在图 3-1（a）中，横轴代表商品消费数量 Q，纵轴代表总效用 TU。总效用曲线 TU 是一条从原点出发，向右上方渐升，当达到最高点后，又向右下方倾斜的曲线。它表示：随着某商品消费量的不断增加，在合理的消费阶段消费者的满足程度会不断增加，但当消费量达到饱和以后，即消费者对该商品的消费欲望得到完全满足后，如果继续增加消费，总的满足程度不但不再增加，反而可能减少。

在图 3-1（b）中，横轴代表商品消费数量 Q，纵轴代表边际效用 MU。边际效用曲线 MU 是一条向右下方倾斜，并有可能与横轴相交，成为负值的曲线。它表示：随着某商品消费量的不断增加，消费者不断增加的欲望满足程度是递减的；当消费者的满足程度达到饱和，即总效用达到最大值时，边际效用为零；过了这点如果继续增加消费，由于总效用开始下降，即总效用的增量为负，边际效用就成了负值。

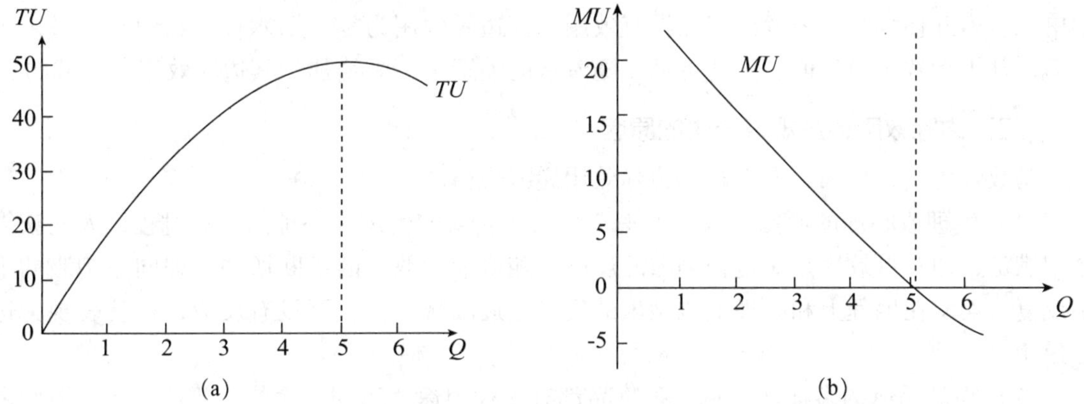

图 3-1　总效用与边际效用曲线

（a）总效用曲线；（b）边际效用曲线

由以上分析可以看出，总效用和边际效用的关系是：总效用增加，边际效用是正值；总效用达到最大值时，边际效用为零；总效用下降，边际效用为负值。

案例分析

钻石悖论

200 多年前，亚当·斯密在《国富论》中提出了钻石悖论：没有什么能比水更有用，然而水很少能交换到任何东西。相反，钻石几乎没有任何使用价值，但却经常可以交换到大量的其他物品。

这个问题实际上混淆了总效用与边际效用。钻石于人的用处确实远不如水，所以人们从水的消费中得到的总效用远远大于人们从钻石的使用中得到的总效用。但是，商品的需求价格不是由总效用而是由商品的边际效用的大小来决定的。虽然人们从水的消费中得到的总效用很大，但是，由于世界上水的数量很大，因此，水的边际效用很小，人们只愿付非常低的价格。相反，钻石的用途虽远不及水大，但世界上钻石数量很少，因此，其边际效用很高，价格非常昂贵。

二、边际效用递减规律

（一）边际效用递减规律的含义

边际效用递减规律是指在一定时期内，在其他条件不变的前提下，随着消费者对某种物品消费量的不断增加，每一单位消费品使消费者增加的满足程度，即边际效用，是递减的。这种现象普遍存在，因而被称为边际效用递减规律。

例如，假设表 3－1 所列出的是消费者不断喝水的过程中的一系列总效用和边际效用。假设消费者因缺水而生命垂危，喝第一杯水的边际效用最大，它挽救了消费者的生命，消费者的效用评价是 20 个效用单位。第二杯水的边际效用是使消费者基本恢复了精力和体力，其边际效用与第一杯相比减少到 15 个效用单位。第三杯水的边际效用只是帮助消费者解渴，其效用递减，边际效用只有 10 个效用单位。第四标水的边际效用递减为 5 个效用单位。第五杯水对消费者已完全没有效用，其边际效用为零。第六杯水给消费者带来了不适，其边际效用为负值。由此可见，随着水的消费量不断增加，其边际效用是递减的。

（二）边际效用递减规律产生的原因

基数效用论者从两个方面解释边际效用递减规律。

（1）生理或心理的原因。人们的消费行为是对人的生理和心理的刺激过程，人们获得欲望满足，即获得效用是对这种刺激的反应。随着消费数量的不断增加，即同一刺激的不断反复，人们在生理上和心理上所做出的反应会逐渐减小，直至没有反应，这就表现为边际效用递减。

（2）物品用途的多样性。每一种物品都有多种用途，不同用途的重要性不同。消费者总是将第一单位消费品用在最重要的用途上，第二单位消费品用在次要的用途上，这样，消费品的边际效用便随着消费品用途重要性的递减而递减。

案例分析

“旧东西”在不同国家的不同“礼遇”

在美国，如果每个人将自己生产出来的产品全部消费掉，经济就能保持正常的运转。如果生产旺盛，消费不足，产品就有可能积压。对于美国人来说，医治经济萧条的一个很有效的措施是鼓励消费。

在这样一个鼓励消费的国家，“旧东西”一般只有以下几条出路：捐赠给教堂，举办“后院拍卖会”，捐赠给旧货商店，或者当垃圾扔掉。旧的东西在美国非常不值钱，例如，旧的电熨斗常常仅值 1 美元，旧的西装一般销售 5 美元。但是，在中国，旧的东西要值钱得多。在大城市，许多人收购各种各样的旧货，例如生活用品，然后运到贫穷、偏僻的农村地区，以高出几倍的价格卖出。这样就出现了一个矛盾的现象：相对贫穷的中国人，却愿意花数倍于相对富裕的美国人愿意付出的价钱来购买旧的东西。

从上述的案例来看，商品的交易价格是由商品所提供的边际效应和稀缺性来决定的。

首先，富人用一元钱要比穷人轻率，富人的钱的边际效用较低，较为普遍地有用钱去购买奢侈品和较高档商品的动机，这样购买旧货的较少的花费带给他的边际效用会比较低。

其次，美国的物品丰富，人均生活水平更高。因而一般生活用品的稀缺程度非常低，对于这类旧东西的稀缺程度也相对比较低。但我国在一段时期内，国内的经济发达程度还非常低下，生活用品类物品在相对落后地区还比较稀缺，因而这类物品的稀缺程度也比较大，这对于商品的交易价格产生着一定程度的影响。

三、消费者均衡

案例分析

怎样搭配才能花钱最少

李大妈是个很会过日子的人，买东西精打细算。这天她准备做午饭，看着家里没什么菜了，就去菜市场买菜。她先买了白菜、萝卜和西红柿，花了20元钱；又买了豆腐和粉条，花了10元钱。一看钱包里只有2元钱了，本来还想买一斤肉，可钱不够了。这怎么办？不能不买肉，家里已经没有荤菜了。李大妈这时才觉得白菜、萝卜和西红柿买多了，于是找卖菜的想退掉一些。买了菜还要退货？好在卖菜的见李大妈是老主顾，就退了她10元钱。李大妈于是花了12元钱买了一斤肉，心满意足地回家了。

李大妈退货的目的是重新将货币分配于菜与肉的购买上，这样实现了消费者均衡。

消费者均衡是指消费者通过购买各种商品和劳务实现最大效用时，既不想再增加，也不想再减少任何商品的购买数量的一种相对静止的状态。消费者均衡就是表示消费者实现这一目的时的心理满足状态。由于消费者已经达到最满意状态，他不会改变他所购买的各种商品和劳务的数量。如果消费者的消费未能使他的效用最大化，他就会改变消费决策，重新调整购买各种商品和劳务的数量，直到增加的总效用达到最大化为止。

那么，在什么情况下消费者才会达到最大满足即消费者均衡状况？我们知道，消费者在决策时，要考虑一定的限制因素，这里的限制因素就是各种商品的价格和消费者的货币收入水平。商品的价格是消费者购买每单位商品所必须付出的货币量，价格越高，能用一定量货币购买的商品数量就越少。而在现实生活中，人们的货币收入又是有限的，这就决定了购买力要受到收入水平的限制。

以上两个因素构成了消费者决策的限制或约束条件。假设消费者只购买X和Y两种商品，则限制条件可以表示为

$$M = P_X \times Q_X + P_Y \times Q_Y$$

上式中，M为货币收入；P_X和P_Y分别为X商品和Y商品的价格；Q_X和Q_Y分别为X商品和Y商品的购买数量。此公式表明，消费者购买两种商品的总支出不能超过其收入水平，否则购买是不能实现的；但是，也不能小于收入水平，因为这样不能达到既定收入下的效用最大化。由于M为一定，购买X商品的数量多，则购买Y商品的数量就越少，而X和Y的边际效用又都是随着消费数量的增加而减少的，也就是说，购买X商品的数量增加，其边际效用就下降；数量减少，边际效用就上升。根据这样的条件，消费者花费一定收入购

买两种商品的最优均衡条件为

$$\frac{MU_X}{P_X}=\frac{MU_Y}{P_Y}$$

这一条件说明，消费者均衡的条件是：各种商品和劳务的边际效用与其价格之比都相等，也就是说，消费者每花费一元钱，所得到的各种商品和劳务的边际效用都相等。如果消费者花在某种商品上的一元钱给他带来的边际效用大于（或小于）其他商品的边际效用，那么这还不是消费者均衡状况，因为消费者会重新调整各种商品的购买数量，比如增加（减少）该商品的购买量，减少（增加）其他商品的购买量。一直到所有商品和劳务的边际效用与它们各自的价格之比都相等时，才能达到消费者均衡状况。

以上的讨论是在假设消费者只购买 X 和 Y 两种商品的条件下进行。而现实生活中，消费者购买的商品不是两种，而是许多种，设各种商品的价格为 P_1，P_2，P_3，…，P_n，购买的数量为 Q_1，Q_2，Q_3，…，Q_n，各种商品的边际效用为 MU_1，MU_2，MU_3，…，MU_n，则可以把消费者均衡的条件写为

$$P_1Q_1+P_2Q_2+P_3Q_3+\cdots+P_nQ_n=M$$

$$\frac{MU_1}{P_1}=\frac{MU_2}{P_2}=\frac{MU_3}{P_3}=\cdots=\frac{MU_n}{P_n}$$

四、消费者剩余

案例分析

节省出来的 19 元

在一场猫王专辑的小型拍卖会上，有小琳、小文、老李、阿俊四个猫王粉丝同时出现。他们每个人都想拥有这张专辑，但每个人愿意为此付出的价格都有限。小琳愿意支付 100 元，小文 80 元，老李 70 元，阿俊 50 元。

拍卖会开始了，拍卖者首先将最低价格定为 20 元，开始叫价。由于每个人都非常想要这张专辑，并且每个人愿意出的价格远远高于 20 元，于是价格很快上升。当价格达到 50 元时，阿俊不再参与竞拍。当专辑价格再次提升为 70 元时，老李退出了竞拍。最后，小琳愿意出 81 元时，竞拍结束了，因为小文也不愿意出高于 80 元的价格购买这张专辑。

那么，小琳究竟从这张专辑中得到什么收益了呢？实际上，小琳愿意为这张专辑支付 100 元，但她最终只为此支付了 81 元，比预期节省了 19 元。这节省出来的 19 元就是小琳的消费者剩余。

消费者剩余是指消费者在购买商品时，所得到的总效用和实际支付的货币总效用之间的差额。或者说，消费者对某种商品所愿意付出的代价超过他实际付出的代价的余额。

对消费者来说，对某种商品所愿意付出的代价取决于他对该商品的效用评价。该单位商品给消费者带来的边际效用越大，消费者为获得该单位商品所愿意支付的价格就越高；反之，消费者愿意支付的价格就越低。

由于边际效用是递减的，因而消费者所愿意支付的价格会随着消费者对该商品消费数

量的不断增加而不断降低。随着消费者对某一商品消费数量的不断增加，由于对每一单位商品愿意支付的价格递减，而实际价格不变，因而消费者所获得的消费者剩余在减少。可以用表3－2来说明消费者剩余。

表3－2　消费者剩余表

消费数量	边际效用	愿意支付价格（元）	实际价格（元）	消费者剩余（元）
1	10	5	1	4
2	8	4	1	3
3	6	3	1	2
4	4	2	1	1
5	2	1	1	0

在上表中，消费者对每1元货币的效用评价是2个效用单位。第1个单位商品给消费者带来的边际效用是10个效用单位，因而消费者对该商品愿意支付的价格为5元，而该商品的实际市场价格只有1元，因而在第1个单位商品的消费中，消费者获得了4元的消费者剩余。随着消费数量的不断增加，消费者愿意支付的价格在递减，因而消费者剩余在减少。当消费数量增加到消费者愿意支付的价格等于商品的实际价格时，消费者剩余为零，这时理性的消费者会停止购买。

在理解消费者剩余时要注意两点：第一，消费者剩余并不是实际收入的增加，只是一种心理感觉；第二，生活必需品的消费者剩余大，因为消费者对此类物品的效用评价高，愿意支付的价格也高，但此类物品的实际价格一般并不高。消费者剩余是一种心理现象，消费者在自己的日常购买行为中可以感受到它的存在。我们可以用消费者剩余的概念评价消费者的福利状况，分析政府的公共财政问题等。

案例分析

生产者剩余

现在设想你是一个房屋所有者，而且你需要油漆你的房子。你找到了4个油漆劳务的出卖者：玛丽、路易斯、乔治亚和格拉玛。如果价格合适，每位油漆工都愿意为你工作；你决定让这四个油漆工竞价，并把这项工作拍卖给愿意以最低价格工作的油漆工。

如果得到的价格超过了从事这项工作的成本，每个油漆工都愿意接受这项工作。在这里成本这个术语应该解释为油漆工的机会成本：它包括油漆工口袋中的支出（油漆、刷子等）和油漆工对自己时间的评价。表3－3表示每个油漆工的成本。由于一个油漆工的成本是她愿意接受这份工作的最低价格，所以，成本是她出售她的劳务的意愿。每个油漆工都渴望以高于她的成本的价格出售她的劳务，拒绝以低于她的成本的价格出售她的劳务，而且，对在价格正好等于她的成本时出售她的劳务持无所谓的态度。

当你接受油漆工的报价时，价格开始时可以是高的，但由于油漆工竞争工作，价格会很快下降。一旦格拉玛报出了600美元的价格（或者略低一点），她就是唯一留下来的竞价者。格拉玛很高兴在这种价格时从事这项工作，因为她的成本仅仅是500美元。玛丽、路易斯和乔治亚不愿意以低于600美元的价格从事这项工作。要注意的是工作属于能以最低成本从事这项工作的油漆工。

表3-3　四个可能的卖者成本

卖　者	成本（美元）
玛丽	900
路易斯	800
乔治亚	600
格拉玛	500

格拉玛从这项工作中得到了什么收益呢？由于她愿意以500美元从事这项工作，但得到了600美元的价格。我们说她得到了100美元的生产者剩余。生产者剩余是卖者得到的量减去生产成本。生产者剩余衡量卖者参与市场的收益。

第三节　无差异曲线分析

序数效用论采用无差异曲线分析法分析消费者如何实现消费决策的合理化。

一、无差异曲线

（一）无差异曲线的定义

序数效用论者认为消费者的效用可以用顺序或等级来比较大小。消费者对不同商品组合的偏好是有差别的，我们可以用一组无差异曲线来表述消费者的偏好。无差异曲线是序数效用论的主要分析工具，是表示在偏好既定的条件下，消费者获得满足程度相等的商品组合点的轨迹。由于多于两种商品的分析要用到较深的数学工具，所以西方经济学都用两种商品组合来说明无差异曲线。

假定现在有 X、Y 两种商品，这两种商品可以有 A、B、C、D、E 五种不同的消费组合。这五种组合都能给消费者带来相同的效用，如表3-3所示。

表3-4　某消费者的无差异表

组合方式	X 商品	Y 商品
A	5	30
B	10	18
C	15	13
D	20	10
E	25	8

图3-2中，横轴代表商品 X 的数量，纵轴代表商品 Y 的数量，A、B、C、D、E 各点表示五种不同的商品 X 和商品 Y 的数量组合，将各点连接起来的曲线 I 就是无差异曲线。

无差异曲线上的任何一点所表示的商品组合虽然都各不相同，但它们在消费者偏好既定条件下给消费者所带来的效用，即满足程度都是相同的。

根据表 3 - 4，可以作出图 3 - 2。图 3 - 2中的无差异曲线 I，是把 A、B、C、D、E 五个不同的组合连接起来得到的，所以无差异曲线又称作等效用线、同好曲线、效用等高线、中立曲线。

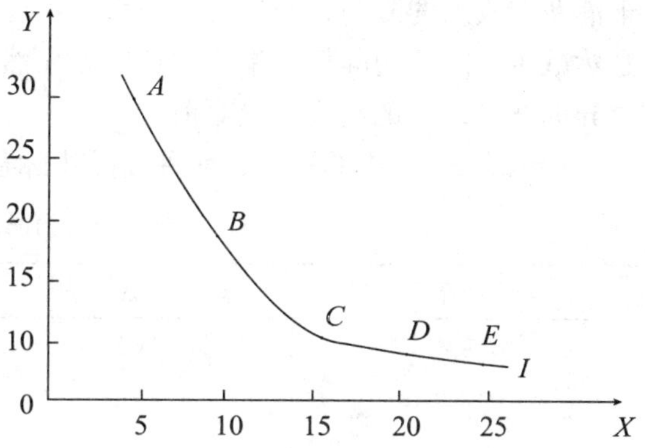

图 3 - 2　无差异曲线图

（二）无差异曲线的特征

无差异曲线具有以下有四个重要特征。

（1）在正常的消费阶段，无差异曲线是一条向右下方倾斜的曲线，其斜率为负值。

这表明，在消费者消费两种商品的数量都未达到饱和之前，也就是增加每一种商品的消费还都能给消费者带来正效用的条件下，消费者为了保证总效用不变，再增加一种商品的消费时，就必须减少另一种商品的消费。两种商品不能同时增加或减少。

（2）在同一平面上可以有无数条无差异曲线。

同一条无差异曲线上的不同点所代表的不同消费组合给消费者带来相同的效用，不同的无差异曲线上的不同消费组合给消费者带来不同的效用。对于某个消费者来说，无差异曲线可以有无数条，它们共同构成消费者的无差异曲线群，如图 3 - 3 所示。离原点越近的无差异曲线所代表的效用水平越低，离原点越远的无差异曲线所代表的效用水平越高。

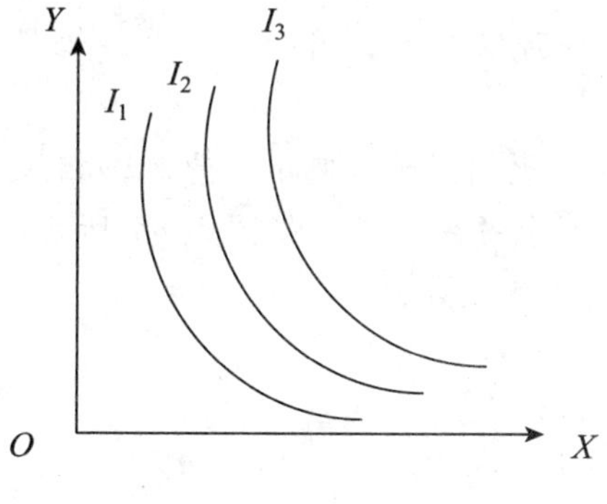

图 3 - 3　无差异曲线群

在图 3 - 3 中，I_1、I_2、I_3是三条不同的无差异曲线，它们分别代表不同的效用水平，根据它们离原点距离的远近，可知其效用比较为 $I_1 < I_2 < I_3$。

（3）在同一平面上，任意两条无差异曲线不能相交。

在消费者偏好既定的条件下，同一种消费组合只能给消费者带来同一种效用水平。如果两条无差异曲线有交点，则说明在交点上两条无差异曲线具有了相同的效用。这显然与无差异曲线的第二个特征——“不同无差异曲线具有不同效用”相矛盾。

（4）无差异曲线是一条凸向原点的线。

这是由商品的边际替代率递减所决定的。边际替代率是消费者在消费两种商品保持效用不变时，减少一种商品的消费量与增加另一种商品的消费量之比。用公式表示如下：

$$MRST_{XY} = \frac{MU_X}{MU_Y} = -\frac{\Delta Y}{\Delta X}$$

上式中 MU_X 是消费者消费商品 X 的边际效用，MU_Y 是消费者消费商品 Y 的边际效用。由于消费者收入的限制，为保持效用水平不变，一种商品消费量增加时，另一种商品消费量必然减少，因此边际替代率应为负值。显然，无差异曲线上任何一点的边际替代率等于无差异曲线在该点的斜率的绝对值。

根据表 3－4 中的资料，两种商品边际替代率计算结果如表 3－5 所示。

表 3－5　商品边际替代率计算表

变动情况	ΔX	$-\Delta Y$	$MRST_{XY}$
$B-A$	5	12	2.4
$C-B$	5	5	1
$D-C$	5	3	0.6
$E-D$	5	2	0.4

从表 3－5 中可以看出，在两种商品的正常替代过程中，两种商品的边际替代率是递减的。这一规律即为商品的边际替代率递减规律，其完整表述为：在维持效用水平不变的前提条件下，消费者为每增加 1 单位的某种商品的消费所要放弃的另一种商品的消费数量是递减的。

案例分析

无差异曲线的特例

无差异曲线一般是一条向右下方倾斜的负斜率的曲线，并且凸向原点。这是一般的规律，但在某些特殊的情况下，也会出现例外。

(1) 完全替代品的情况。当两种商品之间的替代比率是固定不变的时候，即每增加一种商品所需要减少的另一种商品的数量不会发生变化，也就是边际替代率不变，无差异曲线就是一条斜率不变的直线。例如一元纸币在一定的环境内可以永远替代一元硬币，如图 3－4 所示。

(2) 完全互补品的情况。有的商品必须按照固定不变的比例同量被使用。此时，相应的无差异曲线是直角形状。如一副眼镜必须由一个镜架和两个镜片组成，如图 3－5 所示。边际替代率为 0（平行于横轴）或为∞（垂直于横轴）。

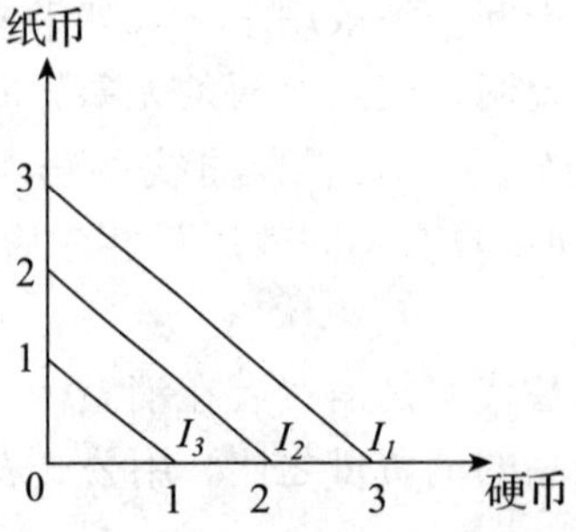

图 3－4　完全替代品的无差异曲线

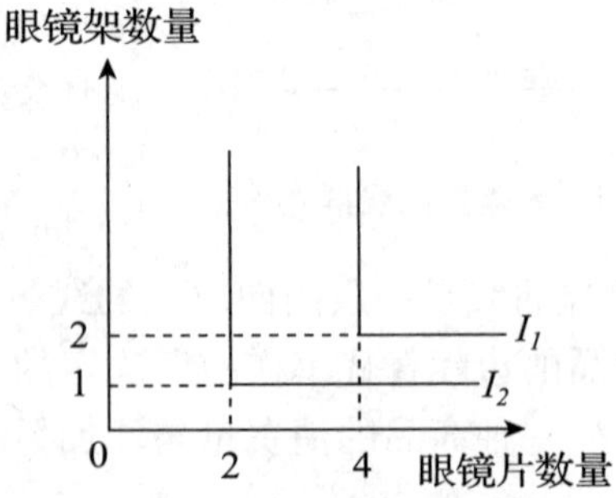

图 3－5　完全互补品的无差异曲线

二、消费者预算线

无差异曲线只是表示消费者主观上对两种商品不同组合的偏好，但事实上，消费者的购买量还取决于他的收入水平以及他如何把自己的收入分配于具有特定价格的各种物品和劳务上。在不考虑借贷的条件下，消费者不能无限制地选择他喜爱的商品。反映消费者收入约束的概念就是消费者的预算线。

（一）消费者预算线的含义

消费者预算线又称消费可能线，等支出线或价格线。它是一条表明在消费者收入和商品价格既定的条件下，消费者的全部收入所能购买到的两种商品的不同数量最大的组合线。

假设某消费者收入为60元，他面临这两种商品衣服和食物，衣服价格为每件20元，食物的价格为每千克10元。如果他将全部收入用于购买衣服，可买3件，如图3－6中的*A*点；如果全部用于购买食物可买6千克，如图3－6中的*B*点；如果购买两种商品的各种组合，消费者的所有可能选择都会表现在*AB*线上。

在图3－6中，预算线*AB*把平面坐标图划分为三个区域：*AB*线以外的区域中的任何一点，如*D*点，是消费者的有限收入不可能实现的商品购买组合点；*AB*线之内的任何一点，如*C*点，表示消费者的全部收入没有用完，尚有储蓄；只有*AB*线上的任何一点，才是消费者在收入和价格既定条件下可能购买的这两种商品的最大组合。

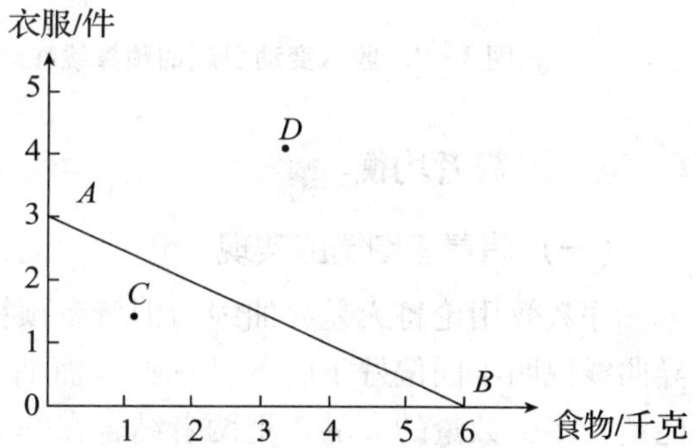

图3－6　消费者预算线

假定消费者用一定的货币收入M购买商品X和商品Y，商品X的价格为P_X，商品Y的价格为P_Y，则消费者的消费预算线可以表示为

$$P_X \cdot X + P_Y \cdot Y = M$$

也就是

$$Y = \frac{M}{P_Y} - \frac{P_X}{P_Y} \cdot X$$

（二）消费者预算线的变动

如消费者预算线的定义所述，作出一条确定的预算线必须要有两个前提：其一是消费者的收入既定；其二是两种商品的价格既定。也就是说，这两个前提中的任何一个发生变化，都会引起消费者预算线的变动。

1．价格不变，收入变化

如图3－7所示，收入增加，消费者可以购买更多的两种商品的各种组合，所以预算线向上平移；反之，收入减少会使预算线向下平移。由于X和Y两种商品的价格不变，所以预算线的斜率没有发生变化，只是随收入的增加或减少平行地向上或向下移动。

2. 收入不变，两种商品的价格比率发生变化

如图3－8所示，假定商品Y的价格不变，X的价格提高，那么预算线斜率P_X/P_Y的绝对值就要增大。在这里，M/P_Y即消费者全部收入所能购买的Y的数量没有变化，从而预算线在Y轴上的坐标不变。但P_X提高了，M/P_X即用全部收入所能购买的X的数量就要减少，预算线以A点为轴心向左方旋转。同理，如果X的价格降低，预算线就会以A点为轴心向右方旋转。如果P_X不变，P_Y发生变动，预算线就会以B点为轴心向上或向下旋转。

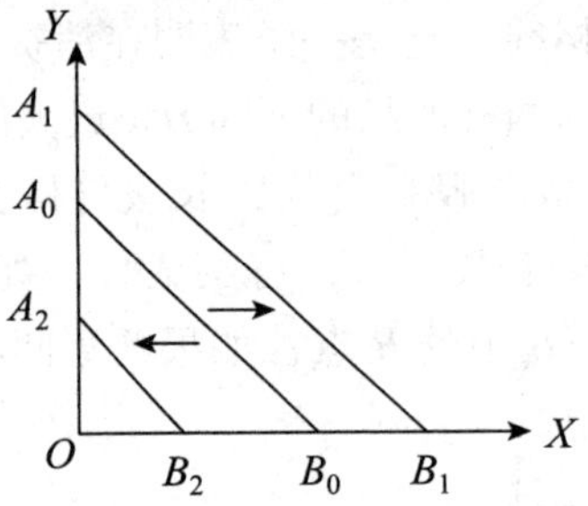

图3－7　收入变动引起的预算线移动

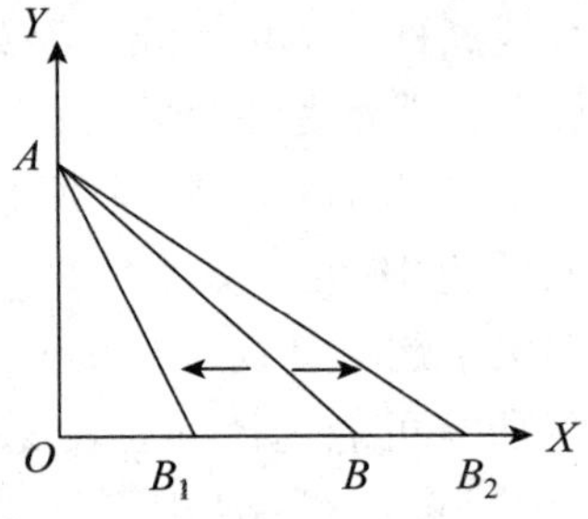

图3－8　价格变动引起的预算线移动

三、消费者均衡

（一）消费者均衡的实现

序数效用论将无差异曲线与消费者预算线结合在一起来分析消费者均衡的实现。无差异曲线说明不同偏好下的各种选择，而消费者预算线则说明在收入和价格一定的条件下，能消费多少数量的商品。把两者结合在一起，可以确定消费者购买行为的最佳境界——消费者满足程度的最大化，即消费者均衡。

由于不同的商品数量组合，决定了不同的无差异曲线，也就是在同一坐标图上可以有无数条无差异曲线。另外在消费者收入和商品价格一定的条件下，消费者的预算线只有一条。那么，一个消费者在面临一条既定的预算线和无数条无差异曲线时，他应该如何决策才能获得最大的满足程度呢？序数效用论指出：只有在既定的预算线与其中一条无差异曲线的相切点，才是消费者获得最大效用即消费者均衡点。

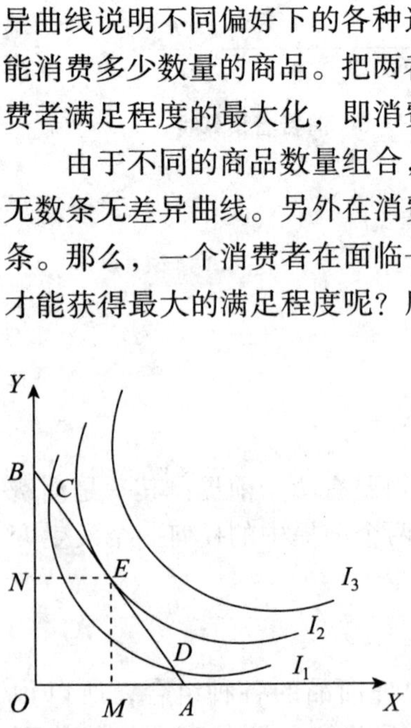

图3－9　消费者均衡

如图3－9所示，有I_1、I_2、I_3三条无差异曲线，它们分别代表了三种不同的效用水平，$I_1<I_2<I_3$。消费者究竟选择哪一条无差异曲线所表示的X和Y两种商品的数量组合，是受既定预算线AB限制的。无差异曲线I_3的效用水平最大，但是，它要求的两种商品的数量组合超过了消费者均衡的限制条件，即预算线，因而这一效用水平是无法实现的。无差异曲线I_1在与预算线相交的两点C、D上都能满足消费者均衡的条件，它们所表示的X和Y两种商品的数量组合都满足预算线的要求。但是I_1代表

的效用水平最小，因而反映的 X 和 Y 两种商品的数量组合不是最优的。无差异曲线 I_3 与预算线相切于 E 点，E 点既符合消费者预算的限制条件，是预算线所能达到的最高的无差异曲线。所以它代表的 X 和 Y 两种商品的数量组合是满足预算限制条件下使消费者得到效用最大化的最优组合，即在切点 E 实现了消费者的均衡。

（二）消费者均衡的变动

消费者均衡实现的前提是消费者收入和商品价格既定，也就是预算线既定。如果上述条件发生了变化就会引起预算线位置的变动，那么消费者均衡点的位置也会相应改变。下面分两种情况进行讨论。

1. 预算线平行移动

在图 3－10 中，预算线由 A_1B_1 向右上方平行移动到 A_2B_2 的位置。其原因可以是消费者收入提高，也可以是两种商品价格同比例下降。不论哪一种原因引起预算线向右平行移动，都意味着消费者的实际购买能力提高了。消费者均衡点由 E_1 移动到 E_2，使消费者两种商品的购买量都会增加，同时消费者的效用水平也由 I_1 提高到 I_2。反之，若预算线平行向左移动，则两种商品的购买量都会减少，效用水平就会下降。

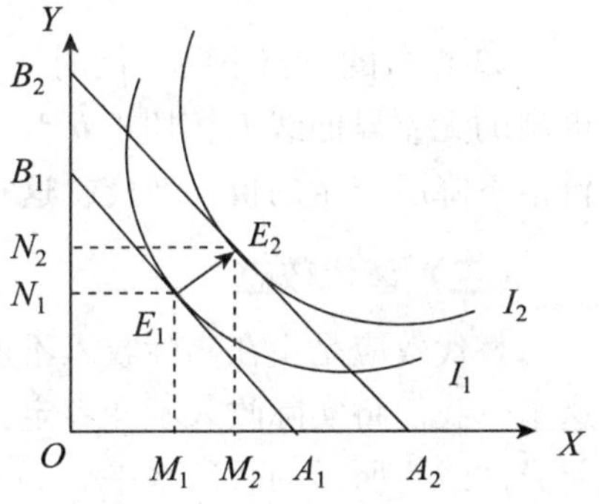

图 3－10　消费者均衡

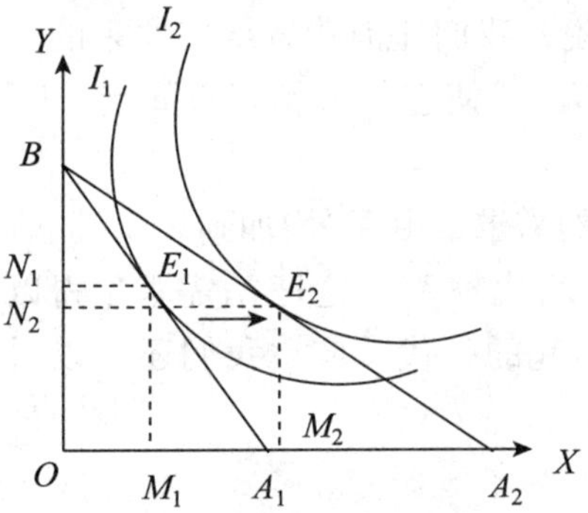

图 3－11　消费者均衡

2. 预算线的斜率发生变动

在图 3－11 中，商品 X 的价格下降，而其他条件不变，于是预算线由 A_1B 移动到 A_2B 的位置。预算线斜率的变化也会引起消费者均衡的变化。在图 3－11 中，消费者均衡点由 E_1 移动到 E_2，两种商品的购买量都发生了变化。其中价格不变的商品 Y 的购买量由 N_1 减少到 N_2，而价格下降的商品 X 的购买量由 M_1 增加到 M_2。

四、替代效应与收入效应

在上一章需求定理的介绍中已经知道：商品价格的变动会引起需求量反方向变动。这种变动可以被分解为替代效应和收入效应。下面，用预算线和无差异曲线的关系来进一步说明替代效应和收入效应。

（一）价格效应

价格效应是指一种商品价格变化对该商品需求量的影响。为讨论替代效应和收入效应，首先需要了解价格效应。在图 3－12 中，横轴和纵轴分别表示 X_1 和 X_2 两种商品的数量。期初预算线为 AB，它与无差异曲线相切于 a 点，a 点是消费者均衡点，X_1' 是期初 X_1 商品的需求量。

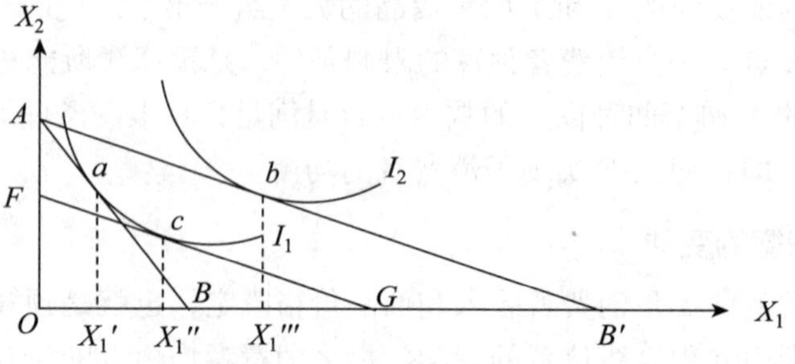

图 3-12　收入效应与替代效应

如果 X_1 的价格下降，同时 X_2 的价格不变，预算线就会旋转到 AB' 的位置。AB' 与位置更高的无差异曲线 I_2 相切于 b 点，对 X_1 的需求量增加到 X_1'''。X_1 商品的增量 $X_1'X_1'''$ 就是 X_1 价格下降所产生的价格效应。这种价格效应可以分解为替代效应和收入效应。

（二）替代效应

替代效应是指在实际收入不变的前提下，价格变化所引起的该商品需求量的变化。在这里，我们将实际收入不变界定为效用水平不变。也就是说，我们让消费者维持原来的无差异曲线 I_1 所示的效用水平。同时我们作 AB' 的平行线 FG，并使它与 I_1 相切于 c 点，FG 被称为补偿预算线。

比较 X_1 价格变动前后两个均衡点 a 和 c，我们发现 X_1 的需求量由 X_1' 增加到 X_1''，同时 X_1 的价格减少了（a 点高于 c 点）。X_1 价格下降使消费者用 X_1 代替 X_2，这是 X_1 需求量得以增加的原因。X_1 的增量 $X_1'X_1''$ 表示的就是 X_1 价格下降所引起的替代效应。我们还可以看到，替代效应表现为价格与需求量反方向变动。

（三）收入效应

收入效应指在不考虑替代效应的前提下，价格变动通过实际收入变化所引起的商品需求量的变化。在这里，我们将实际收入变化界定为效用水平变化，即无差异曲线由 I_1 移动到 I_2 发生多反映的变化。需要注意的是，我们在分析收入效应时，应剔除替代效应所引起的需求量的变化。我们已经知道，价格效应表现为 a 点到 b 点的移动，替代效应表现为 a 点到 c 点的移动，所以收入效应表现为 c 点到 b 点的移动。也就是说，收入效应表现为 X_1 价格下降所引起的 $X_1''X_1'''$ 的需求量增加。

在这里，收入效应表现为价格下降与需求量的反方向变动。但是，与替代效应不同，收入效应也可以表现为实际收入增加而需求量减少的情况。这是因为现实生活中存在需求收入弹性为负值的低档商品。

本章知识小结

● 消费是为了满足欲望。消费者从自己的偏好出发消费物品，满足欲望而获得效用。效用是一种心理感觉，每个人偏好不同，消费同种的物品的效用也不同。

- 认为效用可以计量并加总求和的效用理论为基数效用论，它用边际效用分析法分析消费者行为。认为效用无法计量与加总求和，只能排序的效用理论为序数效用论，它用无差异曲线分析法分析消费者行为。
- 总效用是消费者消费一定量商品所获得的总的满足程度；边际效用是指消费者每增加 1 单位某种商品的消费所增加的总效用。消费者的目的是实现效用最大化。在收入与价格既定的情况下，消费者效用最大化的条件是消费者所消费的两种物品的边际效用之比与其价格之比相等。
- 无差异曲线分析法是用无差异曲线表示消费偏好，用消费者预算线表示收入与价格既定的限制条件，当无差异曲线与消费者预算线相切时，消费者消费的两种物品组合实现了效用最大化。无差异曲线分析法与边际效用分析法得出的消费者效用最大化条件相同。
- 消费者对某种商品所愿意付出的代价超过他实际付出的代价的余额，称为消费者剩余。消费者剩余越大，消费者从交易中得到的福利越大。
- 商品价格的变动会引起需求量反方向变动，这种变动可以被分解为替代效应和收入效应，即价格效应 = 替代效应 + 收入效应。收入效应表示消费者效用水平发生变化，替代效应则不改变消费者的效用水平。

练　习　题

一、名词解释

1. 效用
2. 基数效用论
3. 序数效用论
4. 总效用
5. 边际效用
6. 边际效用递减规律
7. 消费者均衡
8. 无差异曲线
9. 消费者预算线
10. 消费者剩余
11. 价格效应
12. 替代效应
13. 收入效应

二、单项选择题

1. 某消费者逐渐增加商品的消费量，直到达到了效用最大化，在这个过程中，该商品的（　）。

   A. 总效用和边际效用不断增加

   B. 总效用和边际效用不断减少

   C. 总效用不断下降，边际效用不断增加

   D. 总效用不断增加，边际效用不断减少

2. 关于基数效用论，不正确的是（　）。

   A. 基数效用论中效用可以用确定的数字表达出来

   B. 基数效用论中效用可以加总

   C. 基数效用论和序数效用论使用的分析工具完全相同

D. 基数效用论认为消费一定量的某物的总效用可以由每增加一个单位的消费所增加的效用加总得出

3. 如果消费者消费 15 个面包获得的总效用是 100 个效用单位，消费 16 个面包获得的总效用是 106 个效用单位，则第 16 个面包的边际效用是（　　）个效用单位。

A. 108　　B. 100　　C. 106　　D. 6

4. 序数效用论认为，商品效用的大小（　　）。

A. 取决于价格　　B. 取决于使用价值

C. 可以通过确切的数字表示　　D. 可以比较

5. 商品 X 和商品 Y 的价格按照相同的比率上升，而且收入不变，预算线会（　　）

A. 向左下方平行移动　　B. 向右上方移动

C. 向左下方或右上方平行移动　　D. 不动

6. 预算线的位置和斜率取决于（　　）。

A. 消费者的收入　　B. 商品的价格

C. 消费者的收入和商品的价格　　D. 消费者的偏好、收入和商品的价格

7. 已知商品 X 的价格为 1.5 元，商品 Y 的价格为 1 元，如果消费者从这两种商品的消费中得到最大效用的时候，商品 X 的边际效用是 30，那么商品 Y 的边际效用应该是（　　）。

A. 20　　B. 30　　C. 45　　D. 55

三、多项选择题

1. 以下关于边际效用的说法正确的有（　　）。

A. 边际效用不可能为负值

B. 边际效用与总效用呈同方向变动

C. 对于通常情况来说，消费者消费商品服从边际效用递减规律

D. 在边际效用大于等于零时，边际效用与总效用反方向变动

E. 边际效用是指每增加（减少）一个单位的物品的消费所引起的总效用的增（减）量

2. 总效用和边际效用的关系为（　　）。

A. 当边际效用为零时，总效用最大　　B. 当边际效用为零时，总效用递增

C. 当边际效用为负时，总效用递减　　D. 当边际效用为负时，总效用不变

E. 当边际效用为正时，总效用递增

3. 无差异曲线的特征包括（　　）。

A. 任意两条无差异曲线可以相交　　B. 一般来说无差异曲线具有负斜率

C. 一般来说无差异曲线具有正斜率　　D. 任意两条无差异曲线不能相交

E. 在坐标图上有无数条无差异曲线

4. 关于消费者均衡点的下列看法正确的有（　　）。

A. 均衡点位于预算线上

B. 消费者均衡点在理论上可以脱离预算线而存在

C．均衡点由预算线和无差异曲线的切点决定
D．在消费者均衡点上，预算线与无差异曲线斜率相等
E．均衡点可以是无差异曲线上的任意一点

5．消费者剩余是指（　　）。
A．消费者获得的总效用　　B．消费者的一种心理现象
C．消费者消费不了的商品　　D．消费者的货币剩余
E．消费者从商品的消费中得到的满足程度大于他实际支付的价格部分

四、判断题

1．同种商品消费后得到的效用因人、因时、因地的不同而不同。（　　）
2．基数效用论采用的是无差异曲线分析法，序数效用论采用的是边际分析法。（　　）
3．差异曲线上每一点都表示消费者消费物品的数量组合相同。（　　）
4．只要商品的消费数量在增加，消费者得到的总效用就一定在增加。（　　）
5．用商品 X 代替商品 Y 的边际替代率等于3，意味着1单位商品 X 和3单位商品 Y 具有相同的总效用。（　　）
6．假定其他条件不变，如果某种商品的价格下降了，根据效用最大化原则，消费者会增购这种商品。（　　）
7．如果消费者从每一种商品中得到的总效用与它们的价格之比分别相等，他将获得最大的满足程度。（　　）

五、计算与分析题

1．根据总效用与边际效用的定义填写表1中的空格部分。

表1

某物品消费量	总效用	边际效用
1	10	10
2	15	
3		3
4	20	
5		1

2．某消费者对一场电影的评价（即他愿意支付的价格）为20元。当电影票的价格分别为10元、15元和25元时，消费者剩余分别为多少？当价格高于多少元时，消费者不去看这场电影？为什么？

3．如果有两种商品 X 和 Y，$\frac{MU_X}{P_X}<\frac{MU_Y}{P_Y}$，消费者怎样进行调整，才能达到效用最大化？若$\frac{MU_X}{P_X}>\frac{MU_Y}{P_Y}$，消费者应如何调整两种商品的购买量？为什么？

4. 亚当·斯密在《国富论》中曾经提到钻石与水的悖论：在人们生活中，作为必需品的水无疑比作为高档品的钻石重要得多，但钻石的价格比水的价格却高得多，如何解释？

六、问答题

1. 基数效用论和序数效用论的区别与联系是什么？
2. 边际效用递减规律的内容是什么？
3. 无差异曲线的特征有哪些？
4. 什么是消费预算线？
5. 消费者均衡的条件是什么？

第四章 生产者行为理论

学习目标

1. 理解生产要素与生产函数的含义，生产要素的种类；
2. 理解总产量、平均产量、边际产量及其数量关系；
3. 掌握短期成本、长期成本；
4. 理解成本与收益、利润之间的关系；
5. 理解厂商实现利润最大化的基本原则和方法。

本章重点和难点

1. 总产量、平均产量、边际产量及其数量关系；
2. 短期成本、长期成本；
3. 成本与收益、利润之间的关系；
4. 厂商实现利润最大化的基本原则和方法。

案例导入

企业追求的最高目标——利润最大化

有一家皮鞋厂，在一个销售期结束后进行盘点。它的总收益便是卖出皮鞋后的全部收入，它的平均收益便是每卖出一双皮鞋所得到的收入。规范地说，就是“出卖每单位商品所得到的收入”。不难看出，平均收益其实就是每双皮鞋的价格。假设该鞋厂生产一单位产品，也就是生产一双皮鞋增加的收益是20元（边际收益），而每生产一双皮鞋的边际成本为15元。那么，企业一定增加生产，以实现利润最大化，把能赚的钱尽量都赚到。

但是，如果一双皮鞋的边际收益为20元，而边际成本为25元时，鞋厂每生产一单位商品就会赔5元。那么，企业就一定要减少生产，因为它正在“贴钱卖货”。

在市场经济中，利润最大化与成本最小化是企业永恒的主题。

第一节 生产函数

案例导入

钻石所有权的“战争”

在一次世界珠宝拍卖会上，有一颗名为“月光爱人”的钻石吸引了顾客的眼球。它晶莹剔透、光彩夺目，最后卖出了8 000万元的天价。这颗宝石是谁生产的呢？很多人都在抢功劳。这颗钻石是由梦幻珠宝公司在位于南非的一座矿山中挖掘出来的。

梦幻公司的老板托尼扬扬得意地说："我当初决定购买这座矿山开采权的时候，就觉得这里面一定有宝藏，现在果然应验了。"

挖掘队队长鲍勃不服气了，说："为了挖到这颗钻石，我和同事们付出了艰辛的劳动。我们夜以继日地工作，几乎找遍了矿山的每个角落，好不容易才发现了它。"

梦幻公司提供挖掘设备的厂商却说："我们公司的机器设备是世界一流的，如果没有我们提供的挖掘机，他们不可能在50米深的矿井中挖到这颗钻石。"

最后，南非政府的官员说："只有在我们国家的土地上才能找到如此珍贵的钻石。在我们的国土下面还埋藏着数不尽的矿藏资源，欢迎各国企业家来投资开采。"

在这个故事中，大家都认为自己对生产钻石的功劳最大，其实离开了哪一方都不能成功。他们都是生产要素的提供者，理所当然应获得相应的报酬：提供劳动的获得工资，提供资本的获得利息，提供土地的获得地租，提供企业家的才能获得利润。

一、生产要素与生产函数

（一）生产要素的类型

生产就是厂商投入一定的生产要素而生产出产品的行为。投入的生产要素，即人、财、物等资源的投入，概括起来有四种。

（1）劳动。即劳动力所提供的服务，可以分为脑力劳动和体力劳动。

（2）资本。是指除土地以外的生产资料。它采取了两种形态：实物形态和货币形态。前者包括厂房、设备、原材料等；后者包括现金和银行存款。

（3）土地。是指生产中所使用的自然界所存在的各种自然资源，如土地、矿藏、森林、湖泊、海洋等。

（4）企业家的才能。是指企业家组织建立与经营企业的才能。把劳动、资本、土地组织起来进行生产的正是企业家才能。随着社会经济发展，企业家的才能这一生产要素将发挥越来越重要的作用。

（二）生产函数

生产函数（Production Function）是指在技术水平不变的情况下，生产过程中投入的各种生产要素的数量与其所能产生的最大产量之间的关系。可用下式表示，即

$$Q=f(L, K, N, E)$$

式中：Q 为产量；L 为劳动；K 为资本；N 为土地；E 为企业家才能。为了便于分析，现假设投入的生产要素只有资本（K）和劳动（L）两种，这时，生产函数就为

$$Q=f(L, K)$$

（三）技术系数

生产一定量某种产品所要求投入的各种生产要素之间的配合比例被称为技术系数。不同行业的生产中，技术系数是不同的。如果生产某种产品所要求的各种投入的配合比例是可以改变的，那么，它的生产函数就是具有可变技术系数的生产函数。如果生产某种产品

所要求的各种要素的投入配合比例是不能改变的，那么，生产函数就是具有固定技术系数的生产函数。

一般来说，技术系数是可变的。工业生产中有资本密集型产业和劳动密集型产业之分；农业生产中有粗放式经营和集约式经营之分。

美国经济学家柯布（C. W. Cobb）和道格拉斯（P. H. Douglas）通过对美国1899—1922年的工业生产统计资料的分析，提出了经济学中著名的“柯布-道格拉斯生产函数”。如下式所示：

$$Q = AL^{\alpha}K^{1-\alpha}$$

这个生产函数为指数函数，其中 A 和 α 为常数，$1 > \alpha > 0$。

柯布-道格拉斯计算出 A 为1.01，α 为0.75，所以，柯布-道格拉斯生产函数可以具体化为

$$Q = 1.01L^{0.75}K^{0.25}$$

该式说明，当资本投入量 K 不变时，劳动投入量 L 变为原来的0.01时（$0.01L$），产量将变为原产量的 $0.01^{0.75}$（$0.01^{0.75}Q$）。当劳动投入量 L 不变时，资本的投入量 K 变为原来的0.01时（$0.01K$），产量将变为原产量的 $0.01^{0.25}$（$0.01^{0.25}Q$）。劳动和资本同比例变化时，劳动所作出的贡献是资本贡献的3次幂。

对比生产函数，比较投入与产出的大小，可以看出技术水平的差距。

二、短期与长期生产理论

短期与长期生产理论是影响厂商决策的前提。在生产中短期与长期不是时间的长短，而是就生产要素是否可变而言。

（一）短期与长期的含义

短期是企业不能调整所有生产要素的投入期。只要有一种生产要素不变就是短期；如果所有的生产要素都变就是长期。如果企业生产的产品供不应求，作为企业老板应该在最短的时间做出反应，购买生产所用的材料、燃料，并让工人延长劳动时间，这就是短期的含义；如果产品连续几个月始终保持供不应求局面，精明的老板应做出扩大生产规模的决策，购买生产该产品的机器设备，直至建立分厂，同时要增加管理人员。生产规模扩大了还需要增加原材料、燃料，增加工人。也就是说在长期中企业能够调整一切生产要素。

由于行业不同，决定了不同厂商的短期和长期时间长度是不同的。如服装厂购买缝纫机是长期行为；钢铁厂购买焦炭是短期行为。

（二）不变投入与可变投入

在短期与长期划分的基础上，相应地把投入要素划分为不变投入和可变投入两类。

不变投入（Fixed Input）是指在所考察的时期内其数量不能改变的生产要素。不管产量如何变动，固定投入的数量是不变的，如工业中所使用的厂房、机器、设备，农业中使用的土地、水利设施等，与生产中的长期相对应。

可变投入（Variable Input）是指在考察的时期内其数量可以改变的投入要素。如当产量变化时，工业生产中所使用的工人的数量、原材料、燃料等投入，农业生产中的劳动、所施的化肥数量等投入都会发生变化，与生产中的短期相对应。

第二节 一种可变生产要素的合理投入

在研究短期生产理论时，从企业的生产函数出发，首先要理解三项指标：总产量、平均产量和边际产量，从中寻找变化规律。

一、总产量、平均产量与边际产量

（一）总产量、平均产量与边际产量的含义

总产量（Total Product）是指一定的生产要素投入量所提供的全部产量。现假定资本量是不变的，分析劳动量的变动与产量的关系，并得出最合理的劳动投入量。这时的生产函数为：

$$TP=f(K_0,\ L)$$

式中，K_0为资本量不变，这时的产量只取决于劳动量 L，这时的生产函数可以写成：

$$TP=f(L)$$

平均产量（Average Product）是指单位生产要素提供的产量。如果研究劳动因素的平均产量，可用 AP 表示，如下式：

$$AP=\frac{TP}{L}$$

边际产量（Marginal Product）是指每增加一单位可变要素投入量所增加的产量。如果研究劳动因素的边际产量，可用 MP 表示，如下式：

$$MP=\frac{\Delta TP}{\Delta L}$$

根据总产量、平均产量和边际产量的定义，可列表 4－1。

表 4－1　总产量、平均产量和边际产量

资本投入量 $(K)(1)$	劳动投入量 $(L)(2)$	劳动的总产量 $(TP)(3)$	劳动的平均产量 $(AP)(4)=(3)/(2)$	劳动的边际产量 $MP=TP_t-TP_{(t-1)}$
10	0	0	0	0
10	1	8	8	8
10	2	20	10	12
10	3	36	12	16
10	4	48	12	12
10	5	55	11	7

（续）

资本投入量 (K)(1)	劳动投入量 (L)(2)	劳动的总产量 (TP)(3)	劳动的平均产量 (AP)(4)＝(3)/(2)	劳动的边际产量 $MP = TP_t - TP_{(t-1)}$
10	6	60	10	5
10	7	60	8.6	0
10	8	56	7	-4

（二）总产量、平均产量和边际产量曲线的关系

根据表4-1做出图4-1。

图4-1中，横轴代表劳动投入量，纵轴代表总产量（*TP*）、平均产量（*AP*）和边际产量（*MP*）。*TP*为总产量曲线，*AP*为平均产量曲线，*MP*为边际产量曲线，分别表示随劳动量变动总产量、平均产量和边际产量变动的趋势。

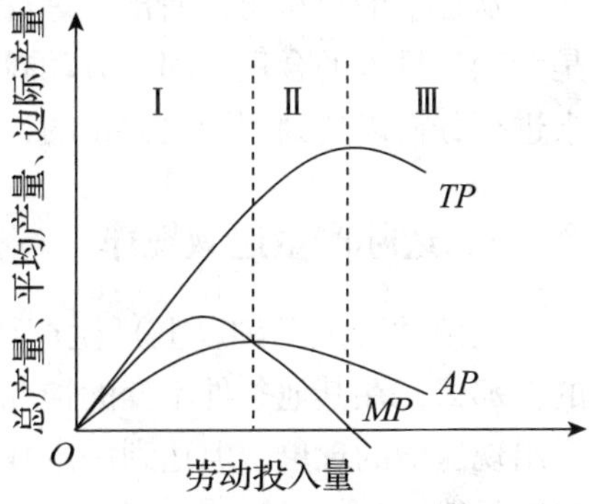

图4-1　总产量、平均产量和边际产量曲线的关系

根据图4-1可以从三个方面加以分析。

1. 总产量曲线、平均产量曲线和边际产量曲线的基本形状

在资本量不变的情况下，随着劳动量的增加，最初总产量曲线、平均产量曲线和边际产量曲线都是向右上方倾斜，然后向右下方倾斜。表明在开始阶段，不变的生产要素没有得到充分利用，这时增加可变生产要素，可以使不变的生产要素得到充分利用。随着可变生产要素进一步增加，首先边际产量曲线开始递减，然后平均产量曲线开始递减，最后总产量曲线开始递减，表明不变的生产要素接近充分利用和已经得到充分利用。

2. 总产量曲线和边际产量曲线的关系

当边际产量*MP*大于零时，总产量*TP*是递增的；当边际产量*MP*等于零时，总产量*TP*达到最大；当边际产量*MP*小于零时，总产量*TP*是递减的。

3. 平均产量曲线和边际产量曲线的关系

当边际产量大于平均产量时，平均产量递增；当边际产量小于平均产量时，平均产量递减；当边际产量等于平均产量时，平均产量最大，即平均产量曲线和边际产量曲线相交于平均产量曲线的最高点。

二、生产的三个阶段

根据总产量、平均产量和边际产量的关系，把可变生产要素投入划分为三个阶段，即图4-1中的三个区域，以此说明一种生产要素的合理投入问题。

第一阶段（图中Ⅰ区域）：劳动的总产量递增，边际产量大于平均产量，平均产量是递增

的。这表明，在这一阶段，相对于不变的资本量而言，劳动量投入过少，所以劳动量的增加可以使资本得到充分利用，从而引起总产量和平均产量的递增。

第二阶段（图中Ⅱ区域）：劳动的平均产量开始下降，边际产量递减，由于边际产量仍然大于零，总产量是递增的。这一阶段的起点，平均产量有最大值；终点处，总产量有最大值。

第三阶段（图中Ⅲ区域）：这时劳动的边际产量为负数，总产量绝对减少。这表明相对于不变的资本量而言，劳动量投入过多。

从以上的分析可以看出，理性的生产者不会选择Ⅰ区域和Ⅲ区域进行生产，只有在Ⅱ区域是劳动量投入的合理区间。劳动投入量究竟在Ⅱ区域哪一点上，还要对成本、产品价格等因素进行分析以达到利润最大化的目的。

三、边际产量递减规律

用两种（或两种以上）生产要素结合生产一种产品时，如果其中一种生产要素是可变的，那么，在其他条件不变的情况下，随着这一可变要素连续地等量增加，其边际产量开始会出现递增的现象，但达到一定数量后，会呈现递减现象。这就是经济学中著名的边际产量递减规律（Law of Diminishing Marginal Returns），也称为边际报酬递减规律。

案例分析

“三季稻不如两季稻”的经济学原理分析

边际产量递减规律是从科学实验和生产实践中总结出来的，在农业生产中的作用最为明显。早在1771年，英国农学家A·杨格就以在相同的地块上施用不同量的肥料做实验，说明在其他耕作条件完全相同的情况下，肥料施用量与产量之间存在着边际产量递减的现象。以后，大量生产实践都证明了这一规律的存在。

在我国1958年的“大跃进”中，当时时髦的口号是“人有多大胆，地有多大产”，于是一些地方把传统的两季稻改为三季稻，结果总产量反而减少了。在农业生产仍然采用传统生产技术的情况下，土地、设备、水利资源、肥料等都是固定生产要素，两季稻改为三季稻并没有改变这些固定生产要素，只是增加了可变生产要素劳动和种子。两季稻是农民长期生产经验的总结，它行之有效，说明在传统农业技术条件下，固定生产要素已经得到了充分利用。改为三季稻以后，土地过度利用引起肥力下降，设备、肥料、水利资源等由两次使用改为三次使用，每次使用量都不足。这样，三季稻的总产量就低于两季稻了。

四川省把两季稻改为三季稻之后，全省粮食产量反而减少了。江苏省1980年的实验结果表明，两季稻每亩（1亩=666.68平方米）总产量达1 007kg，而三季稻只有755kg，更不用说两季稻还节省了生产成本。群众总结的经验是“三三见九，不如二五一十”。

根据梁小民的《微观经济学纵横谈》整理

在分析和理解边际产量递减规律时，必须明确以下几个问题。

第一，这一规律发生作用的前提：一是技术水平不变，即生产中所使用的技术没有发生重大变化；二是除一种要素可变外，其他要素投入量不变。这就是说，一种生产要素的增加是以其他生产要素的投入量不变为前提的。

第二，在其他要素投入量不变时，一种要素增加所引起的边际产量的变动经历了由递增到递减的过程。开始阶段，随着可变要素的增加，边际产量递增；可变要素的增加超过一定量时，边际产量开始递减。在图3－1中，边际产量曲线先向右上方倾斜，再向右下方倾斜。它说明在生产技术水平一定的条件下，使用一种生产要素的数量并不是越多越好，而是有一个合理的范围。

第三，边际产量递减规律是从社会生产实践中总结出来的，现实生活中的绝大多数生产过程都是适用的。

边际产量递减规律说明，在一定的条件下，高投入未必带来高产出，因此必须注意投入的合理限度，寻找最佳的投入数量。

案例分析

边际产量递减规律与农业技术进步

边际产量递减规律早在18世纪就由科学家提出，有人把这一规律应用到农业领域，却描绘出一幅人类前景悲惨的画面来：因为耕地等自然资源毕竟是有限的，要增产粮食最终只能依靠劳动力的增加，但边际产量递减规律表明，劳动力投入带来的边际粮食产量递减，于是人口不断增长的必然结果是，人类不能养活自己。无独有偶，1994年，一位叫莱斯特·布朗的人重复类似悲观预言，发表了一本题为《谁来养活中国》的小册子，宣称人口众多的中国将面临粮食短缺，进而引发全球粮价猛涨的危机。杞人忧天的布朗是否知道袁隆平的名字，他利用科学技术发明了杂交水稻，使每亩单产达到了405kg，小麦从50kg提高到目前的700kg。中国有出色的农业科学家，中国人养活自己靠的是农业技术进步。布朗先生实在是用错了边际产量递减规律。要记住边际产量递减规律是有条件的。

第三节　两种生产要素的合理投入

两种可变生产要素的最佳组合，是研究生产者如何把既定的成本分配于两种生产要素的购买与生产上，以达到利润的最大化。两种可变生产要素的最佳组合，采用等产量曲线分析法。

一、等产量曲线

（一）等产量曲线的含义和特征

等产量曲线（Isoquant Curve）是指在技术水平不变的情况下，两种生产要素投入量的不同组合可以生产出相等产量的一条曲线。

等产量曲线表示生产要素投入量与产出量之间的物质技术关系。用资本和劳动两种生产要素生产某种商品，例如，生产一定量家具可以购买电动工具和应用劳动，多用劳动就少用资本，多用资本就少用劳动，但无论用资本还是用劳动都能生产出家具来。假定生产60单位产量桌子的可能组合有四种。见表4－2。

表4－2　两种可变要素的投入

组合方式	资本（K）	劳动（L）	产量（Q）
a	6	1	60
b	3	2	60
c	2	3	60
d	1	6	60

根据表4－2，可以做出图4－2

图4－2中，横轴表示劳动投入量，纵轴表示资本投入量，Q为等产量曲线，即在线上任何一点虽然资本与劳动的数量组合不同，但都能生产出相同的产量，或者说生产相同的产量，资本和劳动两种生产要素可以有不同数量的配合比例。

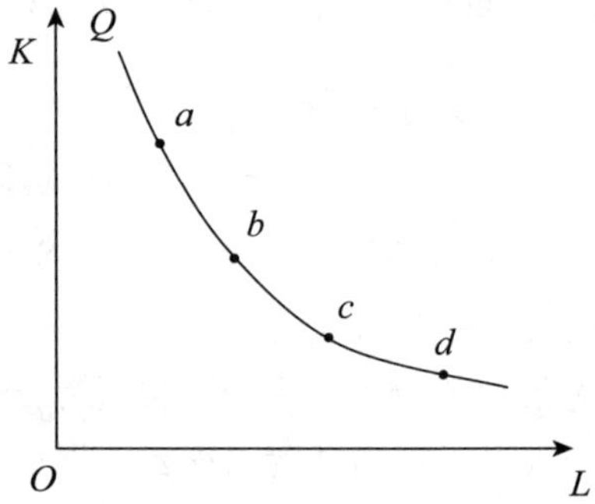

图4－2　等产量曲线

劳动和资本作为两种主要的生产要素，其价格比在世界各国并不相同，因而劳动和资本的组合方式也千差万别。发达国家劳动力成本高，但资本比较充裕，使用资本的代价比使用劳动力的代价小，因而在生产方式的选择上倾向于多用资本、少用劳动的资本密集型生产方式；不发达国家劳动力成本低，但资本短缺，使用劳动的代价比使用资本小，在生产方式的选择上倾向于多用劳动、少用资本的劳动密集型生产方式更为经济合理。

（二）等产量曲线的特征

等产量曲线具有如下四个特征。

第一，在同一平面图上，可以有无数条等产量曲线。不同的等产量曲线代表不同产量水平，离原点越远的等产量曲线表示的产量越大。如图4－3所示，从左至右，$Q_1<Q_2<Q_3$。

第二，等产量曲线通常向右下方倾斜，其斜率为负。因为要保持产量不变，在合理的投入范围内，增加一种要素的投入量就必须相应减少另一种要素投入量，两种要素组合是有效的。否则就说明这一点所代表的要素组合是无效率的。

第三，在同一平面图上，任意两条等产量曲线不能相交。因为两条等产量曲线的交点必然是两种投入的同一组合，即相同的产量，而这显然与不同的等产量曲线代表不同的产量相矛盾。

第四，等产量曲线通常凸向原点。在保持产量不变的条件下，随着劳动这一要素的连续增加，等产量曲线斜率的绝对值是递减的。这是由边际技术替代率递减决定的。

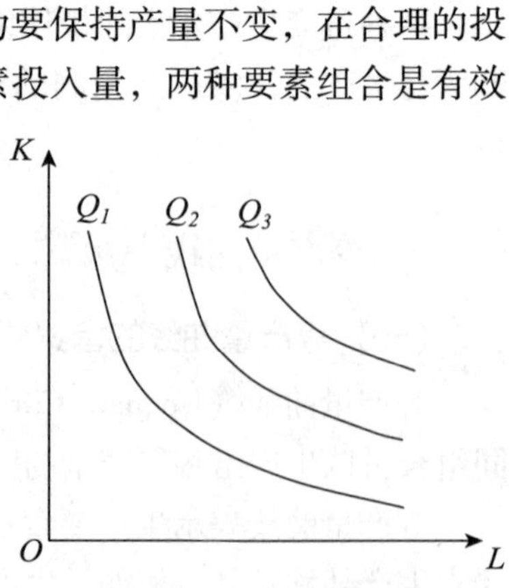

图4－3　等产量曲线

（三）边际技术替代率

从等产量曲线上不难看出，资本和劳动是互相替代的。多用资本就少用劳动，多用劳动就少用资本。边际技术替代率（marginal rate of Technical Substitution 简称 MRTS）是指在产量水平不变的前提下，增加一个单位某种生产要素的数量时，而需放弃的另一种生产要素的数量。以 ΔL 表示劳动的增加量，ΔK 表示资本的减少量，劳动对资本的边际技术替代率的公式为：

$$MRST_{LK} = -\frac{\Delta K}{\Delta L}$$

边际技术替代率应该是负值，因为一种生产要素增加，另一种生产要素就要减少。在公式中加负号之后，使其为正值，便于分析研究。

下面可以表 4 - 3 的数据来说明边际技术替代率的变动（表 4 - 3 是根据图 4 - 2 做出的）。

表 4 - 3 边际技术替代率的变动

变动情况	ΔL	ΔK	$MRTS_{LK}$
A - B	1	-3	3
B - C	1	-1	1
C - D	3	-1	1/3

从表 4 - 3 可以得出，边际技术替代率是递减的。边际技术替代率递减反映了边际产量递减的规律。这是因为，根据边际产量递减规律，随劳动量的增加，它的边际产量递减。这样，每增加一定量的劳动所能替代的资本量越来越少，即 ΔL 增加时，ΔK 越来越小。边际技术替代率也就是等产量曲线上某一点的斜率的绝对值。等产量线的斜率递减决定了它是一条凸向原点的线。

二、等成本曲线

等成本曲线（Isocost Curve）是指在生产要素价格和厂商成本一定的条件下，厂商所能购买到的两种生产要素数量的最大组合的轨迹。

生产者的等成本曲线和消费者的预算线非常相似，等成本曲线就是厂商生产的限制条件，即厂商所购买的生产要素所花的钱不能大于或小于它所拥有的货币资本。大于货币成本就实现不了；小于货币成本又不能实现最大产量。假定既定成本为 C，劳动价格为 P_L，资本价格为 P_K，又假定生产要素市场是完全竞争的，故 P_L 和 P_K 也是既定的。购买劳动和资本的数量分别为 Q_L 和 Q_K。则等成本曲线就是一条直线，它的方程式为：

$$C = P_K \times Q_K + P_L \times Q_L$$

根据上式做出图 4 - 4，横轴代表劳动投入量 L，纵轴代表资本的投入量 K。等成本曲线上的每一点都是在货币成本与生产要素价格既定条件下，能购买到的劳动和资本的组合是可以实现的，但不是最大数量组合，即既定的总成本没有用完；B 点在等成本曲线以外，表示既定的总成本达不到购买该点的劳动和资本的数量组合。由于等成本线是在总成本和生产要素价格一定的条件下做出的，所有厂商的总成本变动或生产要素价格变动，都可以使等成本线移动。如果要素价格不变，总成本增加，等成本线平行右移；反之，等成本线左移，其中距离原点越远的等成本线代表的成本水平越高。图 4－5 中，AB 为原来的等成本线。当总成本增加，等成本线平行右移从 AB 到 A_1B_1；当总成本减少，等成本线平行左移从 AB 到 A_2B_2。

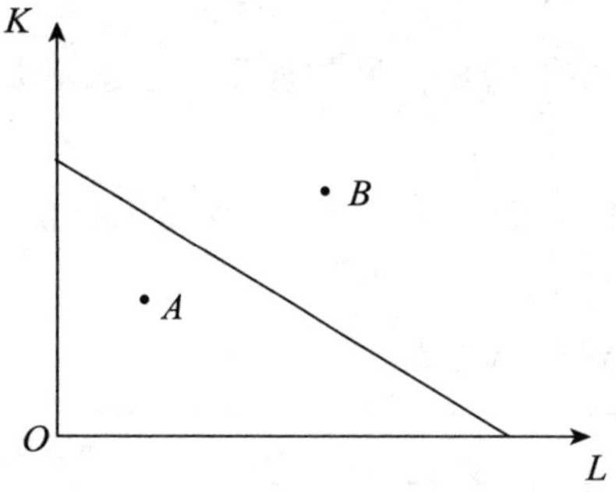

图 4－4　等成本线

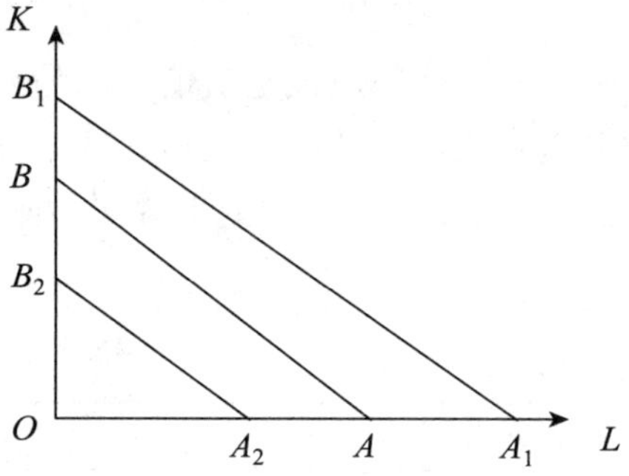

图 4－5　等成本线的移动

三、两种生产要素最佳组合

生产要素最佳组合也称生产者均衡，是指在既定的产量目标下使成本最小或者在既定成本条件下使产量最大时，两种生产要素的配合比例。因为实现了要素的最佳组合，也就是实现了利润的最大化，如果其他条不件不变，生产者就不愿意再改变两种生产要素的配合比例。把等产量曲线和等成本曲线结合起来，可以确定生产要素的最佳组合。在图形上，生产要素的最佳组合是指等产量曲线和等成本曲线的相切之点。

（一）成本既定条件下的最大产量的生产要素组合

如图 4－6 所示，由于成本既定，所以图中只有一条等成本曲线 AB，但有三条等产量曲线 Q_1、Q_2、Q_3。其中 Q_3 代表产量水平最高，但既定的总成本太低，无法生产 Q_3 代表的产量水平。等成本曲线与 Q_1 有两个交点 C 和 D，但等产量曲线 Q_1 代表的产量较低，不是既定成本下最大的产量。AB 与 Q_2 有一个切点 E，这说明既定的成本支出既可以采取 C 和 D 所代表的要素组合生产 Q_1 产量，也可以采取 E 点所代表的要素组合生产 Q_2 产量。由于 Q_2 代表的产量水平大于 Q_1，所有只有 E 点才是要素的最佳组合之点。它表示，在既定成本下，企业应按照 E 点的要素组合进行生产，才可以取得最大产量。

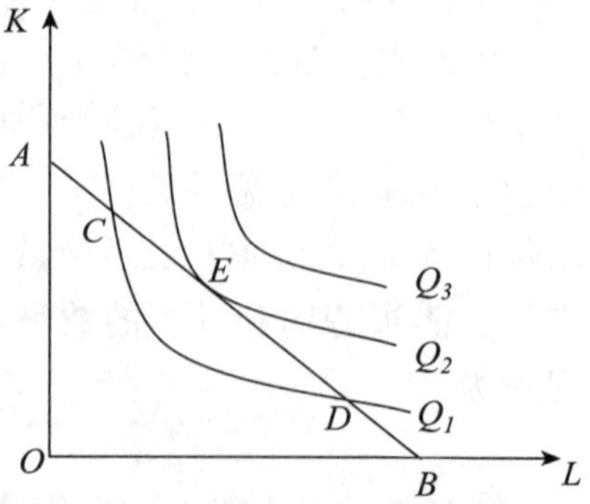

图 4－6　成本既定产量最大的原则

（二）产量既定条件下最小成本的生产要素组合

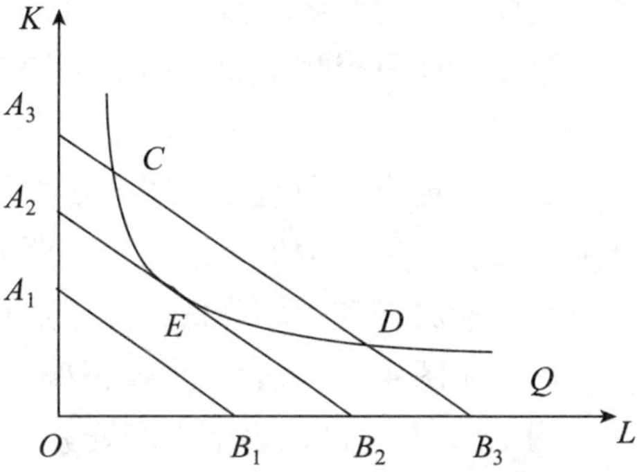

图 4－7 产量既定成本最小原则

如图 4－7 所示：由于产量既定，所以只有一条等产量曲线，图中有三条等成本曲线，其中 A_1B_1的成本水平太低，不能达到产量水平 Q。生产同样的产量，厂商既可以选择 A_3B_3的两个交点 C 和 D 所对应的两种生产要素的组合；也可以选择 A_2B_2 所代表的成本水平，使用等产量曲线和 A_2B_2的切点 E 所对应的两种生产要素的组合。很显然，只有 E 点所代表的劳动与资本的组合，才是厂商的生产均衡点。因为等成本线向上移动，总成本将增加，不符合最小成本原则；等成本线向下移动，则生产不出既定产量。所有与等产量线相切的等成本线 A_2B_2是既定产量下的最小成本，切点 E 处表示的两种生产要素组合是用最小成本生产出既定产量的最优组合。

（三）生产扩展线和规模报酬分析

现在分析生产规模可以变动的情况，即生产要素同时增加或减少时产量的变动情况。如果两种生产要素价格不变，当厂商总成本增加时，等成本曲线会向右上方移动。当厂商产量增加时，等产量曲线也会向右上方移动，这些不同的等产量曲线将与不同的等成本曲线相切，形成一系列不同的生产要素最佳组合点，将这些点连接起来形成的曲线称为生产扩展线。如图 4－8 所示。

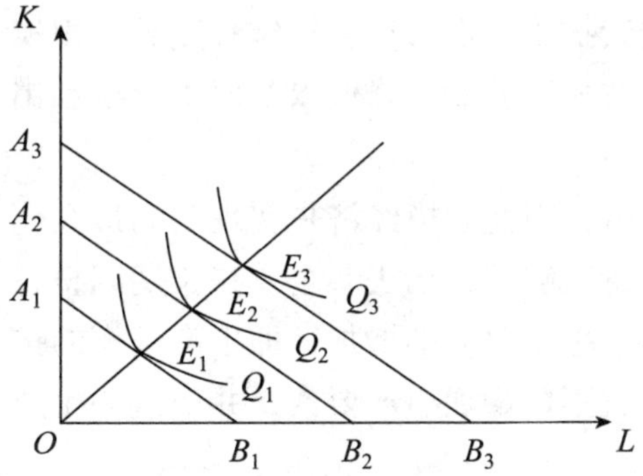

图 4－8 生产扩展线

图中 A_1B_1、A_2B_2、A_3B_3分别代表厂商的三条等成本曲线，Q_1、Q_2、Q_3代表三条不同水平的等产量曲线。不同的等成本曲线和等产量曲线的交点分别为 E_1、E_2、E_3。这些切点是厂商在不同总成本下的两种生产要素的最优组合点，把这些切点连接起来就是生产扩展线（Production Expansion Curve）。它表示在生产要素价格不变的情况下，每一种生产规模的要素最优组合。厂商沿着这条扩展线扩大生产，可以始终实现生产要素的最优组合，从而使生产规模沿着最有利的方向扩大。

规模报酬（Returns to Scale）也称规模经济，是指因生产规模变动而引起的产量变动，即资本和劳动两种要素按同方向同比例变动时所引起的产量变动。根据投入变动与产量变动之间的关系，把规模报酬的变动划分为规模报酬递增、规模报酬不变和规模报酬递减三种类型。

第一，规模报酬递增。即产量增加的比例大于投入要素增加的比例。例如，投入要素增加一倍，产量增加一倍以上。西方经济学中称这种情况为规模经济，即厂商采用一定生产规模而获得的经济利益。

第二，规模报酬不变。即产量增加的比例等于要素投入增加的比例。例如，投入要素增加一倍，产量也增加一倍。

第三，规模报酬递减。即产量增加的比例小于要素投入增加的比例。例如，投入要素增加一倍，产量的增加小于一倍。西方经济学中称这种情况为规模不经济，即由于生产规模过大，造成管理效率降低，要素价格和销售费用增加，导致规模报酬递减。

可以用图 4－9 来表示规模报酬递增、规模报酬不变和规模报酬递减。

图4－9 中，横轴表示生产要素投入量，纵轴表示产量，三条曲线分别代表不同的规模报酬。

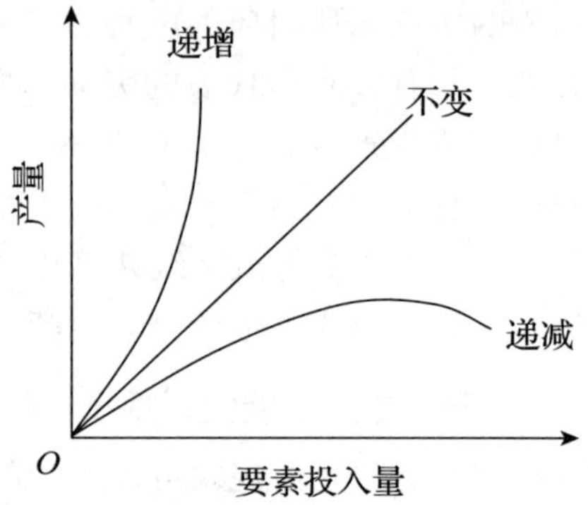

图 4－9　规模报酬

规模报酬递增的原因主要有两个：一是生产的专业化效率；二是投入某些要素的不可分性。

生产规模扩大，有利于进行专业分工，从而提供生产效率。专业化效率也会体现在资本设备上，当厂商扩大生产规模时，可以用效率更高的专业化设备来取代非专业化的低效率设备。有些生产要素具有不可分性，它们必须在达到一定量的条件下才能高效率地使用。例如，一条生产线，只有当生产量达到一定规模时，才能使其效率充分发挥。当生产规模很小时，就不能发挥它应有的效率。此外，大规模生产的效益，也会在广告、研究费用等方面表现出来。

当生产规模扩大到生产专业化的好处得到充分利用、生产要素的效率得到充分发挥的时候，规模收益就会进入不变阶段。如果生产规模继续扩大，那么，到一定程度后，规模收益就会递减。其原因是由于厂商的生产规模过大，造成管理效率降低以及要素价格和销售费用的增加。

规模经济的标志是平均成本随着产量的增大而降低，因此规模经济是实现利润最大化目标的重要手段之一，其前提条件是扩大规模后的产量能够销售出去。企业在长期调整各种生产要素时，要实现适度规模。适度规模就是使两种生产要素的增加，即生产规模的扩大正好使收益递增达到最大。当收益递增达到最大时就不再增加生产要素，并使这一生产规模维持下去。

案例分析

斯密的观察

亚当·斯密在其名著《国民财富的性质和原因的研究》中写了一个扣针厂的例子来说明大规模生产的好处。他写道：“一个人抽丝，另一个人拉直，第三个人截断，第四个人削尖，第五个人磨光顶端以便安装圆头；做圆头要有两三道不同的操作，安装圆头是一项专门的业务，把针涂白是另一项，甚至将扣针装进纸盒也是一门职业。”斯密说，由于这种专业化，扣针厂每个工人每天生产几千枚扣针。他得出的结论是：如果工人选择分开工作，而不是作为一个专业工作的团队，“那他们肯定不能每人每天制造出20枚扣针，或许连一枚扣针也造不出来”。由于专业化的分工，大扣针厂可以比小扣针厂实现更多的人均产量和每枚扣针更低的平均成本。工人之间的专业化分工和引起的规模效益给斯密留下了深刻的印象。

第四节　成本的性质

案例导入

在亏损中继续经营的理由

王洋正经营着一家炸鸡店，每块炸鸡的平均成本是10元。若售价是每块12元，每块炸鸡可以赚2元。若售价是每块10元，则不赔不赚，收支相抵。虽然利润是零，可是成本中包括了机会成本和会计利润，依旧可以继续经营。但由于王洋的炸鸡店旁边开了一家烤鸭店，而且烤鸭店的规模较大，开业之际就大搞优惠活动，王洋只得把每块炸鸡的售价降到8元。可这样一来，王洋每卖一块炸鸡就要赔2元。在这种情况下他还要继续经营吗？

在经济分析中，厂商的成本包括显成本和隐成本，二者的和成为经济成本。

一、会计成本与机会成本

会计成本是企业生产与经营中各项实际费用的支出。在会计科目上一目了然，所以又称为显明成本。它包括工人的工资、借入资本的利息、租用土地的地租，以及购买原材料、燃料、动力及运输等方面的支出，还有厂房设备的折旧费。由于这些支出是生产经营后统计出来的，所以也称为历史成本。

机会成本（Opportunity Cost），又称替换成本，是指生产者为了生产一定数量的产品所放弃的使用相同的生产要素在其他生产用途中所能得到的最高收入。这些费用并没有在会计成本账目上表现出来，所以叫隐含成本。它包括厂商使用自有生产要素应得的报酬。如自有资金的利息，所有者自身管理企业应得到的薪金。例如，某人拥有100万元资金，他可以把这100万元资金用于三种不同的用途：开商店获利20万元，开饭店获利25万元，投资房地产获利30万元。他决定把这100万元投资房地产业，在所放弃的用途中，最好的用途是开饭店获利25万元，这就是他选择投资房地产业的机会成本。

在运用机会成本时应注意两个条件：第一，尊重多种投资可能性，如果自有资源本来是闲置的，现在投入仅有一种用途，则机会成本为零；第二，投资到任何方向都不受限制，否则，机会成本这个概念也就没有用了。

会计成本和机会成本之和称为经济成本。二者之间的区别说明了经济学家与会计师分析经营活动之间的主要不同。经济学家关心研究企业如何做出生产和定价决策，因此，当他们衡量成本时就包括了隐含成本（机会成本）。而会计师的工作是记录流入和流出企业的货币，他们只衡量显明成本（会计成本）。在分析成本函数时，要注意比较区分西方经济学中的成本概念与会计学中的成本概念。

案例分析

上大学的代价是什么？

上大学是要花钱的，这就是上大学的成本，从目前来看，每位大学生在四年期间的学费、书费等各种支出约为10万元。这种钱要实实在在地支出，称为会计成本。

但上大学的代价不仅是这种会计成本。为了上大学，要放弃工作的机会，放弃工作所得不到的工资收入就是上大学的机会成本。例如，如果一个人不上大学去工作，每年可得到3万元，这四年的机会成本就是12万元。上大学的代价应该是会计成本10万元与机会成本12万元，共计22万元。

对一般人来说，上大学会提高工作能力，有更好的机会，以后会收入更多。例如，如果一个没上过大学的人，一生中每年收入3万元，从18岁开始工作，到60岁退休，42年共计收入126万元。一个上过大学的人一生中每年收入6万元，从22岁开始工作，到60岁退休，38年供计收入228万元。上大学的人一生总收入比没上过大学的人高出102万元。上大学的会计成本与机会成本之和为22万元。102万元减去22万元为80万元，这就是上大学的经济利润。所以，上大学是合适的。这就是大多数人都想上大学的原因。

二、总成本、平均成本和边际成本

总成本（Total Cost，简称TC），即上述的经济成本，是指厂商的所有会计成本和机会成本之和。

平均成本（Average Cost，简称AC）是指生产每一单位产品平均所需要的成本。

边际成本（Marginal Cost，简称MC）是指每增加一单位产量所增加的总成本量。

三者的关系为

$$TC = AC \times Q$$

$$AC = \frac{TC}{Q}$$

$$MC = \frac{\Delta TC}{\Delta Q}$$

式中，TC 为总成本；AC 为平均成本；MC 为边际成本；Q 为产量。

微观经济学中，根据厂商能否调整全部生产要素投入量，把生产理论分为短期生产理论与长期生产理论。与此相适应在短期生产中使用的成本即短期成本，在长期生产中使用的成本即长期成本。短期成本与长期成本有不同的变动规律，在企业决策中有不同的意义。所以以下分别分析短期成本与长期成本。

第五节　短期成本与长期成本分析

一、短期成本的类型

（一）固定成本、可变成本和总成本

固定成本（Fixed Cost，简称 *FC*），指不随产量变动而变动的成本。例如，厂房和机器设备的折旧费、利息、财产税、管理人员的工资等。这些费用即使在停产的情况下，也必须支付。因为固定成本在短期内是不变的，在几何图形上，因为固定成本不随产量变动而变动，所以，*FC* 线表现为一条与横轴平行的曲线，如图 4－10 所示。

可变成本（Variable Cost，简称 *VC*），指随产量变动而变动的成本。例如，原材料、燃料和动力支出，生产工人的工资等。当产量为零时，可变成本也为零。产量越多，可变成本也越多，即可变成本是产量的递增函数。在几何图形上，可变成本 *VC* 线表现为一条自左下方向右方上升的曲线，如图 4－10 所示。

总成本（Total Cost，简称 *TC*），它等于固定成本与可变成本之和，即 $TC = FC + VC$。在几何图形上，因为存在 *FC*，*TC* 不能为零，*TC* 的起点是 *FC*。所以，总成本 *TC* 线表现为一条从固定成本起由左下方向右上方上升的曲线，如图 4－10 所示。

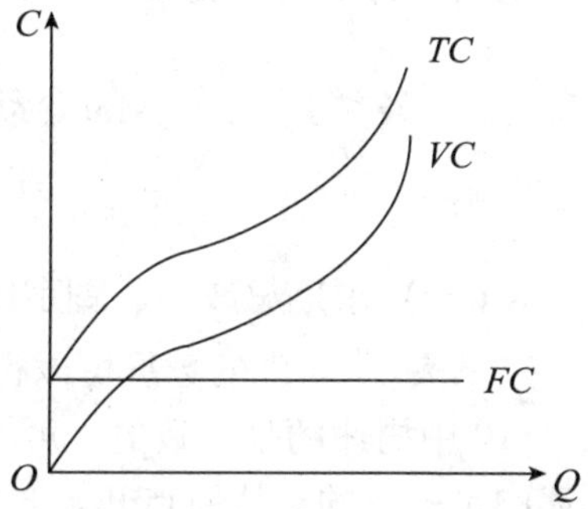

4－10　固定成本、可变成本和总成本

（二）平均成本和边际成本

平均固定成本（Average Fixed Cost，简称 *AFC*），指每单位产品需要支出的固定成本。公式为

$$AFC = \frac{FC}{Q}$$

式中，Q 为产量。

平均可变成本（Average Variable Cost，简称 *AVC*），指每单位产品需要支出的可变成本。公式为

$$AVC = \frac{VC}{Q}$$

式中，Q 为产量。

平均成本（Average Cost，简称 *AC*），指每单位产品需要支出的成本。公式为

$$MC = \frac{\Delta TC}{\Delta Q} = \frac{\mathrm{d}(TC)}{\mathrm{d}Q}$$

从上式可以得出：平均成本等于平均固定成本和平均可变成本之和。

（三）边际成本

除了总成本、平均成本外，成本理论中还有一个十分重要的概念，这就是边际成本。

边际成本（Marginal Cost，简称 MC），指每增加一个单位的产量所引起的总成本的增量。用公式表示就为

$$MC=\frac{\Delta TC}{\Delta Q}=\frac{d(TC)}{dQ}$$

由于在短期中，固定成本并不随产量变动而变动，所以，总成本的变动只是由可变成本的变动引起的，上式则可以写为

$$MC=\frac{\Delta TC}{\Delta Q}=\frac{d(TC)}{dQ}\text{或}MC=\frac{d(VC)}{dQ}$$

例如，一个民航公司用于飞机折旧维修费、管理人员的工资是固定成本；用的汽油等费用是可变成本。这两者之和为短期成本。分摊到每位乘客的成本为平均成本，包括平均固定成本与平均可变成本，最后一个乘客增加的成本是边际成本。

二、各类短期成本的变动规律及其相互关系

为了说明各类短期成本的变化及相互关系，假设某厂商的短期成本如表 4－4 所示。

（一）短期总成本、固定成本和可变成本

从表 4－4 中的数据可以得出：固定成本不随产量的增加而变动，*FC* 曲线的形状与图 4－10 中描述的是一致的。可变成本随产量的增加而增加，*VC* 曲线的形状与图 4－10 中描述的是一致的，从原点开始向右上方增加。短期总成本也随产量的增加而增加，并且由于固定成本不为零，因此，短期总成本在产量为零时，也不为零，它的变化规律与可变成本相同。这也与图 4－10 中 *TC* 曲线的形状相一致，即 *TC* 曲线在可变成本平行上移一段等于固定成本的垂直距离后向右上方递增。

表 4－4　某厂商短期成本表

产量	总成本（*TC*）			平均成本（*AC*）			边际成本（*SMC*）
	FC	*VC*	*STC*	*AFC*	*AVC*	*SAC*	
0	60	0	60	——	——	——	
1	60	30	90	60	30.00	90.00	30
2	60	49	109	30	24.50	54.50	19
3	60	65	125	20	21.70	41.70	16
4	60	80	140	15	20.00	35.00	15
5	60	100	160	12	20.00	32.00	20
6	60	124	184	10	20.70	30.70	24
7	60	150	210	8.60	21.40	30.00	26
8	60	180	240	7.50	22.50	30.00	30
9	60	215	275	6.70	23.90	30.60	35
10	60	255	315	6.00	25.50	31.50	40
11	60	300	360	5.50	27.30	32.80	45
12	60	360	420	5.00	30.00	35.00	60

（二）短期平均成本、平均固定成本和平均可变成本

根据表4－4中数据可以做出AFC曲线、AVC曲线及SAC曲线，如图4－11所示。平均固定成本是产量的递减函数，即平均固定成本随产量增加而递减，所以，AFC曲线随产量不断增加呈一直下降趋势。平均可变成本是产量的函数，它随产量的增加呈现先递减在达到极小值后（图4－11中的Q_1产量处的平均可变成本）开始递增，即AVC是一条O形曲线。AVC曲线在产量Q_1之前处于递减阶段，在Q_1之后转为递增阶段。所以，产量为Q_1对应的平均可变成本是AVC曲线从递减转为递增的转折点，也是平均可变成本的最低点。AVC曲线呈O形变化，是因为在产量为Q_1之前，随产量增加，生产要素的效率逐渐得到发挥，每增加一个单位的可变生产要素所增加的产量超过原来每单位可变生产要素的平均成本，从而表现为平均可变成本随产量增加而递减。当产量在Q_1之后，情况正好相反，由于存在边际产量递减规律，因而AVC曲线也就从递减转为递增。

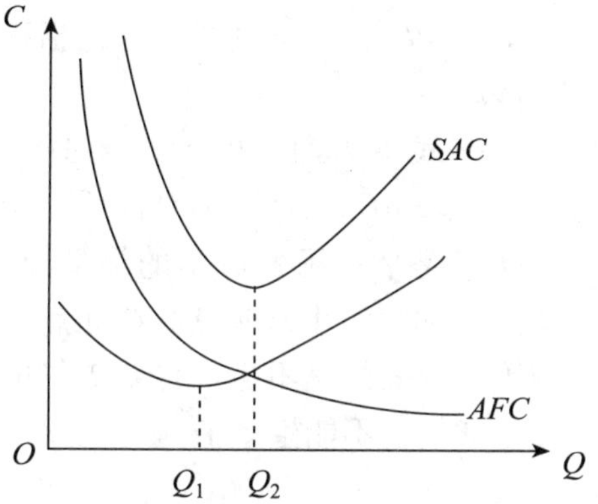

图4－11　平均可变成本与平均成本的关系

短期平均成本是平均固定成本和平均可变成本之和。短期平均成本曲线SAC也是先下降后上升，图形上呈O形变化。短期平均成本曲线SAC高于平均可变成本AVC曲线，SAC曲线与AVC曲线之间的垂直距离等于平均固定成本AFC，由于平均固定成本AFC随产量增加而持续递减，所以SAC和AVC之间的距离随产量的增加而逐渐接近，但永远不能相交，因为AFC不可能等于零。SAC曲线在产量为Q_2之前递减，在Q_2之后就递增。产量为Q_2点的平均成本最低。短期平均成本最低点所对应的产量之所以大于平均可变成本最低点所对应的产量，是因为当AVC达到最小并转为递增时，AFC仍在递减，只要AFC的递减超过AVC的递增，SAC就仍然处于递减阶段。只有当AVC的递增超过了AFC的递减以后，SAC才转入递增。

（三）短期边际成本、短期平均成本和短期平均可变成本

根据表4－4的数据，可以做出短期边际成本SMC曲线，如图4－12所示。从图4－12可以看到，SMC曲线也是一条先下降后上升的O形曲线。开始时，SMC曲线随产量增加而减少，当产量增加到一定程度时，随产量的增加而增加。SMC曲线的变动取决于可变成本，因为所增加的成本只是可变成本。SMC曲线先于平均可变成本AVC曲线和短期平均成本SAC曲线转为递增，SMC曲线先后在AVC曲线和SAC曲线的最低点与之相交，即M点和N点。

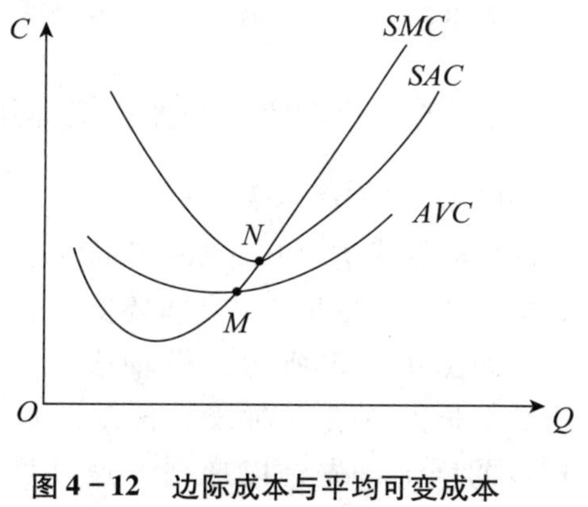

图4－12　边际成本与平均可变成本和平均成本的关系

从图 4－12 中还可以看到 *SMC* 曲线与 *SAC* 曲线的关系，当 *SMC* 曲线位于 *SAC* 曲线下方时，即 $SMC < SAC$，*SAC* 曲线处于递减阶段；当 *SMC* 曲线位于 *SAC* 曲线上方时，即 $SMC > SAC$，*SAC* 曲线处于递增阶段；*SMC* 曲线与 *SAC* 曲线相交之点，即 $SMC = SAC$，是短期平均成本曲线的最低点。把 *SMC* 曲线与 *SAC* 曲线相交之点，即 *SAC* 的最低点 *N* 点，称为收支相抵点。这时价格为平均成本，平均成本等于边际成本（$P = AC = MC$），厂商的成本（包括正常利润）与收益相等，这时不存在经济利润，只获得正常利润。

SMC 曲线与 *AVC* 曲线的关系：当 *SMC* 曲线位于 *AVC* 曲线下方时，即 $SMC < AVC$，*AVC* 曲线处于递减阶段；当 *SMC* 曲线位于 *AVC* 曲线上方时，即 $SMC > AVC$，*AVC* 曲线处于递增阶段；当 *SMC* 曲线与 *AVC* 曲线相交时；即 $SMC = AVC$，是平均可变成本的最低点。把 *SMC* 曲线与 *AVC* 曲线的相交之点，即 *AVC* 的最低点 *M* 点，称为停止营业点。在此点上的价格只能弥补平均可变成本，厂商的收益与可变成本相等，损失的是不生产也要支付的固定成本。如果价格比这点还低，不能弥补可变成本，无论如何也不能生产了。

案例分析

存话费送话费是让利于消费者吗？

电信通信行业经常会在节假日举办一些让利活动。中国电信的一些营业网点 2015 年春节期间就有大幅让利活动举办。某地区的存话费、送话费活动，存 50 元话费送 30 元话费，存 100 元话费，送 80 元话费，存 200 元送 200 元话费。

中国电信这样做真地是要把利润让给消费者吗？其实不然。从短期考察，电信通信行业的固定成本包括建设基站的建筑及设备的支出等，变动成本包括运行的一些服务和技术支出等。电信通信行业是一个固定成本占总成本比例非常大的行业，一旦它的各个基站建成，即使不开展任何业务，它的固定成本支出这一笔巨大的投入是不能减少的。变动成本在总成本中的比例较小，因而，边际成本较小甚至接近于 0。在这种情况下，增加业务流量不会导致成本大幅度增加（边际成本），甚至不增加，增加业务流量可迅速获得收益的增加。相对于让利活动所带来的收益与利润的大幅增长而言，一些小小的促销手段所花费的费用是微不足道的。电信通信行业的短期经营决策主要看它的变动成本以及边际成本的大小，它不断推出新业务，并采用各种优惠措施推广新业务和它的变动成本占总成本小、边际成本较小有关，而不是悲悯天下，让利于消费者。

三、各类长期成本的变动规律及其相互关系

（一）长期总成本

长期总成本（Long-run Total Cost，简称 *LTC*），指在长期中生产某一数量产品所需要支付的成本总和。

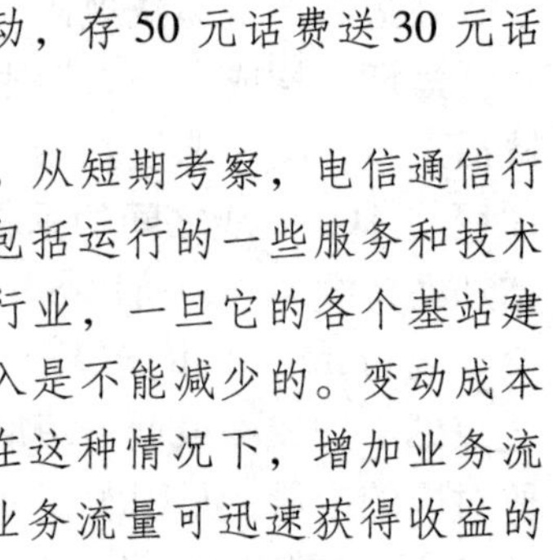

图 4－13　长期总成本

如图 4－13 所示，横轴表示产量，纵轴表示成本，*LTC* 是长期总成本曲线。长期总成本是产量的函数，随产量的增加，先是以递增的速度增加，接着以递减的速度增加，最后又以递增的速度增加。因为在长期中所有

要素都可变，所以产量为零时，总成本等于零，LTC 曲线从原点出发。在开始生产阶段，即 OQ_1 阶段，要素投入量大，而产量小，表明生产要素没有得到充分利用，因此，成本增加的变动率大于产量增加的变动率，LTC 曲线比较陡。当产量增加到一定程度以后，即 Q_1Q_2 阶段，生产要素开始得到充分利用，这时成本增加的变动率小于产量增加的变动率，这是规模经济的效益，LTC 曲线比较平坦。最后即 Q_2 以后阶段，由于规模产量递减，成本增加的变动率又大于产量增加的变动率，LTC 曲线又比较陡。

（二）长期平均成本

长期平均成本（Long-run Average Cost，简称 LAC），指长期中每单位产品需要支付的成本。其公式为

$$LAC=\frac{LTC}{Q}$$

式中，Q 为产量。

长期平均成本是产量的函数，随着产量的变动而变动。长期平均成本曲线可由短期平均成本曲线中推导得出。图 4－14 说明了长期平均成本曲线的形成。图中，横坐标代表产量 Q，纵坐标代表成本 C，SAC 代表短期平均成本曲线，LAC 代表长期平均成本曲线。

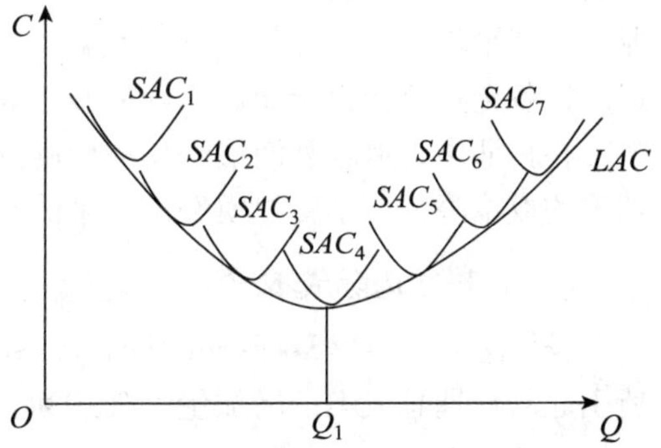

图 4－14　长期平均成本

长期平均成本曲线是短期平均成本曲线的包络曲线。在 LAC 曲线与某一条 SAC 曲线的切点，该 SAC 曲线所代表的生产规模就是该产量下的最优生产规模，长期平均成本曲线上的每一点都表示厂商生产相应产量水平的最小平均成本。由于长期平均成本曲线表明厂商如何计划在一段相当长的时间内的经营规模、产量以及成本等方面的情况，因此，它又称为生产者的计划曲线。

长期平均成本曲线呈现 U 形变化，长期平均成本递减阶段，LAC 曲线相切于所有相应的短期平均成本曲线最低点的左边；长期平均成本递增阶段，LAC 曲线相切于所有相应的短期平均成本曲线最低点的右边；只有在长期平均成本的最低点，LAC 曲线才相切于某一条 SAC 曲线的最低点。

长期平均成本曲线与短期平均成本曲线都呈 U 形。短期平均成本曲线呈 U 形变化的原因是边际产量递减规律决定的。而长期平均成本曲线呈 U 形变化的原因，可以用规模经济和规模不经济来解释其形状。一般地说，在长期中，当所有要素按比例增加，即生产规模扩大时，最初规模报酬递增，也就是说，生产规模扩大会使产量的增加大于生产规模的扩大，这就实现了规模经济，必然导致平均成本下降。当生产规模递增到一定程度时，规模报酬会在一个或短或长的时期内保持不变，平均成本亦保持不变。当生产规模进一步扩大超过一定限度时，就会出现规模不经济，从而导致平均成本上升。规模报酬通常都是先

上升后下降，报酬递增与成本递减是同一事物的两个方面，所以，*LAC* 曲线通常是先下降后上升，呈 U 形。

图 4－15 是用平均成本与产量的关系来表示规模报酬递增、不变和递减的不同情况。

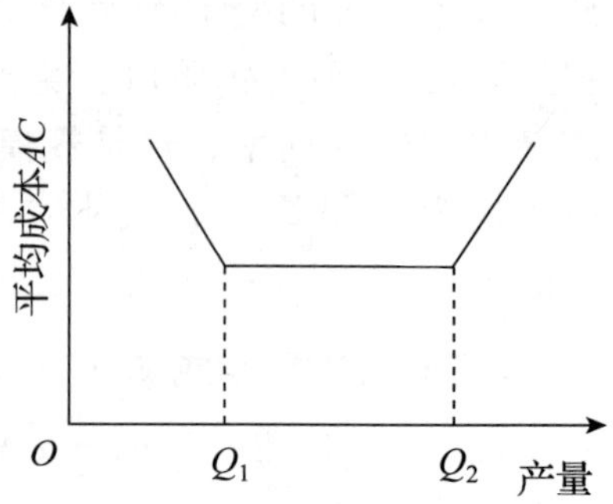

图 4－15　成本递减、不变和递增

不同行业的长期平均成本。一般可以根据长期平均成本变动的情况把不同的行业分为三种情况：成本不变行业、成本递增行业、成本递减行业。

成本不变行业中各企业的长期平均成本不受整个行业产量变化的影响，无论产量如何变化，长期平均成本是基本不变的。这种行业就是“成本不变行业”。具有成本不变特点的行业并不多见，一般是一些小商品生产行业或特殊行业。成本递增行业中各个企业的长期平均成本要随整个行业产量的增加而增加。这种行业在经济中属于普遍情况。这种情况在以自然资源为主要生产要素的行业，如农业、渔业、矿业中更为突出。成本递减行业中各个企业的长期平均成本要随整个行业产量的增加而减少。例如，在同一个地区建立若干汽车制造厂，各企业就会由于交通、辅助服务等方面的节约而产生成本递减。

在长期中，追求利润最大化的厂商的主要任务是，通过生产规模的调整，尽可能使长期平均成本降低，享受规模经济带来的利益，避免由规模不经济带来的损失。

（三）长期边际成本

长期边际成本（Long-run Marginal Cost，简称 *LMC*），指长期中每增加一个单位的产量所引起的长期总成本的增加量。公式为

$$LMC=\frac{\Delta LTC}{\Delta Q}=\frac{\mathrm{d}(LTC)}{\mathrm{d}Q}$$

式中，ΔLTC 为长期总成本的增加量；ΔQ 为产量的增量。

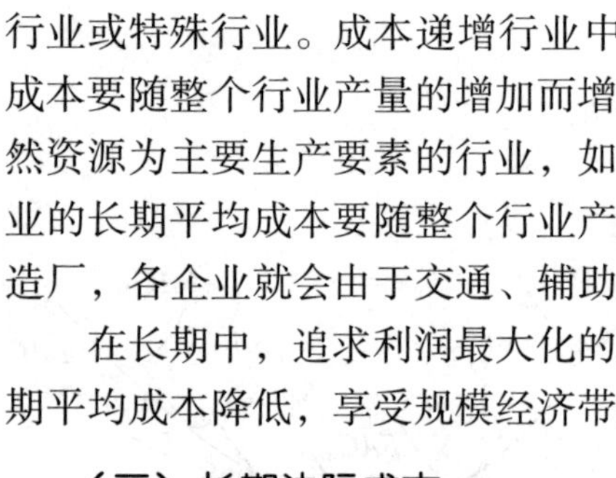

图 4－16　长期边际成本与长期平均成本

长期边际成本曲线可以由长期总成本曲线得出，因为

$$LMC=\frac{\Delta LTC}{\Delta Q}=\frac{\mathrm{d}(LTC)}{\mathrm{d}Q}$$

它正是 *LTC* 曲线的斜率。所以，只要把 *LTC* 曲线每一产量上的斜率描绘在产量和成本的平面坐标图中，便可以得到 *LMC* 曲线，如图 4－16 所示。长期边际成本 *LMC* 随产量的变动而变动，其变化情况与短期边际成本相似，先递减，达到最小值以后开始递增，因而 *LMC* 曲线呈 U 形。

长期边际成本曲线与长期平均成本曲线的关系同短期边际成本与短期平均成本曲线的关系一样，如图 4－16 所示，当长期边际成本小于长期平均成本，即 $LMC<LAC$ 时，长期平均成本曲线 *LAC* 呈下降趋势；当长期边际成本大

于长期平均成本，即 $LMC > LAC$ 时，长期平均成本曲线 LAC 呈上升趋势；当 $LMC = LAC$ 时，长期平均成本曲线 LAC 处于最低点。

第六节　企业收益与利润最大化

一、收益的含义

收益是指企业销售产品的收入，其中包括成本，也包括利润。收益可以分为总收益（TR）、平均收益（AR）和边际收益（MR）。

总收益是厂商销售一定量商品的全部收入；平均收益是厂商每销售 1 单位商品的平均收入，也就是商品的价格；边际收益是厂商每增加销售 1 单位商品所增加的收益。以 Q 代表销售量，则三种收益概念的关系是：

$$TR = AR \cdot Q = P \cdot Q$$

$$AR = TR/Q$$

$$MR = \frac{\Delta TR}{\Delta Q}$$

讨论厂商在销售量不断变化的条件下，各种收益的变动趋势时，应区分价格不变和价格递减两种市场条件。

二、价格不变条件下的各种收益曲线

价格不变的市场条件是指对于某一行业中的单个企业来说，无论它生产并出售多少产量，都不会引起市场价格的变化。我们知道，产品市场价格变化受该行业产品的供给总量和需求总量的影响。当单个企业规模很小，所占市场份额微不足道时，该企业无论增加产量还是减少产量都不足以引起市场供求关系的变化。对该企业而言，它就面临着价格不变的市场条件。价格不变市场条件下的总收益、平均收益和边际收益的变动规律如表 4－5 所示。

表 4－5　价格不变的收益表

销售量（Q）	价格（P）	总收益（TR）	平均收益（AR）	边际收益（MR）
0	2	0	——	——
100	2	200	2	2
200	2	400	2	2
300	2	600	2	2
400	2	800	2	2
500	2	1 000	2	2

在以销售量（产量）为横轴，以价格为纵轴的坐标中，我们可以分别做出 TR 曲线（如

图4－17）和 *AR* 曲线、*MR* 曲线（如图4－18）。*TR* 曲线是一条从原点出发，向右上方倾斜的直线。*AR* 曲线和 *MR* 曲线重叠，且平行于横轴。原因在于，由于价格不变，每增加销售一件产品，就等于在总收益中增加了一件产品的价格，因此，边际收益等于平均收益。

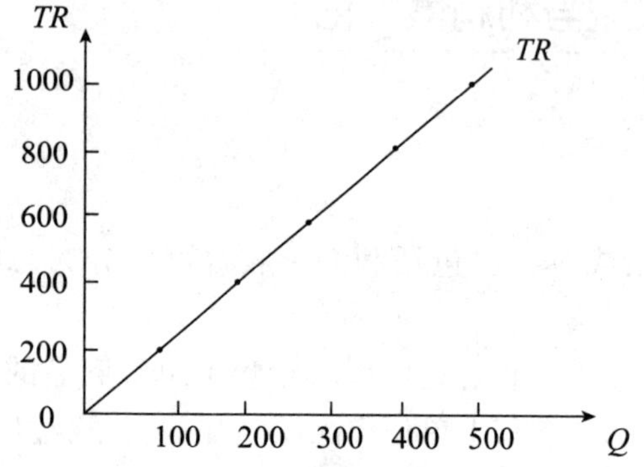

图4－17　价格不变的总收益曲线

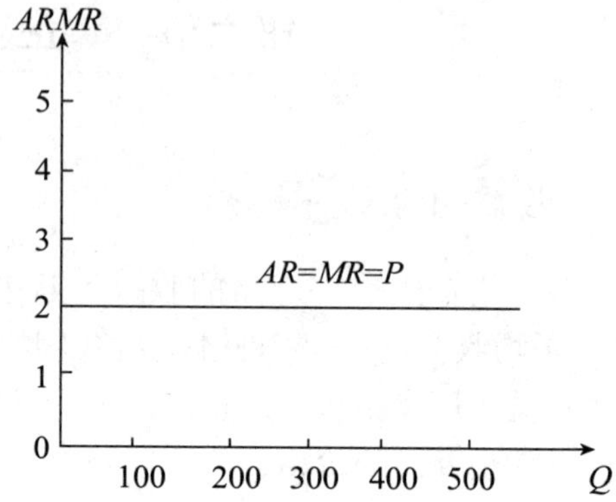

图4－18　价格不变的平均收益、边际收益曲线

三、价格递减条件下的各种收益曲线

价格递减的市场条件是指，随着单个企业产量，也就是销售量的不断增加，产品的市场价格递减。如果一个企业规模较大，在整个行业中占有很大的市场份额，甚至一个行业只有一家企业提供产品，则这家企业的产销量就对整个市场的供求关系产生很大的影响。当这个企业的产量增加时，也就意味着整个行业的供给量增加，价格必然下降；反之，若这个企业的产量减少，整个行业的供给量也就减少，价格必然上升。在价格递减的市场条件下，总收益、平均收益和边际收益的变动规律如表4－6所示。

表4－6　价格递减的收益表

销售量（*Q*）	价格（*P*）	总收益（*TR*）	平均收益（*AR*）	边际收益（*MR*）
0	10	0	——	——
1	9	9	9	9
2	8	16	8	8
3	7	21	7	7
4	6	24	6	6
5	5	25	5	5
6	4	24	4	4

根据表4－6，我们可以做出价格递减条件下的 *TR* 曲线、*AR* 曲线和 *MR* 曲线。

TR 曲线（图4－19）是一条从原点出发，随着销售量增加而递增，当销售量达到一定程度后又递减的曲线。

AR 曲线（图4－20），即价格线，是一条向右下方倾斜的曲线。*MR* 曲线也是一条向右下方倾斜的曲线。

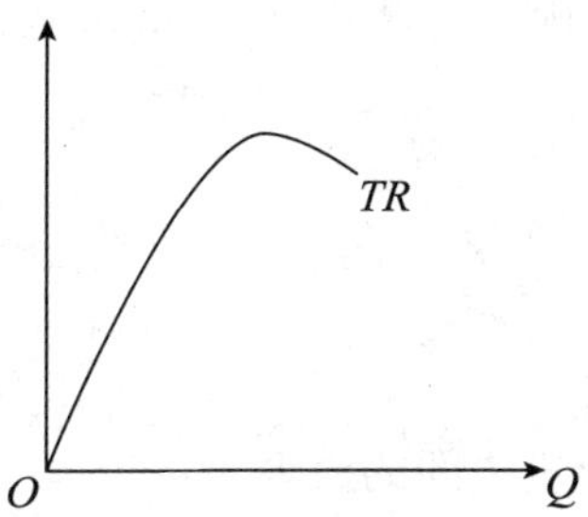

图 4-19 价格递减的总收益曲线

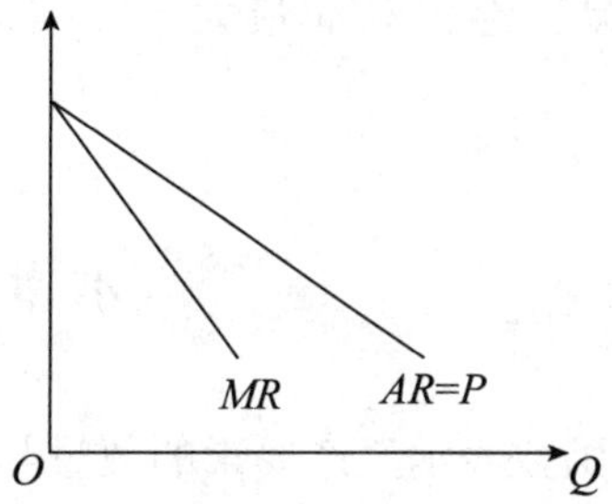

图 4-20 价格递减的平均收益和边际收益曲线

从 TR 曲线和 MR 曲线的关系来看，与其他总量和边际量的关系一样，MR 曲线就是 TR 曲线各点的斜率。当 $MR > 0$ 时，TR 曲线上升；当 $MR = 0$ 时，TR 曲线达到最高点，当 $MR < 0$ 时，TR 曲线下降。

AR 曲线和 MR 曲线都向右下方倾斜，但 MR 曲线在 AR 曲线下方，以更快的速度递减。边际收益小于平均收益的原因在于：边际收益是指增加 1 单位产量所增加的收益，它由两部分组成。其一，增加销售的 1 单位产品本身所增加的收益，例如在表 4-6 中，当销量由 2 增加到 3，第 3 件产品本身使总收益增加了 7。其二，由于价格递减所减少的收益。上例中，第 2 件产品销售价格由 8 降到 7，于是前 2 件产品的价格也都由 8 降到 7，共减少收益 2。这样，销售第 3 件产品使总收益增加了（$21 - 16 = 5$）5。也就是说第 3 件产品的边际收益是 5，小于平均收益 7。

价格不变和价格递减的市场条件是我们下一章将详细讨论的完全竞争和不完全竞争的市场条件。

四、利润最大化原则

利润最大化原则的实现条件是边际收益等于边际成本，即 $MR = MC$。

为什么厂商只有将产量确定在 $MR = MC$ 时才能获得最大利润呢？

如果在某一产量条件下，厂商的 $MR > MC$，表明这时厂商每多生产 1 件产品所增加的收益（MR）大于为增加生产这件产品所增加的成本（MC），显然增加生产是有利的，说明厂商还有潜在的利润。随着产量的增加，由于边际收益递减规律的作用，边际成本越来越大，直到 $MC = MR$ 时，厂商将全部可能的利润都得到了，实现了利润最大化。

如果在某一产量条件下，厂商的 $MR < MC$，表明这时厂商每多生产 1 件产品所增加的收益（MR）小于为增加生产这件产品所增加的成本（MC），显然增加生产是不利的，会减少厂商的利润。如果厂商这时减少生产，由于减少 1 件产品所减少的收益（MR）小于减少生产 1 件产品所减少的成本，当然减少生产是有利的，它也能扩大利润，或减少利润的损失。随着产量不断减少，减少的边际成本越来越小，直到与减少的边际收益相等，即 $MR = MC$，也能实现利润最大化。

需要特别强调的是，利润最大化的含义并不是说厂商一定获得了经济利润，而指只是表示厂商在既定的生产条件下，按 $MR = MC$ 确定产量，对厂商一定是最有利的。它有三种可能的结果：经济利润最大、亏损最小或盈亏平衡，这将在下一章市场理论中详细讨论。

本章知识小结

• 生产函数表示生产要素的数量与某种组合和产量之间的关系。

• 在短期中当其他要素不变时，企业增加一种生产要素会引起边际产量递减。企业要根据总产量、平均产量和边际产量之间的关系来确定一种生产要素的合理投入。

在长期中企业要确定生产规模的大小，以实现规模收益递增到最大时的适度规模。不同的行业适度规模的大小是不同的。

• 运用边际分析法时，生产要素的最佳组合是每种生产要素引起的边际产量与该生产要素价格之比相等。

运用等产量线分析法时，生产要素的最佳组合是等产量线与等成本线的相切之点。

• 经济效率涉及成本与收益的关系。当成本既定收益最大，或收益既定成本最小时，就实现了经济效率。成本分为显明成本与隐含成本，显明成本与隐含成本之和称为经济成本。

• 短期成本中包括固定成本和可变成本。总成本为固定成本和可变成本之和。平均成本为平均固定成本和平均可变成本之和。短期中平均成本与边际成本之间的关系是：当平均成本大于边际成本时，平均成本递减；当平均成本小于边际成本时，平均成本递增；当平均成本等于边际成本时，平均成本最低。

• 长期中一切成本都是可变的。成本分为总成本、平均成本和边际成本。长期中，平均成本先随产量增加而递减，当平均成本达到最低后又随产量增加而递增。平均成本最低时的产量是企业的适度规模。

• 收益包括总收益、平均收益与边际收益。当企业产量实现边际收益等于边际成本时，就实现了利润最大化。利润最大化是指经济利润最大化。

练 习 题

一、名词解释

1．生产要素	2．边际产量递减规律	3．等产量线
4．边际产量	5．边际技术替代率	6．等成本线
7．生产扩展线	8．规模收益	9．经济成本
10．固定成本	11．可变成本	12．短期边际成本
13．长期总成本	14．长期平均成本	15．总收益
16．平均收益	17．边际收益	

二、单项选择题

1. 反映生产要素投入量和产出水平之间的关系称为（　　）。

   A. 总成本曲线　　B. 生产函数

   C. 生产可能性曲线　　D. 成本函数

2. 当平均产量达到最大值时（　　）。

   A. 总产量达到最大值　　B. 总产量仍处于上升阶段还未达到最大值

   C. 边际产量达到最大值　　D. 边际产量等于零

3. 当边际产量达到最大时，下列各项正确的是（　　）。

   A. 总产量达到最大值　　B. 平均产量处于递减阶段

   C. 平均产量处于递减阶段　　D. 总产量处于递减阶段

4. 如果连续增加某种生产要素，在总产量达到最大时，边际产量曲线（　　）。

   A. 与纵轴相交　　B. 经过原点　　C. 与横轴相交　　D. 与平均产量相交

5. 下列说法错误的是（　　）。

   A. 只要总产量减少，边际产量一定是负数

   B. 只要边际产量减少，总产量一定也减少

   C. 边际产量曲线一定在平均产量曲线的最高点与之相交

   D. 随着某种生产要素投入量的增加，边际产量和平均产量增加到一定程度将趋于下降，其中边际产量的下降一定先于平均产量。

6. 边际收益递减规律只在下列情况下起作用（　　）。

   A. 所有要素的投入量都按同一比例变化

   B. 生产函数中只有一种投入要素

   C. 生产函数中至少有一种投入要素的投入量是不变的

   D. 在柯布-道格拉斯生产函数中诸变量的指数之和小于1

7. 在生产技术水平不变的条件下，生产同一产量的两种不同的生产要素的不同组合构成的曲线是（　　）。

   A. 无差异曲线　　B. 等成本曲线

   C. 等产量曲线　　D. 生产可能线

8. 边际技术替代率是指（　　）。

   A. 两种投入要素的比率

   B. 一种投入要素替代另一种投入要素的比率

   C. 一种要素投入的边际产品替代另一种要素投入的边际产品比率

   D. 在保持原有产出不变的条件下，用一种要素投入替代另一种要素投入的比率

9. 生产要素的最佳组合点一定是（　　）。

   A. 等成本曲线与生产可能性曲线的切点

   B. 等产量曲线与等利润曲线的切点

   C. 等产量曲线与等成本曲线的切点

   D. 等产量曲线与等收入曲线的切点

10. 无数条等产量曲线与等成本曲线的切点连接起来的曲线是（　　）。

A. 无差异曲线　B. 消费可能线　C. 收入消费线　D. 生产扩展线

11. 在长期中，下列成本中不存在的项是（　　）。

A. 固定成本　B. 机会成本　C. 平均成本　D. 隐含成本

12. 边际成本曲线与平均成本曲线的关系是（　　）。

A. 边际成本大于平均成本，边际成本下降

B. 边际成本小于平均成本，边际成本下降

C. 边际成本大于平均成本，平均成本上升

D. 边际成本小于平均成本，平均成本上升

13. 边际成本曲线与平均成本曲线的相交点是（　　）。

A. 边际成本曲线的最低点

B. 平均成本曲线的最低点

C. 平均成本曲线下降阶段的任何一点

D. 边际成本曲线的最高点

14. 利润最大化的原则是（　　）。

A. 边际收益大于边际成本　B. 边际收益小于边际成本

C. 边际收益等于边际成本　D. 边际收益与边际成本没有关系

15. 如果边际收益大于边际成本，那么减少产量就会使（　　）。

A. 总利润减少　B. 总利润增加

C. 对利润无以影响　D. 使单位利润减少

16. 正常利润是（　　）。

A. 是经济成本的一部分　B. 是经济利润的一部分

C. 不是经济成本的一部分　D. 与企业决策不相关

三、多项选择题

1. 厂商在生产过程中投入的生产要素主要有（　　）。

A. 劳动　B. 资本　C. 土地

D. 企业家才能　E. 利润

2. 边际收益递减规律成立的条件是（　　）。

A. 生产技术水平保持不变

B. 扩大固定资本的存量

C. 保持其他生产要素投入数量不变，只改变一种生产要素的投入量

D. 边际产量递减发生在可变投入增加到一定程度之后

E. 以上说法都对

3. 属于等产量曲线特征的有（　　）。

A. 等产量曲线凹向原点

B. 等产量曲线向右下方倾斜

C. 等产量曲线有无数条，其中每一条代表一个产值，并且离原点越远代表的产量

越大

D. 等产量曲线互不相交

E. 等产量曲线与等成本线相交

4. 总成本分为（　　）。

A. 平均成本　B. 边际成本　C. 固定成本

D. 变动成本　E. 平均变动成本

5. 固定成本是指厂商（　　）。

A. 在短期内必须支付的生产要素的费用

B. 在短期内不能调整的生产要素的支出

C. 厂房及设备折旧等不变生产要素引起的费用

D. 长期固定不变的成本

E. 在短期内不随产量变动的那部分生产要素的支出

6. 随着产量的增加，厂商的平均固定成本（　　）。

A. 大于0　B. 等于0　C. 先减后增

D. 递减　E. 趋向于0

7. 在下列几种曲线中，属于U形曲线的有（　　）。

A. 平均成本　B. 平均固定成本　C. 平均变动成本

D. 长期总成本　E. 边际成本

8. 长期平均成本曲线与短期平均成本曲线的关系是（　　）。

A. 长期平均成本曲线是短期平均成本曲线的包络曲线

B. 长期平均成本曲线是所有短期平均成本曲线的最低点的连线

C. 长期平均成本曲线的每一点都对应着一个短期平均成本曲线上的点

D. 长期平均成本曲线在短期平均成本曲线的下方

E. 所有短期平均成本曲线都与长期平均成本曲线相切

9. 在长期平均成本曲线下降的区域（　　）。

A. 长期平均成本小于短期平均成本

B. 无法确定

C. 长期平均成本是短期平均成本最低点的连线

D. 短期平均成本的最低点在长期平均成本上

E. 长期平均成本与各条短期平均成本相切于短期平均成本最低点左侧

10. 以下说法正确的是（　　）。

A. MC 大于 AC 时，AC 下降

B. MC 小于 AC 时，AC 下降

C. MC 等于 AC 时，AC 下降

D. MC 等于 AC 时，AC 达到最低点

E. MC 等于 AC 时，AC 达到最高点

四、判断题

1. 当其他生产要素不变时，一种生产要素投入越多，则产量越高。（　）
2. 在农业中并不是越密植越好，施肥越多越好。（　）
3. 规模经济和边际产量递减规律所研究的是同一问题，其结论也相同。（　）
4. 一条等产量线的上部，其代表的产量大于该产量线的下部所代表的产量。（　）
5. 在同一平面图上，可以有三条不同的等产量曲线。（　）
6. 两种生产要素的最适组合之点就是等产量曲线与等成本线的交点。（　）
7. 在短期内，所有生产要素均不能调整。（　）
8. 短期总成本曲线与长期总成本曲线都是从原点出发向右上方倾斜的一条曲线。（　）
9. 短期边际成本曲线和短期平均成本曲线一定相交于平均成本曲线的最低点。（　）
10. 停止营业点就是短期边际曲线与平均可变成本曲线的交点。（　）

五、计算题

1. 某种产品的产量和劳动投入量之间的生产函数关系为：$Y=300+40L-0.5L^2$，单位劳动时间的工资为40元，单位产品售价为30元，请问取得最大纯收益的劳动投放量应为多少？
2. 如果某厂商的产量为9单位时，总成本为95元，产量增加到10单位时，平均成本为10元，求边际成本是多少？

六、分析问答题

1. 总产量与边际产量、平均产量与边际产量之间存在什么关系？如何根据这种关系确定一种生产要素的合理投入区间？

2. 为什么只有在等产量曲线与等成本曲线相切时才能实现生产者的均衡？

3. 在大跃进中曾提倡农作物密集种植，结果粮食减产，用边际产量递降原理解释这种现象。

4. 用图形说明短期边际成本曲线和短期平均成本曲线、短期可变成本曲线的关系。

5. 用图形说明企业如何确定盈亏平衡点和停止营业点的产量。

第五章 市场结构理论

学习目标

1. 理解市场结构的类型、划分标准和主要特征；
2. 掌握完全竞争市场的特点和价格均衡的条件；
3. 掌握完全垄断市场的特点和价格均衡的条件；
4. 掌握垄断竞争市场的特点和价格均衡的条件；
5. 掌握寡头垄断市场的特点和价格均衡的条件。

本章重点和难点

1. 稀缺性和选择的含义，以及这两个概念与经济学的关系；
2. 经济学研究的对象；
3. 微观经济学与宏观经济学的含义；
4. 实证经济学与规范经济学的区别；
5. 实证分析方法。

案例导入

如果你们当地某个加油站把汽油价格提高20%，就会发现它的销售量大量下降。它的顾客会很快转而去买其他加油站的汽油。与此相比，如果你们当地的自来水公司提高20%的水价，就会发现水的销售量只有微不足道的减少。人们会比往常少用一些水浇他们的草地，并买一个节水的喷头，但他们很难让用水量大幅度减少。汽油市场和自来水市场的差别是显而易见的：有许多企业卖汽油，但只有一家企业卖自来水。正如你可以预见到的，这种市场结构的差别影响了在这些市场经营的企业的定价与生产决策。

第一节 市场结构的类型及特征

在现实经济中厂商要根据一定的市场条件做出生产什么、生产多少、如何生产等生产要素配置的决策。这里所说的市场重要条件就是市场结构。市场结构是市场中的组织及构成方式，它影响着厂商的经济行为和决策模式。按照一定的分类标准，可把市场结构划分为四种类型：完全竞争市场、完全垄断市场、垄断竞争市场和寡头垄断市场。

一、市场结构的划分标准

每个厂商在一个行业中具有的地位和作用，决定着这个行业中的市场竞争程度。行业是指生产或制造同一产品或类似产品所有厂商的集合。市场结构是指反映竞争程度不同的市场状态。作为商品生产者和供给者的厂商，在选择生产规模、价格水平、营销战略时，除了要考虑技术条件及相应的成本条件之外，还必须认真分析本行业的市场竞争状态。在不同的市场结构中，厂商之间的竞争具有不同的特性，同样的竞争手段在不同的市场结构中也会产生不同的反应，获得不同的效果。市场结构划分标准主要有以下五个方面。

（一）市场上交易者的数量

市场上对某种商品的买者和卖者的数量多少与市场竞争程度高低有很大的关系。参与者越多，竞争程度可能就越高，否则竞争程度就越低。参与者多的市场，每个参与者的交易量只占市场交易的很小份额或比重，对市场价格缺乏控制能力，竞争能力比较小，厂商之间的竞争相对比较激烈。反之，如果市场上交易者数量很少，每个厂商在市场中都占有重要地位，厂商之间因为缺乏竞争就容易形成垄断。

（二）产品差异程度

产品差异是同一种产品在质量、牌号、形式、包装等方面的差别。产品差异会引起垄断，产品的差异越大，垄断程度越高。产品差异可以分为物质差异、售后服务差异和形象差异。产品之间的差异越小甚至雷同，相互替代品越多，竞争程度就越强。对于替代性较强的无差异产品，每个厂商难以凭借自己产品特色控制市场价格。

（三）价格决定方式

凡是产品交易价格是由市场供求关系来决定的市场，其竞争程度就比较高；反之，凡是企业能够用自己的力量在不同程度上决定产品的市场价格，其市场竞争程度就比较弱，在这样的市场结构中就容易不同程度地产生垄断。

（四）行业的进入限制

进入行业的限制来自自然原因和立法原因。自然原因是指资源控制和规模经济。如果某个企业控制了某个行业的关键资源，其他企业得不到这种资源，就无法进入该行业。立法原因是指通过法律限制进入某个行业。这种立法限制主要采取三种形式：一是特许经营；二是许可证制度；三是专利制。厂商能否随意进入和退出某个行业，取决于资源在这个行业中流入和流出的难易程度。如果生产某种产品的原材料被人控制，又没有适当的替代品，生产者就不容易进入这个行业，在这个行业中市场竞争程度就比较低。

（五）市场信息通畅程度

市场参与者对供求关系、产品质量、价格变动、销售方法、广告效果等经济和技术的信息资料越是了解，市场竞争程度就越高；否则市场竞争程度就越低。在信息时代，信息是企业经营的性命，市场信息流通渠道越通畅，企业参与市场竞争的能力就越强。在现实中，有的厂家往往利用消费者缺乏足够的市场信息，迫使其接受不合理的价格或不理想的产品质量，这就是消息相对闭塞的市场上容易形成卖者垄断的重要原因。

二、市场结构的类型

根据行业的市场集中程度、价格决策方式、行业的进入限制和产品差异等方面的评价标准，可以把市场结构分以下四种类型。

（一）完全竞争的市场结构

完全竞争是一种竞争不受任何阻碍和干扰的市场结构。形成这种市场的条件是企业数量多，而且每家企业规模都非常小。价格由整个市场的供求关系决定，每个厂商不能通过改变自己的产量而影响市场价格。

（二）完全垄断的市场结构

完全垄断是指只有一家企业控制整个市场的供给。形成完全垄断的关键条件是对进入市场的限制，这种限制可以来自自然原因，也可以来自立法。此外，完全垄断的另一个条件是没有相近的替代品，如果有替代品则有替代品与之竞争。在完全垄断市场上，由于没有替代品，因而形成了一个厂商独占市场供给，从而可以根据市场需求控制产品的价格。

（三）垄断竞争的市场结构

垄断竞争是既有垄断又有竞争，垄断与竞争相结合的市场。这种市场与完全竞争市场的相同之处是市场集中率低且无进入限制；但关键差别是完全竞争市场上产品无差别，而垄断竞争市场上产品有差别。企业规模小和进入无限制也保证了这个市场上竞争的存在，产品有差别可保证经营特色产品的厂商能取得一定的垄断地位。

（四）寡头垄断市场结构

寡头垄断市场是一个行业中只有几家大厂商的市场，形成这种市场的关键是规模经济。在这种市场上，大企业集中程度高，对市场控制力强，可以通过变动产量来影响价格。而且，由于每家企业规模大，其他企业就难以进入。由于不是独家垄断，所以在几家寡头之间仍然存在激烈的竞争。

第二节　完全竞争市场的厂商均衡

案例导入

没有天敌的市场并不完美

在美国的阿拉斯加自然保护区里，人们为了保护鹿，消灭了狼。鹿没有了天敌，生活很是悠闲，不再四处奔波，便大量繁衍，引起了一系列的生态问题，致使瘟疫在鹿群中蔓延，鹿大量死亡。

后来养护人员及时引进了狼，狼和鹿之间又展开了血腥的生死竞争。在狼的追赶捕食下，鹿只得紧张地奔跑逃命。这样一来，除了那些老弱病残者被狼捕食外，其他鹿的体质日益增强，鹿群显得生机勃勃，恢复了往日的灵秀。

一、完全竞争市场的条件

完全竞争又称纯粹竞争，是指竞争不受任何阻碍和干扰，排除任何垄断可能的市场结构。美国著名经济学家张伯伦将完全竞争描述为：没有“垄断因素”的竞争。要保证完全竞争人的实现，需要具备以下四个基本条件。

（一）市场上存在着大量的生产者和消费者

由于市场上存在着大量的厂商，每个厂商所生产的产品数量都只占全行业供给总量的微不足道的份额，因而每一个厂商都不可能通过自己产量的调整影响整个行业的供求关系，当然也就不可能成为价格的决定者。这就是在前边介绍收益概念时所提到的价格不变的市场条件。完全竞争不仅是指生产者的完全竞争，也包括消费者的完全竞争。由于存在大量的消费者，每一个消费者的购买量也只占全行业需求总量的一个微不足道的份额。这样，每一个消费者也不可能通过调整自己的购买数量来影响整个市场的供求关系，改变市场价格，而只能成为市场价格的接受者。

（二）同一行业的不同厂商所生产的产品完全无差别

这里讲的产品差别不是指不同类产品的差别，而是指同类产品在质量、品牌、性能、包装、销售条件、售后服务等各个方面的差别。强调产品的无差别也就排除了厂商通过产品特色有可能形成的相对垄断，这样的竞争才是完全的。

（三）生产资源可以完全自由流动

所谓的资源自由流动是指任何一种生产资源都能够对市场信息做出迅速反应，流入或流出这一市场。一般来说，资源自由流动是指：

① 劳动力在地理位置与工作种类上的流动不受阻碍；

② 任何一个投入所有者或生产者都不能垄断投入；

③ 新的资本可以任意进入某一行业。

在完全竞争条件下，任何厂商进入或退出某一行业是完全自由的，不存在任何障碍。生产资源的自由流动，使厂商能及时向获利的行业转移或及时退出亏损的行业，全社会的经济资源才能做到最有效的配置。在完全竞争的条件下，缺乏效率的企业会被淘汰，取而代之的是具有效率的企业。

（四）市场信息是完全畅通的

完全竞争市场上的每一个生产者和消费者对市场内的各种经济信息都了如指掌，以此做出自己的生产和消费决策，实现利益最大化。从而就排除了个别经济主体由于对信息的垄断而进行不完全竞争的可能。

严格意义上的完全竞争市场是不存在的。但在经济分析中，一般把农产品市场看成接近完全竞争的市场类型。

二、完全竞争市场的需求曲线

在分析这一问题时，必须区分整个行业的需求曲线和单个厂商的需求曲线。

（一）行业需求曲线

在任何一个市场中，消费者对整个行业所生产的产品的需求曲线称为行业需求曲线，它向右下方倾斜，如图 5－1 中的 D 线。它表示，价格越高，消费者对全行业产品的需求量越少；价格越低，消费者对全行业产品的需求量越多。

（二）单个厂商的需求曲线

在完全竞争市场中，单个厂商所面临的需求曲线是一条由市场均衡价格水平所决定的水平线。如图 5－2 中的 d 线。它表示，在完全竞争的条件下，单个厂商只能被动地接受由全行业供求关系所决定的既定的市场价格。无论这个厂商生产多少产量都可以按既定的市场价格卖出去。在既定的价格条件下，市场对单个厂商产品的需求量是无限的。

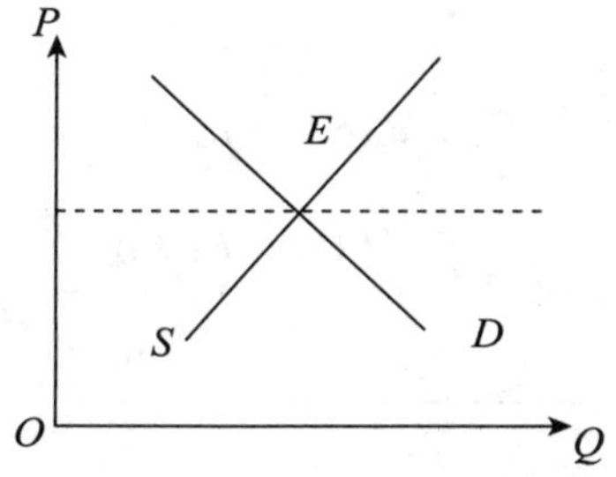

图 5－1　完全竞争行业的需求曲线

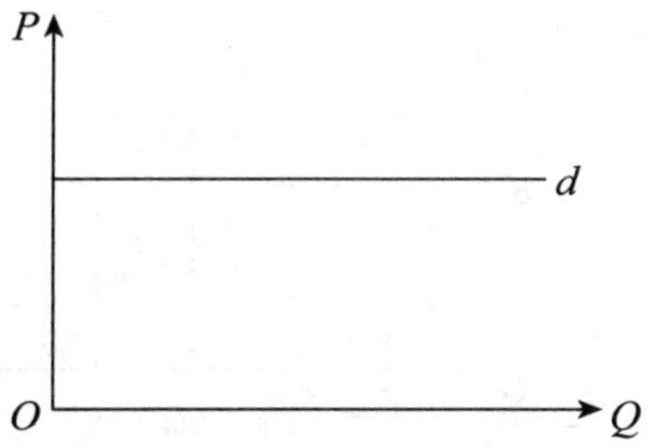

图 5－2　完全竞争厂商的需求曲线

消费者根据市场价格决定自己的需求量，因而需求曲线也就是价格曲线。如上一章所述，在价格不变的完全竞争市场，价格线、平均收益曲线和边际收益曲线相互重叠，且平行于横轴。现在可以进一步说，在完全竞争市场中，需求曲线（d）、价格曲线（p）、平均收益曲线（AR）和边际收益曲线（MR）都重合在一起，且平行于横轴，如图 5－2 所示。

三、完全竞争厂商的短期均衡

厂商的短期均衡是指企业在生产规模既定条件下，如何通过产量调整实现利润最大化。

在完全竞争市场中，厂商不能决定价格，只能接受既定的市场价格（它由市场供求决定），但可根据既定的市场价格和成本状况决定一个使利润最大或亏损最小的产销量，这个产销量就是短期均衡产量。承前所述，$MR=MC$ 是各种市场条件下，厂商为实现利润最大化确定产量的一般原则。所以，对于完全竞争厂商来说，其短期均衡的条件通常描述为：$MR=SMC$。

现在我们结合完全竞争市场进行具体分析。

如图 5 - 3 所示，三条成本线 *SMC*、*SAC* 和 *AVC* 共同代表了厂商既定的固定资产规模，d_1、d_2、d_3、d_4、d_5分别代表由市场供求关系所决定的五种不同价格水平的需求曲线。下面的分析将表明，在完全竞争厂商规模既定的条件下，无论市场价格如何变化，厂商确定产量的原则都是 $MR = SMC$，都能实现利润最大化。但在不同的价格条件下，利润最大化的含义是不同的。

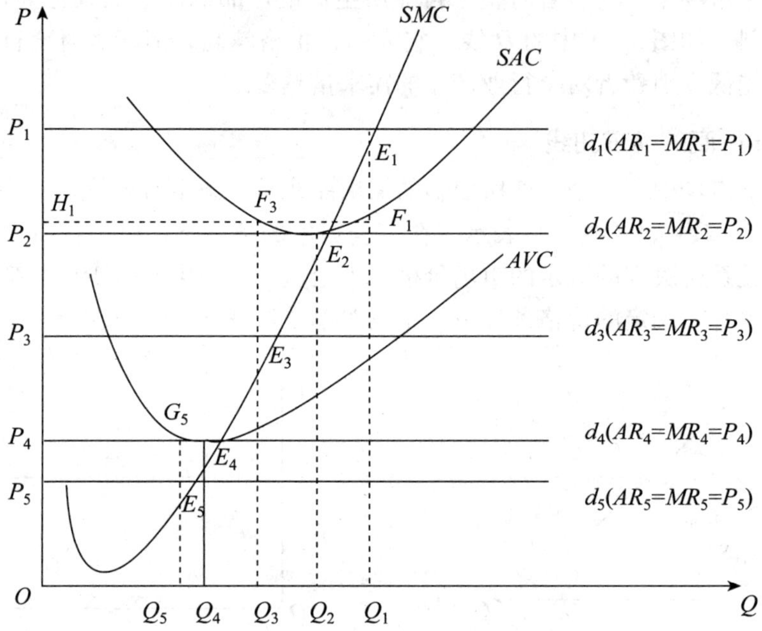

图 5 - 3　完全竞争厂商的短期均衡

（1）当 $AR > SAC$ 时，厂商按 $MR = SMC$ 确定产量，能最大限度地获得经济利润。有两种情况可能使完全竞争厂商在短期面临着价格高于平均成本的有利局面：其一，产品市场供不应求，因而价格水平高。其二，该厂商由于规模、技术等原因，使成本暂时低于同行业其他厂商。当市场价格为 P_1，即需求曲线为 d_1时，厂商就是面临这种情况。根据 $MR = SMC$ 的利润最大化原则，厂商确定的最佳产量是 Q_1。因为在 Q_1 的产量上，*SMC* 曲线与 MR_1曲线相交于 E_1点。E_1点是厂商的短期均衡点，这时厂商的平均收益为 E_1Q_1，平均成本为 F_1Q_1，平均收益大于平均成本，厂商在单位产品上所获得的经济利润是 E_1F_1，经济利润总量是 $E_1F_1 \times OQ_1$，相当于图形上矩形 $E_1F_1H_1P_1$的面积。根据上一章利润最大化原则的分析，Q_1一定是经济利润最大的产量。

（2）当 $AR = SAC$ 时，厂商按 $MR = SMC$ 确定产量，可以实现盈亏平衡。相对于第一种情况，如果市场价格由 P_1降到 P_2，厂商的需求曲线是 d_2，正好和 *SAC* 曲线的最低点相切于 E_2点，*SMC* 曲线也经过该点。根据 $MR = SMC$ 确定的产量是 Q_2，这时的平均收益是 E_2Q_2，平均成本也是 E_2Q_2，$AR = SAC$，厂商实现盈亏平衡。而且在其他产量上，平均成本都大于平均收益，厂商都会有亏损。应该说明的是，盈亏平衡意味着厂商已经获得了全部的正常利润，只是没有经济利润。

（3）当 $AVC < AR < SAC$ 时，厂商会有亏损，但在短期内还应继续生产。如果市场价格继续降到 P_3 的位置，厂商的需求曲线是 d_3。由于 AR 曲线和 SAC 曲线已没有交点，也没有切点，说明厂商在任何产量条件下都会有亏损。由于厂商的平均收益，即市场价格大于平均成本，因而在短期内生产比不生产是有利的。厂商仍然应根据 $MR = SMC$ 的原则来确定均衡产量 Q_3。在 Q_3 产量水平上，平均收益是 E_3Q_3，平均成本是 F_3Q_3，平均收益小于平均成本，厂商是亏损的。单位产品亏损额是 F_3E_3，总亏损额是 $F_3E_3 \times OQ_3$。厂商虽然亏损，但按 $MR = SMC$ 所确定的均衡产量 Q_3，一定是总亏损额最小的产量。

（4）当 $AVC = AR < SAC$ 时，厂商亏损，且处于停止营业的临界点上。如果价格进一步降到 P_4 的水平，需求曲线位于 d_4 的位置，且正好与 AVC 曲线的最低点 E_4 相切，SMC 曲线也经过该点。根据 $MR = SMC$ 确定的均衡产量是 Q_4，平均收益小于平均成本，但等于平均可变成本。这时厂商若生产会有亏损，单位产品亏损额是平均成本与平均可变成本之差，即平均固定成本，亏损总额是全部的固定成本。厂商若不生产，短期内也要亏损全部固定成本。因而短期内厂商处在生产与不生产的临界点上，通常称该点为停止营业点或关闭点。在该点上，生产与不生产对于厂商而言结果都是一样的。

（5）当 $AR < AVC < SAC$ 时，厂商不仅亏损全部的固定成本，还要亏损部分变动成本，应当立即停止生产。如果价格降到了 P_5 的水平，需求曲线位于 d_5 的位置，低于 AVC 曲线，说明厂商无论将产量调整在什么水平，其价格既不能弥补平均成本，也不能弥补全部平均可变成本。这时厂商必须立即停产，因为停产的损失是全部固定成本，而继续生产的损失不仅是全部固定成本，还有部分可变成本。

综上所述，在短期内的所有市场价格条件下，完全竞争的厂商都应根据 $MR = SMC$ 确定产量。当价格低于平均可变成本时，厂商应立刻停产。所以说，完全竞争厂商短期均衡的条件是：$MR = SMC$，$P \geqslant AVC$。

四、完全竞争厂商的长期均衡

长期均衡是指厂商通过对固定资产规模的调整来实现利润最大化。这种调整包括两个方面：其一是单个厂商对自己工厂规模的调整；其二是新厂商加入和原有厂商退出所引起的整个行业规模的调整。下面分别加以说明。

（一）厂商自身规模调整与长期均衡的实现

在图 5－4 中，SMC_0、SAC_0、SMC_1、SAC_1、SMC_2、SAC_2 以及 SMC_3、SAC_3，分别代表四种不同的短期生产规模。根据 $MR = SMC$ 的短期均衡原则，其各自的短期最佳产量是 Q_0、Q_1、Q_2、Q_3。从长期来看，厂商可以通过自身规模的调整来提高效益。厂商规模的调整使 SAC 曲线沿着 LAC 曲线移动，最终将自身规模调整到 LAC 曲线的最低点，这时厂商的短期平均成本和长期平均成本都是最低的。从图 5－4 来看，SAC_2 和 SMC_2 所表示的规模是最佳规模，Q_2 是最佳产量，这时实现了长期均衡。图 5－4 中的长期均衡点是 E_2，长期均衡条件是 $SMC = SAC = LMC = LAC$。

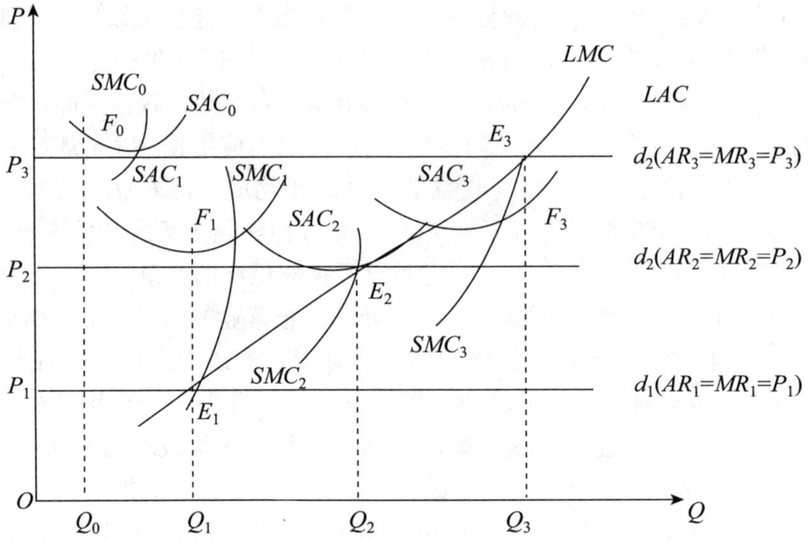

图 5－4　完全竞争厂商的长期均衡（a）

（二）行业规模调整与长期均衡的实现

在短期内，如果产品市场供不应求，价格水平偏高，则会使厂商获得经济利润。经济利润的存在会吸引新厂商加入，整个行业规模扩大，产品价格下降，直到经济利润消失。这时，新厂商不再加入，实现长期均衡。如图 5－5 所示，价格由 P_3 降到 P_2，即需求曲线由 d_3 的位置移动到 d_2 的位置，就是描述了上述过程。

反之，在短期内，如果产品市场供过于求，价格水平偏低，则会使厂商亏损。亏损的存在会使部分厂商退出该行业，行业规模缩小，产品价格上升，直到亏损消失。这时，原有厂商不再退出，实现长期均衡。如图 5－5 所示，价格由 P_1 上升到 P_2，即需求曲线由 d_1 的位置上升到 d_2 的位置，就是描述了这个过程。

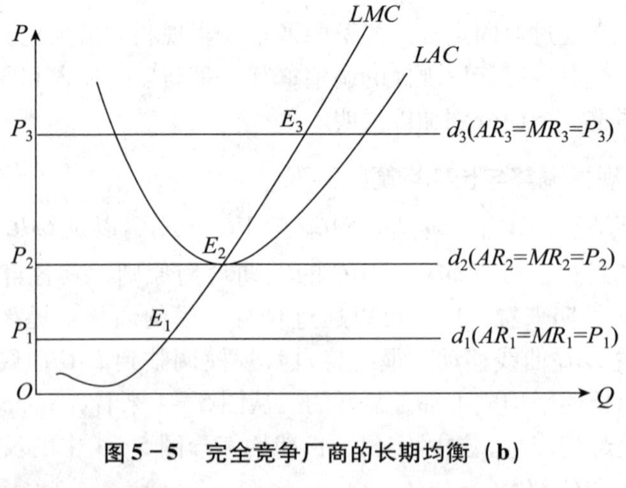

图 5－5　完全竞争厂商的长期均衡（b）

行业规模的调整最终会使 AR 曲线、MR 曲线与 LAC 曲线的最低点相切，即图 5－5 中的 E_2 点。这时，$AR=MC=LAC=LMC$。

综合厂商自身规模调整和整个行业规模调整的两个过程来看，完全竞争厂商长期均衡的条件是：$MR = AR = SMC = SAC = LMC = LAC$，其中 $MR = AR = P$。它是 $MR = MC$ 的利润最大化原则在完全竞争市场长期均衡中的具体表现。

在实现长期均衡的条件下，完全竞争厂商既不可能有亏损，也不可能有经济利润。

第三节 完全垄断市场

案例导入

微软公司为什么被起诉

美国司法部起诉微软公司捆绑销售 IE 浏览器软件，涉嫌违反美国《反托拉斯法》，要求将它一分为二。哈佛大学教授高里·曼昆对分拆微软公司计划提出了质疑，并且在文章中讲了一个寓言故事：某人发明了第一双鞋，并为此申请了专利，成立了公司。鞋很快卖疯了，他成了最富裕的人。但这使他变得贪婪了，把袜子和鞋捆绑销售，还声称这种捆绑销售对消费者有利。

对微软公司是否涉嫌垄断，经济学家们有不同的看法。一种意见认为，微软公司无论从结构上（市场份额），还是从行为上（捆绑销售）都具备了垄断企业的性质，使更新更先进的技术没有了生长的空间，消费者付出了更高的价格，造成了社会福利的损失。另一种意见认为，微软公司是通过正当的市场竞争手段获取的垄断地位，这种垄断有理无错，因为任何一个竞争中的厂商最终无不追求垄断利润，搞捆绑销售只是营销战略的选择，只要不是政府行为或寻租行为形成的垄断都是可以接受的。将微软公司拆分无疑会对美国的新经济带来负面影响，因为它改变了创业者的预期，对创业财富的安全性产生了疑虑。

产生上述不同观点的看法的主要原因是经济学家对于垄断的看法不同。

一、完全垄断市场的条件

完全垄断又称垄断，是指整个行业中只有一家企业。完全垄断市场的产品一般没有相近的替代品，而且其他厂商进入这个行业是不可能的。在这样的市场中，排除了任何的竞争因素，垄断厂商独自控制了整个行业的生产和销售，因而市场价格也为其所操纵和控制。形成完全垄断的原因有以下几种。

（1）政府实行的完全垄断。例如，政府对供水、供电、铁路、邮政等一些公用事业实行完全垄断。政府垄断的目的是消除私人经营对经济利润追求可能给社会经济和人民生活带来的不稳定。在上述行业中，有些是政府特许的私人垄断。

（2）由于私人资本特别雄厚而建立的排他性的垄断企业。

（3）由于对某些技术和特殊资源控制而形成的产品垄断。但是因产品专利权而形成的产品生产垄断往往会有一个时期上的限制。

（4）由于某些行业市场容量过小，或规模报酬极为明显，只有一家企业提供产品已能完全满足市场需求，而形成自然垄断。

如同完全竞争市场一样，完全垄断市场的前提假设条件也十分严格，所以其在现实经济生活中很少存在。

二、完全垄断市场的需求曲线

由于垄断行业只有一家企业，所以垄断企业所面临的需求曲线就是整个行业所面临的需求曲线。和所有的市场曲线一样，垄断企业的市场需求曲线是向右下方倾斜的，表示消费者对该企业产品的需求量与价格反方向变动。这就是前一章介绍的价格递减的市场条件。需求曲线（d）也就是价格线（P）、平均收益曲线（AR）。在完全垄断条件下，随着产量的不断增加，需求曲线（d），即 AR 曲线向右下方倾斜，而且 MR 曲线以更快的速度也向右下方倾斜。如图 5－6 中的 d（AR）线与 MR 线所示。

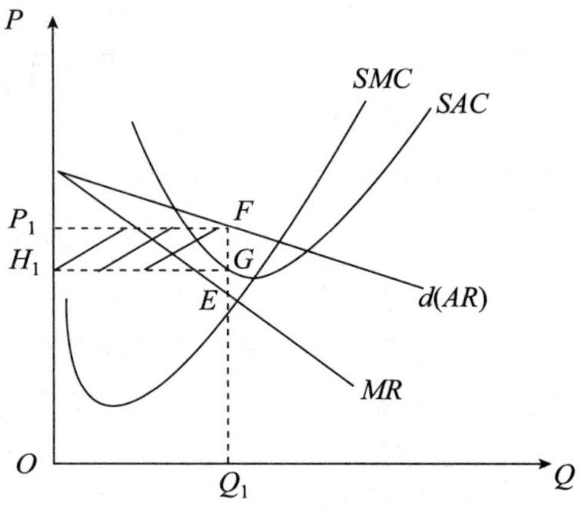

图 5－6　完全垄断厂商的短期均衡（a）

三、完全垄断市场的短期均衡

不同的垄断厂商的经营目标是不相同的。一般而言，政府垄断企业的经营目标是社会效益，而不是利润最大化。我们将讨论以利润最大化为目标的私人垄断企业是如何确定价格与产量，实现利润最大化的。

在生产规模既定条件下的垄断厂商要根据 $MR = SMC$ 的原则来确定价格与产量。在图 5－6 中，SMC、SAC 曲线代表厂商的既定工厂规模下的边际成本和平均成本，d 曲线和 MR 曲线是垄断厂商所面临的需求曲线和边际收益曲线。SMC 曲线和 MR 曲线的交点 E 是利润最大化的均衡点。E 点所表示的产量 Q_1 是利润最大化产量，P_1是 Q_1产量条件下的价格。垄断厂商的平均成本是 OH，平均收益是 OP_1，平均成本小于平均收益。总成本是矩形 $OHGQ_1$，总收益是 OP_1FQ_1，总成本小于总收益，企业获得了经济利润。经济利润总量就是总收益大于总成本的部分，是图中阴影部分的面积。

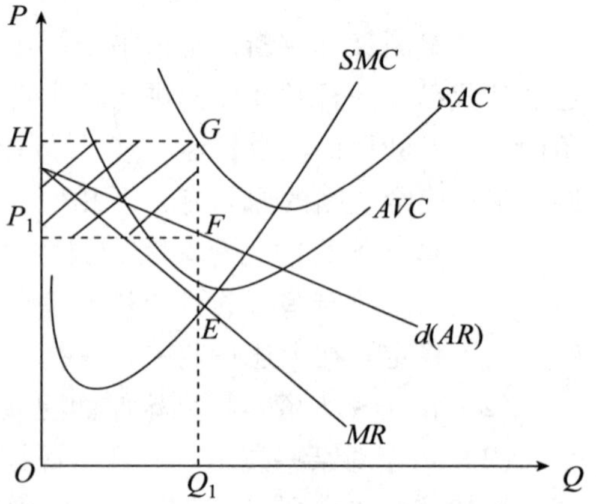

图 5－7　完全垄断厂商的短期均衡（b）

一般而言，垄断厂商在短期内可以获得经济利润，但并不是一定能获得经济利润。在图 5－7 中，垄断厂商无论怎么调整产量，亏损都是不可避免的。但根据停止营业的原则，只要 $AR > AVC$，按 $MR = SMC$ 的原则来确定最大化产量，则能将亏损减至最小。在图 5－7 中，产量 Q_1 是 $MR=SMC$ 的利润最大化产量，相应的平均成本是 OH，总成本是矩形 $OHGQ_1$ 的面积。平均收益是 OP_1，总收益是矩形 OP_1FQ_1。总成本大于总收益的部分，矩形 P_1HGF 是亏损额，而且一定是最小的亏损额。

如果在短期内，平均收益不仅低于平均成本，而且低于平均变动成本，即 $AR<AVC$，则垄断厂商必须立即停产。

四、完全垄断市场的长期均衡

垄断厂商在长期内可以通过调整自身规模来实现最大利润。可以调整自身规模，就意味着垄断厂商能够自主调整全部生产要素的投入量。由于完全垄断排除其他厂商加入该行业的可能性，因而垄断厂商可以在长期内保持经济利润。

垄断厂商在长期内对规模的调整所引起的收益变化有三种可能的结果。

第一种情况：垄断厂商在短期内获得利润，在长期内通过规模调整使利润增加，并长期保持。

第二种情况：垄断厂商在短期内亏损，在长期内，通过规模调整摆脱了亏损，甚至获得了经济利润。

第三种情况：垄断厂商在短期内亏损，在长期内又找不到一个能使其摆脱亏损的生产规模，于是该厂商退出生产。

对于第三种情况不需要再作分析，前两种情况的分析是基本相同的。下面以第一种情况为例，在图 5－8 中进行分析。

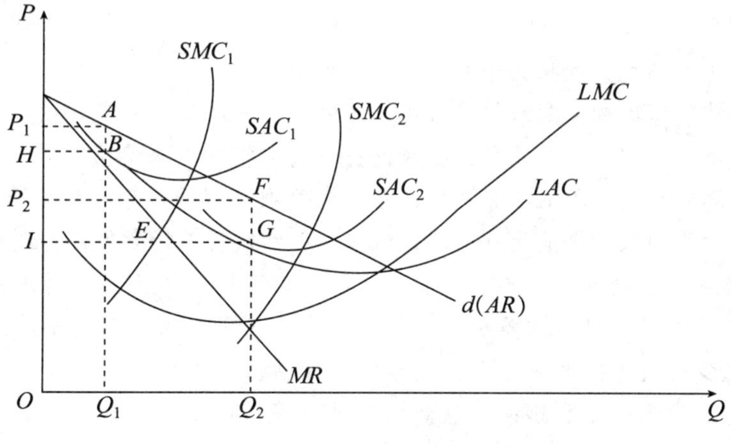

图 5－8 完全垄断厂商的长期均衡

在图 5－8 中，如果垄断厂商在短期内的生产规模是 SAC_1 和 SMC_1 所代表的规模，根据 $MR=SMC$ 的短期均衡原则，垄断厂商的产量应该在 Q_1，价格在 P_1 水平上。厂商的经济利润是 HP_1AB 的面积。

在长期内，垄断厂商可以通过对生产规模进行调整来扩大利润。根据 $MR=LMC$ 的长期均衡的原则，垄断厂商将规模调整到 SAC_2 和 SMC_2 所代表的规模，该规模的 SMC_2 曲线与 LMC 曲线和 MR 曲线相交于 E_2 点，它就是规模调整后所形成的新的长期均衡点。这时的长

期均衡产量是 Q_2，价格是 P_2，长期经济利润扩大到 IP_2FG 所代表的面积。同时，如图5-8所示，代表最优生产规模的 SAC 曲线与 LAC 曲线相切于 G 点。因此，垄断厂商的长期均衡条件是：$MR=LMC=SMC$。

它是 $MR=MC$ 利润最大原则在完全垄断市场长期均衡中的具体表现。垄断厂商在长期均衡状态点上可以获得经济利润。

案例分析

新闻摘录：商务部宣布可口可乐收购汇源案未通过中国审查

2009年3月18日　中国新闻网

中新网3月18日电（记者 翁阳）中国商务部18日正式宣布，根据中国反垄断法禁止可口可乐收购汇源。据悉，这是反垄断法自去年8月1日实施以来首个未获通过的案例。

商务部原文：

商务部就可口可乐收购汇源案反垄断审查做出裁决

2008年9月18日，商务部收到可口可乐公司收购中国汇源公司的经营者集中反垄断申报材料。经申报方补充，申报材料达到了《反垄断法》第二十三条规定的要求，11月20日商务部对此项集中予以立案审查，12月20日决定在初步审查基础上实施进一步审查。

商务部依据《反垄断法》的相关规定，从市场份额及市场控制力、市场集中度、集中对市场进入和技术进步的影响、集中对消费者和其他有关经营者的影响及品牌对果汁饮料市场竞争产生的影响等几个方面对此项集中进行了审查。审查工作严格遵循相关法律法规的规定。审查过程中，充分听取了有关方面的意见。

经审查，商务部认定：此项集中将对竞争产生不利影响。集中完成后可口可乐公司可能利用其在碳酸软饮料市场的支配地位，搭售、捆绑销售果汁饮料，或者设定其他排他性的交易条件，集中限制果汁饮料市场竞争，导致消费者被迫接受更高价格、更少种类的产品；同时，由于既有品牌对市场进入的限制作用，潜在竞争难以消除该等限制竞争效果；此外，集中还挤压了国内中小型果汁企业生存空间，给中国果汁饮料市场竞争格局造成不良影响。

为了减少集中对竞争产生的不利影响，商务部与可口可乐公司就附加限制性条件进行了商谈，要求申报方提出可行的解决方案。可口可乐公司对商务部提出的问题表述了自己的意见，提出初步解决方案及其修改方案。经过评估，商务部认为修改方案仍不能有效减少此项集中对竞争产生的不利影响。据此，根据《反垄断法》第二十八条，商务部做出禁止此项集中的决定。

反垄断审查的目的是保护市场公平竞争，维护消费者利益和社会公共利益。自2008年8月1日《反垄断法》实施以来，商务部收到40起经营者集中申报，依照法律规定立案审查了29起，已审结24起，其中无条件批准23起，对于1起具有排除、限制竞争效果的集中，商务部与申报方进行商谈，申报方提出了减少排除限制竞争的解决方案并做出承诺，商务部附加了减少集中对竞争不利影响的限制性条件批准了该集中。

资料来源：中国新闻网

第四节　垄断竞争市场

案例导入

你漫步进入一家书店购买一本假期读的书。在书架上你发现了一本约翰·格里沙姆（John Grisham）的神秘小说，一本斯蒂芬·金（Stephen King）的惊险小说和一本丹尼尔·斯蒂尔（Danielle Steel）的言情小说，一本迪尼斯·罗德曼（Dennis Rodman）的自传，和许多其他可选择的书。当你挑选出一本并要买下时，你是在参与哪一种市场？

一方面，图书的市场看来是极富竞争性的。当你观察书店的书架时，你发现了许多吸引你的作者和书籍。这个市场上的买者都有可供选择的成千上万种竞争的产品。而且，因为任何一个人都可以通过写作和出版一本书而进入这个行业，所以经营图书并不十分有利。对每一位高收入的小说家来说，总有数以百计的人在争夺这一地位。

另一方面，图书的市场看来极有垄断性。因为每本书都是独一无二的，出版商在某种程度上可以选择所收取的价格。这个市场上的卖者是价格决定者，而不是价格接受者。而且实际上，书的价格大大超过了边际成本。例如，一本典型的精装本小说的价格是25美元左右，而多印一本小说的成本低于5美元。

完全竞争和完全垄断是市场理论分析中两种极端的市场条件。在现实的经济生活中，大量存在的是垄断竞争和寡头垄断市场。其中，垄断竞争市场与完全竞争市场比较接近。

一、垄断竞争市场的条件

在一个市场中有许多厂商生产和销售有差别的同类产品，是垄断竞争市场的基本特征。形成垄断竞争的主要条件有以下两个。

（1）厂商生产有差别的同类产品。如前所述，产品差别是指同行业的不同企业所生产的同类产品在质量、品牌、性能、外观、售后服务等各方面的差别。此外，产品的商标、广告方面的差别以及以消费者的想象为基础的虚构差别等均应属于产品差别这一范畴。每个厂商可以根据自己产品的差别形成相对垄断。例如，电视机行业中，某一个厂商首先开发出大屏幕彩电，因而可以在短期内对大屏幕彩电形成销售垄断，并获得垄断利润，这就类似于完全垄断。另一方面，有差别的产品毕竟也是同类产品。相互之间相似的替代品。而且，从长期来看，产品差别很容易被同行业的其他厂商所仿效，使产品差别消失，垄断利润也随之消失。这又类似于完全竞争。

（2）同行业中的厂商数量比较多，每个厂商的规模都不大，单个厂商的行为对整个行业影响较小。因而，进入或退出垄断竞争市场比较容易。

在现实生活中，服务行业、日用品行业和零售业都是比较典型的垄断竞争市场。

二、垄断竞争市场的需求曲线

在理论分析中，垄断竞争厂商同时面临两条需求曲线：主观需求曲线和比例需求曲线。它们在图 5－9 中分别由 d 需求曲线和 D 需求曲线表示。

（一）主观需求曲线

主观需求曲线是某垄断竞争厂商在调整价格时，假设其他厂商不对此做出反应的前提下，消费者对该企业产品的需求曲线。如图 5－9 中的 d_1、d_2、d_3。d 需求曲线的需求价格弹性较大，因而向右下方倾斜比较平缓。该需求曲线表示：单个厂商在调整自己产品的价格时，会预期自己降低价格能从两个方面扩大销售数量：其一，自己产品原来的消费者会因价格下降而增加购买；其二，原来是其他厂商的消费者会因自己产品的价格下降转而成为自己的消费者，从而扩大市场占有率。同样的道理，如果提高价格，该厂商预期同行业其他厂商也不会仿效，从而使自己的销售量大幅度减少。在图 5－9 中，若主观需求曲线为 d_1，则价格在 P_3、P_1、P_2 三种情况下，该厂商主观预期的需求量分别为 Q_4、Q_1、Q_2。

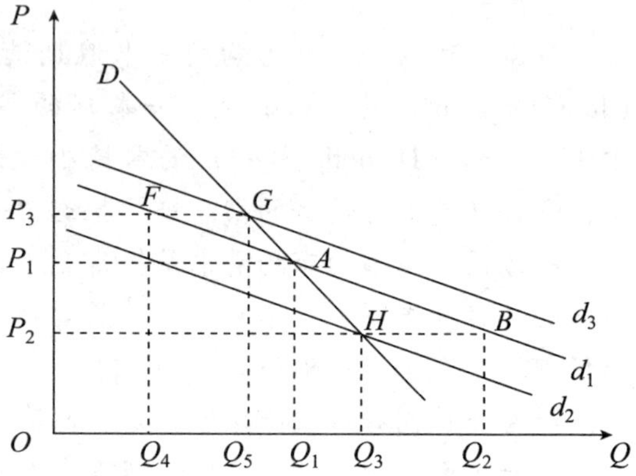

图 5－9　垄断竞争厂商的需求曲线

（二）比例需求曲线

比例需求曲线是所有厂商同比例调整价格时，消费者对某企业产品的需求曲线。如图 5－9 中的 D 线。D 需求曲线是需求价格弹性较小，向右下方倾斜比较陡峭。该需求曲线表示：当某一厂商首先降低价格时，同行业的其他厂商为避免减少市场占有率也会相应降低价格。因而首先降低价格的厂商所增加的销售量只来源于自己原有的消费者，而不会从其他厂商那里扩大市场占有份额。如果该厂商提价，使该厂商的销售量不会减少很多。在图 5－9 中，某厂商所实际面临的需求曲线是 D 线。当该厂商价格由 P_1 降至 P_2 时，它实际的销售量从 Q_1 沿着 D 需求曲线增加到 Q_3，而没有像预期的那样增加到 Q_2。反之，若价格由 P_1 提高到 P_3，则销售量会从 Q_1 减少到 Q_5，也不会像预期的那样减少到 Q_4。

（三）两条需求曲线的关系

厂商主观预期的变化会使 d 需求曲线沿着 D 需求曲线上下平行移动。垄断竞争厂商可以根据市场状况不断调整自己的主观预期。假设厂商期初主观需求曲线位于 d_1 的位置，它预期价格由 P_1 降至 P_2，销售量会从 Q_1 增至 Q_2。但实际上，销售量只增至 Q_3。于是，该厂商便调整自己的预期，使 d_1 移动到 d_2 的位置，以使 P_2 价格下的主观需求曲线与比例需求曲线相等。同理，当它发现市场价格上升到 P_3 时原主观需求量 Q_4 小于比例需求量 Q_5，d_1 便会移动到 d_3 的位置。

两条需求曲线的交点 A 所表示的价格水平 P_1 能使厂商实现供求平衡。因为在 P_1 的价格条件下，厂商根据预期的销售量所生产的产量（d 需求曲线所表示的单个垄断竞争厂商单独改变价格时的产量）和实际的市场销售量（D 需求曲线所表示的垄断竞争厂商在每一市场价格水平所实际面临的市场需求量）都是 Q_1，实现供求平衡。而在其他价格时，供求不平衡。

三、垄断竞争市场的短期均衡

在短期内，垄断竞争厂商在现有的固定资产规模条件下，根据 $MR = SMC$ 的原则来调整价格与产量，实现利润最大化状态下的均衡。

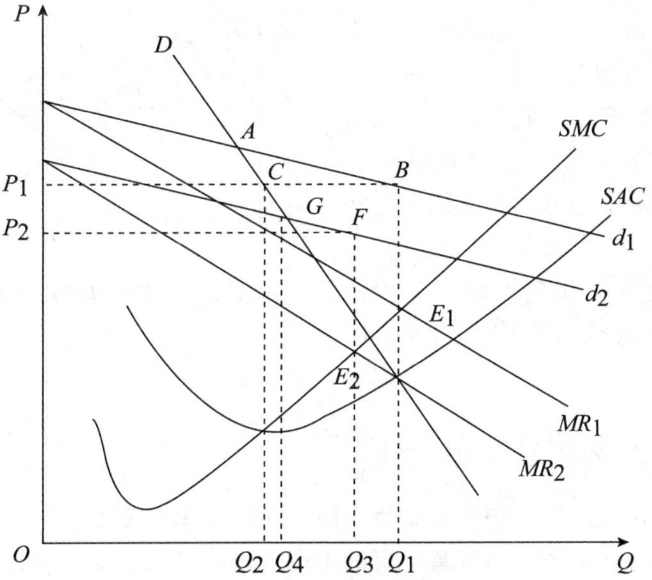

图 5－10 垄断竞争厂商的短期均衡（a）

在图 5－10 中，曲线 SMC 和 SAC 代表单个厂商的既定工厂规模下的相应成本，d 线和 D 线分别代表厂商的两条不同的需求曲线，MR_1 和 MR_2 分别代表 d_1 和 d_2 两需求曲线的边际收益曲线。

假设该厂商最初在 d_1 线和 D 线的交点 A 上进行生产，这时没有实现 $MR = SMC$ 的均衡条件。厂商为实现利润最大化，决定将价格降到 P_1。厂商预期自己将价格降到 P_1，同行业其他厂商不会相应降价，于是消费者对自己产品的需求将沿着 d_1 曲线由 A 点移动到 B 点，产量扩大到 Q_1，使 MR_1 与 SMC 曲线在 E_1 点相交，实现短期均衡，获得利润最大化。但事实上，当该厂商降低价格后，同行业其他厂商也都相应降价，使企业产品需求量沿着 D 曲线增加到 Q_2。Q_2 小于 Q_1，该企业有部分产品卖不出去，无法实现利润最大化。于是，该厂商调整自己的主观预期，使 d_1 下降到 d_2 的位置。d_2 与 D 在 GC 点相交，表示主观需求量与比例需求量相等，都是 Q_4。但是，MR_2 与 SMC 的交点 E_2 所对应的产量为 Q_3，即实现利润最大化要求企业增产。

根据主观需求曲线 d_2，该企业将价格由 P_1 降到 P_2，可使需求量增加到 Q_3。但是，比例需求量只有 Q_4，该产量仍不能使企业实现利润最大化。

厂商为了实现短期均衡，不得不第三次，第四次降价，上述过程会一直持续到该厂商实现 $MR=SMC$ 为止。在图 5-11 中，该厂商最终将价格上升至 P_0 的水平，这时 d 需求曲线与 D 需求曲线在 H 点相交，同时 MR 曲线与 SMC 曲线在 E 点相交，产量 Q_0 的水平实现了 $MR=SMC$ 的均衡条件，厂商在短期内实现了利润最大化。厂商的利润是图 5-11 中阴影部分的面积。

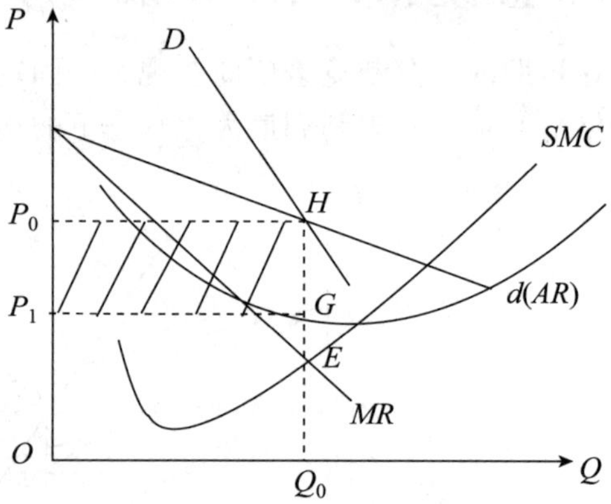

图 5-11　垄断竞争厂商的短期均衡（b）

与前两种市场相似，短期内垄断竞争厂商并非一定能获得经济利润，也有可能亏损或盈亏平衡。但实现了 $MR=SMC$ 的产量对企业就一定是最有利的，它可以是获得最大经济利润的产量，可以是最小亏损的产量，也可以是盈亏平衡的产量。而且，在这个短期均衡产量上，一定存在一个 d 曲线和 D 曲线的交点，它表示市场上的产品供求是相等的。

亏损的垄断竞争厂商在短期内是否停产，仍然是比较均收益与平均变动成本的关系。

四、垄断竞争市场的长期均衡

垄断竞争厂商在长期类似于完全竞争厂商。垄断竞争厂商的长期均衡是通过两方面的调整来实现的：其一，单个厂商调整自身的生产规模；其二，通过新厂商的加入和原有厂商的退出来调整整个行业的生产规模。下面分别进行讨论。

首先，如果某厂商在短期内是亏损的，在长期内它会将自身规模最终调整到图 5-12 中由 SMC 和 SAC 曲线所代表的规模，因为在该规模条件下能实现 $MR=SMC$。根据 SMC 与 LAC 曲线的关系和 SMC 与 LMC 曲线的关系可知，SMC 曲线与 LMC 曲线在 E 点所对应的产量也一定是 SAC 曲线与 LAC 曲线在 J 点相切时的产量水平 Q。根据以上分析可以得知，垄断竞争厂商的长期均衡条件应首先满足：

$MR=SMC=LMC$；

$SAC=LAC$。

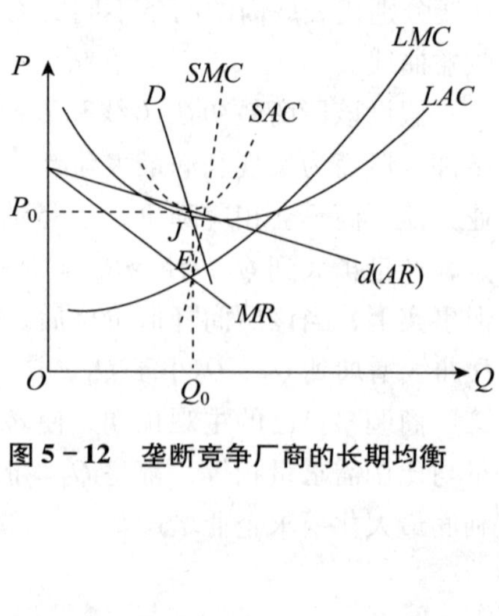

图 5-12　垄断竞争厂商的长期均衡

其次，如果垄断竞争市场在短期内存在经济利润，会吸引新厂商加入。新厂商的加入使行业规模扩大，产量增加。但是，该垄断竞争厂商的需求曲

线 d 会向左移动。最终移动到与 LAC 曲线在 J 点相切和相交的位置，这时 $AR=LAC$，经济利润消失，不再有新厂商加入，长期均衡实现。反之，若短期内亏损，则会有厂商退出该行业，使行业规模变小，产量减少，价格上升，直到亏损消失。根据以上分析可以得知，垄断竞争市场的长期均衡还应满足 $AR=LAC$ 的条件。

综合以上分析，垄断竞争厂商的长期均衡条件是：

$$MR=SMC=LMC$$

$$AR=SAC=LAC$$

实现长期均衡的产量使垄断竞争厂商既不会有经济利润也不会有亏损，且在产量上也一定存在一个 d 需求曲线和 D 需求曲线的交点。

案例分析

垄断竞争下的差异化战略

产品差异化是垄断竞争市场上常见的一种现象，不同企业生产的产品或多或少存在相互替代的关系，但是它们之间存在差异，并非完全可替代。垄断竞争厂商的产品差异化包括产品本身的差异和人为的差异，后者包括了方位的差异、服务的差异、包装的差异、营销手法的差异等等，企业往往希望通过产品差异化来刺激产品的需求。

1. 产品的原材料——潘婷洗发水宣称成分中有70%是用于化妆品的，让人不能不相信其对头发的营养护理功效。舒蕾现下推广的“小麦蛋白”洗发水也是在试图通过原料成分来加强产品的价值感。

2. 产品的手感——TCL 电工通过李嘉欣告诉大家“手感真好”，因为手感好也是消费者自己判断开关质量的简单而又重要标准。

3. 产品的颜色——普通的牙膏一般都是白色的，然而，当出现一种透明颜色或绿色的牙膏时，大家觉得这牙膏肯定更好。高露洁有一种三重功效的牙膏，膏体由三种颜色构成，给消费者以直观感受：白色的在洁白我的牙齿，绿色的在清新我的口气，蓝色的在清除口腔细菌。

4. 产品的味道——牙膏一般都是甜味的，可是 LG 牙膏反而是咸味的，大家觉得这牙膏一定好。那么，如果有种苦味的牙膏呢？大家还会觉得好，这就是差异化的威力。

5. 产品的造型设计——摩托罗拉的 V70 手机，独特的旋转式翻盖成为其最大的卖点。

6. 产品功能组合——组合法是最常用的创意方法。许多发明都是据此而来。海尔的氧吧空调在创意上就是普通空调与氧吧的组合。白加黑也是一种功能的分离组合，简单的功能概念却造就了市场的奇迹。

7. 产品构造——“好电池底部有个环”，南孚电池通过“底部有个环”给消费者一个简单的辨别方法，让消费者看到那个环就联想到了高性能的电池。海尔“转波”微波炉的“盘不转波转”，也是在通过强调结构的差异来提高产品价值感。

8. 新类别概念——建立一个新的产品类别概念。最经典的当属“七喜”的非可乐概念。

9. 隐喻的概念——瑞星杀毒软件用狮子来代表品牌，以显示其强大“杀力”；胡姬花通过隐喻概念“钻石般的纯度”来强化其产品价值；白沙烟用鹤来表现飞翔、心旷神怡、自由的品牌感受。

10. 事件概念——相信全国人都知道海尔的“砸冰箱”事件，直到多少年后，海尔还在不厌其烦地经常拿出来吆喝几声，该事件为海尔的“真诚到永远”立下了汗马功劳，可见事件概念的传播也是威力巨大。事件营销要注意把握时机，如能与社会上的热点话题联系起来，则会起到事半功倍的效果。2003 年的一大热点当然是神五飞天，“蒙牛”及时“对接成功”，有效地提升了品牌形象，是近年来少见的优秀事件营销传播案例。

11. 广告传播创意概念——“农夫果园摇一摇”“乐百氏 27 层净化”“金龙鱼 1:1:1”都属此类型。

12. 专业概念——专业感是信任的主要来源之一，也是建立“定位第一”优势的主要方法。很多品牌在塑造专业感时经常直称专家：方太——厨房专家，华龙——制面专家，中国移动——移动通信专家。

13. 建立“老”概念——时间长会给人以信任感，因此，诉求时间的概念也是一种有效方法。而且，时间的概念感觉越老越好，如玉堂酱园——始于康熙 52 年，青岛啤酒——始于 1903 年。

14. 产地概念——总有许多产品具有前列的产地特点，如北京的二锅头、烤鸭，山东的大花生，新疆的葡萄，还有我们常说的川酒、云烟等。提炼这些地域特色强烈的产品的地域概念显然是很有效的方法。如云峰酒业的“小糊涂仙”“小糊涂神”“小酒仙”等都在说“茅台镇传世佳酿”。“鲁花”花生油说“精选山东优质大花生”等。

15. 具体数字概念——越是具体的信任感越强。因此，挖掘产品或品牌的具体数字也是常用的方法。“乐百氏 27 层净化”、“总督牌香烟，有 20 000 个滤嘴颗粒过滤”等都是该方法的应用。

16. 服务概念——同样的服务，但如果有一个好的概念则能加强品牌的美好印象。比如海尔提出的“五星级服务”也为其“真诚到永远”做出不少的贡献；另外还有“24 小时服务”、“钻石服务”等都是不错的服务概念，在加强品牌美誉度方面起到不可忽视的作用。

第五节 寡头垄断市场

案例导入

雷克公司为何破产

1977 年，英国人费雷迪雷克闯进航空运输市场，开办了一家名为“雷克”的航空公司。他实行低价策略，从伦敦飞往纽约的航班票价是 135 美元，远远低于当时的最低票价 382 美元。

毫无疑问，雷克公司一成立便生意不断。1978 年，雷克荣获大英帝国爵士头衔。到 1981 年，雷克公司的年营业额达到 5 亿美元，其成长令人刮目相看。但是好景不长，雷克公司于1982年破产了。

原来包括泛美、环球、英航和其他公司在内的竞争对手们采取联合行动，一致大幅降低票价，甚至低于雷克公司。一旦雷克公司消失，这些公司的票价马上回升到原来的高水平。更严重的是，这些公司还达成协议，运用各自的影响力组织各大金融机构阻止向雷克公司贷款，使其难以筹措借以抗衡的资金，这进一步加速了雷克公司的破产。

一、寡头垄断市场的条件

寡头垄断又称寡头，是指少数几家大厂商垄断了该行业的绝大部分供给量。寡头市场上的每个厂商规模都很大，都占有相当大的市场份额，因而每个厂商对整个行业的价格与产量的决定都有举足轻重的影响。例如，美国的汽车制造业、罐头行业、石油行业、电气设备等，都是典型的寡头垄断市场。

形成寡头垄断的原因主要是某些行业规模经济的特点。例如，钢铁、石油、汽车、造船等行业的规模效益十分显著，在这些行业中，规模越大的企业在竞争中越处于有利地位。每个厂商为了在竞争中不被挤垮，都会想方设法扩大自身的规模。在市场总容量既定的条件下，每个厂商的规模扩大都会使一些中小企业被挤出市场，这种优胜劣汰的结果最终使这些行业形成了寡头垄断的局面。另外，寡头垄断的形成还与少数厂商对资源与技术的控制、政府为防止过度竞争而实行的产业集中政策等有关。从以上的描述可以看出，寡头市场的成因在很多方面与垄断市场是相近的，只是在程度上有所不同罢了。寡头市场是比较接近完全垄断市场的一种市场组织形式。

二、寡头垄断市场的特征

寡头市场与其他市场类型相比，存在一个显著的特征即寡头之间的相互依存性。在完全竞争与垄断竞争市场上，由于同行业的厂商数量比较多，各厂商之间的关系主要是竞争，相互之间很难形成勾结和默契。在完全垄断市场上，一家厂商就是一个行业，因而不存在同行业厂商之间的关系问题。在寡头市场上，厂商数量很少，而且规模都很大，都在整个市场中占有很重要的地位。每个寡头各自在价格与产量决策方面的变化会对整个市场产生重大的影响，因而每个寡头在进行产量调整时都不能只根据自身的成本与收益状况进行决策，而必须要考虑自身调整可能会对其他厂商带来的影响，以及其他厂商可能做出的反应对自己的影响。

寡头之间的相互依存性对市场均衡的影响是至关重要的。首先，寡头市场的价格与产量的决定不像前三种市场类型，每个寡头在进行决策时必须考虑同行业其他厂商的可能反应，这种反应千变万化，因而使决策问题非常复杂。其次，寡头市场的价格和产量一旦确定之后，就具有一定的刚性。原因在于每个厂商对现行的市场价格和产量分配都不敢轻易调整。如果某个厂商也仿效降低，形成价格战，最终使寡头们两败俱伤。当然，寡头间的相互依存也是有条件的。当寡头间的实力对比发生较大变化时，竞争便会代替勾结，而且寡头间的竞争往往是很残酷的。

三、寡头垄断市场的价格与产量决定

如前所述，寡头间的相互依存性使寡头市场价格与产量决定不同于前三种市场类型，而且也正因为如此，使得寡头理论十分复杂。一般来说，不知道竞争对手的反应方式，就无法建立厂商模型。或者说，有多少种关于竞争对手反应方式的假定，就有多少种寡头厂商模型，就能得到多少种结果。因而，在西方经济学中至今还没有形成十分令人满意的寡头市场经济模型。

下边介绍寡头市场价格与产量决定的三种主要方式。

（一）价格领袖制

价格领袖制又称价格领先制，指寡头垄断行业通常由某一个寡头率先定价，然后其他寡头仿效其价格各自定价。作为价格领袖的寡头厂商一般有以下三种类型。

1. 支配型价格领袖

本行业中规模最大、具有支配地位的厂商往往可以成为价格领袖。由于它的市场份额最大，因而其价格对整个市场价格的影响也最大。它可以根据利润最大化原则首先确定自己的价格，然后其他中小寡头仿效。

2. 效率型价格领袖

在本行业产品成本最低、效率最高的厂商也可能成为价格领袖。由于这种寡头根据自己的成本确定的价格在市场中最有竞争力，其他厂商若不仿效则会减少市场份额，甚至被挤出市场。

3. 晴雨表型价格领袖

在本行业中信息最灵敏、最能掌握市场行情变化的厂商也有可能成为价格领袖。由于这类厂商最能预知市场将来的变化，其价格变动在行业中有晴雨表的作用。

（二）成本加成法

成本加成法是寡头市场上最常用的定价方法，指在估算的行业平均成本的基础上加一个固定的利润率。例如，某行业单位产品的平均成本100元，将利润率定为10%，这样该产品的价格就定为110元。平均成本可以根据长期中的变动情况而定，而利润率则要参照全行业的利润情况来不定期调整。各个寡头根据成本加成法确定的价格水平是大致相当的，可以避免寡头之间的价格竞争，使价格相对稳定。从长期来看，这种定价方法简便易行，而且也比较接近实现最大利润。

（三）卡特尔

各寡头公开勾结，组成卡特尔协调他们的价格与产量。例如，世界石油输出国组织（欧佩克）就是一个国际卡特尔。卡特尔制定统一的价格，为了维持这一价格还要对产量实行限制和分配。协议达成，成员们必须遵守。

案例分析

石油输出国组织（OPEC）：卡特尔的兴衰

石油输出国组织（OPEC）是世界上最著名的卡特尔。它建立于1960年，由五个主要的石油出口国组成：沙特阿拉伯、伊朗、伊拉克、科威特和委内瑞拉。该组织确定的目标如下：

- 协调并统一各成员国的石油政策；
- 采取措施确保价格稳定、消除有害而又不必要的价格波动。

在1960年以前，这些石油生产国与国际石油公司的冲突越来越激烈，它们根据“让步的协议”进行石油开采。根据这份协议，石油公司有权开采石油，并为此支付特许权使用费。这意味着石油生产国在石油产品的产量和价格方面几乎没有发言权。

尽管1960年成立了石油输出国组织，但直到1973年石油生产的控制权才由石油公司转到石油生产国，由OPEC决定石油的产量并以此决定其石油收入。此时，OPEC已拥有13个成员国。

在整个20世纪70年代，石油输出国组织的定价政策包括以下几方面：把沙特阿拉伯（它是市场领导者）原油价设定为市场价，然后其他各成员国依据这个价格设定它们自己的石油价格，成为支配型“企业”价格领导地位的一种形式。

只要需求一直保持上升态势，同时价格又无弹性，那么这项政策就会导致价格大幅度提高，从而收入大量增加。1973年和1974年，在阿拉伯—以色列战争过后，OPEC把石油价格从每桶3美元左右提高到每桶12美元以上。这个价格一直延续到1979年，而石油的销售量并没有明显下降。

可是，1979年之后，石油价格进一步由每桶15美元左右提高到每桶40美元，需求开始下降。这主要是因为20世纪80年代初期发生了经济衰退。

面临着需求的持续下降，OPEC在1982年之后同意限定产量并分配产量定额，试图维持这个油价。1984年达成协议，最高产量为每天1 600万桶。然而，由于下列原因，卡特尔开始被瓦解：

- 全球性经济不景气，导致石油需求下降；
- 非OPEC成员国的石油产量上升；
- 某些OPEC成员国“采取欺骗行为”，产量超过分配给它们的限额。

由于石油供过于求，OPEC再也不能维持这个价格了。石油的“现货”价格（公开市场上石油交易的每天价格）不断下降。

20世纪80年代末期，石油价格下降的趋势有所逆转。随着世界经济开始复苏并繁荣起来，石油的需求也开始上升，它的价格也开始上涨。1990年伊拉克入侵科威特，海湾战争爆发。由于科威特和伊拉克停止了石油供应，石油供应量开始下降，石油价格急剧上涨。

随着这场战争的结束，再加上20世纪90年代初的经济不景气，石油价格又开始快速下跌，并随着世界经济开始再次扩张而只是缓慢恢复。

从需求方面来说，节能技术的发展加上燃油税的提高，导致石油消费增长缓慢。从供给方面来说，非OPEC成员国石油产量所占比例不断上升，加上1994年OPEC确定的最高产量比较高，达到每天2 450万桶，这意味着供给增长速度快于需求增长速度。

到了20世纪90年代末，随着远东经济危机的爆发，形势对OPEC更为不利。石油需求每天大约下降200万桶。到1999年初，石油价格已经下降到每桶10美元左右——若按1973年价格计，只有2.70美元！OPEC成员国对此做出的反应是同意把每天的石油产量减少430万桶，目的是把价格重新上抬至每桶18－20美元。可是，随着亚洲经济的复苏以及世界经济增长普遍比较快，石油价格迅速上升，很快就超过了每桶20美元。到2000年初，每桶达到30美元，仅仅在12个月里就增加了2倍。

这说明很难用供给配额来达到特定的价格。在需求具有价格无弹性而具有收入弹性（对世界收入变化有反应）的情况下，再考虑到需求变化具有很大的投机性，某一既定供给配额的均衡价格可能波动很大。

不过，在2001年底，OPEC和非OPEC生产者之间的关系发生了变化。OPEC卡特尔的10个成员国决定把每天的产量削减150万桶，后来又与该卡特尔之外的5大石油生产者达成协议，它们也减产，目的是要上抬石油价格。OPEC与非OPEC石油生产者之间的这种联盟是石油行业中的首例。结果，OPEC又有可能控制石油市场。

依据卡特尔的宗旨，协调每个成员的生产决策，主要是限制产量，并从中分享所有可能获得的好处。比如，OPEC通过压低成员国的产量来维持石油的高价格，从而使所有的成员国获利。

但是维持一个卡特尔是很困难的，许多问题都牵涉到私有信息。例如国家之间在商议生产配额的时候，通常有一条原则是生产成本较低的国家获得较多的配额。于是每个国家都有低报它们的生产成本的倾向。这是卡特尔协议成立以前的信息欺骗。

协议成立以后，新的问题是可能出现不遵守协议的欺骗行为。成员国可以为共同的利益达成协议，但它们会严格遵守吗？在达成协议的情况下，出现俗称“偷步”的欺骗的动机很大。既然一个国家降低它的产量因而帮助市场提高价格的收益可以为所有的成员国共同分享，那就是说，高价格的收益具有非排他性。这样，每个国家都会要求别人把产量降低到配额以下，但是自己却可能偷偷地把产量升上去，最终的结果就是协议瓦解，原有目标无法实现。

卡特尔的成立，已经为它的瓦解准备了力量。以压缩产量抬高价格的卡特尔来说，价格抬高越是成功，卡特尔成员“偷步”悄悄把产量提上去可能获得的利益就越大，从而对违反协议“偷步”的激励越大。这种“越成功越容易瓦解”的内在矛盾注定了卡特尔寿命不长。世界范围来说，上面讲过的OPEC，虽然吵吵嚷嚷，跌跌撞撞，可还算难得的比较成功的卡特尔。这里说比较成功，主要是说维持时间很长，并不是说就可以避免卡特尔天生的困境。例如，1998年12日，利比亚的领导人卡扎菲，就建议石油输出国组织各国完全停止石油生产几个月，以免世界市场的石油价格进一步下跌。为什么一再下跌？主要原因是大家都有偷偷增加产量的动机。

四、两个寡头模型——古诺模型和斯威齐模型

在上一部分已经提到，寡头垄断市场至今没有形成带有普遍意义的价格与产量决定的经济模型，这一部分将要介绍的古诺模型和斯威齐模型只是作为两个特例。这两个寡头模

型属于独立行动重要条件下的寡头厂商模型。

（一）古诺模型

古诺模型也称为双头垄断模型，是法国经济学家古诺于 1838 年提出来的。为了简化分析，该模型假设：

（1）只有两个寡头 A 和 B，生产完全相同的产品；

（2）生产成本为零；

（3）需求曲线是一条直线；

（4）各方都根据对方的行动做出反应；

（5）每家厂商都通过调整产量实现利润最大化。

在图 5 - 13 中，D 线是两个寡头共同面临的线性的市场需求曲线，由于假设生产成本为零，故成本线就是横轴。两家厂商共同分配市场的过程如下。

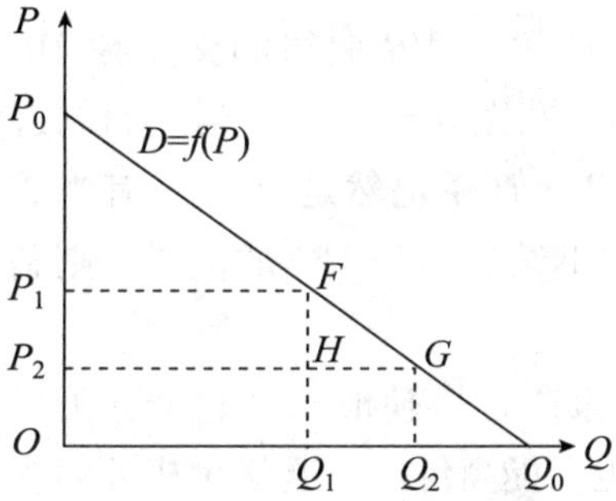

图 5 - 13　古诺模型

首先，A 厂商进入市场。它会将产量定为市场总容量，即市场最大需求量 OQ 的 1/2，即产量为 OQ_1，相应的价格为 OP_1，从而实现利润最大化。由于生产成本为零，因而 $OP_1 * OQ_1$，即矩形 OP_1FQ_1 的面积就是利润。从几何意义上讲，该矩形是三角形 OPQ 中面积最大的内接矩形。

然后，B 厂商进入市场。B 厂商会根据 A 厂商剩下的市场空间，即 Q_1Q_0，而生产这部分市场容量的 1/2，即 Q_1Q_2。由于市场总供给量已达到 OQ_2，因而价格水平相应地由 P_1 降至 P_2。B 厂商的利润总量是 Q_1HGQ_2，A 厂商的利润也由于 B 厂商的加入而降到 OP_2HQ_1。

再后，A 厂商又要根据 B 厂商加入后自己所面临的市场容量，即 3/4 的 OQ 来重新调整自己的产量，以实现利润最大化。A 厂商会将产量调整到自己所面临的市场空间的 1/2，即市场总容量的 3/8。

依此类推，A 厂商与 B 厂商轮番进入市场，都将自己的产量调整到对方留下的市场空间的 1/2，以实现利润最大化。在这个过程中，A 的产量逐渐减少，B 的产量逐渐增加，直到它们各占市场总容量的 1/3，市场总供给量是市场最大容量的 2/3 为止，市场实现均衡。

由此可以推出，当有三个寡头时，市场总供给量最终将会达到市场总容量的 3/4，每个寡头各占 1/4。当有 n 个寡头时，总供给量是市场总容量的 $n/(n+1)$，每个寡头各占 $1/(n+1)$。

（二）斯威齐模型

斯威齐模型也称为拐折的需求曲线模型，是美国经济学家斯威齐于 1939 年提出的。这一模型被用来说明寡头市场的价格刚性。

该模型假设：当一家寡头提高价格时，同行业的其他厂商为了增加市场占有份额有会仿效提价；当一家寡头降低价格时，其他厂商为了不减少市场占有份额也会相应降价。图

5－14 中的需求曲线 dd 是一条拐折的需求曲线，它表明：假设某寡头厂商开始时的生产点在 K 点，相对应的产量是 Q_1，价格是 P_1。如果它提价，由于同行业的其他厂商不提价，该寡头的销量会大幅度减少，它将面临 K 点以左，需求价格弹性较大，较平坦的需求曲线。如果它降价，由于其他厂商也会降价，该寡头的销量会小幅度增加，它将面临 K 点以右，需求价格弹性较小，较陡峭的需求曲线。

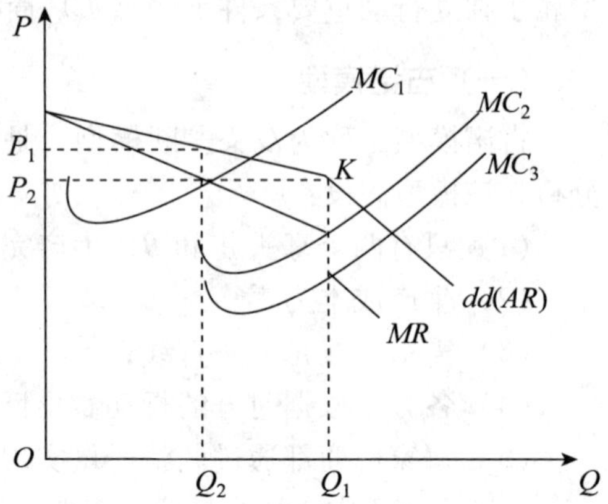

图 5－14　斯威齐模型

与拐折的需求曲线相对的边际收益曲线将出现垂直间断。垂直间断点出现在需求曲线的拐折处 K 点。利用间断的 MR 曲线，可以说明寡头市场的价格刚性。只要该厂商的成本变化不大，其 MC 曲线与 MR 曲线的交点在 MR 曲线的垂直间断的范围之内，则不会引起价格与产量的变动。在图 5－14 中，当厂商的边际成本由 MC_1 变动到 MC_2 的位置，利润最大化的价格仍然是 P_1，产量仍然是 Q_1。只有当成本发生了很大变化，才会引起价格与产量的调整。如边际成本继续提高到 MC_3 的位置，则利润最大化的产量减少到 Q_2，价格上升到 P_2。

对拐折的需求曲线也有不同的看法。例如：美国经济学家斯蒂格勒根据对七个寡头行业的研究指出，当一家寡头厂商提高价格时，其他厂商多数也会提高价格，这就无法证明拐折的需求曲线的存在。此外，有的西方经济学家还指出，尽管斯威齐模型对寡头市场中较为普遍的价格刚性现象进行了解释，但该模型却无法说明具有刚性的价格本身，如图5－14中的价格 P_1 是如何形成的。尽管如此，大多数经济学家还是承认斯威齐模型的理论价值。

案例分析

囚犯难题与寡头博弈

有两个人因共同偷窃被捕。警察局长怀疑他们与其他偷窃案有关，对两人单独审问。他的政策是坦白从宽，抗拒从严。具体来说，如果一个囚犯招认，而同犯不招认，判半年。两人均不招认，按证据判 1 年。这两个小偷也知道，若两人均招认，会判到 5 年。这相当于一场博弈，一个人如何下棋要看对方如何下棋。如果一个小偷知道同犯不招认，那么他也选择不招认，两人一共判 2 年，整体来说是最好的结果。但是，如果该小偷知道对方会招认，那么，他选择不招认，成为抗拒从严的对象，可能会判 8 年。显然，如果假定小偷是绝对自私的，他们都将选择招认，最后结果是两人共判 10 年。警察局长也因破获多起案件而获奖。这个例子一方面说明坦白从宽、抗拒从严政策的合理性，另一方面也说明小偷形成攻守同盟的严重性。

现假定有两个寡头企业生产相同产品。若一个企业降价而对方不降价，该企业可夺走对手的全部顾客而赚 80 万。若两个企业都不降价，则各赚 50 万元。若两个企业都降价，每轮降价会使双方各少赚 10 万元。若假设双方订立攻守同盟，自然双方均不降价。但是，若假设寡头行为只考虑自身眼前利益，他们就会展开价格竞争。这种竞争持续到二者都不赚钱时也不会停止，终局是一方退出该行业，甚至双方共同亏损和破产。该模型说明寡头企业通常是勾结的。即使有反勾结法规，他们也会以心照不宣的方式勾结起来。

本章知识小结

- 完全竞争是指竞争不受任何阻碍和干扰的市场结构，厂商面临的价格曲线 P 与需求曲线 D、平均收益曲线 AR 及边际收益曲线 MR 是合一的，并与横轴平行，厂商短期均衡的条件是 $MR=MC$，长期均衡的条件是 $MR=LMC=AR=LAC$。
- 完全垄断是指整个市场只有一家厂商的市场结构，其需求曲线 D 和平均收益曲线 AR 重合，是一条向右下方倾斜的曲线，而边际收益曲线 MR 不再与它们重合，在平均收益曲线 AR 的下面，也是向右下方倾斜的。完全垄断市场的短期均衡条件是 $MR=MC$，长期均衡条件是 $MR=LMC=SMC$。
- 垄断竞争是指许多厂商生产和销售有差别的同类产品，市场上既有竞争又有垄断的市场结构。垄断竞争市场上厂商短期均衡的条件是 $MR=MC$，长期均衡的条件是 $MR=LMC$ 和 $AR=LAC$。
- 寡头垄断是指少数几家厂商控制整个市场的生产和销售的市场结构。由于这个市场的特点，决定了在寡头市场上无论是价格还是产量，寡头们都可以采取勾结和不勾结的方式来决定。

练习题

一、名词解释

1. 完全竞争	2. 完全垄断	3. 垄断竞争
4. 收支相抵点	5. 厂商停业点	6. 比例需求曲线
7. 主观需求曲线	8. 卡特尔	9. 成本加成法
10. 古诺模型		

二、单项选择题

1. 在 $MR=MC$ 的均衡产量上，企业（　　）。
   A. 必然得到最大利润
   B. 不可能亏损
   C. 必然获得最小的亏损
   D. 若有利润，则利润最大；若有亏损，则亏损最小
2. 如果在厂商的短期均衡产量上，AR 小于 SAC，但大于 AVC，则厂商（　　）。
   A. 亏损，立即停产　　　　B. 亏损，但继续生产

C. 亏损，生产或不生产都可以　　D. 获得正常利润，继续生产

3. 在厂商的停止营业点上，应该有（　　）。

A. $AR = AVC$　　B. 总亏损等于 TFC

C. $P = AVC$　　D. 以上说法都正确

4. 当一个完全竞争行业实现长期均衡时，每个企业（　　）。

A. 都实现了正常利润　　B. 经济利润为零

C. 行业中没有任何厂商再进出　　D. 以上说法都对

5. 寡头垄断市场和完全垄断市场的主要区别是（　　）。

A. 企业数目不同　　B. 竞争策略不同

C. 成本结构不同　　D. 从事开发和研究的力度不同

6. 下列最接近于完全竞争市场的行业是（　　）。

A. 卷烟　　B. 水稻　　C. 汽车　　D. 飞机

7. 下列例子最接近于寡头垄断的是（　　）。

A. 汽车工业　　B. 城市理发业　　C. 加油站　　D. 奶牛场

三、多项选择题

1. 完全竞争市场是指（　　）。

A. 市场参与者的购销量只占整个市场交易量的极小一部分

B. 市场参与者只能接受价格，而不能影响价格

C. 交易的商品是同质的

D. 以上全对

2. 如果一个垄断竞争厂商处于短期均衡，那么它将会按下列（　　）生产。

A. 边际成本等于实际需求曲线对应的边际收益

B. 边际成本等于实际价格

C. 主观需求曲线与实际需求曲线的交点

D. 主观需求曲线与实际需求曲线的交点

3. 古诺模型的假设有（　　）。

A. 双寡头

B. 必须考虑生产成本

C. 双方无勾结行为

D. 以对方产量为既定，以此确定自己的产量

4. 以下关于垄断的说法，正确的是（　　）。

A. 垄断厂商可以任意制定一个价格

B. 自然垄断意味着在一个产量充分大的范围内仍然存在

C. 垄断厂商的平均收益曲线与边际收益曲线是同一条曲线

D. 垄断厂商的边际收益小于产品价格

四、判断题

1. 完全竞争厂商只能被动地接受既定的市场价格。（　　）

2. 完全竞争条件下，单个厂商所面临的需求曲线是一条水平线。（　　）
3. 如果企业没有超额利润，就不应该生产。（　　）
4. 完全垄断企业是价格的制定者，所以它能随心所欲决定价格。（　　）
5. 垄断竞争市场就是指产品没有差别的市场。（　　）
6. 寡头垄断是指少数几家大厂商垄断了该行业的绝大部分供给量。（　　）

五、分析问答题

1. 完全竞争在现实生活中存在吗？
2. 完全垄断厂商的需求曲线、*AR* 曲线和 *MR* 曲线。
3. 垄断竞争厂商的需求曲线。
4. 根据西方经济学家的看法，“产品差别程度越大，则产品价格差别越大”的说法是否正确？
5. 在价格领袖制的定价方法中，为什么其他厂商愿意跟着支配厂商定价？

第六章 分配理论

学习目标

1. 了解工资、利息和地租等要素价格的决定过程；
2. 理解工资差异的原因；
3. 理解利率差异的原因；
4. 理解平等和效率之间的关系；
5. 了解衡量收入分配平等程度的基本指标基尼系数的概念、变动趋势和主要的影响因素。

本章重点和难点

1. 工资差异、利率差异的原因；
2. 经济租金、准租金、寻租；
3. 利润的来源和分类；
4. 平等与效率的关系；
5. 洛伦兹曲线与基尼系数。

案例导入

漂亮的收益

美国经济学家丹尼尔·哈莫米斯与杰文·比德尔在1994年第4期《美国经济评论》上发表了一份调查报告。根据这份调查报告，漂亮的人的收入比长相一般的人高5%左右，长相一般的人又比丑陋一点的人收入高5%~10%。为什么漂亮的人收入高？

经济学家认为，人的收入差别取决于人的个体差异，即能力、勤奋程度和机遇的不同。漂亮程度正是这种差别的表现。

个人能力包括先天的禀赋和后天培养的能力，长相与人在体育、文艺、科学方面的天才一样是一种先天的禀赋。漂亮属于天生能力的一个方面，它可以使漂亮的人从事其他人难以从事的职业（如当演员或模特）。漂亮的人少，供给有限，自然市场价格高，收入高。

漂亮不仅仅是脸蛋和身材，还包括一个人的气质。在调查中，漂亮由调查者打分，实际是包括外形与内在气质的一种综合。这种气质是人内在修养与文化的表现。因此，在漂亮程度上得分高的人实际往往是文化高、受教育高的人。两个长相接近的人，也会由于受教育不同表现出来的漂亮程度不同。所以，漂亮是反映人受教育水平的标志之一，而受教育是个人能力的来源，受教育多，文化高，收入水平高就是正常的。

漂亮也可以反映人的勤奋和努力程度。一个工作勤奋、勇于上进的人，自然会打扮得体，举止文雅，有一种朝气。这些都会提高一个人的漂亮得分。漂亮在某种程度上反映了人的勤奋，与收入相关也就不奇怪了。

最后，漂亮的人机遇更多。有些工作，只有漂亮的人才能从事，漂亮往往是许多高收入工作的条件之一。就是在所有的人都能从事的工作中，漂亮的人也更有利。漂亮的人从事推销更易于被客户接受，当老师会更受到学生热爱，当医生会使病人觉得可亲。所以，在劳动市场上，漂亮的人机遇更多，雇主总爱优先雇用漂亮的人。有些人把漂亮的人机遇更多、更易于受雇称为一种歧视，这也不无道理。但有哪一条法律能禁止这种歧视？这是一种无法克服的社会习俗。

漂亮的人的收入高于一般人。两个各方面条件大致相同的人，由于漂亮程度不同而得到的收入不同。这种由漂亮引起的收入差别，即漂亮的人比长相一般的人多得到的收入称为"漂亮贴水"。

收入分配不平等是合理的，但有一定限度，如果收入分配差距过大，甚至出现贫富两极分化，既有损于社会公正的目的，又会成为社会动乱的隐患。因此，各国政府都在一定程度上采用收入再分配政策以纠正收入分配中较为严重的不平等问题。

摘自梁小民：《微观经济学纵横谈》

本章内容提要

分配理论又称为生产要素价格理论。由于生产要素的价格同一般商品的价格一样，是由生产要素的需求和供给决定的，所以说分配理论是价格理论在分配问题上的具体应用。本章主要讲述各种生产要素的均衡价格，即工资、利息、地租及利润的决定，并在此基础上讨论反映社会收入分配平等程度的洛伦兹曲线和基尼系数等问题。

第一节 工资理论

案例导入

同样是打工，为什么差别那么大

在西部某城市的一家餐馆里，这里生意兴隆，3 名年轻服务员跑前跑后，端盘子、擦桌子、倒茶水、拖地板……忙得不可开交，一张张稚气未脱的脸颊上流着汗水。一位吃面的顾客问一位服务员："生意这么好，老板 1 个月发给你多少工资？"女孩低声回答："1 800元。"，于是又问小伙子："一个月挣多少钱啊？"小伙子回答："1 800 元。"这位顾客感叹着走了：这么少的工资怎么能维持生活呢？同一个城市，一家软件公司的设计人员他们工资可以到 10 000 多元。

也许人们认为餐馆老板太黑心了给服务员的报酬太低了。事实上，工资水平的高低受很多因素的影响。

一、劳动需求

劳动需求是指在各种可能的工资下，企业愿意雇佣的劳动数量。对于每一个具有理性的企业而言，总是根据利润最大化的原则来选择使用劳动的数量。而且，整个市场的劳动需求曲线是把所有需要劳动的企业的需求曲线沿横向相加而得到的。当工资率提高时，所有企业使用劳动的数量将减少，从而劳动市场需求量减少；反之，当工资率降低时，单个企业对于劳动需求量的增加将导致劳动市场需求量增加。表现在图像上，便是如图 6－1 所示的劳动需求曲线 D_L 自左上方向右下方倾斜。

我们可以依据边际报酬递减规律来理解企业的劳动需求行为。既然追加劳动给企业带来的产量或收益增量是递减的，企业自然只愿意对追加的劳动支付较低工资。

二、劳动供给

劳动供给指在各种可能的工资下，人们愿意提供的劳动数量。在生产要素市场上，劳动者需要决定是否工作、工作多少以及做哪种工作等。同时，劳动者的选择又受到工作的可能性、市场工资率以及劳动者本身劳动技能等因素的限制。为了简单起见，在下面的分析中我们仅考虑劳动供给量与工资二者之间的关系。工资与劳动供给量之间的对应关系由图 6－1 中的劳动供给曲线 S_L 所示。当工资低于一定水平（W_1）时，工资越高，劳动供给量越大；当工资超过一定水平（W_1）后，工资越高，劳动供给量越小。

在工资不是很高的一般情况下，只有工资上升才能诱使人们提供更多的劳动。这是由于劳动的负效用随劳动时间的延长而递增，如工作的劳累、单调、受别人支配等。此外，工资上升使劳动时间以外的时间（统称为闲暇）的机会成本上升，促使人们选择更多地劳动并相继放弃闲暇。

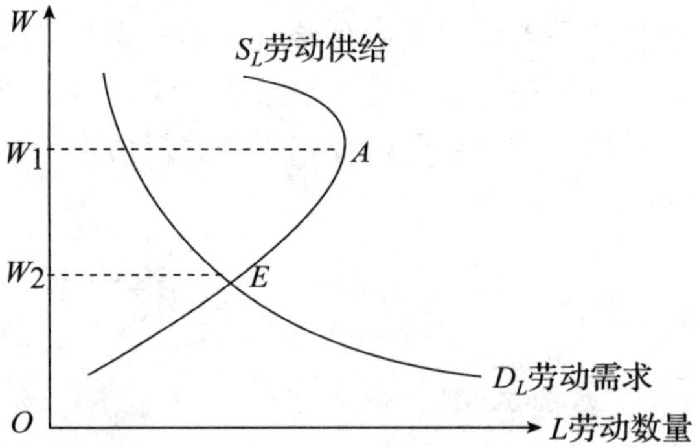

图 6－1　劳动需求与劳动供给

在工资很高的特殊情况下，工资上升反而会使劳动供给量减少。这是由于人们追求的最终目标是得到最大满足，而不是单纯地得到最大收入。很高的工资水平使人们的基本生理需要（衣食住行）得到大体满足，于是人们开始对娱乐、旅游、学习、休息、社会交往等活动提出更高的需求。为了增加闲暇，需要相应减少劳动时间。工资提高可以使人们在减少劳动供给量的同时，维持收入水平大体不变或仍有所增加。

综上所述，当工资提高到使人们达到一定的富足程度后，与劳动相比，人们会更加珍视闲暇。所以，当工资达到一定程度（W_1）而又继续上升时，人们的劳动供给量不但不会增加，反而将减少。表现在图形上，便是如图 6－1 中所示的向左后弯折的劳动供给曲线 S_L。

三、竞争条件下的均衡工资

在竞争条件下，劳动市场供求关系决定了均衡工资，如图 6－1 所示。劳动需求曲线 D_L与劳动供给 S_L相交于 E 点，该点对应的工资 W_0是劳动市场均衡工资，即能够使劳动市场供求相等的工资。

现实生活中的市场工资围绕均衡工资上下波动。当市场工资高于均衡工资时，劳动供给量将大于劳动需求量，劳动者之间的竞争会迫使市场工资下降，直到跌至 W_0的水平。当市场工资低于均衡工资时，劳动供给量将小于劳动需求量，企业之间的竞争会迫使市场工资上升，直到升至 W_0的水平。

四、工会提高工资的方法

在许多国家中，工会组织在提高工人工资的过程中都具有举足轻重的作用。一般而言，工会为提高工资，通常采用以下三种方法。

（一）限制劳动供给

根据一般的供求法则，劳动供给减少，会使市场工资率上升。具体来说，工会限制劳动供给的常用手段包括：迫使政府通过限制移民入境的法案；提高行业的就业资格标准；实行长期学徒工制度；拒绝接受新会员，并排挤非会员工人就业；对某些群体实施歧视等。

（二）增加劳动需求

根据一般的供求法则，劳动需求增加，会使市场工资率上升。工会增加劳动需求的常用手段是：增加产品需求，从而使企业追加劳动投入，包括宣传和推销产品、限制同类产品进口等；提高会员劳动生产率，如组织学习和培训、激励士气、参与管理等。

（三）通过谈判提高工资标准

工会可以在罢工等手段的支持下，通过谈判，与雇主达成提高工资标准的集体协议。在企业具有一定程度的市场支配力的情况下，工会的出现有助于形成力量抗衡的格局。但是，若工资标准规定得过高，可能使企业相应减少劳动需求量，导致非工会会员就业机会减少。同时，在许多国家往往还会因规定过高的工资标准而引起工资—物价螺旋上涨的通货膨胀。

五、工资差异的原因

上述劳动市场均衡工资率的分析是就单一劳动技能或同一种职业而言的。在现实的劳动市场中，不同国家、地区、部门、职业、群体和个人之间的工资差异是十分明显的。经济学家通常从四个方面来解释工资差异。

（一）补偿性工资差异

不同工作的效用并不相同，为了使人们进入吸引力较小的工作领域，企业需要支付较高的工资进行补偿。美国钢铁业的平均小时工资大致是商店的3倍，除了工会的作用之外，钢铁工人较繁重的体力劳动和较艰苦的工作环境是这种工资差异的重要因素。美国海上石油平台操作工的年薪为5万~8万美元——超过采掘业3.5万美元的平均水平，这是由于公司需要对工作的危险和孤单做出补偿。此外，例如煤矿工人、长途汽车运输司机所从事的工作危险性大，脑力劳动的强度大、建筑施工受季节和地理位置的限制较大等所引起的工资差异，均属于补偿性工资差异的范畴。

（二）生产率工资差异

对劳动负效用的补偿并不能解释一切工资差异。例如，大学教授的工资高于售货员，并不是由于教书的负效用较大。相反，学术探索的挑战性和融洽的师生关系反而可能使其从工作中得到更多的非货币利益。在西方经济学中，许多经济学家把类似于教授与售货员的这一类工资差异的原因归结为生产率的差异。生产率工资差异是指劳动质量的差异而造成的工资差异。一个人成为大学教授，要经过多年的正规教育和在职训练，在此期间他要支付学费并放弃工资收入。较高的工资收入是对大学教授较高劳动质量的承认，也是对其他机会成本的回报。即使对具有相同经历和受过相同教育的人，生产率也可能有较大差异。如有的秘书打字速度比别的秘书打字更快，且错误很少，从而获得更高的工资。

（三）非竞争性工资差异

现实生活中的劳动市场并不是典型的完全竞争市场，其非竞争性表现在不完全信息、不完全劳动流动性、市场分割、非竞争群体等方面。劳动市场的非竞争性也是工资差异的重要原因。例如：雇主在雇佣劳动之前，对劳动力质量缺乏了解，不同雇主对同一劳动力愿意支付的工资可能因此出现差异。另一方面，由于个人不可能了解所有企业愿意支付的工资，他所接受的未必是可能得到的最高工资的工作。即使信息是相对充分的，如西部农民知道东部城市可以获得更高收入，但是户口、住房、入学、就业等一系列制度使他们难以与城市工人竞争，这种劳动力缺乏流动性也会扩大工资差异。此外，劳动市场按职业分割为若干子市场，其中许多职业熟练劳动力的培养需要大量的时间和金钱的投入，人们一旦在特殊岗位上掌握了专门技术，就会受该种专门技术供给和需求的影响。即使外科大夫的工资迅速上升，经济学家也无法在一夜之间使自己成为合格的医生。最后，男性与女性、黑人与白人、宗教信仰与国籍等，使人们形成若干非竞争群体，习惯、偏见、歧视与制度等若干因素会导致非竞争群体之间的工资差异。

（四）特殊的工资差异

某些个人拥有非凡的才能，并在特定的环境中获得特别高的收入。个别演员和运动员可以得到上千万美元的年收入，除了天赋与后天努力之外，媒体的宣传和公众的偏好也是他们获得特别高收入的重要原因。

第二节 利息理论

案例导入

房贷利率再创史低 百万房贷每月少还 100 多元

2014 年 11 月到 2015 年 10 月 24 日，中国人民银行已经先后五次下调贷款及存款基准利率。此番降息对于准备购房的个人和家庭来说是一个利好，在一定程度上减小了房贷压力。那么本次“双降”将为购房者带来多大的实惠呢？

以 100 万元 30 年期房贷为例，本次降息前每月还款 5 460 元，降息后每月还款 5 307 元，累计还款金额将减少 55 080 元。

而按自 2014 年 11 月 22 日降息后计算，月供从 6 092 元降至 5 307 元，降幅更是明显。

一、资本需求

首先，何为资本？在西方经济学中，一般把资本定义为由经济制度本身生产出来并被用作投入要素以便进一步生产更多的商品和劳务的一种物品。而且，作为一种与劳动和土地并列的生产要素，资本有其独特的特征，具体概括如下：第一，其数量是可以改变的，也就是说资本可以由人们的经济活动生产出来；第二，资本被生产出来的目的是为了依靠它进一步获取更多的商品和劳务；第三，资本是一种投入要素，要得到更多的商品和劳动就必须把其投入到生产中去。

资本需求是指在各种可能的利率下，企业对资本的需求量。企业在追加投资时，面临一系列可以选择的投资项目，如扩大厂房、购买设备、采购原料等。各投资项目中的单位资本给企业带来的货币收益是不相同的。企业总是优先选择最有利可图的项目，然后选择第二有利的项目，依此类推。由于资本增量所带来的货币收益递减，所以资本的需求曲线自左上方向右下方倾斜，如图 6－2 所示。

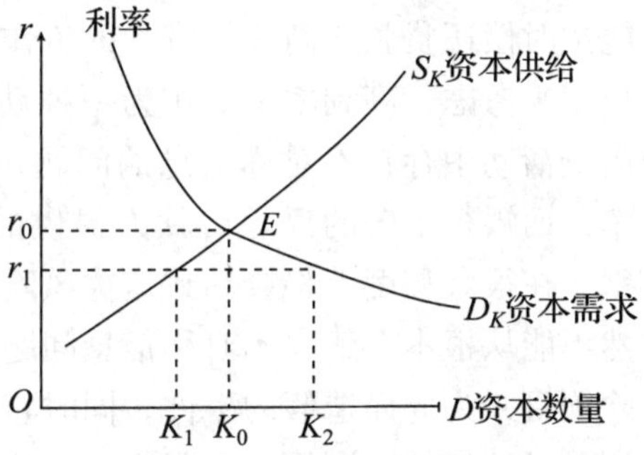

图 6－2　资本需求与供给

二、资本供给

资本供给是指在各种可能的利率下，人们愿意提供的资本数量。资本供给来自人们为获取利息而进行的储蓄，一般来说，利率越高，人们越愿意进行储蓄。这是因为储蓄需要人们付出某种代价，如资金使用不便、牺牲目前的消费、放弃有可能出现的利用资金的机会等。利息则是对人们的上述牺牲所做出的补偿。因此，资本供给曲线自左下方向右上方倾斜，如图 6－2 所示。

三、纯粹利息率的决定

利息率是资本的价格，纯粹利息率是指在理想的市场环境中，单纯由资本供求决定的利率。理想的市场环境包括以下条件：资本自由流动，不存在风险，不考虑借贷期限差异，不考虑管理费用，不考虑市场分割与借贷方式差异等。

在图6-2中，资本供给曲线S_K与资本需求曲线D_K的交点E所对应的利率r_0是均衡的纯粹利息率。如果在这个理想的资本市场上利率高于r_0，就会出现资本供大于求的现象，市场压力会迫使它下降到r_0的水平。如果利率低于r_0，则资本供不应求，市场压力会迫使它上升到r_0的水平。

四、信贷配给

在现实生活中，银行通常实行信贷配给政策，即人为地压低利率并造成一个资本供求的缺口，然后利用配给手段向一部分申请人发放贷款，而不向另一些申请人发放贷款。在图6-2中，银行人为地将利率规定为r_1，则资本供给量K_1小于资本需求量K_2，在OK_2资本数量区间，信贷资本不是由利率来分配的，而是由银行来配给的。

信贷配给的普遍存在源自多方面的原因。首先，贷款是有风险的，在一般情况下，收益率越高则风险越大。因此，如果单纯以利率信号来配置资本，就会导致风险超出了银行所能够承受的程度。其次，如果听任市场机制提高利率，就会引起一种逆向选择，即不利于银行的贷款选择。那些愿意借款的人是承担高风险投资项目的企业，而从事低风险投资项目的企业则无力负担高利率而退出竞争。由于借款者从事的投资项目风险过高，往往不能按时偿还贷款。高风险贷款的负作用往往大于高利率带来的直接收益。同时，从另一个角度来考虑，高利率本身作为一种动力机制，会促使人们去承担高风险投资项目。此外，借贷活动中存在不对称信息的问题，即借款人了解自己选择的投资项目的风险和违约概率，而银行了解的只是借款人提供的、可能有片面或虚假成分的信息。以上所述诸种因素，在很大程度上将会导致道德风险和加剧逆向选择，不利于信贷市场发展。信贷配给虽然不能从根本上解决不对称信息问题，但是由于它降低了利率，减少了人们冒险从事高风险项目并为此而造假的事件，同时它造成的资本供求缺口也给银行提供了选择和比较各投资项目的余地。因而，在现实中，往往被众多银行金融机构用来作为对信息不对称和道德风险的现实策略。

五、名义利率与实际利率

在上面的讨论中，我们没有考虑通货膨胀因素。也就是说，我们所提到的利率是名义利率，即以货币单位直接衡量的利率。但是，存在通货膨胀的现在世界中，我们也需要了解资本的实际收益率即实际利率。实际利率是名义利率减去通货膨胀率之差。例如，若名义利率是5%，通货膨胀率是2%，则实际利率是3%。在实际的资金运用中，区分名义利率与实际利率具有重要的意义，而且两种利率的区分会在很大程度上影响到资金供求双方的决策。

六、利率管制

利率管制是指政府用行政手段规定利率的最高界限。各国在特定时期进行一定程度的利率管制是必要的，但是，长期的、力度很大的利率管制可能带来一些负面影响。首先，利率管制可能挫伤人们进行储蓄的积极性，给经济增长带来消极影响。其次，过低的利率使利率丧失资源配置功能，不能准确反映资本的机会成本，从而不利于资金利用率的提高。最后，过低的利率造成很大的资金缺口，在这种情况下容易产生借贷活动中的腐败现象。特别是在高通货膨胀时期，利率管制容易导致负的实际利率。如名义利率是5%，通货膨胀率为8%，则实际利率为－3%。如是该国开放了资本市场，利率管制会加剧资本外流。

七、利率差异

在现实生活中，即使在同一时期，我们也可以看到许多不同的利率。利率差异主要源自以下四种因素。

（一）期限或到期日

不同的金融资产往往有不同的期限或到期日。隔夜贷款规定第二天归还，抵押贷款有高达数年或数十年的期限。由于利息是对资金使用不便的补偿，所以期限越长，利率越高。

（二）风险

不同的投资和贷款存在不同的风险。例如，购买中央政府发行的债券几乎没有风险，而购买一个濒临破产的公司发行的债券会具有很大的无力偿付的可能性。银行向信誉高的部门或企业贷款所收取的利率可能低于其他部门或企业支付的利率。高风险投资和贷款的较高利率是必要的，其溢价部分通常用于违约情况下蒙受损失的补偿。

（三）流动性

流动性指资产在无损状态下的变现能力。衡量资产流动性的指标有两个，一个是资产变现成本，某项资产变现成本越低，则该项资产的流动性越强；二是资产变现的速度，某项资产变现的速度越快，即越容易变现，则该项资产的流动性就越强。金融资产的流动性不仅受金融资产本身性质的制约，还取决于二级市场的发育情况。例如，美国的国库券有发达的二级市场，人们很容易按接近于现值的价格把它变为现金，所以其利率相对低下。而不可转让的债券的流动性较差，其利率会相应提高。

（四）管理成本

不同的贷款和投资需要不同的管理成本。金融机构大多要把管理成本转嫁到利息之中。相对于小额贷款而言，大额贷款的管理成本无须按贷款金额成倍增加，其利率也相应低于小额贷款。对于不熟悉的客户，银行要雇佣侦探和律师进行调查，管理成本较高，从而对其价款也可收取较高利率。

第三节 租金理论

案例导入

倒卖批文惹的祸——寻租

和珅被誉为历史上的“贪污之王”，他的财产相当于当时清朝15～20年的财政收入，在他的巨额财产中，绝大部分份额是他的贪污受贿所得。

和珅利用自己的职务之便，经常索贿受贿。有一年，有个叫孙士毅的总督，从安南（今越南）回京述职。在前往金銮殿的宫门外偶遇和珅，和珅一眼就看到他手中拿着一个用珠子做成的鼻烟壶，大如雀卵，雕刻精巧，晶莹剔透。和珅一见，便爱不释手，口中连连称赞，把玩了一会，就对孙士毅说，孙大人如果不嫌弃在下的话，不如把这个玩意送给在下吧？孙士毅说是用来进献皇帝的。和珅没想到孙士毅竟然拒绝了他，觉得很没面子。只好掩饰说，只不过是一句玩笑话罢了。几天之后，孙士毅又在军机处见到和珅，和珅手里拿一个鼻烟壶，正是他进献给皇上的那个。和珅得意地笑道：“此物乃皇上所赐。”

其实和珅的贪污行为可以用经济学词汇来总结——寻租。寻租（又称为竞租）是指在没有从事生产的情况下，为垄断社会资源或维持垄断地位，从而得到垄断利润（亦即经济租）所从事的一种非生产性寻利活动。

在这一节中，我们研究的主要是地租理论。在经济学中，土地泛指地面、矿山、地下水和河流湖泊等数量固定且可以多次使用的自然资源。作为一种要素，土地资源有区别于劳动和资本的显著特点：土地是由大自然提供的，具有固定的供给。但在价格的决定上则与其他生产要素一样，取决于土地的需求和供给。需要指出的是，我们所谈论的土地是指企业租用土地的价格，即地租或地租率，而非土地本身的价格。

一、土地需求

土地需求是指在各种可能的地租下，人们对于土地的需求量。一般说来，地租越高，人们对于土地的需求量越小；地租越低，对土地的需求量越大。在理论上，这是边际报酬递减规律发生作用的结果。在现实生活中，土地有多种用途，如可用于盖房、修路、种庄稼、养鱼虾等。在其他条件大致相同的情况下，不同用途的土地给租用土地者带来的收益是不同的。在地租较高时，只有土地利用效率特别高的人才能够租用土地，随着地租下降，租用土地的人才会逐渐增多。

二、土地供给

土地供给是指在各种可能的地租下，人们愿意提供的土地数量。由于土地是自然界直接提供的生产要素，因此其供给是缺乏弹性的。在一般情况下，地租上升不会使土地供给增加；地租下降不会使土地供给减少。反映在图形上，土地供给表现为一条垂直于横轴的直线，如图 6－3 所示。

三、地租的决定

地租取决于土地的供求。如图 6－3 所示，在期初，土地需求曲线 D 与土地供给曲线 S 的交点 E 决定了均衡状态下地租为 r_0。如果地租背离 r_0，就会出现土地供求不一致的情况，市场压力会促使地租趋向均衡水平面。尽管土地供给是固定的，土地需求会随着时间推移而移动，如人口增长、技术进步等因素会使土地需求增加。如果在当期土地需求曲线移到 D' 的位置，那么，均衡地租将是 D' 曲线与 S 曲线交点 F 所对应的 r_1。从图 6－3 中可以看出，在单一用途条件下，其价格只与土地的市场需求曲线有关，即地租由需求决定。需求越大，地租越高；需求越小，地租越低。

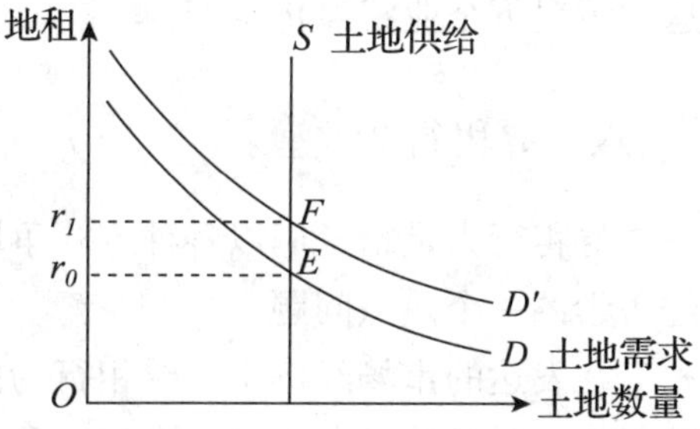

图 6－3　地租的决定

四、纯粹经济租金和经济租金

纯粹经济租金（或称纯经济地租）是指从长期来看，供给固定且不存在其他用途的要素报酬。例如，油田的供给大体上是固定的，且油田只能用于开采石油，油田的报酬可以看成是纯粹经济租金。从经济学角度来看，纯粹经济租金有一个显著的特点，即该要素的成本不会改变商品价格。事实正好相反，相应商品的价格决定着使用该要素的成本。也就是说，石油的价格决定着油田的租金，而不是油田的租金决定着石油的价格。

在现实生活中，完全缺乏弹性或供给长期固定的要素并不多见，多数要素的供给介于完全缺乏弹性与完全富有弹性之间，具有若干其他用途。经济租金（或称经济地租）指要素的收入与转移收入的差额。转移收入指要素在次要用途上可能获得的报酬，即要素的机会成本。例如，一块土地用于种小麦的报酬是 100 元，用于种玉米的报酬是 80 元，那么人们会选择用这块地种小麦，种玉米可能获得的 80 元是转移收入，经济租金为二者之差即 20 元。又如，某篮球名星年收入 500 万美元，他干其他工作最多可获得年薪 10 万美元，其经济租金为 490 万美元。

五、准租金

准租金（或称准地租）是指从短期来看，供给固定且不存在其他用途的要素的报酬，即固定供给量的生产要素的收益。例如，在短期内，企业使用的专用设备的数量是固定的，且它们只能用于特定的生产。这些要素的报酬被称为准租金，因为供给固定和不存在其他用途这种特点与某些土地类似。准租金可表现为企业的总收益扣除总可变成本之后的余额。在总可变成本不变时，如果商品的价格和企业的总收益增加，准租金会相应上升；如果商品价格下降，准租金会相应减少；如果总收益与总可变成本相等，准租金为零，在这种情况下企业将停止生产。

六、寻租行为

寻租行为是指人们以各种方式争取获得经济租金和准租金的行为。寻租行为已经成为经济学的一个热点问题。

在发达的市场经济中，寻租行为的典型表现是垄断企业人为减少提价，以增加企业的准租金。但是从长期来看，准租金和高价格可能会吸引其他企业进入该行业。所以，该垄断企业的寻租行为往往涉及政治行为，如通过贿赂等手段获取特许权。

在发展中的市场经济中，寻租行为比较普遍，这与行政权力较大、法律不够完美、缺乏制衡机制和市场不发达有关。例如，为了保护民族产业，一些发展中国家实行进口配给制，即规定进口商品的最高限额。进口配额制造成国内市场价格高于国际市场价格，这种额外利益是一种经济租金，这可能诱使一些商人以行贿手段获得进口额度。

七、公有地悲剧

如果对土地这种稀缺资源不收取租金，允许所有人自由地使用土地，就会产生灾难性的后果。公有地悲剧描述了一个对所有人都开放的牧场上发生的悲剧：由于每一个放牧人都力图使个人收益最大，无节制地扩大自己的牛群，结果牧场被破坏了。在现代社会中，这种对资源的滥用仍然存在。例如，在某些海域和湖泊，由于没有索取租金，结果出现滥捕现象，一些鱼类濒临灭绝。又如，某些公路段未收取租金，导致交通拥挤。在环境立法不严格的地区，工厂向河流和大气中排放污染物，影响了人们的生存环境。这种公有地悲剧发生的前提是土地公有，或者说没有人拥有土地并索取租金。但是，人们可以尽量避免悲剧的发生，如政府出面征收高额排污费，可以迫使企业安装清除污染物的设备。关于以上这些内容，我们还将会在以后的章节中深入讨论。

第四节 利润理论

案例导入

福布斯 2015 全球富豪榜名单

北京时间8月6日早间消息，在《福布斯》发布的首份“全球科技百富榜”中，2015全球富豪榜名单TOP20：马云亚洲第一，全球第七。

表 6-1　2015 年福布斯全球科技富豪前 20 榜单

排中	姓名	职务	净资产（亿美元）
1	比尔·盖茨	微软创始人	796
2	垃里·埃里森	甲骨文创始人	543
3	杰夫·贝佐斯	亚马逊创始人	348
4	马克·扎克伯格	Facebook 联合创始人	334
5	拉里·佩奇	谷歌联合创始人	297
6	谢尔盖·布林	谷歌联合创始人	292
7	马云	阿里巴巴创始人	227
8	史蒂夫·鲍尔默	微软公司前 CEO	215
9	劳伦·鲍威尔·乔布斯	乔布斯遗孀	195
10	迈克尔·戴尔	戴尔创始人	192
11	阿齐姆·普莱姆基	印度软件出口商 Wipro 董事长	191
12	保罗·艾伦	创立微软公司前身	175
13	马化腾	腾讯创始人	161
14	李彦宏	百度创始人	153
15	希夫·纳达	HCL 集团创始人	148
16	雷军	小米科技创始人	132
17	哈索·普拉特纳	SAP 联合创始人	91
18	埃里克·施密特	谷歌董事长	91
19	三木谷浩史	在线购物中心乐天市场 CEO	87
20	克劳斯·茨奇拉	SAP 联合创始人	86

一、利润

利润通常指的是企业总收益与总成本的差额，即企业出售产品和服务所获得的收入扣除全部费用（包括工资、薪金、租金、利息、材料、货物税和其他支出）后所剩的余额。这种通常含义上的利润又称为会计利润或企业利润。

二、利润的来源

在理论上，利润来源可以归纳为四个方面：

（一）隐含收益

隐含收益是指企业自有要素的机会成本。例如，在一个夫妻店中，总成本并未包括夫妻二人的工资、自有店铺的租金和自有资金的利息。但是，如果夫妻二人不开店，可以获得在他处工作的工资、出租店铺的租金和存款利息。在大公司中，自有投资资金的隐含收益是企业利润相当重要的来源。

（二）承担风险的报酬

任何企业的经营都与某种程度的不确定性和不完全信息相联系。企业可以将一部分风险进行保险，这部分风险的保险支出要纳入成本。但是，有些风险是不可预知的，如供给和需求结构的变动引起企业成本和收益的变动，商业周期造成的企业收益波动等。企业通常是厌恶风险的，利润则是对企业承担风险的报酬。

（三）创新和企业家才能的报酬

创新指企业家对生产要素的重新组合，包括发明和采用新的技术和设备，改变生产组织方法和经营方法，引入新产品、新式样和新包装，开辟新市场，找到和控制新的原材料供应来源等。创新需要企业家才能，创新者要有眼光、有创造力，在经营中勇于引进新思想，敢于做前人没有做过的事。在创新的道路上，许多人都失败了，成功者只是少数。但是每一位成功的创新者都开辟了一个新领域，并从而获得超额利润，即超过一般利润水平的利润。超额利润不可能长期存在，竞争对手很快就会对成功的创新进行模仿。企业要想在竞争中不断成长壮大，就需要不断寻求新的创新来源。

（四）垄断的收益

一些企业具有一定的垄断权力。例如，如果某企业是一种贵重药品专利的唯一拥有者，它就可以把药品价格抬得很高，从而获得垄断的利益。又如，某企业获得政府特许生产香烟的权利，也可以通过限产提价获得垄断利润。

三、正常利润

正常利润是吸引企业进入一个行业所必须提供给企业的最低利润。正常利润包括利润的前两项来源，即稳含收益和风险报酬。如果企业在某行中所获得的利润小于正常利润，即实际上得不偿失，它就会退出该行业。当该行业中企业数量减少，产品的价格就会上升，所以在一般情况下，企业能够获得正常利润。而且，在西方经济学的许多分析中，通常将正常利润视为是企业成本的一个组成部分。

四、经济利润

经济利润是指超过正常利润水平之上的利润，或者说超过使企业继续处于该行业所必需的最低限度利润之上的利润。经济利润包括利润的后两项来源，即创新报酬和垄断收益。经济利润也可以解释为总收益超过机会成本的差额。由此可见，当厂商的经济利润恰好为零时，厂商仍然会得到全部的正常利润。

五、企业的目标

在简单化的分析中，通常假定企业的目标是追求获得最大限度的利润。这种假定基本上与现实生活中的企业目标保持一致。根据前面提到的微观经济理论，尽管每个企业都是自私的，但是追求利润最大对社会是有利的，完全竞争市场上，企业追求利润最大是实现生产要素最优组合、生产效率和资源配置效率的必要条件。即使在不完全竞争市场上，企业追求利润最大，也有促使产品多样化、推动技术进步等方面的长处。

在较深入的分析中，人们发现企业的目标在某些时候和某种情况下偏离利润最大，如在满足股东对利润的最低要求的前提下，追求销售额最大，尽管扩大销售额需要降低价格从而减少了利润总量，但是对大企业来说，某些情况下追求销售额最大是合理的。首先，该目标可以使企业获得较大市场份额，提高企业知名度；其次，从动态角度来看，由于它使价格有所下降，有助于抑制潜在的竞争能力对手进入该市场；此外，追求销售额最大有助于扩大企业规模和就业人数，这有利于增加管理者的权力和工资。

企业目标主要取决于企业的性质。如，在传统的中央计划经济中，国有企业的目标往往是追求总产量最大；在劳动者自我管理的集体企业中，企业的目标往往是人均收入最大。

六、企业家才能

微观经济学将利润看作是企业家才能的报酬。企业家是企业的灵魂，他们的素质直接关系到企业的发展甚至生死存亡。不同的经济学家对企业家才能的界定有所不同。魁奈认为，创新和承担风险是企业家的两大特质。萨伊认为，成功的企业家要有果断的判断力、坚持性和全面的知识，有监督的才能，务实的和能动的特质。企业家才能具体表现在十个方面，即决策能力、组织能力、协调能力、创新能力、激励能力、用人能力、规划能力、判断能力、应变能力和社交能力。

案例分析

敢于冒险和勇于创新的比尔·盖茨

美国微软公司的总裁比尔·盖茨曾数年被美国《福布斯》杂志列为世界首富，有千亿美元左右的个人财产。他在少年时代就对电脑着迷，在哈佛大学读书时发明了 BASIC 语言。1975 年，他开始从事电脑软件开发和销售业务。由于 IBM 公司购买了他的 MS-DOS 系统用于个人电脑，盖茨获得了巨额财富。此后，他致力于经营微软公司，重点搞 Windows 系统开发，成为 IBM 的重要竞争对手。自 1985 年推出“Windows1.0 系统软件”之后，1990 年推出“Windows3.0 操作系统软件”，1991 年推出“Windows3.1 软件”，1995 年推出“Windows95”，1998 年推出“Windows98”，之后又推出“Windows2000”、“Windows XP”和“VISTA”等操作系统。现在世界上 90% 以上的个人电脑都使用微软的操作系统软件。在盖茨的领导下，微软公司依靠不断创新，在市场上获得了丰厚的利润，成为知识经济时代的典范。为确保微软公司跟上技术变革的浪潮，盖茨还把这一软件巨人推向“信息公路”的各个角落，包括网络和无线通讯网。即使在美国司法部针对微软公司的反垄断诉讼进行激烈辩论的 1998 年，盖茨仍然把他的软件技术推向众多的新领域。

第五节 平等与效率

案例导入

"羊吃人"引领市场经济

在中世纪的英国，草地是所有村民共同拥有的，每个人都有同样的使用权。每个人都尽量多地在草地上放羊，放的羊越多，自己的收入越多。但没有一个人想对土地进行维护，因为自己花费时间和资金维护草地，好处由所有人享受，自己无法独自占有。由于没有人维护，草地终于荒芜了。

打破这种现象的是"圈地运动"。16 世纪以后，英国的工商业迅速发展，对羊毛的需求急剧增加，价格上涨。但这种公有地制度的存在限制了养羊业的发展，于是一些有权的新兴资产阶级贵族用暴力把公有土地变成自己私人的土地。"圈地运动"使许多农民流离失所，该时代被称为"羊吃人的时代"。

为什么把原来的公有牧场变为私人牧场就提高了效率，成为市场经济的起点呢?

一、平等

在经济学中，平等指收入分配的均等化。平等并不等同于收入分配绝对平均，它是与社会两极分化相对立的概念。

平等的理论基础是基数效用论中的边际效用递减法则。与商品一样，货币也存在边际效用递减现象。富人的货币多，其最后 1 元钱的边际效用低；穷人的货币少，其最后 1 元钱的边际效用较高。如果政府将平等作为追求的目标，通过累进税和社会福利制度，将富人的一部分收入转移给穷人，则穷人在福利上的所得将大于富人在福利上的所失，整个社会的福利将有所提高。

纯粹的市场机制会自发地造就两极分化倾向。那些高收入的家庭，能够让其成员接受更好的教育，从而能够获得高收入工作。当高收入达到一定规模，他们还能用其购买生产资料、金融资产和房地产，获取利润、利息和租金等非劳动所得。而低收入家庭成员由于难以得到良好的教育，缺乏平等竞争的机会。因此，收入平等也是机会平等的前提条件。

二、效率

效率的一般含义是以最小代价获得最大利益。微观经济学在提到效率时主要有三层含义，即资源配置效率、激励效率和信息效率。

（一）资源配置效率

经济学家通常用帕累托效率标准衡量资源配置效率。其含义是，如果没有一个人可以在不使其他人境况变坏的条件下使自己的境况变得更好，那么资源配置就是最优的。理想的完全竞争市场具有资源配置效率，这主要表现在以下三个方面。

1. 交换效率

交换效率是指既定数量的消费品在消费者之间得到最优配置。市场上有成千上万个消费者，每个人的需要有所不同，但是，只要人们是理性的，就会使边际替代率等于价格比例，即满足消费者均衡条件。由于市场对所有消费者提供同样的价格信号，所有消费者的边际替代率都等于同样的价格比例，他们之间便不存在进一步的交换的余地。具体来说，想要咖啡的人不会得到茶。但是，这种资源配置的效率在配给制的条件下却是难以实现的。

2. 生产效率

生产效率是指所有要素都得到充分利用并在企业之间得到最优配置。市场上有形形色色的企业，但是，它们都要使其边际技术替代率等于要素价格比例。由于要素价格对所有企业是相同的，所有企业的边际技术替代率相等。在这种情况下，如果社会想要增加一种产品的数量，就必须相应减少其他产品数量。

3. 产品组合效率

产品组合效率是指企业生产出来的产品正好是人们所偏好的或者说是社会所需要的产品。这是因为在完全竞争市场上，每一种产品的价格都等于其边际成本。价格可以反映消费者对该产品的偏好程度，边际成本可以反映机会成本。理解这个问题的简易方法是先假定价格不等于边际成本。若价格大于边际成本，说明利益高于代价，社会应更多地生产该产品，目前的产品组合尚缺乏效率。若价格小于边际成本，即得不偿失，社会应减少该产品的数量，目前的产品组合也不是最优的。于是，剩下的一种可能即价格等于边际成本，是产品最优组合的条件，这也是竞争市场运行的结果。

（二）激励效率

激励是指调动人的积极性、创造性和责任感。

市场的激励效率建立在资本主义市场经济三个基本要素的基础之上，即私有制、契约自由和自我负责。微观经济学认为理性人应当是自私的，因此，私有制提供了强有力的动力机制。例如，知识产权制度的出现是近代科学技术飞速发展的重要保证。契约自由也是激励的重要条件。有才能的人若得不到高报酬，可以通过跳槽获得相应的收入，这就使人们为获得才能而努力学习和训练。自我负责则从反面对那些不努力者实施惩罚。在市场经济三要素基础上出现了一个竞争的环境，这种竞争压力迫使企业努力改进技术和改善管理，迫使个人努力工作和提高自身素质。与权威的动员、政治思想教育等其他激励手段方式相比，市场激励机制是更为长期化和制度化的，在当前的历史阶段也是更有效的。比如，在西方的许多发达国家中，许多企业推行的员工持股计划就是一个非常典型的市场激励的例子。

（三）信息效率

信息效率是指以较小代价完成经济运行中的信息传递功能。

市场是一种合理利用信息的机制。它将分散于千百万个生产者和消费者头脑中的各种偏好、技术、数量等众多信息转化为简明的价格信号。在这种信息的收集、加工和传递过程中，不会出现人为的扭曲，因为每个人都是在自由选择中参与信息的提供。例如，某人购买一台电视机，实际上他是用自己的货币给电视机投了一票。在价格信息的传递过程中，不需要政府付出信息成本。

为了理解市场的信息效率，我们可以考察中央计划体制下的信息成本。中央政府为了决定生产什么，需要了解每个消费者的偏好，然后通过投入产出技术计算出每种产品的产量，还要把产量分解成计划指标下达给企业。这不可避免地要出巨大的信息成本。这种信息成本是历史上任何一个中央计划经济国家都无力承担的，以至于没有一个国家编制出以消费者偏好为主的计划，它们所编制过的只是以计划者偏好为主的计划。后者虽然能节约信息成本，但是，在传统的中央计划经济国家中，许多物品都是短缺的。与市场经济相比，中央计划经济缺少信息效率。

三、平等与效率的替代关系

所谓平等与效率的替代关系，指的是平等与效率同属于微观经济政策目标，在选择上二者之间存在矛盾，只能择其一。

过分追求平等，会导致效率上的损失。例如，平均主义的大锅饭制度能够促进平等，但是它会削弱人们的工作热情和创造热情，出工不出力，即用闲暇来替代劳动。又如，高额累进所得税、财产税和遗产税能够促进平等，但是，它们会促使人们用消费代替储蓄，用财产分散代替财产集中，用对外投资代替国内投资，从而影响国内资本积累和效率提高。此外，当国内税率过高时，人们还会“用脚投票”，一部分高收入者将迁往国外，脑力、技术和财产也相应外流，影响到经济效率。政府向低收入者提供补贴或向失业者提供失业救济，可以促进平等，但是，若这种措施力度过大，失业者便不愿意接受较低工资或强度大的工作，低收入者也会丧失穷则思变的动力，从而影响到效率。

过分追求效率，会导致社会的两极分化。例如，政府不以再分配政策干预市场，甚至推行倾向于高收入阶层的分配政策，就会使两极分化愈演愈烈，而两极分化达到一定程度之后，将会引起诸多社会问题，带来社会的不安定，所以许多国家都十分重视这一问题。

四、平等与效率的互补关系

平等与效率的互补关系是指二者在一定条件下具有相互促进的功能。

（一）平等在一定条件下有助于效率提高

如果社会过分不平等，不仅会影响到社会秩序的稳定，而且由于边际消费倾向递减的存在，低收入者的境况过差会影响到产品的销售，从而影响到生产与效率。

（二）效率在一定条件下有助于实现平等

效率会使国民生产总值越来越多，相当于馅饼越来越大，即使存在分配不均，人们所得到的也比均分小馅饼要多。当国民生产总值达到一定规模，政府就可以采用累进所得税和社会福利措施来推进平等。换言之，追求效率可以创造实现平等的物质条件。

五、平等与效率的次序

多数微观经济学家主张把效率作为优先考虑的目标，当经济发展到一定规模之后，再以尽量小的效率损失换取尽可能高的平等程度。这种主张与资本主义经济发展的实际情况是相一致的。在资本主义发展早期，社会两极分化很少受到政府干预。直到第二次世界大战之后，资本主义国家才注重平等与社会福利问题，同时，它们高度重视促进平等的措施可能对效率产生的消极影响。

六、拉姆齐税赋法则和人头税

拉姆齐税赋法则的内容是，政府应当对供给和需求中最缺乏弹性的投入和产出征收的税。这样的税收很少影响资源配置。例如，土地是完全缺乏弹性的，因此，无论政府对租金征收多么高的税，土地所有者仍会把土地出租。但是，对于航空和小汽车这类需求弹性较大的物品，政府应课征轻税，否则就会对其销售量和效率产生较大影响。如果政府使用拉姆齐税赋法则并将部分财政收入用于社会福利开支，就可实现效率与平等的统一。

1990 年，英国撒切尔政府曾试图推行人头税，即按人口征收固定的税。从理论上讲，这种税完全不会影响效率，即使减少工作时间也不会使税赋变少。但是，这种税实质上是一种累退税，即低收入家庭负担的税收占其收入的比例要高于高收入家庭。因此，人头税是以加剧不平等为代价来提高效率，这样的政策是很难被现代社会所接受的。

案例分析

我国平等与效率关系的历史演变

在鸦片战争之前漫长的封建社会中，“不患寡而患不均”这种更加重视平等的孔孟之道对中国的封建统治者有很大影响。尽管严格的等级制度下不可能有真正的平等，但是封建统治者，特别是改朝换代初期的统治者，对于每一等级内部的平等还是比较重视的。“重农抑商”的政策也有防止两极分化的色彩。过分地强调平等，是我国逐渐成为落后国家的一个重要原因。

在解放前的半封建半殖民地社会，自然经济的解体和市场经济的发展在客观上有助于效率的提高。但是，由于社会两极分化特别严重，民不聊生，这一时期战争、革命和动乱特别频繁，使平等与效率都成为泡影。

在新中国成立后的前 30 年中，我国在重视平等的同时，相对忽略了效率。特别是在“文化大革命”运动中，绝对平均主义成为流行的思潮，多劳多得的社会主义分配原则实际上没有得到贯彻，导致效率受到极大的损失。尽管革命理想和爱国主义热情鼓舞许多中国人做出了可歌可泣的贡献，但是我国与发达资本主义国家和一些新型工业化国家和地区之间的差距反而有所扩大。

1979 年实行改革开放政策以来，效率在我国的地位得到空前提高。“允许一部分人先富起来”的政策尽管在执行过程中出现了某些偏差，特别是出现了利用权利和权钱交易致富的现象，但是从总体看，20 多年来的实践证明效率得到了迅速的提高。

目前，我国又面临重视平等的问题，城乡差别、地区收入差距已成为制约内需扩大的重要因素。我国加入世界贸易组织表明我国进一步对外开放，客观上有助于农村剩余劳动力向非农业产业转移和缩小城乡差距。党中央实施的西部大开发战略，也有助于抑制东西部收入差距扩大的趋势。

第六节 洛伦兹曲线和基尼系数

一、洛伦兹曲线

洛伦兹曲线是根据实际统计资料而做出的反映人口比例与收入比例对应关系的曲线。

在图 6－4 中，横轴表示人口比例，纵轴表示收入比例，*OEFGM* 曲线为洛伦兹曲线。假定在实际统计工作中，将人口按收入高低分为四组。最贫困的 25% 人口占收入比例为 a_1，图形上得到 *E* 点。依此类推，50% 的低收入人口占收入比例为 a_1+a_2，由此得到 *F* 点；75% 的人口占收入比例为 $a_1+a_2+a_3$，得到 *G* 点。*O* 点表示 0% 的人口得到 0% 的收入，*M* 点表示 100% 的人口得到的 100% 的收入，这两个点也在洛伦兹曲线之上。

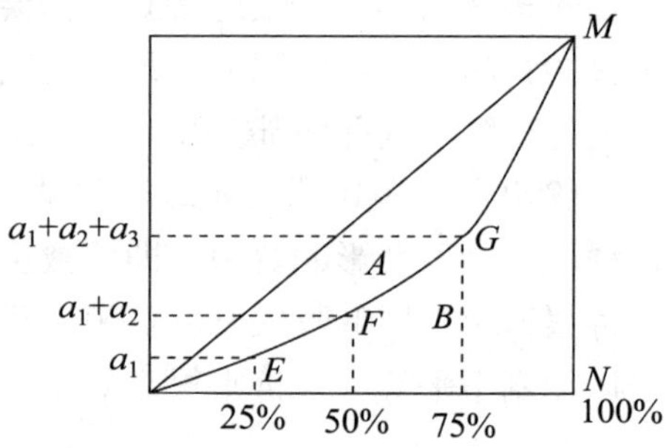

图 6－4　洛伦兹曲线

洛伦兹曲线的弯曲程度越大，收入分配越不平均。例如，对角线 *OM* 是一条直线，弯曲程度最小，表示 *x*% 的人口得到了 *x*% 的收入，即收入分配是完全平均的。又如，折线 *ONM* 是洛伦兹曲线弯曲程度最大的情况，表示 99.99% 的人口得到了 0% 的收入，0.01% 的人口得到了 100% 的收入，即收入分配是绝对不平均的。

洛伦兹曲线比较直观地显示出收入分配均等程度的情况，但是，人们有时需要用数字来进行量化，于是，提出了基尼系数。

二、基尼系数

基尼系数是当所有人的收入从低向高排列时，由洛伦兹曲线和对角线围成的面积与对角线和 90°折线围成的面积的比值。在图 6－4 中，*A* 表示前者，*A*＋*B* 表示后者，基尼系数即为 *A* 与 *A*＋*B* 的比值。又由于 *A*＋*B* 等于 1/2，所以基尼系数也相当于 2*A*，即 $G=2A$（*G* 表示基尼系数）

基尼系数介于 0 与 1 之间。基尼系数为 0，表示收入分配绝对平均，在图形上反映为洛伦兹曲线与 45°对角线重合；基尼系数为 1，表示收入分配绝对不平均，在图形上反映为洛伦兹曲线与 90°折线重合。基尼系数越小，表示收入分配越平均；基尼系数越大，表示收入分配越不平均。

案例分析

中国的基尼系数

中国基尼系数2009年为0.490，2010年0.481，2011年0.477，2012年0.474，2013年0.473，呈逐步回落趋势。2014年中国居民收入基尼系数为0.469。这是基尼系数自2009年来连续第六年下降。尽管如此，超越0.4警戒线的这一数值仍须引起高度重视。作为能以一个数值反映总体收入差距状况的指标，基尼系数具有一定说服力，但由于中国特殊国情，基尼系数似乎不足以概括收入差距的真实。

根据国家统计局调查数据，2014后全国城镇居民人均可支配收入28 844元，比上年增长9.0%，扣除价格因素实际增长6.8%。梳理发现，上海、北京、浙江、江苏、广东、天津、福建、山东、辽宁这9个地区的城镇居民人均可支配收入超过了全国平均水平。

从收入数额分析，2014年上海、北京、浙江、深圳等省市的城镇居民人均可支配收入都超过了4万元大关，其中，上海最高，达47 710元，北京43 910元位居第二，深圳40 948元，浙江40 393元。

从东中西看，收入差距依然十分显著。农村2014年青海省城镇居民人均可支配收入为22 307元，甘肃暂排最后，为20 804元。东部：2014年浙江32 658元，江苏27 173元，广东25 685元；中部：湖北为18 283元，河南15 695元，湖南17 622元

本章知识小结

- 生产要素的价格同一般商品一样，取决于生产要素的需求与供给。
- 工资是劳动的价格，它的高低取决于劳动的需求与供给，劳动的供给曲线是一条向后弯曲的曲线，劳动的需求曲线是一条向右下方倾斜的曲线，其交点决定的工资水平就是均衡的工资。
- 地租是土地的价格，土地的供给曲线是与横轴垂直的直线，土地的需求曲线是一条向右下方倾斜的曲线，它们的交点决定的地租水平就是均衡的地租。

利息是资本的价格，资本的供给曲线是一条向右上方倾斜弯曲的曲线，资本的需求曲线是一条向右下方倾斜的曲线，其交点决定的利息水平就是均衡的利息。

利润分正常利润和超额利润。正常利润是企业家才能的价格，包括在成本中，收支相抵点就可获得正常利润；超额利润是超过正常利润的利润，它是总收益与总成本之差，在完全竞争的市场上是没有超额利润的。

- 洛伦兹曲线是反映社会收入分配平等程度的曲线，基尼系数是根据洛伦兹曲线得到的反映社会收入分配平等程度的指标。
- 收入分配要兼顾平等和效率。平等是指各种社会成员收入分配平均；效率是指资源配置有效，并得到充分利用。

练 习 题

一、名词解释

1. 劳动需求　　2. 劳动供给　　3. 资本　　4. 利息
5. 资本供给　　6. 信贷配给　　7. 名义利率　　8. 实际利率
9. 利率管制　　10. 经济租金　　11. 准租金　　12. 利润
13. 经济利润　　14. 平等　　15. 效率　　16. 洛伦兹曲线
17. 基尼系数

二、单项选择题

1. 假设某一时期科技进步很快，人们越来越倾向于资本密集型生产方式，这将导致（　　）。
   A. 劳动的供给曲线向右移动　　B. 劳动的需求曲线向右移动
   C. 劳动的供给曲线向左移动　　D. 劳动的需求曲线向左移动
2. 随着工资水平的提高（　　）。
   A. 劳动的供给量会一直增加
   B. 劳动的供给量会一直减少
   C. 劳动的供给量先增加，但工资提高到一定水平后，劳动的供给量不仅不增加，反而会减少
   D. 劳动的供给量增加到一定程度后就不会增加也不会减少
3. 使地租不断上升的原因是（　　）。
   A. 土地的供给与需求共同增加　　B. 土地的供给不断减少，而需求不变
   C. 土地的需求日益增加，而供给不变　　D. 土地的需求供给同时减少
4. 企业家的报酬是（　　）。
   A. 正常利润　　B. 超额利润　　C. 经营利润　　D. 以上全正确
5. 洛伦兹曲线代表了（　　）。
   A. 贫困的程度　　B. 税收体制的效率
   C. 收入不平等的程度　　D. 税收体制的透明度
6. 如果收入是平等分配的，则洛伦兹曲线与（　　）。
   A. 横轴重合　　B. 45°对角线重合
   C. 纵轴重合　　D. 难以确定
7. 如果收入是完全平等分配的，基尼系数等于（　　）。
   A. 1.0　　B. 0.5　　C. 0.25　　D. 0
8. 收入分配要（　　）。
   A. 要以效率为标准　　B. 要以公平为标准
   C. 兼顾平等和效率　　D. 以上都正确

9. 根据基尼系数的大小，比较下列四个国家的收入分配，最为平均的是（　　）。
A. 甲国为0.3　　B. 乙国为0.2　　C. 丙国为0.1　　D. 丁国为0.08

三、多项选择题

1. 劳动、土地、资本和企业家才能等生产要素的价格分别是（　　）。
A. 工资　　B. 利润　　C. 利息
D. 税率　　E. 地租

2. 生产要素的需求是一种（　　）。
A. 派生需求　　B. 直接需求　　C. 联合需求
D. 最终产品的需求　　E. 引致需求

3. 工会提高工资的方法是（　　）。
A. 增加对劳动的需求　　B. 减少对劳动的供给
C. 最低工资法　　D. 减少对劳动的需求
E. 增加对劳动的供给

4. 超额利润的主要来源是（　　）。
A. 创新所得到的　　B. 承担风险　　C. 垄断
D. 需求大于供给　　E. 供给小于需求

5. 利息是（　　）。
A. 资本的报酬　　B. 劳动的报酬
C. 资本市场的供求双方决定的　　D. 劳动市场的供求双方决定的
E. 资本这一生产要素的价格

6. 表示社会分配公平程度的分析工具是（　　）。
A. 菲利普斯曲线　　B. 洛伦兹曲线　　C. 基尼系数
D. 国民消费曲线　　E. 拉弗曲线

7. 洛伦兹曲线与基尼系数的关系是（　　）。
A. 洛伦兹曲线的弯度越大基尼系数越大
B. 洛伦兹曲线的弯度越大基尼系数越小
C. 洛伦兹曲线的弯度越小基尼系数越小
D. 洛伦兹曲线的弯度越小基尼系数越大
E. 二者无关

四、判断题

1. 在生产要素市场上，需求来自个人，供给来自厂商。（　　）
2. 生产要素市场的需求是一种直接需求。（　　）
3. 劳动的供给和其他商品的供给一样，价格越高，供给越多，因此，提高工资可以无限增加劳动的供给。（　　）
4. 土地的供给量随地租的增加而增加，因而土地的供给曲线是一条向右上方倾斜的曲线。（　　）

5. 超额利润是对企业家才能这种特殊的生产要素的报酬。 （ ）

6. 现实中的基尼系数总是大于0小于1。 （ ）

五、分析简答题

1. 为什么人们的工资存在差异？
2. 请描述劳动的供给和需求曲线。
3. 什么是经济租金和准租金？
4. 什么是寻租行为？
5. 谈谈你怎样理解经济利润与正常利润。
6. 如何看待平等与效率的关系？
7. 说明影响基尼系数大小的主要因素。

第七章 微观经济政策

学习目标

1. 了解市场失灵的概念，知道不完全竞争、公共物品、外部性是造成市场失灵的主要原因；

2. 了解不完全竞争带来的效率损失；

4. 了解公共物品与私人物品的差别；

5. 理解政府提供公共物品的原因；

6. 了解外部性及其影响；

7. 理解政府干预解决诸如环境污染等外部性问题的途径。

本章重点和难点

1. 垄断、不完全信息的效率损失；

2. 反垄断政策；

3. 公共物品与市场失灵；

4. 外部性的影响及其矫正；

5. 科斯定理。

第一节 市场失灵及原因

案例导入

为什么黄牛没有绝种

人类历史上，许多物种都遭受到了灭绝的威胁。在非洲，象牙的商业价值吸引了偷猎者对大象进行肆意捕杀，使非洲象种群濒临灭绝。但并非所有具有商业价值的动物都面临同样的威胁。例如黄牛是一种有价值的食物来源，但没有一个人担心黄牛将很快绝种。实际上，对牛肉的大量需求看来保证了这种动物延续地繁衍。

为什么象牙的商业价值威胁到大象，而牛肉的商业价值是黄牛的护身符呢？原因是大象是共有资源，而黄牛是私人物品。大象自由自在地漫步而不属于任何人。大量的偷猎者受到个人利益的激励而无视对大象种群的保护。与此相比，黄牛生活在私人所有的牧场上。每个牧场主都极力地维护牛群的安全，因为黄牛能带给他们收益。在经济学上这种公共产品的过度消耗会引发市场失灵。

一、市场失灵的含义

市场经济是一种竞争型经济体制，市场对于社会资源配置有着灵活有效的导向作用，进入市场的各种经济主体，在自身的物质利益的驱动下，对市场信号反应灵敏，能够通过市场价格的涨落适应市场供求关系的变化，把资源配置到最需要的地方，实现高效、合理、优化组合的目标。显然，市场竞争给企业以压力和动力，使其接受优胜劣汰的考验；市场竞争促进技术进步，推动了生产力的发展，社会的各种力量在市场竞争中聚合在一起形成巨大“合力”，推动着整个社会生产力的迅速发展。市场经济“功高无量”，这是几百年人类文明史和当代市场经济发展已经充分证明的事实。

然而，市场不是万能的，不能单纯凭借“看不见的手”左右经济生活，市场运行的自身弱点，主要是“市场失灵”问题。经济学家对市场失灵没有一个统一的定义。美国经济学家弗朗西斯·M. 巴托于1958年在《市场失灵的剖析》一文中最早提出市场失灵的概念。“市场失灵”，又称作市场障碍、市场失效、市场失败等。市场失灵有狭义和广义之分。狭义的市场失灵是指完全竞争市场所假定的条件得不到满足而导致的市场配置资源的能力不足从而缺乏效率的表现。广义的市场失灵则还包括市场机制在配置资源过程中所出现的经济波动以及按市场分配原则而导致的收入分配不公平现象。

根据亚当·斯密的“看不见的手”的原理，每一个人在追求自身利益的时候，会在一只看不见的手的指引下，实现增进社会福利的目的。“看不见的手”有可能出现的第一个问题，就是资源配置的低效率问题。高效率一直被认为是市场机制的最主要的优点。然而，在很多情况下，这种看法却并不正确。如自由竞争往往会引起垄断，而在垄断的情况下，市场机制就不能够导致资源的最优配置了。第二，“看不见的手”最多能解决效率问题，而不能解决分配问题。实际上，纯粹的市场机制的作用往往会导致贫富差距的扩大，导致两级分化。第三，失业和通货膨胀等宏观经济问题的出现。在不存在政府积极主动干预的市场经济中，有效需求常常不足。在这种情况下，就会出现大规模的工人失业。相反，如果需求过度了，则会引起通货膨胀。最后，还有生态环境恶化的问题等 。这些都是市场失灵的表现。

二、形成市场失灵的原因

导致市场失灵出现的现实市场的不完备性主要表现在以下方面。

（一）市场机制的功能和作用有局限性

局限性的含义是在具备所有理想条件和市场机制能够充分发挥作用的情况下，市场对某些经济活动仍然无能为力。由于市场作用极限的存在，其作用范围在客观上受到限制，这就决定了市场失灵的存在。在现实经济生活中，市场万能论早已被多次的经济大危机所粉碎了，市场失灵现实被人们所公认。市场局限性使得仅仅依靠市场解决一切问题成为不可能。所以由市场局限性而产生的市场失灵，已成为市场自身无法克服的固有的属性和现实。

（二）现实经济生活中的市场不是完全竞争市场，即市场具有不完全性

在经济学的论述中，假定市场是完全竞争市场，市场调整资源配置终将达到帕累托最优状态。市场的不完全性，破坏了市场充分发挥作用的必要前提，资源配置偏离帕累托最优状态，从而出现市场失灵。由不完全性产生的市场失灵也称为市场缺陷。

市场不完全性是由两个方面原因造成的：一是完全竞争市场是一种抽象的理想模式，条件苛刻，现实市场根本不可能具备和达到要求；二是社会化商品经济的不断发展，使现实市场更加远离完全竞争市场，破坏完全竞争市场所要求的条件，这就必然造成市场的不完全性。由于市场失灵不可避免，应该把市场机制与完全竞争市场分开。这就是说，市场机制有效发挥作用，并不意味着要达到完全竞争市场的作用程度。

（三）市场本身的不完善

市场本身的不完善主要有两种情况：一是市场还不够发达；二是市场在运行中出现功能障碍。这是由于市场功能不健全，或遭受破坏而出现的市场失灵。市场不发达的原因主要是经济发展水平低，社会化、商品化、货币化不发达，市场不能有效发挥作用，许多发展中国家就存在这种情况。市场在运行中出现功能障碍的情况如下：相互竞争的企业勾结形成垄断；为牟取暴利，企业运用不正当手段破坏秩序。

三、市场失灵的表现

政府失灵是经济没有达到帕累托最优状态，社会资源无法实现充分有效配置的情形。在实际经济生活中市场失灵主要表现在以下几个方面。

（一）收入与财富的分配不公平

市场失灵致使市场机制无法充分发挥作用，价格信号无法正常形成。错误的价格信号将进一步拉大社会收入分配差距。这是因为如果市场机制能够正常发挥作用，那么在整个社会中会出现利润平均化的趋势，在市场失灵的情况下，资源向高利润领域聚集，这无疑将拉大社会中不同群体之间的收入差距。而且资源向高利润领域的迅速聚集将会导致在这些领域中迅速形成财富，财富积累的速度、就业大幅度提高，财富在全社会的分配也将不公平。

（二）负外部性的存在

经济生活中不同主体的活动会给彼此带来一定的影响，这种影响被称为外部性。外部性有正负之分。市场失灵将带来负外部性。负外部性是指某一主体在生产和消费活动中对他人造成的损失。负外部性的一个典型例子就是环境污染。环境污染已经成为全世界共同关注的问题。某些生产活动会造成环境污染。治理环境污染要付出一定的代价，这构成社会成本。市场机制无法对社会成本进行准确衡量。生产者在自我利益的驱使下对社会成本不加考虑，仅从个体的角度出发追求利润最大化，漠视环境污染对社会带来的危害。换句话说，生产者在生产过程中仅支付了私人成本而没有支付社会成本，导致负外部性的产生。

（三）形成垄断

竞争是维持市场机制正常运转的重要保证。帕累托最优状态就是一种竞争均衡。但是价格理论指出完全竞争无法为生产者带来超额利润。在厂商利润最大化目标的驱使下，生产者通过限制进入、产品创新、控制市场等手段在市场上形成垄断。垄断的形成阻碍了社会经济活动中的自由竞争，导致市场失灵的的出现。因此市场失灵的一个重要表现就是垄断的存在。

（四）区域经济发展不协调

市场机制通过价格信号的自动调节引导资源在全社会范围内自由流动。市场机制首先引导资源向高价格区域流动。这样从整体社会角度来看，能够支付高价格的区域将会获得优先发展。因为在这一区域内资本、劳动以及其他生产要素可以获得高额回报。这就会促使大量资源向该区域集聚。拉大了该区域与其他区域的差距，导致区域发展不协调。但是生产要素的边际报酬是递减的，如果资源不断向该区域聚集，达到一定水平后回到生产要素的报酬区域减少。生产要素将转而流向其他区域以追求更高的报酬。这会推进其他区域的发展，缩小不同区域的差距。市场失灵的存在使得市场机制的这种资源引导机制不能正常发挥作用，资源无法回流，无法在全社会范围内自由流动，区域发展不协调的问题更显突出。

（五）公共产品供应不足

经济生活中的物品被分成两类：一是私人物品；二是公共产品。所谓公共产品是指既具有非排他性又具有非竞争性的产品。非排他性指的是产品一旦存在，无法阻止不付费情形的发生。如经济学中的灯塔，不管付费与否船只都可以利用它的光亮顺利地驶入港口。无法阻止不付费的原因有两个：一是技术上不可行，灯塔的例子中无法只让灯塔为特定的付费船只指路；二是经济上不可行，即便可以发明能够为特定付费船只指路的灯塔，但是成本可能远大于收取的费用。非竞争性指的是某人对该物品的消费不影响其他人的消费。典型的例子是道路。在没有达到饱和的状态下，某人对道路的使用并不影响他人的使用。显而易见的是，理性的生产者没有供给公共产品的动力。因为生产公共产品的收益可能无法弥补其成本，即使是可以弥补成本，由于非竞争性与非排他性的存在，厂商无法实现利润最大化。厂商就会把此部分资源投入到能够实现利润最大化的产品和劳务的生产中，造成公共产品供给不足。但是诸如国防、灯塔、路灯、道路等公共物品对维系一个社会的正常运行又是至关重要的。市场机制无法用价格信号引导社会资源投入公共产品的供给，致使公共产品供给不足是市场失灵的又一个重要表现。

（六）公共资源的浪费

与公共产品相对应，社会中存在着这样一类资源。它的使用也具有非竞争性和非排他性。经济学将这类资源定义为公共资源。一个著名的例子就是牧场。牧场的使用也是公共的，因为同样在技术和经济上无法阻止其他放牧者进入自己的牧场。在牧场上放牧的畜群如果没有达到饱和状态，那么互相之间不会产生影响。在这种情况下，每一个放牧者都会在牧场上投入尽可能多的畜群，从而对公共资源掠夺式使用，这就是“公地悲剧”。市场机制本身无法解决公共资源的浪费问题。因为市场机制是通过个体自利选择来对经济进行调节。存在公共资源时，经济主体的自利选择一定是对该公共资源过度使用，通俗地说就是“用了也白用，白用谁不用”。市场机制在解决公共资源过度使用方面的缺陷就是市场失灵的一种表现形式。

案例分析

火车驶过农田

20 世纪初的一天，列车在绿草如茵的英格兰大地上飞驰。车上坐着英国经济学家庇古（A. C. Pigou）。他一边欣赏风光，一边对同伴说：列车在田间经过，机车在田间经过，机车喷出的火花（当时是蒸汽机）飞到麦穗上，给农民造成了损失，但铁路公司并不用向农民赔偿。

将近 70 年后的 1971 年，美国经济学家乔治·斯蒂格勒（G. J. Stigler）和阿尔钦(A. A. Alchian)同游日本。他们在高速列车（这时已是电气机车）上见到窗外的禾苗，想起了庇古当年的感慨，就问列车员，铁路附近的农田是否受到列车的损害而减产。列车员说，恰恰相反，飞速奔驰的列车把吃稻谷的飞鸟吓走了，农民反而受益。当然，铁路公司也不能向农民收“赶鸟费”。

同样一件事情在不同的时代与地点的结果不同。两代经济学家的感慨也不同。但从经济学的角度看，火车通过农田无论结果如何，其实说明了同一件事：不管外部经济或不经济，从社会的角度看都会导致资源配置的错误，即造成市场失灵。

第二节 外部性及其矫正措施

案例导入

城门失火 殃及池鱼

“城门失火，殃及池鱼”出自：北齐·杜弼《檄梁文》：“但恐楚国亡猿，祸延林木，城门失火，殃及池鱼。”该典故说的是，从前有个地方，城门下面有个池塘，一群鱼儿在里边快乐地游着。突然，城门着了火，人们拿着装水的东西来池塘取水救火。过一会，火被扑灭了，而池塘的水也取干了，满池的鱼都遭了殃。这个故事比喻的是无辜被连累而遭受灾祸。从表面上看起来，城门失火和池鱼的安危并没有必然联系，然而失火的行为却引起了旁观者福利的影响，在经济学领域，这种现象就是经济外部性所引发的社会效应。

完全竞争市场条件下，竞争均衡将导致社会处于帕累托最优状态，资源得到有效配置，经济平稳运行。这里的竞争均衡就是市场上的消费者与生产者都独自在效用最大化和利润最大化的框架下进行理性决策的结果。然而实际经济生活中，无论是消费者还是生产者在追求效用最大化与利润最大化的过程中都受到外部性的影响。外部性的存在导致市场失灵，无法正确反映市场资源的价格，从而引起社会资源的扭曲配置，经济运行偏离帕累托最优状态。

一、外部性及其社会效应

（一）外部性的含义

外部性是一个人的行为对旁观者福利的影响。例如，一项发明搞出来以后，当发明者为社会做出了巨大贡献时，依靠市场机制并不能解决对他们的补偿问题，这就是经济中的外部性。按照产生的领域不同，外部性可以分为生产的外部性和消费的外部性。不论是在生产领域产生的外部性还是在消费领域产生的外部性，按照外部性作用的方向都可以分为正外部性和负外部性。如果一个人的行为对旁观者或社会的影响是有利的，就称为“正外部性”；如果这种影响是不利的，就称为“负外部性”。在存在外部性时，社会对市场结果的关注扩大到超出市场中买者与卖者的福利之外，还要包括受到影响的旁观者的福利。由于买者与卖者在决定需求或供给时并没有考虑他们行为的外部效应，所以当存在外部性时，买卖双方实现的市场均衡并不总是有效率的。这就是说，市场均衡并没有使整个社会经济实现帕累托最优状态。例如，某个制药厂在进行生产时产生的环境污染这样负的外部性，这就是依靠市场机制难以解决的问题。

（二）外部性涉及的社会经济关系

外部性可能会发生在任何的经济活动主体之间，主要表现形式有以下三种。

1. 不同企业之间的外部性

例如，微信（We Chat）是腾讯公司于2011年1月21日推出的一个为智能终端提供即时通信服务的免费应用程序。微信支持跨通信运营商、跨操作系统平台通过网络快速发送免费（需消耗少量网络流量）语音短信、视频、图片和文字。截止到2015年第一季度，微信已经覆盖中国90%以上的智能手机，月活跃用户达到5.49亿，用户覆盖200多个国家、超过20种语言。微信的出现几乎消灭了三大传统电信运营商的短信服务，当年巨量拜年短信致使网络拥塞的盛况已被微信拜年红包取代。一个基于互联网的产品击败了基于无线通信叱咤江湖几十年的传统运营商的产品。

2. 企业与个人之间的外部性

迪士尼落户上海浦东，浦东地价、房价上涨，浦东房主喜大普奔。北京市政府东迁通州，通州房主喜笑颜开；一个化肥厂排放的污水、废物、废气直接污染周围地区的环境，使附近居民的农业生产、生活质量受到影响；过度抽取地下水资源会造成地表塌陷，直接破坏和影响人们的生产和生活等。另外，个人的行为也会影响企业的经营活动，如私家车尾气排放会影响农场主柑橘和蜂蜜的产量等。

3. 个人之间的外部性

例如，广场舞大妈的音乐，对周边居民造成噪声污染；醉酒人员在飞机上闹事危害其他乘客的安全；栽花种草，打扫门前积雪，对自己有利同时也有益于他人等。这些外部性在市场交易中是无法得到反映的，有些也是难以察觉的，但这些在现实生活中是实际存在的。

二、外部效应及其影响

（一）外部效应的含义

所谓外部效应是指生产或消费行为给他人带来非自愿的成本或收益，却不用支付由此带来的成本或不能从这些收益中得到补偿。换句话说，外部效应是一个经济主体的行为对另一经济主体的福利所产生的效果，而这种效果并没有从货币关系上或市场交易中反映出来。例如，养蜂场养蜂取蜜，蜂儿飞到别人的果园从果树采回了蜜，果园的主人因果树经蜜蜂传授花粉能结更多的果实而受益；你把自家房子的外形弄得别致独特，并在阳台上种满花草，建筑的美丽和花草的芳香让路人感到赏心悦目，若家家如此，此地会成为风景区的景观，游客如云。在这两个例子里，养蜂场的生产活动和装饰自家房子的行为给社会带来利益，却不能从中得到报酬，这就是一种正的外部性行为，具有外部经济性。反之，负的外部性行为给社会带来不利，而又未给他人以补偿，便会产生生产的外部不经济。例如有的工厂烟囱浓烟滚滚，造成空气中粉尘弥漫，四邻的人不能开窗，不能穿白领衬衫，更增加了呼吸系统的疾病。有的工厂把污水直接排入江河农田，发黑发臭的水使鱼虾和作物死亡。这些都是外部不经济性的表现。

有的活动兼有正的和负的外部性。你家养狗，使小偷不敢光顾这一带，但增加了这一社区狂犬病的传播。一家商店播放着舒曼的音乐，大家爱听，若音量大得要震破耳膜，人家就有意见。

当然，外部性一般不是当事人的本意，他并不是故意要为别人这么做，或者说不是要故意为害别人的，它本来只是为了他自己的利益而这么做的。所以这种行为的外部性又叫作“溢出效应”。

外部性的存在促使我们在做任何事情时不能只考虑自己，也要考虑这可能会给他人带来什么影响。对具有外部经济性的好事，我们要设法将它内部化，这也是现在许多企业搞多元化经营的一个原因，多元化的项目往往是外部经济性所及之处。

而对于外部不经济性的事，我们最好加以避免。当影响的是个人利益的时候，人家可能要与你打官司；当影响的是公共利益时，引起法律的不良后果，就要对你的行为进行干预。从宏观的角度来看，有效的制度能防止外部不经济性。

（二）外部效应对资源配置的影响

无论是外部经济，还是外部不经济，即使在完全竞争的条件下，最终都将造成资源配置失当，不能实现帕累托最优状态。

1. 外部经济对资源配置的影响

外部经济对外带来的好处是无法得到回报的。因此外部经济说明物品的消费或生产的收益小于它应当得到的收益（社会收益）；也就是说物品的消费或生产的成本高于它应当支付的成本（社会成本）。外部经济导致具有外部经济的物品供应不足，如图 7－1 所示（私人需求量 Q_P < 社会需求量 Q_S）。

如果从社会中其他人得到的收益中拿出一部分补偿私人的损失，这种具有外部经济的物品供应就会增加，从而使整个社会得到更多的好处，即帕累托改进，例如教育。

2. 外部不经济对资源配置的影响

外部不经济对外带来的危害是无法进行补偿的。因此外部不经济说明物品的消费或生产的收益大于它应当得到的收益（社会收益）；也就是说物品的消费或生产的成本低于它应当支付的成本（社会成本）。外部不经济导致具有外部不经济的物品供应过多，如图 7-2 所示（私人需求量 Q_P > 社会需求量 Q_S）。

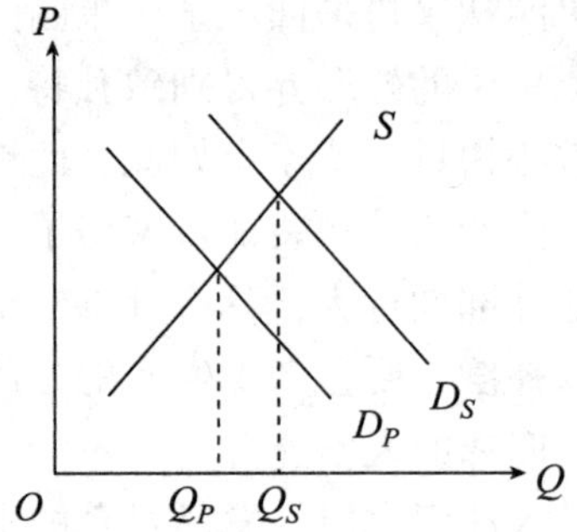

图 7-1　外部经济和资源配置

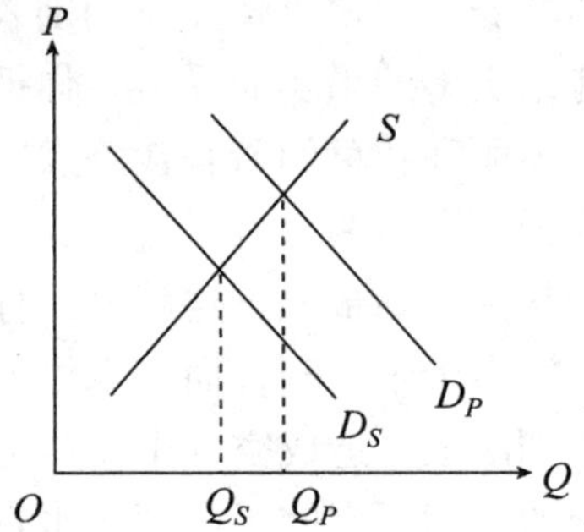

图 7-2　外部不经济和资源配置

如果从私人得到的收益中拿出一部分补偿其他人的损失，这种具有外部不经济的物品供应就会减少，从而使整个社会得到的好处增加，即帕累托改进，例如乱扔或乱倒垃圾。

案例分析

外部性——互联网发展对物流行业的重塑

伴随着互联网的出现和发展，电子商务成为一种新兴的商业模式迅速占领了中国销售行业的半壁江山。阿里巴巴、京东等互联网零售企业陆续在国外上市。过去 10 年里电子商务得到迅猛发展的同时，传统的中国物流行业也被推进了快车道，涌现出了顺丰、德邦、圆通、申通等一批优秀的物流企业。数据显示，全国包裹数量从 2012 年的 57 亿个增长到 2013 年的 92 亿个，2014 年更是超过了 120 个亿。2014 年全国社会物流总额达到 213.5 万亿元。物流业务由传统的物流服务合同 B2B 拓展为电商 B2C、O2O 和 C2B 等多种模式。随着现代物流业的高速发展，我国的物流园区建设也开始提速，区域性物流中心逐步形成。近几年来，各地物流园区的规划和建设更为合理，呈高速增长态势，随着一批适应不同需要、定位明确的专业物流园区的开工建设和一些功能健全的综合物流园区逐步发挥重要作用，物流网络组织节点开始形成，有效地促进各种物流功能和要素的集成整合，我国物流行业呈现可持续发展态势。

三、外部效应的矫正措施

（一）征税和津贴

政府对造成负外部性的企业或个人可以征收一种附加税。可以设想这种附加税能够抑制产生负外部性的经济活动的水平。如果对造成环境污染的企业征收附加税，可以减少污染企业的产品产量，从而使资源转投到其他行业。这种方法是在20世纪30年代由A. C. 庇古首先提出的，因而也称为庇古税。这是解决负外部性问题的公认的标准“药方”。事实上，依靠征税也不能完全解决负外部性问题，难处在于政府很难得到充分的信息，从而很难设计出适当的税收结构。

对于造成正外部性的企业，国家可以采取发放津贴的办法，使企业的私人利益与社会利益相等或接近。无论何种情况，只要政府采取措施使私人成本和私人利益与相应的社会成本和社会利益相等，则资源配置便可达到帕累托最优状态。

（二）促进企业之间合并，实行外部性问题内部化

解决企业之间外部性的另一个办法就是采取措施让有关企业实行合并，使外部性问题内部化。例如，上游的造纸厂污染了下游的农田，如果让造纸厂和农田成为一个经济实体，造纸厂就可以承担因污染给农田造成的损失。在现实经济活动中，使生产过程中的外部性内部化的例子有很多，当企业进行的生产活动产生的正外部性扩大时，企业可以因为合并获得好处。例如，占地面积比较大的度假村，常常可以自营一些服务项目。通过这种内部化，可以招揽更多的顾客，改善游乐场的环境条件，扩大对外吸引力，增强竞争能力。

（三）污染的最优控制

企业或家庭向水中或空气中排放废弃物对环境和他人造成负外部性影响时，会导致其他企业或个人为恢复环境花费一笔费用，承担一定的成本，污染制造者所支付的成本小于全部社会成本。面对这种情况，政府要采取措施，限制污染制造者的废弃物排放量，并控制在社会可以允许的最优水平上。

在图7-3中，曲线S表示某一行业的产出量既定时，一定的废弃物排放量Q及由此造成的污染所产生的社会成本，这种成本是由污染所造成的一种损失，因而称为“污染成本”。显然，该行业向环境排放的未经过处理的废弃物越多，污染成本越高。曲线C表示为了将污染控制在某一水平上需要付出的成本，这种成本是为了控制污染所支付的代价，因而称为控制污染成本。该行业减少废弃物的数量越大，控制污染的成本就越高。T是上述二者之和。

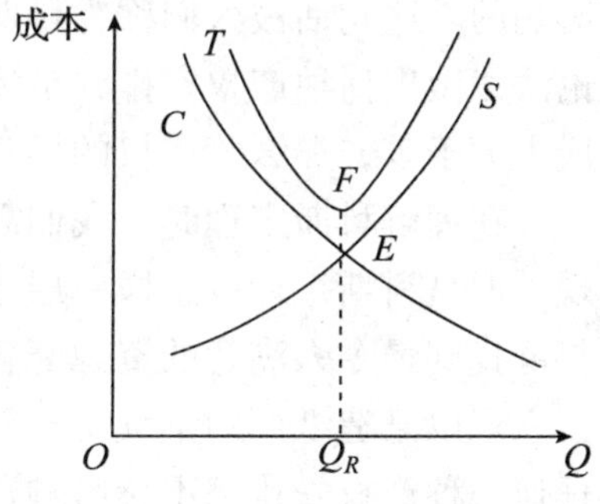

图7-3 污染的最优控制量分析图

从整个社会来看，该行业的污染水平应该使污染成本与控制污染成本的总和最小。污染物的排放量应在Q_R水平上，这时的污染成本与控制污染的成本相等，都等于EQ_R，二者之和等于FQ_R，是其最小值，这一点就是污染和控制污染的最优点。在实际经济生活中，企业在控制污染时，应使废弃物增加一单位带来的边际成本等于控制污染的边际成本，这样才会使生产单位和社会效益达到最佳。社会努力使形成负外部性的企业的行为内部化，这是保证污染得到有效控制的重要保证措施。

四、科斯定理

美国经济学家科斯从交易成本和产权的角度，对外部效应做出了富有启发性的分析。人们将他的观点归纳为科斯定理。

（一）交易成本

交易成本是指人们进行市场交换活动所要付出的代价。在传统的微观经济理论中，假定交易成本为零。但是在实现生活中，市场机制正常运行需要某种代价。交易成本的具体内容主要是获取市场信息的费用和克服市场交易中的摩擦和冲突所支付的费用。例如，人们要搜寻关于商品价格、质量和交易场所的信息，在交换活动中要进行讨价还价的谈判，要督促和监督合同的履行并对违反合同者进行制裁等。

（二）产权

产权是指由法律和合同加以保证的关于财产使用、转让、占有和获取收入的一组权利。产权的具体安排形式是多种多样的。例如，产权可分为私有、共有和国有三种基本类型。从企业的角度来看，有独资、合伙、公司和国有企业等产权安排形式。产权还可以层层分解。例如，董事会把企业经营权委托给总经理，总经理把科研生产、财务、人事和劳动工资、营销等权限委托给部门经理，部门经理还会把一些操作权委托给生产工人、财会人员等。

（三）科斯定理

科斯认为，如果定价制度的运行毫无成本，最终结果（产值最大化）是不受法律状况影响的。这句话被人们称为科斯定理，它所包含的内容是：在交易成本为零的情况下，无论法律做出何种产权安排，市场机制都能得出令人满意的资源配置结果；但是，如果交易成本大于零，那么，产权的界定会对经济运行的效率产生影响。

在理解科斯定理时，我们需要注意到，传统理论认为外部效应是市场失灵的典型表现。但是科斯定理有这样一层含义，即如果交易成本为零，市场机制在任何产权安排下，都能找到最令人满意的资源配置办法。

现以某造纸厂向空气中排放废气和向河流中排放污水为例，说明在交易成本为零时，任何一种产权安排都不会影响资源配置得到令人满意的结果。假定该造纸厂带来的外在成本为40万元。针对环境污染，政府可以选择两种产权安排。第一种产权安排是让居民拥有对清新空气、清洁河流的公共产权，即该企业没有制造污染的权利。第二种产权安排是不保证居民对环境的公共产权，允许企业有排污权。在第一种产权安排下，有两种基本的解决问题的方法：一是企业向国家缴纳40万元的排污费，以补偿那些受环境污染损害的人们。二是企业安装净化设备和植树造林，自行消除有害气体和污水的排放。在第二种产权安排下，居民会自发地组织起来，上山植树或出资为企业安装净化设备。市场机制选择哪一种方法，取决于安装净化设备和上山植树的费用。如果该费用为30万元，那么在第一种产权安排下，企业会自行选择清除污染的方法；在第二种产权安排下，居民会组织起来消除污染。显然，30 万元的代价是各种产权安排下最令人满意的结果。如果该费用为 50 万元，那么在第一种产权安排下，企业会选择缴纳 40 万元的排污费；在第二种产权安排下，居民将选择承受 40 万元的污染损失。显然，40 万元的代价是各种产权安排下最小的损失。

上述分析只说明了科斯定理的第一层含义，而忽略了一个非常重要的方面，即科斯提出的交易成本概念。如果考虑到进行市场交易的成本，那么，合法权利的初始界定会对经济运行效率产生影响。

例如，在上面的造纸厂排污案例中，假定交易成本为 5 万元，它包括调查污染信息、将居民组织起来、与企业谈判或诉诸法律的费用。在交易成本大于零的情况下，如果清除污染的费用为 30 万元，那么，在第一种产权安排下，企业将自行清除污染，否则，居民将组织起来与之对簿公堂，它将赔偿 40 万元的污染损失。但是，在第二种产权安排下，居民组织起来清除污染的代价将不仅是 30 万元，他们还要负担 5 万元的交易成本。在这两种产权安排下，代价分别为 30 万元和 35 万元，结果显然是不一样的。因此，在很多情况下，产权的重新界定是十分重要的。例如，历史上企业曾经拥有排放废物的权利，而现在多数国家对企业危害环境的行为加以不同程度的法律限制。

第三节　公共物品与公共选择

案例导入

救命血清一剂难求，背后是“市场失灵”

2015 年 9 月 19 日上午，北京市一名 16 岁男孩被眼镜蛇咬伤，情况危急，急需抗眼镜蛇毒血清救治，但北京的医院普遍没有这种血清。后来其家属和媒体多方寻找，却被多地医院告知“已用完”。直到 25 日 12 时，救命血清才从云南一医院送达北京相关医院。据查，目前我国只有上海赛伦公司生产抗蛇毒血清，别无分号。抗眼镜蛇毒血清自 2010 年停产，至 2013 年底再启生产，保质期至多 3 年，生产周期则要 9 个月，这也造成近年抗眼镜蛇毒血清频频告急。而短缺的更深层次原因是由于需求量和利润都有限，加之使用率偏低、保存困难导致医院往往选择弃用。毒蛇的抗蛇毒血清属于基本医疗服务，它带有准公共物品的性质。这种“市场失灵”的情况下，需要国家的介入和积极作为。首先，对于抗蛇毒血清生产企业的部分单品亏损，以财政补贴的方式，来弥补和维持生产供应。再者，对于医院的抗蛇毒血清储备，同样以财政补贴来弥补其因使用率低、报废率高等因素导致的亏损，以维持供应，有备无患，应对不时之需。另外，政府出资建立健全的卫生服务体制和应急调解机制，以方便满足市场需求。

一、公共物品

（一）私人物品和公共物品

在现实经济中，可以根据满足需要的不同，把整个产品分为两类：私人物品和公共物品。大部分物品（与劳务）是私人物品。私人物品（Private Goods）是由个人消费的物品，即指那种可得数量将随任何人对它的消费或使用的增加而减少的物品。它有两个特征：一是排他性；二是竞争性。排他性是指一旦一个人拥有了某种物品，就可以很容易地不让别人消费。竞争性是指一个人消费了一定量某种物品，就要减少别人的消费量。市场上的物品是有限的，一个人多消费了，另一些人就要少消费。普通市场上常见的商品，如水果、车票、电冰箱等都具有这两个特点。市场机制在私人物品交易中才真正起作用，才有效率。

市场机制对其价格形成和数量决定效率不高或无效率的商品称为公共物品。公共物品（Public Goods）也称为公共产品、公共商品或公共品，是指用于满足社会公共消费需要的物品或劳务。人的活动具有两重性，即个体性和社会性。前者是指每个作为个体的人需要一定的产品来满足其私人需要，如衣、食、住、行等；而后者则是指作为社会的人，他的生存依赖于社会环境，如国防、治安、城市道路、卫生等，这是人们生活中不可缺少的。与每个人的利益密切相关但每个人又不能享受其消费独占权的，而且是作为社会所共有的保证居民基本生活需要的产品就是公共物品。

在一个社会中，公共物品的范围十分广泛，如政治、法律、国防、治安、政府行政管理、大中型水利设施、城市规划、公共道路、环境保护和治理、环境卫生、天气预报、科学研究，以及铁路、城市公共交通设施、广播、电视、教育等，乃至抗旱、防洪等，都属于公共物品的范畴。公共物品直接或间接地为企业的生产和个人家庭生活提供服务，是社会总产品中不可缺少的部分。而且，随着社会和经济的发展，社会公共物品生产总体上呈扩大的趋势。

（二）公共物品的特征

1. 非排他性

非排他性是与排他性相对应的，排他性是指排斥他人消费的可能性。例如你在使用一件产品时别人就不能使用，或当你能完全拥有一件产品时，别人就不能拥有。一般来说，凡是企业和个人家庭能完整地购买其消费权的产品，就具有消费上的排他性，这种产品是私人物品。公共物品的非排他性也称为消费上的非排斥性，是指一个人在消费这类产品时，无法排除其他人也同时消费这类产品。而且即使你不愿意消费这一产品，你也没有办法排斥。例如，你走在一条公路上时，你无法排除其他人也走这条公路；你不喜欢公路上的路灯的光照，但只要你走在这条有路灯的公路，就必须受到照射。非排他性还有另一层含义，是指虽然有些产品在技术上也可以排斥其他人消费，但这样做是不经济的或者是与公众的共同利益相违背的，因而是不允许的。非排他性决定了公共物品不适合由个人和家庭或者企业经营，而只能由政府或其他非政府的公共组织来进行经营和管理。

2. 非竞争性

非竞争性是相对于私人物品所具有的竞争性来说的，这里的竞争性是指消费上的竞争性。公共物品的非竞争性的基本含义有二。一是边际生产成本为零。这里所说的边际生产成本，是指增加一个消费者对供应者带来的边际成本，而不是微观经济学分析中的由产量增加导致的边际成本。公共物品的边际生产成本为零，通常指增加一个消费者，公共物品供给者并不增加成本。海上灯塔是比较典型的公共物品，通常增加一艘船经过并得到指引并不需要增加任何生产成本。一般来说，边际生产成本是否为零是判断某一产品是否具有竞争性的重要标准。二是边际拥有成本为零，即在公共物品的消费中，每个消费者的消费都不影响其他消费者的消费数量和质量。也就是说，这种产品不但是共同消费的，也不存在消费中的拥挤现象，不存在消费者为获得公共服务需排除他人而付出代价。

（三）公共物品的分类

公共物品可以按照非竞争性与非排他性的程度大小分成纯公共物品与准公共物品。完全具有非竞争性与非排他性特征的物品称为纯公共物品。其他的被称为准公共物品。公共物品的分类及其相关特点如表 7－1 所示。

表 7－1　公共物品分类及特点

分　类	纯公共物品	准公共物品	
	完全具有非竞争性与非排他性	有竞争性无排他性	有排他性无竞争性
一些示例	国防、军队、警察、面向全体社会成员的公共服务	道路、免费博物馆	城市供水供电、天然气、有线电视
特征要点	无须个人支付； 供给主体为政府提供； 存在外部性导致的供给不足	无须个人支付； 政府与市场均可提供； 存在外部性导致的供应	个人有偿使用； 政府与市场均可提供； 存在外部性导致的供给不足

（四）公共物品的外部性与市场失效

公共物品所具有的非排他性导致公共物品存在的外部性问题无法解决，主要体现在一个人或其他人受益或受损的权利与义务关系无法准确界定。例如，工厂排放污染物具有负外部性，会给许多居民的生活造成不利的影响，但是要组织起来阻止工厂的排污行为却极其困难。虽然对每个受害者来说制止污染对大家都有益处，但没有人愿意自己单独出面采取行动，而寄希望于其他人。这种情况下，相互依赖心理会导致问题无法有效地得到解决。再有就是路灯问题，路灯照明使每一个过路人都受益，这是不争的事实，但过路人并不愿意为此付费，要收取这一费用非常困难。因为每个人都认为这项福利设施不是专门为他一个人设置的。对于这类公共物品的建设，无法解决的问题就是制止不付费也消费的“搭便车”的问题。

可以看出，按照私人物品的规则来讨论公共物品是没有实际意义的，因为一方面单个消费者并不清楚公共物品的需求价格，更无法准确了解公共物品与其价格之间的数量关系；另一方面，即使对这些情况非常熟悉，由于很多情况下可以“搭便车”进行消费，这些事实上的消费者在进行消费时也会大大扭曲由价格信号变动所说明的真正市场供求状态。经常提到的市场失灵问题，主要就体现在公共物品的市场供求方面，通过市场供求曲线来准确说明公共物品的市场均衡价格和均衡数量是很困难的。

（五）公共物品的供给

经济学家对私人物品的提供已经达成共识。私人物品应当由市场提供。生产者追求利润最大化的动机决定了市场供给，消费者追求效用最大化的动机决定了市场需求。市场供给与需求又共同决定了均衡价格与均衡产量。在此基础上，市场均衡价格的调节将使得经济自动地达到资源配置的最优状态，即实现帕累托最优。社会经济在有效率的水平上运行。但是在公共物品供给方面，经济学家存在较大分歧。有的经济学家认为由于公共物品所具有的非排他性和非竞争性特征，应当由政府提供。比如，萨缪尔森认为由市场供给公共物品将出现成本过高，无法实现规模经济等影响经济效率的结果。另外一些经济学家则坚持认为，市场供给公共物品同样是有效率的。尤其是科斯证明了可以运用市场机制解决外部性后，公共物品的市场提供观点得到了越来越多的经济学家的支持。

由于在经济学界存在公共物品既可以由市场提供也可以由政府供给的不同观点，在现实经济世界中，公共物品的供给存在以下三种基本方式：政府供给、市场供给以及政府与市场共同供给。

1．政府供给

政府供给是公共物品提供的重要方式。国防、军队、警察以及面向全体社会成员的公共服务等纯公共物品应当由政府供给。原因有以下两点。第一，以上所提供的纯公共物品是服务于全体国民的。为了维护社会稳定，保证社会有秩序运行，提高国民福利水平，纯公共物品的消费是不可或缺的。而政府作为全体国民利益的代表者应当将此类公共物品无偿提供给全体国民。第二，此类公共物品无法收费，因此没有私人生产者愿意提供，只能由政府供给。对上述提到公共物品进行收费是不可能的。因为很难界定每一个单独的消费者从这些产品提供中得到的好处，因而无法对产品进行定价；同时，即便是能够形成一个此类公共物品提供者和需求者都能接受的价格，但是收费的成本也是巨大的。因此此类公共物品最有效的供给方式就是由政府无偿提供。

2．市场供给

公共物品可以由政府供给，但是如果能够在公共物品提供中引入市场，市场与政府的竞争无疑将提高公共物品的提供效率，使公共物品的消费者得到更多的福利。对于一些城市供水供电、天然气以及有线电视、网络服务等具有准公共物品性质的产品而言，完全可以由市场提供。前面指出纯公共物品之所以由政府提供的一个主要原因是无法针对每一个特定的消费者对纯公共物品的消费收取费用，而对于某些准公共物品来说，完全可以针对消费者实施收费。比如自来水公司就可以按照居民的实际用水量收取相应的费用。收费机制的建立是形成生产者利润的基础。如果有利可图，生产者完全可以进行准公共物品的供给，市场提供准公共物品成为可能。准公共物品大多具有自然垄断性质，因此政府在公共物品市场提供的过程中应当对供给者进行管制。

3．混合提供

所谓政府与市场共同供给，指在公共物品供给过程中，市场与政府均发挥一定的作用。市场的作用在于形成价格。政府的作用是运用补贴或收费的方式对价格进行调节，从而使公共物品的供给数量保持在社会所能接受的合理水平。公共物品如果仅由市场提供可能出现供给不足的问题。因为对于类似前面提到过的博物馆以及科教文卫等公共物品来说，私人收益是小于社会收益的，也就是对生产此类产品的补偿不足。因此生产公共物品的共同供给机制就使公共物品提供者的收益由两部分构成，一部分是向公共物品消费者收取的费用，这是由市场均衡价格决定的，另一部分则是政府以补贴的形式向公共物品提供者给予的相应补偿。

二、公共选择

（一）成本——收益分析

公共物品的生产和消费问题不能由市场上的个人决策来解决，因此，必须由政府来承担提供公共物品的任务。政府又如何来确定公共物品的最优数量呢？其中，一种方法是不考虑个人对公共物品的消费偏好，只从技术上考虑成本——收益分析。

根据这种方法，在公共物品生产之前，应先由专家对它的收益进行评估。这个收益部分，既包括可以用价格明确表示的经济效益，也包括那些难以用价格反映出来的效益，如建造一座桥梁对消费者带来的“安全”收益等。然后，将可能带来的收益与建造这个公共物品的成本进行比较，只要收益大于成本，就值得提供公共物品。

（二）公共选择理论

假定社会采用全体成员投票表决的方式来决定公共物品的提供，那么，公共选择理论就是用经济学来分析研究政府对公共物品的决定和选择，或者说，政府官员根据投票结果进行决策的过程分析。在集体选择的过程中有以下几种规则。

1. 一致同意规则

所谓一致同意规则是指一项集体行动方案只有在所有参加者都认可的情况下才能够实施。这里的“认可”意味着赞成或者至少不反对。换句话说，在一致同意规则下，每个参加者都对将要达成的集体决策拥有否决权。由于每一个参加者都拥有否决权，任何一个有可能损害某些参加者利益的集体行动方案都会被否决；第二，可以避免发生“免费乘车”的行为；第三，如果能够达成协议，则协议将是帕累托最优的。一致同意规则的缺点则在于：达成协议的成本常常太大，在许多情况下甚至根本就无法达成协议。

2. 多数规则

所谓多数规则是指一项集体行动方案必须得到所有参加者中的多数认可才能够实施。这里的多数，可以是简单多数，即超过总数的一半，也可以是比例多数，如达到总数的三分之二以上。美国国会、州和地方的立法常常使用简单多数规则，但在弹劾和罢免总统、修改宪法时，则采取三分之二的比例多数原则。与一致同意规则相比，多数规则的协商成本较低，也更加容易达成协议。多数规则存在的问题如下。第一，它忽略了少数派的利益。由多数派赞成通过的集体协议强迫少数派也要服从。第二，可能出现“收买选票”的现象。这是因为，在多数规则的条件下，单个参加者的选择对最终的结果影响不大，具有可忽略性，从而一部分选民有可能不重视自己的选举权。这样一来，选举就有可能被利益集团所操纵，利益集团通过一定的小的代价来收买那些不重视自己选举权而打算不投票或投弃权票的选民，让他们按利益集团的意愿投票。第三，在多数规则下，最终的集体选择结果可能不是唯一的。不同的投票秩序会导致不同的集体选择结果，使社会成员做出前后不相一致甚至可能相互矛盾的决策。这就是所谓的周期多数现象。

3. 加权规则

一个集体行动方案对不同的参加者会有不同的重要性。于是，可以按照重要性的不同，给参加者的意愿“加权”，即分配选举的票数。相对重要的，拥有的票数就较多，否则就较少。所谓加权规则就是按实际得到的赞成票数（而非人数）的多少来决定集体行动方案。

4. 否决规则

否则规则的具体做法如下：首先让每个参加对集体行动方案投票的成员提出自己认可的行动方案，汇总之后，再让每个成员从中否决掉自己所反对的那些方案。这样一来，最后剩下的没有被否决掉的方案就是所有成员都可以接受的集体选择结果了。如果有不止一个方案留了下来，就再借助于其他投票规则（如一致同意规则或多数规则等）来进行选择。否决规则的优点是显而易见的，因为经过这一规则筛选之后留下来的集体行动方案都将是帕累托最优的。

案例分析

儿科大夫缺失20万

我国儿童约为全国总人口的1/5，而儿童专科医院仅有68家，占全国医疗机构的0.42%；儿科床位25.8万张，占全国医院床位数6.4%。中国儿科医师人力资源严重不足，培养机制长期缺失，近15年里，全国儿科医生仅增加了5 000人。儿科医生紧缺直接导致我国儿童看病难。儿科医生短缺的根本原因如下。

其一，从医疗角度来看，儿童身体发育尚不成熟，易患疾病且病情变化快，又不会用语言准确表达病情，需要儿科医生全面调动医学理论知识和丰富的临床经验做出分析判断，因而存在较高的医疗风险。由于专业的儿科医生不足，专门的儿童医院太少，致使现有的儿童医院及绝大多数儿科医生长期处于一种超负荷的工作运转状态。据对多个医院进行的抽样调查数据显示，儿科医生的人均日门、急诊量达到每个医生50~60个孩子，高峰时逾百人。高风险、超负荷接诊容易诱发医疗纠纷甚至是医疗事故，因而对医务工作者的要求更高。

其二，从劳动报酬来看，儿科医生的待遇不高。由于儿科是大门诊、小病房，病人主要集中在门诊上，且病种相对单纯，辅助检查少、用药量比较小；儿科收费相对较低，仅按照成人收费相对减少的原则定价；此外，儿科人力成本高。医院若按科室经济收入定绩效，儿科医生、护士的收入通常比其他科室要差得多。

其三，从学科角度来看，儿科在综合医院不受重视，其学科地位也受波及，通常被戏称为“小儿科”。为了拓宽专业面，教育部1998年在《普通高等学校本科专业目录》的调整中，将儿科专业作为调整专业，于1999年起停止招生。随后，中国儿科医生的“摇篮”纷纷关闭，使得这个行业陷入人才供应不足的恶性循环之中。

可以肯定，儿科医生短缺的背后，大多是医疗过度市场化，过度依赖市场手段调解医疗服务关系所致。儿童医疗收费偏少、儿科医生待遇差、供求失衡问题值得相关部门思考。

具体来说，首先要增加投入，确保二级以上综合医院及县级以上妇幼保健院必须设置儿科，并增加儿童专科医院数量，以满足儿童医疗保健服务的需求。其次，应鼓励儿童专用药品研发和生产，完善儿童用药目录；提高儿科医生待遇，吸引更多优秀人才从事儿科医疗保健事业；加强儿童健康相关科学技术研究，促进成果转化，推广适宜技术。

第四节 垄断及其社会管制

案例导入

反垄断法第一未通过案

2008年9月3日汇源集团发布公告称，可口可乐报价179亿港元（约合23亿美元），将以现金方式收购该公司。并购消息一出便受到网民及专家的一致声讨。2009年3月18日商务部正式宣布，根据中国反垄断法禁止可口可乐收购汇源。此次并购案成为《反垄断法》实施以来首个未获通过案例。

2009年3月18日商务部发布了2009年第22号公告，宣布禁止可口可乐收购汇源，并在公告中说明了商务部的审查过程以及做出禁止集中审查决定的理由，即可口可乐收购汇源将会对相关市场竞争产生三个方面的不利影响：(1) 可口可乐在集中后有能力将其在碳酸饮料市场的支配地位传导到果汁饮料市场。(2) 可口可乐在集中后将导致其对果汁饮料的控制力增强，果汁饮料市场的进入障碍将提高。(3) 集中将挤压国内中小型果汁饮料企业的生存空间。

垄断是市场失灵的重要表现之一。垄断的产生阻碍了自由竞争，导致社会资源配置的低效率。现实经济生活中，垄断无处不在。经济学把市场分为四种类型：完全竞争市场、垄断竞争市场、寡头垄断市场和完全垄断市场。其中除了完全竞争市场以外，其他市场都或多或少地存在垄断因素。

一、垄断与低效率

（一）垄断的定义

垄断可以有两种解释。第一，垄断是指一种市场结构类型，是指整个行业中只有一个厂商的市场结构。该厂商生产和销售的商品没有任何相近的替代品。其他任何厂商进入该行业都极为困难或不可能。第二，垄断是指一种经济行为，是指在市场交易中，少数当事人或经济组织，凭借自身的经济优势或超经济势力，对商品生产、商品价格、商品数量及市场供求状态实行排他性控制（甚至实行排他性独占），以牟取长期稳定超额利润的经济行为。这里讲到的垄断，是指厂商不是价格的接受者，而是可以利用自然垄断、行为垄断或法定垄断形式左右市场价格水平的经济行为。在垄断市场上拥有垄断势力的厂商既可以是垄断厂商，也可以是寡头厂商。

垄断是对市场的控制。如果是生产者垄断，即一般所说的垄断，或卖方垄断。如果是购买者垄断，就称为买方垄断。这两种垄断都会引起市场失灵。可以用比较竞争与垄断情况下社会福利的损失来说明市场失灵。在竞争情况下，价格由供求决定，当价格调节使供求相等时，用消费者剩余和生产者剩余之和表示的社会福利达到最大。消费者剩余是消费者愿意支付的价格与实际支付的价格之差，生产者剩余是生产者生产某种产品的成本与实际得到的价格之差。总剩余是消费者剩余与生产者剩余之和。在竞争条件下，市场均衡时，消费者剩余与生产者剩余达到最大，即社会福利最大，表明价格调节实现了资源配置的最优化，可以用图 7－4 来说明这个一点。

在图 7－4 中，当供求相等时，均衡价格为 P_0，均衡数量为 Q_0。这时，消费者剩余是价格线以上和需求曲线 D 以下的面积（图 7－4 中用斜条阴影表示），生产者剩余是价格线以下和供给曲线 S 以上的面积（图 7－4 中用竖直条阴影表示）。这两块面积之和为社会福利，这时社会福利达到最大，表示资源配置实现了最优化。

当有垄断时，垄断者利用对市场的控制把价格提高到均衡价格 P_0 以上，引起消费者剩余和生产者剩余的损失，资源配置没有实现最优，可以用图 7－5 说明这一点。

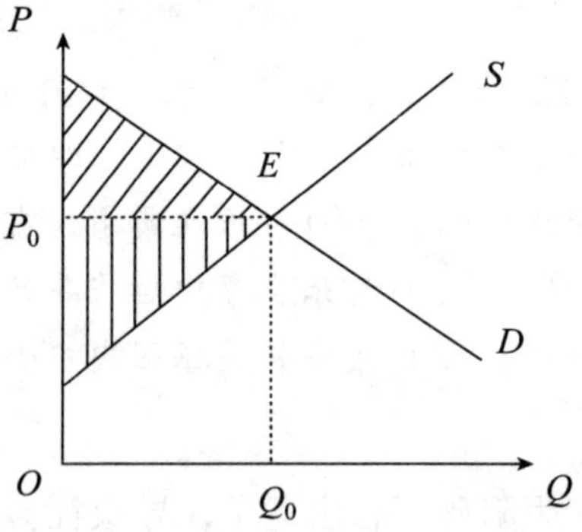

图 7－4　消费者剩余与生产者剩余

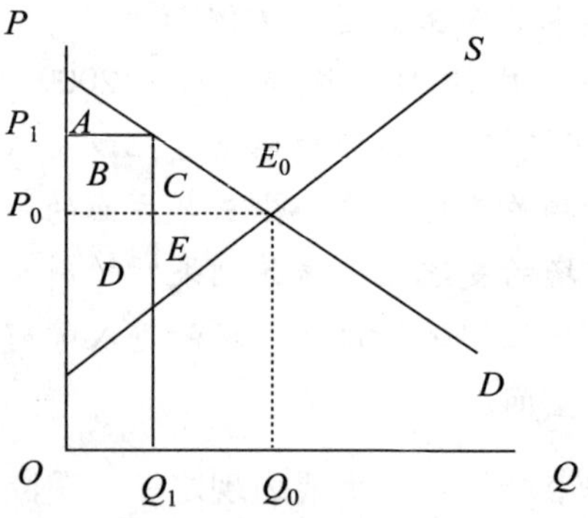

图 7－5　垄断引起消费者剩余减少

在图 7－5 中，垄断者把价格提高到 P_1，P_1 高于均衡价格 P_0。这时，消费者的需求减少，均衡数量减少为 Q_1。$A+B+C$ 是竞争条件下的消费者剩余，$D+E$ 是竞争条件下的生产者剩余，$A+B+C+D+E$ 是社会总剩余，即社会福利。当价格为 P_1，均衡产量为 Q_1 时，消费者剩余为 A，生产者剩余为 $B+D$，总剩余为 $A+B+D$。原来的消费者剩余中，B 通过高价格转向生产者，但 C 是垄断中引起的纯粹损失，称为无谓损失。原来的生产者剩余中 E 也是纯粹损失。$C+E$ 称为垄断下的无谓损失，是由于价格高、均衡量低引起的。在垄断下，总剩余即社会福利的损失为 $C+E$。这就是垄断引起的资源配置没有实现，即市场失灵的表现形式。

（二）垄断的效率损失

1. 垄断会造成资源配置的低效率

垄断厂商没有动力改善管理、创新技术。垄断除了导致效率损失外，还有其他两个弊端：一是导致收入不平等，垄断企业股东和高级管理人员是社会上的高额收入者；二是具有政治危险性，垄断企业能够依靠其强大的经济实力向政府施加影响，左右政府的决策行为。有些人认为垄断也有好处：一是垄断者能提供优质产品；二是垄断厂商面临国外竞争，迫使其研发新技术；三是产生规模经济，这主要产生在自然垄断的厂商生产过程中，可以降低产品生产的长期平均成本。

2. 垄断会造成社会福利的损失

由于垄断厂商可以决定市场的价格，所以垄断厂商生产的产量必然要小于社会最优的产量水平，从而造成消费者出高价却只能消费低于社会最优产量的商品。垄断还会造成资源的浪费。在寡头垄断市场结构下，各个厂商既可能联合在一起，组成卡特尔，最大限度地榨取消费者剩余；也可能由于某些厂商的自私自利，偏离同盟，造成寡头之间的恶性竞争。在后一种情况下，寡头厂商为了扩大市场份额，置竞争对手于死地，往往会提供超过社会最优水平的产量，当有的商品卖不出去时，只能压低或者销毁，造成社会资源的浪费。

3. 形成恶性市场竞争

有些寡头或者垄断厂商，为了遏制潜在的竞争对手进入市场，往往会装备超额的生产能力，威胁进入者——如果他们胆敢进入，就开足马力生产，让进入者无利可图——从而达到遏制竞争者进入的目的。

因此，垄断势力存在的要害是阻碍竞争或者造成过度的竞争，这都会造成社会资源的浪费或者资源配置没有效率，引起资源配置失误，这是经常出现的现象，换言之，在存在垄断的情况下，经济不能通过价格调节而实现资源配置最优化。阻碍竞争还会影响到一个国家技术进步和科技创新的速度，最终影响到一个国家经济的发展。单靠市场的力量是无法解决这些问题的，所以垄断势力的存在，也是政府干预经济的一个理由。

二、政府对垄断的干预

（一）对企业经济行为的管制

这方面的管制措施分为经济性管制和社会性管制。经济性管制涉及价格管制，生产、进入和退出条件管理等。社会性管制的目的是在修正负外部性、限制有损健康和安全的状况等，在这方面采取的主要措施有实行激励性规制方法、建立特许投标制度等。政府在某些方面给予企业一定的特许垄断权利，但把这种特权限制在一定时间和范围之内。政府把某些垄断经营的权限规定在特许的期限内，特许期结束后，再通过竞争投标方式给予特定企业特许经营权，以此促进垄断企业之间的竞争。政府还可以采取控制利润的方式进行价格管理。但政府干预不可避免地会带来负面影响，20 世纪 80 年代以后世界各国普遍放松了规制管理的方法。

（二）对自然垄断的管制

自然垄断一般发生在公用事业，如电力公司、煤气公司、自来水公司、邮电公司等，这些厂商的最大利润量出现在长期平均成本下降的某一产量水平上或者说这些公司的适度经营规模是很大的。这些公司如果继续扩大经营规模，可以连续不断地得到平均成本越来越低的好处。就行业特点来说，如果多家厂商进行经营会造成资源浪费。例如，一个城市里有两家以上的电力公司或自来水公司，对一个居民区重复架设电路或自来水管，平均成本就要高出很多。这些部门的垄断是天然的，由此就产生了一个无法解决的矛盾，即公用事业由两个以上厂商承担，在生产和销售方面会出现资源重复和浪费；如果仅由一个厂商承担，就不可避免地出现完全垄断的若干弊端。对此，政府解决问题的办法是允许公用事业垄断经营，再由政府加以管制。常见的办法是进行价格管制，目的不是完全消除垄断利润，而是为了提高资源的利用效率。

（三）反垄断政策与法规

政府对经济进行管制的一个重要领域是自然垄断的行业。对于规模报酬递增的行业，全社会只保留一家厂商是明智的，这样可以减少重复建厂的固定成本。这样的行业就是自然垄断行业。但是实践表明，对自然垄断行业的管制并不成功，因为经济效率会因为自然垄断而降低。造成这个现象的原因有三个：一是很难界定什么行业是规模报酬递增的，因而很有可能帮助那些边际成本递增的厂商维持垄断地位，造成社会资源的浪费；二是自然垄断厂商没有改进技术、降低成本的积极性，可能使得某些低效率的企业由于政府支持而继续存在或发展；三是技术进步使得原来是自然垄断的行业变得可以竞争，如电信技术这些年的发展就改变了电信行业自然垄断的特性。

另外，市场经济制度是以自由竞争为前提的，如果想保存这种经济制度，就必须使自由竞争充分开展起来。然而，自由竞争却会引起生产和资本的集中，而生产和资本的集中发展到一定阶段就会引起垄断。生产集中和垄断会带来规模经济效益，降低单位产品成本，进而降低售价，增进社会福利；同时生产集中和垄断也有助于推进科学研究，采用新技术，从而促进社会生产力的发展。但是一般来说，垄断总为人们所怀疑和反对，因为垄断具有种种弊端，主要浪费经济资源和社会福利损失。

由于垄断具有这样一些危害，为了保护竞争，维持经济效率，克服和减少垄断的危害和损失，就必须制定和执行反垄断政策和法规。管制垄断势力的法律主要是反托拉斯立法。美国曾经颁布了一系列反对垄断的法律，如 1890 年的《谢尔曼法》、1914 年颁布的《克莱顿法》、1936 年颁布的《罗伯逊-帕特曼法》、1950 年颁布的《塞勒-凯弗维尔法》等。这些法律通称为反托拉斯法。这些反托拉斯法规定，反对贸易的协议或共谋或企图垄断市场、兼并、排他性规定、价格歧视、不正当的竞争或欺诈行为等，都是非法的。对于非法者要采取一定的制裁措施。例如，《谢尔曼法》规定，任何以托拉斯其他形式进行的兼并或共谋，任何限制洲际的贸易或商业活动的合同，都是非法的；任何人垄断或企图垄断，或同其他个人或多人联合或共谋垄断洲际或国际一部分商业或贸易的，均认为是犯罪。违法者要受到罚款或判刑。《塞勒-凯弗维尔法》补充了《谢尔曼法》，宣布任何公司购买竞争者的股票或资本从而实质上减少竞争或企图造成垄断的做法均为非法。《塞勒-凯弗维尔法》禁止一切形式的兼并，包括横向兼并、纵向兼并和混合兼并。这类兼并指大公司之间的兼并和大公司对小公司的兼并，而不包括小公司之间的兼并。

反托拉斯法是一套法律规范，它用来限制企业垄断市场的行为，同时它还可以制止某些不利于竞争的市场结构出现。反托拉斯政策与市场管制政策的区别在于：市场管制政策用于那些竞争难以存在的经济领域，而反托拉斯法则用于那些竞争可以存在，却被人为破坏的领域。

案例分析

三大运营商垄断格局被打破

三大运营商近日同时公布电信资费下调方案，调整后资费水平和此前相比有了一定程度的下降。但此次资费下调，是在国务院常务会议以及李克强总理的“三令五申”下完成的，这种被动的下调资费显然不是三大运营商的本意，推一步走一步的降费显然也是不可持续的。最终解决电信业被诟病已久的“资费高、服务差”等顽疾，仍需推进电信市场开放，倒逼形成更加有效的资费调节机制。

高资费和网速慢等顽疾的存在是电信业开放程度有限、缺乏竞争造成的。一方面，三大运营商占据市场垄断地位，拥有难以撼动的定价权，主观上没有降资费的动力；另一方面，网络基础设施建设仍由运营商主导，巨额建设投入和日益增加的业绩压力，使得运营商在资费问题上踌躇不前。更为重要的是，有限的建设主体，使得各类电信基础设施的建设速度和网络覆盖程度，都无法跟上经济发展和用户的使用需求，这在客观上极大延缓了“降资费、提网速”的进程，还影响了包括“宽带中国”在内的一系列国家战略的实施。

第五节　非对称信息及其解决办法

案例导入

零售商的进货计划

某鲜鱼零售商考虑为明天的销售而进货。他的鱼池容量有限，最多只能进货800斤鲜鱼。鲜鱼的进货价格是每公斤6元，而明天的销售价格则是不确定的。为简单起见，假定明天鲜鱼的销售价格只存在两种情况：有50%的可能性行情很好，价格为每公斤8元，此时，每进货和销售一公斤鲜鱼可盈利2元；也有50%的可能性行情不好，价格每公斤4元，此时，每进货和销售一公斤鲜鱼会亏损2元。那么在信息完全和不完全的情况下，该零售商应如何决定自己的进货计划？

市场经济充分有效运行的一个前提条件是信息在市场上的买者与卖者之间共享。然而这一假设只是一个理想状态，现实生活中大量存在着信息不对称现象。非对称信息降低了资源配置的效率，引起了市场失灵。

一、非对称信息及其表现

所谓非对称信息，是指市场交易的各方所拥有的信息不对等，买卖双方所掌握的商品或服务的价格、质量等信息不相同，即其中一方比另一方占有较多的相关信息，处于信息优势地位，而另一方则处于信息劣势地位。

商品交易市场的信息不对称，主要表现为两种情况。一是在某些商品与要素市场上，卖者所掌握的信息多于买方。例如，照相机的卖者一般比买者更了解照相机的性能，药品的卖者比买者更了解药品的功效，劳动者比雇主更了解自己的实际工作能力等。二是买方所掌握的信息多于卖方。例如，比较典型的是保险与信用市场，医疗保险的购买者显然比保险公司更了解自己的健康状况，信用卡的购买者当然比提供信用卡的金融机构更了解自己的信用状况。在各种交易市场上，都不同程度地存在着信息不对称问题。

信息的非对称性从非对称发生的时间角度，可划分为事前非对称和事后非对称两种类型。事前非对称信息问题称为不利选择，事后非对称信息问题称为道德风险。两者都是由于信息不对称而带来的问题，它们将降低市场效率。从非对称发生的内容角度，可划分为参与人行动的非对称和参与人知识的非对称两种类型。

在讨论市场局部均衡和一般均衡问题时，都假设供求双方所掌握的信息是对称的，在供求双方都愿意接受的价格下，供给者提供了他愿意出售的商品数量，购买者购买了他愿意购买的商品数量，买卖双方的意愿在价格机制作用下通过自由交易而实现。正常情况下，尽管存在信息不对称，但根据通常所拥有的市场信息也足以保证产品和服务的生产与销售有效进行；而在另一些情况下，信息不对称却导致市场失灵，在这种情况下可能需要政府进入市场。

信息不对称造成的不良经济后果主要有：一是劣等产品驱逐优质产品；二是使市场缩小或使市场不存在；三是需求缺口与供给过剩并存；四是形成不公平交易和不公平竞争；五是消费者和生产者行为扭曲或不能合理决策。

市场参与者参与社会经济活动并形成合作或竞争关系，都是通过某种契约来协调的，而市场信息的不完全和不对称会直接影响这些契约的达成和契约的效率。信息非对称造成的问题主要有逆向选择、败德行为、委托—代理等问题。在这些问题上都可能导致市场失灵，从而需要政府采取一定的管制措施，来纠补其对市场的冲击和影响。

二、逆向选择及其治理

逆向选择是指买卖双方在信息不对称的情况下，劣等商品总是将优质商品驱逐出市场。下面通过旧车市场的交易和保险业务处理为例来说明这个问题，并提供解决问题的参考办法。

（一）次品与逆向选择

在旧车市场上，卖者知道车的真实质量，而买者不知道，这样卖者就会以次充好。但买者也不傻，尽管他们不能了解旧车的真实质量，只知道车的平均质量，愿意按照平均质量标准给出中等价格，这样一来，那些高于中等价的上等旧车就可能会退出市场。接下来的演绎是，由于上等车退出市场，买者会继续降低估价，次上等车也会退出市场。演绎的最后结果是：市场上成了破烂车的展览馆，极端的情况是一辆车都不能成交。现实的情况是，社会成交量小于实际均衡量。这个过程称为逆向选择。

保险市场的逆向选择来自于保险公司事前不知道投保人的风险程度，从而使保险水平不能达到对称信息情况下的最优水平。当保险金处于一般均衡价格时，低风险类型的消费者群预期投保后得到的效用小于他不参加保险时的效用，这类消费者会退出保险市场，只有高风险类型的消费者预期投保的潜在收益大于潜在成本会愿意投保。低风险消费者退出后，如果保险金和赔偿金不变，会由于赔偿概率的上升而使保险公司可能出现亏损。这种条件下，为了不出现亏损，保险公司将不得不提高保险金。这样，那些次低风险的顾客群认为支付这笔费用不值得，从而不再投保，而高风险类型消费者不会在意保险金的提高而踊跃进入保险大军，这样一来高风险者就会把低风险消费者“驱逐”出保险市场。由此看来，靠提高保险金的办法，对保险公司来说是不管用的。

（二）逆向选择的治理方法

不同市场上因信息不对称产生的逆向选择问题，需要采取不同的方法解决，有些可以通过政府解决，有些也可以不通过政府解决。

1. 政府采取措施解决养老保险问题

因为信息非对称而产生的老年人健康保险问题，说明市场调节在这方面是无效率的，老年人在这方面所得到的东西是市场无法提供的，而这些问题又是现代社会必须解决的问题。在现实社会中，老年人健康保险或职工医疗保险之类的问题，因为市场在这方面问题的解决上是无能为力的，政府必须出资协助解决这方面的问题。通常的办法是政府、企业和个人三方按一定的比例共同出资，来解决这一领域出现的逆向选择问题。

2. 制订相应的市场交易规则

对于像旧车市场上的逆向选择问题，出现的主要问题是买者不知道旧车的质量，只愿意出较低的价格买旧车，而导致卖者只愿意拿次品出售。这类问题只需要通过有效的制度来安排并保证其实施就可以得到解决，无须政府出面干预。具体办法是：出售者向购买者发布某些产品质量的信息，使购买者能够确切地知道旧车的质量状况，并出具有关旧车质量的证明书，一旦购买者购买的旧车在某一期间出现问题，卖者将负责一定的赔偿。这样就有助于消除逆向选择的问题。

3. 根据受教育程度支付员工报酬

另一个依靠市场机制解决的逆向选择问题的典型事例是劳动力市场上劳动报酬的确定问题。劳动力市场上存在着有关雇佣能力信息的不对称现象，雇员知道自己的工作能力，雇主不知道。如果雇主没有办法区别高生产率的人与低生产率的人，在竞争均衡时，不论是高能力的人还是低能力的人得到的都是平均工资。于是高生产能力的工人得到的报酬少于他们的边际产品，低生产能力的人得到的报酬高于他们的边际产品。这时，高能力的人希望找到一种办法，主动向雇佣方发出信号，使他们同低能力的人分离开来，使自己的工资与劳动效率相称。教育程度能为雇主传递有关雇员能力的信息，原因是：接受教育的成本与能力成反比例，不同能力的人是因受教育程度不同或者说教育传递信号具有把雇员能力分离开的功能。教育本身并不提高一个人的能力，它纯粹是为了向雇主“示意”或“发出信号”表明自己是能力高的人，这样也可能出现劳动能力较低的劳动者试图提高自己的受教育程度。但做同样程度的教育投资对能力低的人来说边际成本更高，因为受教育程度是一个长期的社会累积性培训过程的结果，不是短期性突击培训能够实现的。通常情况下，“高质量”的劳动者大部分来自于受教育程度比较高的人。在这种情况下，虽然也可能有信息不对称，但在市场交易中具备相应信息的应聘者可通过教育投资程度来示意自己的能力，而雇主根据这一示意信号便可区别开不同能力的人。可能受教育程度对生产率没有影响，但是厂商以受教育程度为基础发出工资仍然有利可图，因为它能更多地具有更高能力的人。

三、道德风险问题

所谓道德风险，一般是指交易双方达成一项合同或契约后，一方以另一方的利益为代价改变自己行为的倾向。道德风险问题发生在契约签订之后，而逆向选择发生在契约签订之时。当存在严重的道德风险问题时，私人市场分配给某一特定商品或服务的资源可能不足。比较典型的事例是保险公司因道德风险问题而导致的损失。

保险市场中道德风险问题的存在，是由于有些保户的“败德行为”造成的，其后果不仅是导致保险公司受损失，也妨碍市场进行有效的资源配置。下面以医疗保险为例来说明“败德行为”可能造成的资源配置效率损失。假定医疗保险机构按照个人看病的概率向个人收取医疗保险费，这样个人负担的医疗成本将随着看病次数与医疗费用的增加而增加，个人不会无节制地增加对医疗服务的要求，其需求是符合资源配置效率要求的。假定个人的医疗保险费与个人的就医次数及医疗支出毫无关系，无论医疗次数多少、医疗费用高低，都向医疗保险公司支付相同的保险费，那么个人将无节制地增加对医疗服务的要求。显然，这种无节制的需求是不符合资源配置效率要求的。在我国改革前的公费医疗制度下，政府充当保险公司的角色，对每一个享受公费医疗的人实行全额医疗保险，使得享受公费医疗者的“败德行为”一方面造成医药的大量浪费，另一方面使医疗服务需求大大超过其供给。

道德风险问题是在承保人无法察觉或监督投保人行为的情况下发生的，解决的办法就是通过某些制度约束，使投保人自己控制自己的行为。例如，在家庭财产保险中，保险公司并不对投保人实行全额保险，而只规定某些最低数量的免赔额。一旦投保人的财产发生损失，投保人也将自己承担一定的损失。在我国现行的医疗保险制度下，医疗保险公司根据参加医疗保险的人的实际就医情况经常调整医疗保险费用，由政府统筹解决个人医疗保险问题，个人也要承担相应的份额，这样就大大缓解了医疗保险中由于道德风险问题存在而产生的社会经济压力。

四、委托—代理问题

委托—代理问题泛指任何一种涉及信息非对称的交易。交易中拥有信息优势的一方称为代理方，另一方称为委托方。在市场经济条件下，只要存在着信息不对称性，委托—代理关系就是普遍存在的。只要人们的利益可以比较，哪里存在着专业化的收益，哪里就可能出现代理人代表委托人行为的关系。如果代理人在实现委托人效用最大化的同时也实现了自己效用的最大化，这就是所谓的“激励相容”。

在委托—代理关系中，由于双方目的不一致性及信息的非对称性，委托方与代理方之间总是难以实现理性双赢的，代理方在非对称的信息环境中总是最大限度地增进自身利益。微观经济主体的目标是追求最大化，否则就无法实现资源的最优配置。厂商追求利润最大化，在信息非对称的条件下，厂商与员工之间、厂商与供应商之间、厂商与顾客之间都存在着追求目标上的差异。在存在委托代理关系的情况下，代理人与委托人之间的目标差异会产生代理人完全按照自己利益最大化的原则从事活动，从而导致与“激励相容”相背离的问题。

由于委托方和代理方的利益目标不一致和信息不对称，加之代理方的有限理性和机会主义倾向，从而导致了社会代理商的趋利性、欺诈性和善变性，以至于产生对企业不利的行为。例如，利用信息的不对称，架空相关管理人员或社区经理；由于趋利的本质产生多头代理，甚至与对手勾结；服务质量难以保证；隐蔽对自己不利的行为和信息等，从而给委托方增添了信息成本、监督成本和对策成本。如果代理商的产权关系界定模糊，双方的契约界定不明确，组织管理不规范、不清晰等，就会加大交易成本。

由委托—代理关系产生的资源配置效率损失不可能通过政府控制解决，因为厂商无法监督代理人的行为，政府也无法进行监督。厂商只能根据本身需要在要素报酬上做出调整来解决相关问题。为了简化问题的分析，下面仅就企业中厂商与经理、工人之间的委托—代理关系进行探讨。

首先讨论企业股东与经理之间的委托—代理关系。一般来说，对企业经理人员的压力主要来自于外部，如企业之间的收购或兼并、经理市场的建立、企业内部的董事会监督、股东抛售股票的威胁等，这些压力迫使经理必须努力使企业取得盈利。但这些外在压力不能从根本上调动经理的工作积极性，不能有效地解决经理与厂商在委托—代理关系中存在的目标不一致的问题。要有效解决问题，从根本上说，就要使经理的个人利益与工作成果相结合。办法主要有两种：一种是根据企业盈利情况给经理发奖金；另一种是让经理参与利润分享。通过这样的办法，使经理人员感到努力工作能使个人所得利益会有很大的提高，否则自己会失去相应的利益。

其次，对于工人因为不努力工作而产生的委托—代理问题可以实行一种称为效率工资的方式加以解决。效率工资是高于市场均衡工资率，同时又使工人不至于产生怠工行为的工资。其基本指导思想是，由于雇主与工人之间的信息不对称，雇主不能确切知道雇员的生产能力，为了防止雇员偷懒，雇主发给雇员效率工资。因为效率工资率高于市场均衡工资率，雇主会相应减少劳工雇用量，这样就会导致一部分工人失业。失业工人的存在是对就业工人的一种潜在威胁。在岗工人的偷懒行为一旦被发现，就会被解雇，其工作岗位将被原失业者取代。失业的威胁使在岗者必须尽力工作，不敢偷懒，否则自己就会加入到失业队伍中去。

案例分析

非转基因花生油

我国已经批准作为进口原料的转基因产品有：“大豆、玉米、油菜、棉花、甜菜“，同时目前已经批准可以商业种植的作物只有棉花和番木瓜，由于转基因产品是否对人类身体机能产生负面影响这在国际上还是专家们正在激烈讨论的问题，因此国内有些民众在购买相关产品时就想要有一定的知情权。目前国内食用油相关的加工生产企业都会在自己的产品上标注是否是转基因产品，因此我们去超市购买食用油时会注意到大豆油、菜籽油等商标上会标有是否是转基因产品的标识，有趣的现象是后期你会发现花生油的标识上也会标注此产品为非转基因花生油，出现这种现象的原因很简单，老百姓发现花生油上没有标注是否为转基因产品，因此担心会买到转基因花生油而拒绝购买，生产和加工花生油的企业担心因此影响销售，无奈在商标牌上也标注此油为非转基因油，那我们看到上面的信息是花生既不在我国已经批准的进口原料的转基因产品中，也没有出现在可以商业种植的作物中。转基因产品作为一个新生事物，自上市以来始终犹抱琵琶全遮面。消费者对其缺乏科学的认识，对其安全性存在质疑，这种信息的不对称导致了委托代理行为的产生。解决这个问题最好的方法就是对转基因产品进行有效标识，公布转基因产品的特性和影响，让消费者享有知情权、选择权，从而缩短委托代理链条，减少或消除委托代理产生的不良影响。

解决这个问题只有一个办法，就是缩短委托代理链条，让人民群众（委托人）对官员（代理人）有监督权和罢免权。

本章知识小结

- 经济生活中存在的大量社会资源扭曲配置甚至被浪费的事实表明，市场经济机制并不总是能够达到资源有效配置的目标，经济生活中出现了市场失灵的现象。资源配置是否达到帕累托最优状态是判定市场失灵与否的重要标准。
- 市场失灵产生的原因是因为市场机制在配置资源过程存在着以下基本特点：市场机制的功能和作用有局限性、市场具有不完全性、市场本身的不完善。市场失灵的表现在收入与财富分配不公平、外部负效应问题、竞争失败和市场垄断的形成以及失业问题、区域经济不协调问题、公共物品供给不足以及公共资源的过度使用。
- 外部性是一个人的行为对旁观者福利的影响。外部性可以分为正外部性和负外部性。负外部性的一个典型案例是环境污染，可以通过征收庇古税以及运用科斯定理得到解决。
- 具有非排他性和非竞争性特征的物品称为公共物品。公共物品可以通过公共提供、市场提供和混合提供进行供给。

- 垄断是指厂商不是价格的接受者，而是可以利用自然垄断、行为垄断或法定垄断形式左右市场价格水平的经济行为。垄断可以分为卖方垄断和买方垄断。垄断的存在，对社会经济的运行与发展存在着一定的有利影响与不利影响。垄断导致市场运行效率降低，无法达到帕累托最优状态。
- 现实生活中存在的信息不对称现象降低了资源配置的效率，引起了市场失灵。不对称信息的典型体验是逆向选择、道德风险和委托—代理问题。可以通过一定的机制进行规避。

练 习 题

一、名词解释

1．市场失灵　2．外部效应　3．科斯定理　4．公共物品

5．垄断　6．非对称信息　7．逆向选择　8．道德风险

二、单项选择题

1．市场失灵是指（　　）。

A．在私人部门和公共部门之间资源配置不均

B．不能产生任何有用成果的市场过程

C．以市场为基础的对资源的低效率配置

D．收入分配不平等

2．当人们无偿地享有了额外的收益时，称作（　　）。

A．公共物品　B．外部不经济　C．交易成本　D．外部经济

3．某一经济活动存在负外部性是指该活动的（　　）。

A．私人成本大于社会成本　B．私人成本小于社会成本

C．私人利益大于社会利益　D．私人利益小于社会利益

4．周围人吸烟会给你带来危害属于（　　）。

A．生产正外部性　B．消费正外部性

C．生产负外部性　D．消费负外部性

5．上游工厂污染了下游居民的饮水，按照科斯定理，（　　）问题就可以解决。

A．不管产权是否明确，只要交易成本为零

B．只要产权明确，且交易成本为零

C．只要产权明确，不管交易成本有多大

D．不论产权是否明确，交易成本是否为零

6．当某项生产活动存在负外部性时，其产量（　　）帕累托最优产量。

A．大于　B．小于

C．等于　D．以上三种情况均有可能

7. 市场不能提供纯粹的公共物品，是因为（　　）。
A. 公共物品不具有排他性　　B. 公共物品不具有竞争性
C. 消费者可以“免费乘车”　　D. 以上三种情况都是
8. 政府提供的物品（　　）公共物品。
A. 一定是　　B. 不都是　　C. 大部分是　　D. 少部分是
9. 为了提高资源配置效率，政府对竞争性行业厂商的垄断行为（　　）。
A. 是限制的　　B. 是提倡的
C. 是不管的　　D. 是有条件地加以支持的
10. 败德行为会使（　　）的利益受损。
A. 委托方　　B. 代理方　　C. 社会　　D. 三者都有可能
11. 委托—代理问题产生的原因主要是（　　）。
A. 市场机制不完善　　B. 信息不对称
C. 商业风险　　D. 利益共享
12. 交易双方信息不对称，会导致（　　）的产生。
A. 逆向选择　　B. 败德行为　　C. 委托—代理　　D. 以上三种情况

三、判断题

1. 当市场失灵时，政府干预就能实现资源的最优配置，即达到帕累托最优状态。（　　）
2. 由于垄断造成低效率，因此任何垄断都是要不得的。（　　）
3. 政府提供的物品都是公共物品。（　　）
4. 纯公共物品具有非排他性或非竞争性的特点。（　　）
5. 增加公共物品的消费者人数需要减少其他消费品的生产。（　　）
6. 接受外国倾销商品，可以增加本国居民福利，但不利于本国同类产业发展。（　　）
7. 经济中的外部性问题不能完全依靠市场机制加以解决。（　　）
8. 逆向选择和道德风险问题普遍存在的原因是外部性。（　　）
9. 同国防、外交一样，有线电视也属于纯公共物品。（　　）
10. 代理人与委托人之间的目标差异就会产生代理人完全按照自己利润最大化的原则从事活动，由此导致了与“激励相容”相悖的现象产生。（　　）

四、分析问答题

1. 说明市场失灵产生的原因。
2. 简述外部效益的矫正措施。
3. 简述公共选择理论的规则。

第八章 国民收入核算与决定理论

学习目标

1. 了解宏观经济学的基础——国民收入核算的原理和方法；
2. 理解 GDP 和 GNP 的概念和区别；
3. 掌握名义 GDP 与实际 GDP 的区别；
4. 掌握同属于国民收入的几个不同层次的概念之间的区别和联系；
5. 掌握最基本的两种 GDP 的核算方法间的联系与区别。

本章重点和难点

1. 国内生产总值和国民生产总值的含义；
2. 用支出法计算国内生产总值；
3. 国民收入核算中五个总量的关系；
4. 实际国内生产总值与名义国内生产总值的关系。

案例导入

为什么要进行国民收入核算

一个家庭要核算收支，一个企业要算账，一个国家同样也要算账。企业算账是会计的主要职责，针对一个国家的国民收支算大账，这就是国民收入核算。我们经常提到的 GDP、人均 GDP、GNP 等便是国民收入核算常用指标，这些指标用于衡量一国或某一地区的经济状况，并以此判断经济是在萎缩还是膨胀。

第一节 国民收入核算的主要指标

案例导入

GDP（国内生产总值）的重要作用

美国著名的经济学家保罗·萨缪尔森说："GDP 是 20 世纪最伟大的发现之一。"没有 GDP 这个发明，我们就无法进行国与国之间经济实力的比较、贫穷与富裕的比较，我们就无法知道我国的 GDP 总量目前排在全世界的第二位，仅次于美国，超越日本、欧洲各国；没有 GDP 我们也无法知道我国人均 GDP 在 2013 年达到 6 629 美元，但美国是我们的 7 倍，日本是我们的 6 倍。没有 GDP 这个总量指标我们无法了解我国的经济增长速度是快还是慢，是需要刺激还是需要控制；因此 GDP 就像一把尺子、一面镜子，是衡量一国经济发展和生活富裕程度的重要指标。

一、国内生产总值与国民生产总值

（一）国内生产总值的定义

国内生产总值（简称 GDP）是指在一定时期内（一个季度或一年），一个经济实体（一国或一地区）所生产出的全部最终产品和劳务的价值，GDP 常被公认为衡量国家经济状况的最佳指标。它不但可反映一个国家的经济表现，更可以反映一国的国力与财富。一般来说，国内生产总值共有四个不同的组成部分，其中包括消费、私人投资、政府支出和净出口额。

国内生产总值是一个得到广泛应用的经济总量，它不仅是一个表述当期经济活动的总量，而且是一个以其为中心所形成的数据体系。在这个体系中，生产的投入与产出、产品的来源和使用得到了详细的核算，以此体系为基础，进一步衍生出了投入产出、资金流量、资产负债表等核算内容。

（二）核算国内生产总值应注意的问题

对于国内生产总值（GDP）的表述，应着重把握以下几点。

第一，国内生产总值指一国在本国领土内所生产的产品与劳务，既包括本国企业所生产的产品与劳务，也包括外国企业或合资企业在本国生产的产品与劳务。

第二，国内生产总值是指一年内生产出来的产品的总值，因此，在计算时不应包括以前所生产的产品的价值。例如，以前所生产而在该年所售出的存货，或以前所建成而在该年转手出售的房屋，等等。

第三，国内生产总值是指最终产品的总值，因此，在计算时不应包括中间产品产值，以避免重复计算。最终产品是最后供人们使用的产品，中间产品是在以后的生产阶段中作为投入品的产品。在实际经济中，许多产品既可以作为最终产品使用，又可以作为中间产品使用，要区分哪些是最终产品，哪些是中间产品是很困难的。例如，煤炭用作冶金等行业的燃料或化工等行业的原料时就是中间产品，而作为人们生活中的燃料时就是最终产品。

案例导入

如何区分最终产品和中间产品

在实践上，区分最终产品和中间产品可以用增值法来计算。增值法是指仅计算在生产各个阶段上的价值增量。例如，一件市场标价 280 元的纯棉衬衫从原料采购到进入消费者手里需要经历棉花生产、纺纱、织布、制衣和销售五个阶段。

其中棉花价值 30 元，纺纱后价值 50 元，增值 20 元；纱织成棉布后价值为 80 元，增值 30 元；棉布进入服装厂加工后成衬衫价值为 200 元，增值 120 元；服装销售商以 280 元的价格直接卖给消费者，增值 80 元。这件纯棉衬衫在五个阶段中累计增值为：30 + 20 + 30 + 120 + 80 = 280 元。全部生产过程累计增值恰好等于该衬衫的售价，见表 8 - 1。

表 8－1　纯棉衬衫生产过程增值表

单位：元/件

生产阶段	阶段产品价值	中间产品成本	增　值
棉花	30	—	30
棉纱	50	30	20
棉布	80	50	30
制衣	200	80	120
销售	280	200	80
合计	—	—	280

第四，国内生产总值中的最终产品不仅包括有形产品，而且包括无形产品即劳务，要把旅游、服务、卫生、教育等行业提供的劳务，按其所获得的报酬计入国内生产总值。

第五，国内生产总值指的是最终产品市场价值的总和，这就是要按这些产品的现期价格来计算。

二、国民收入核算的其他总量指标及其关系

（一）国内生产净值

国内生产净值（NDP）是指一个国家或地区一年内新增加的价值，它等于从国内生产总值中减去固定资产折旧的价值。例如，某企业 2015 年购置了 10 台机器，其中 2 台用来更换旧机器，则总投资为 10 台机器，净投资为 8 台机器。

$$NDP = GDP - \text{折旧} \tag{8.1}$$

（二）国民收入

国民收入（NI）是指一个国家或地区在一年内以货币计算用于生产的各种生产要素的实际报酬，它等于国内生产净值减去间接税。

国内生产净值与国民收入是有差别的，其差别在于国内生产净值包括间接税，而国民收入则不包括间接税。这是因为，国内生产净值是从生产角度计算的，而国民收入则是从分配角度计算的。从分配角度看，间接税是产品价格的附加，而不是某一生产要素的报酬，所以不应计入国民收入中，用公式表示为：

$$NI = NDP - \text{间接税} \tag{8.2}$$

（三）个人收入

个人收入（PI）是指一个国家或地区一年内个人所得到的全部收入。生产要素报酬意义上的国民收入并不会全部构成个人收入。例如：公司要缴纳公司所得税，还要把利润收入中的一部分留作将来发展之用，其余部分以红利或股息形式分给个人股东；劳动收入中也有一部分要以社会保险费的形式上缴到有关机构。此外，人们也会以不同形式从政府那里得到转移支付。因此，从国民收入中减去公司未分配利润、公司所得税及社会保险税，再加上政府给个人的转移支付，大体上就得到个人收入，用公式表示为：

$$PI = NI - \text{公司未分配利润} - \text{企业所得税（费）} + \text{转移支付} \tag{8.3}$$

（四）个人可支配收入

个人可支配收入（DPI）是指个人最终能够自由支配的收入数量，它等于个人收入减去个人所得税。

$$DPI = PI - \text{个人所得税} \tag{8.4}$$

三、国民生产总值与国内生产总值

国民生产总值（GNP）是指一个国家或地区的所有常住单位在一定时期内在国内和国外所生产的最终成果和提供的劳务价值。它等于国内生产总值加上来自国外的净要素收入。国外净要素收入是指从国外得到的生产要素收入减去支付给国外的要素收入。可见，国民生产总值与国内生产总值之间的区别就在于国外的净要素收入。生产要素的提供者不一定都是本国居民，有时也有外国居民，本国居民也有向外国的经济活动提供要素的。国内经济活动所创造的收入，作为要素收入，既分配给本国居民，也分配给外国居民，同样，国外的经济活动所创造的收入也分配给本国居民，这两项的差额就是国外净要素收入。

由此可见，国内生产总值是“领土”概念，国民生产总值是“生产要素”概念；国内生产总值是“生产”概念，国民生产总值是“收入”概念。在经济封闭的国家或地区，国民生产总值等于国内生产总值；在经济开放的国家或地区，国民生产总值等于国内生产总值加上国外净要素收入。因此，国内生产总值和国民生产总值是两个不同但又有联系的指标。

GDP 与 *GNP* 之间可以会互相换算，其公式为：

$$GNP = GDP + \text{本国公民在国外投资所获得的收入} - \text{外国公民在本国投资所获得的收入} \tag{8.5}$$

案例分析

我国原来用 GNP 作为产量的主要测量值，为什么现在改用 GDP

原因大致有以下三点：一是在我国对外开放度扩大的情况下为了与普遍采用这一概念的国家经济有可比性；二是它更容易计算，因为在国民生产总值中，本国国民在国外生产的情况很难完全摸清，而国内生产总值不管国外，只管本国国内，资料更容易获得；三是由于相对 GNP 而言，GDP 是经济中就业潜力的一个较好的测量指标，比方说，外国人到中国投资，解决的是中国的就业问题。所有这些原因，都表明把 GDP 作为经济中产出的基本测量值更合理一些。

四、名义国内生产总值、实际国内生产总值与人均国内生产总值

（一）名义 GDP 与实际 GDP 的定义

名义 GDP 是按当年价格计算的全部最终商品及劳务的市场价值。

实际 GDP 是用从前某一年作为基期的价格计算出来的当年全部最终产品的市场价值。它衡量在两个不同时期经济中的产品产量的变化，以不同的价格或不变金额来计算两个时期所产生的所有产品的价值。

（二）名义 GDP 与实际 GDP 的区别

（1）首先两者采用的价格水平不同：名义 GDP 是采用的本期的价格来衡量本期的产出或收入；实际 GDP 是采用既定基期的价格来衡量本期的产出或收入。

（2）两者的经济意义不同：采取本期价格衡量本期产出说明名义 GDP 衡量的是本期经济活动的综合结果，这个综合包括价格水平也包括产量；实际 GDP 较之而言，相对精确衡量了本期产量成果，更好说明了物质财富的进展情况。

例如，2011 年香蕉的价格是 2 元/斤，产量是 10 000 斤，则 2011 年实际 GDP 是 20 000（2 × 10 000）元；2012 年香蕉的价格是 3 元/斤，产量是 20 000 斤，那么，以 2011 年为基年计算出 2012 年实际 GDP 为 40 000（2 × 20 000）元，而名义 GDP 为 60 000（3 × 20 000）元。

（三）GDP 与人均 GDP

GDP 有助于了解一国的经济实力与市场规模，而人均 GDP 则有助于了解一国的富裕程度与生活水平。这两个概念都是很重要的。

用当年的 GDP，除以同一年的人口数量，则可以得出当年的人均 GDP，即

$$\text{某年人均}\ GDP=\frac{\text{某年}\ GDP}{\text{某年人口数}}$$

这里所用的人口数量是当年年初与年底人口数的平均值，或者是年中（当年 7 月 1 日 0 时）的人口数。

（四）潜在 GDP

潜在 GDP 是经济社会达到充分就业时候的 GDP。潜在 GDP 也称潜在产出或潜在国民收入，潜在的国内生产总值是指一国在一定时期内可供利用的经济资源在充分利用的条件下所能生产的最大产量，也就是该国在充分就业状态下所能生产的国内生产总值。这里的 GDP 就反映了在该时期内的最大产出能力。

第二节　国内生产总值核算的方法

案例导入

我国 GDP 是如何确定的

国家统计局每年公布 GDP 数据是怎么得到的呢？据国家统计局专家讲，我国的 GDP 计算需要经过以下几个过程：初步估计过程、初步核实过程和最终核实过程。初步估计过程一般在每年年终和次年年初进行。它得到的年度 GDP 数据只是一个初步数据，这个数据有待于获得较充分的资料后进行核实。初步核实过程一般在次年的第二季度进行。初步

核实所获得的GDP数据更准确些，但因仍缺少GDP核算所需要的许多重要资料，因此相应的数据尚需要进一步核实。最终核实过程一般在次年的第四季度进行。这时，GDP核算所需要的和所能搜集到的各种统计资料、会计决算资料和行政管理资料基本齐备。与前一个步骤相比，它运用了更全面、更细致的资料，所以这个GDP数据显得就更准确些。

此外，GDP数据还需要经过一个历史数据调整过程，即当发现或产生新的资料来源、新的分类法、更准确的核算方法或更合理的核算原则时，要进行历史数据调整，以使每年的GDP具有可比性，这是国际惯例。如美国在1929年至1999年之间就进行过11次历史数据调整。

在国民经济核算体系中计算国内生产总值的方法主要有支出法、收入法和生产法三种。

一、支出法核算GDP

支出法又称最终产品法，用支出法核算GDP就是从产品的使用出发，把一年内购买的各项最终产品的支出加总而计算出的该年内生产的最终产品的市场价值。这种方法又称最终产品法、产品流动法。从支出法来看，国内生产总值包括一个国家或地区所有常住单位在一定时期内用于最终消费、资本形成总额，以及货物和服务的净出口总额，它反映本期生产的国内生产总值的使用及构成。

如果用Q_1、Q_2，……，Q_n代表各种最终产品的产量，P_1、P_2，……，P_n代表各种最终产品的价格，则使用支出法核算GDP的公式是：

$$GDP = Q_1 \times P_1 + Q_2 \times P_2 + \cdots\cdots + Q_n \times P_n \tag{8.6}$$

在现实生活中，产品和劳务的最后使用，主要是居民消费、企业投资、政府购买和出口。因此，用支出法核算GDP，就是核算一个国家或地区在一定时期内居民消费、企业投资、政府购买和净出口这几方面支出的总和。

（1）居民消费（用字母C表示），包括购买冰箱、彩电、洗衣机、小汽车等耐用消费品的支出，服装、食品等非耐用消费品的支出，以及用于医疗保健、旅游、理发等劳务的支出。建造住宅的支出不属于消费。

（2）企业投资（用字母I表示），是指增加或更新资本资产（包括厂房、机器设备、住宅及存货）的支出。投资包括固定资产投资和存货投资两大类。固定资产投资指新造厂房、购买新设备、建筑新住宅的投资。为什么住宅建筑属于投资而不属于消费呢？因为住宅像别的固定资产一样是长期使用、慢慢地被消耗的。存货投资是企业掌握的存货（或称为库存）的增加或减少。如果年初全国企业存货为2 000亿美元而年末为2 200亿美元，则存货投资为200亿美元。存货投资可能是正值，也可能是负值，因为年末存货价值可能大于也可能小于年初存货。企业存货之所以被视为投资，是因为它能产生收入。从国民经济统计的角度看，生产出来但没有卖出去的产品只能作为企业的存货投资处理，这样使从生产角度统计的GDP和从支出角度统计的GDP相一致。

计入GDP中的投资是指总投资，即重置投资与净投资之和，重置投资也就是折旧。

投资和消费的划分不是绝对的，具体的分类则取决于实际统计中的规定。

（3）政府购买（用字母 G 来表示），是指各级政府购买物品和劳务的支出，它包括政府购买军火、军队和警察的服务，政府机关办公用品与办公设施，如道路等公共工程建设、开办学校等方面的支出。政府支付给政府雇员的工资也属于政府购买。政府购买是一种实质性的支出，表现出商品、劳务与货币的双向运动，直接形成社会需求，成为国内生产总值的组成部分。政府购买只是政府支出的一部分，政府支出的另一部分如政府转移支付、公债利息等都不计入 GDP。政府转移支付是政府不以取得该年生产出来的商品与劳务作为报偿的支出，包括政府在社会福利、社会保险、失业救济、贫困补助、老年保障、卫生保健、对农业的补贴等方面的支出。政府转移支付是政府通过其职能将收入在不同的社会成员间进行转移和重新分配，将一部分人的收入转移到另一部分人手中，其实质是一种财富的再分配。有政府转移支付发生时，即政府付出这些支出时，并不相应得到什么商品与劳务，政府转移支付是一种货币性支出，整个社会的总收入并没有发生改变。因此，政府转移支付不计入国内生产总值中。

（4）净出口（用字母 $X-M$ 表示，X 表示出口，M 表示进口）是指进出口的差额。进口应从本国总购买中减去，因为进口表示收入流到国外，同时，也不是用于购买本国产品的支出；出口则应加进本国总购买量之中，因为出口表示收入从外国流入，是用于购买本国产品的支出，因此，净出口应计入总支出。净出口可能是正值，也可能是负值。

把上述四个项目加起来，就是用支出法计算 GDP 的公式：

$$GDP = C + I + G + (X - M) \tag{8.7}$$

2011 年美国的 GDP 和支出构成实际情况见表 8－2。

表 8－2　2011 年美国的 GDP 和支出构成

GDP 构成	单位：10 亿美元（现值）	占 GDP 百分比（%）
个人消费支出	10 722.6	71.1%
商品消费支出	3 645.2	24.2%
服务消费支出	7 077.4	46.9%
私人国内总投资	1 913.6	12.7%
政府购买商品和服务支出	3 029.7	20.1%
联邦政府支出	1 232.7	8.2%
州和地方政府支出	1 797.0	11.9%
净出口	－578.2	3.8%
货物和服务出口	2 087.6	13.8%
货物和服务进口	2 665.8	17.7%
国内生产总值	15 087.7	100.0%

在中国的统计实践中，支出法计算的是国内生产总值划分为最终消费、资本形成总额和货物和服务的净出口总额，它反映了本期生产的国内生产总值的使用及构成。

最终消费分为居民消费和政府消费。居民消费除了直接以货币形式购买货物和服务的消费外，还包括以其他方式获得的货物和服务的消费支出。例如，单位以实物报酬及实物转移的形式提供给劳动者的货物和服务，金融机构提供的金融媒介服务，保险公司提供的保险服务。

二、收入法核算 GDP

收入法是从收入的角度出发，把生产要素在生产中所得到的各种收入加总而成，由于要素的收入从企业角度看即是产品的成本（包括企业利润），所以这种方法又称要素成本法。

从收入形态看，GDP 表现为一个国家或地区的所有常住单位在一定时期内的生产活动所形成的原始收入之和。它包括常住单位因从事生产活动而对劳动要素的支付、对政府的支付、对固定资产的价值补偿，以及获得的盈余。是从居民向企业出售生产要素获得收入的角度看社会在一定时期内创造了多少最终价值产品。

收入法核算的 GDP 应包括的项目：

（1）工资、利息和租金等这些生产要素的报酬。

（2）非公司企业主收入，如医生、律师、农民和小店铺主的收入。

（3）公司税前利润，包括公司所得税、社会保险税、股东红利及公司末分配利润等。

（4）企业转移支付及企业间接税。这些虽然不是生产要素创造的收入，但要通过产品价格转嫁给购买者，故也应视为成本。企业转移支付包括对非营利组织的社会慈善捐款和消费者呆账，企业间接税包括货物税或销售税、周转税。

（5）资本折旧。它虽不是要素收入，但包括在总投资中，也应计入 GDP。

收入法核算国内生产总值的公式为：

$$GDP = \text{工资} + \text{利息} + \text{租金} + \text{间接税和企业转移支付} + \text{折旧} - \text{政府补贴} \tag{8.8}$$

收入法是从最终产品的产生来计算的，表现于通过最终产品的产生所需要的人力成本、资产消耗成本以及企业和政府在产品生产过程中的干预。因此，收入法衡量的 GDP 不能简单等于各生产要素成本所计算的全部报酬总和，中间还要包括生产最终产品产生的间接税、企业转移支付等，并减去政府补贴。因为政府的所得与支出之间并不是相等的关系。

三、生产法核算 GDP

生产法是从生产的角度衡量常住单位在核算期内新创造价值的一种方法，即从国民经济各个部门在核算期内生产的总产品价值中，扣除生产过程中投入的中间产品价值，得到增加值。核算公式为：

$$\text{增加值} = \text{总产出} - \text{中间投入} \tag{8.9}$$

（1）总产出：是指常住单位在一定时期内生产的所有货物和服务的价值总和，既包括新增价值，也包括转移价值，反映一定范围内各部门生产经营活动的总规模，也叫总产值。

总产出按生产者价格计算。例如，农林牧渔业总产出就是农业总产值，按产品法计算，即以核算期农产品产量乘单位产品价格求得，其中农产品产量包括生产者自产自用的农产品产量；交通运输仓储和邮政业总产出等于其营业收入，是核算期内各种运输邮电业务的总收入；银行业总产出等于金融媒介服务活动的虚拟服务收入加实际服务费收入。

（2）中间投入：是常住单位一定时期内在生产过程中，消费和使用的非固定资产货物如原材料、燃料、动力和各种服务的价值。计算中间投入必须具备两个条件：一是与总产出的计算口径范围保持一致，即计算与总产出相对应的生产经营过程中所消耗的中间产品的价值。因此，各部门中间投入的计算方法是与其总产出的计算方法相对应的，如工业总产出按工厂法计算，工厂内部不允许重复计算，那么其中间投入就应该按生产中消耗的外购原材料、燃料动力和对外支付的服务费用计算；农业总产出按产品法计算，其中间投入既包括外购的也包括自产自用的中间产品（如种子、饲料）的价值。二是一般为本期一次性使用的，即本期消耗的不属于固定资产的非耐用品；低值易耗品则按本期摊销的部分计算。

（3）增加值：是总产出减去中间投入后的余额，是生产单位生产的物质产品和服务的价值超过了在生产过程中所消耗的中间投入价值后的差额部分。反映一定时期内各部门、各单位生产经营活动的最终成果。

标准形式的生产法由以下几个步骤组成。

第一步，计算各产业部门的总产值。

第二步，计算各产业部门的中间消耗，即各部门生产单位在生产中所消耗的购自其他生产单位的货物和服务。

第三步，从总产值减去中间消耗，得出各产业部门的增加值。所有产业部门增加值的总和，便是国内生产总值。

此外，对第三步所得结果进行调整，即从国内生产总值中扣除支付给外国居民的要素收入，加上本国政府和居民来自国外的要素收入，其结果即为国民生产总值（GNP）。

从理论上说，按支出法、收入法与生产法计算的 GDP 在量上应该是一致的，但实际核算中常有误差，因而要加上一个统计误差项来进行调整，以使其达到一致。GDP 三种计算方法的比较见表 8－3。

表 8－3　GDP 三种计算方法比较

方法 / 特点	支出法	收入法	生产法
分析角度	使用角度	分配角度	生产角度
指标实质	经济主体支出	要素所有者报酬	第二、第三产业增加值之和
要素构成	消费、投资、政府支出、净出口	工资、利息、利润、地租	各部门的增加值
目　的	分析总量变化和使用比例	分析总量变化和分配比例	分析总量变化和生产比例

四、国内生产总值指标的缺陷与修正

案例分析

GDP 不是万能的

从 GDP 的含义到它的计算方法不难看出，GDP 是且只是用来衡量那些易于度量的经济活动的营业额，不能全面反映经济增长的质量。美国罗伯特·肯尼迪（美国总统约翰·肯尼迪之弟）说："GDP 衡量一切，但并不包括使我们的生活有意义的东西。"这句话就是他在竞选总统的演说中对 GDP 这个经济指标的批评。他不是经济学家，但他的这段话颇受经济学家的重视。越来越多的人包括非常著名的学者，对 GDP 衡量经济增长的重要性发生了怀疑。斯蒂格利茨曾经指出，如果一对夫妇留在家中打扫卫生和做饭，这将不会被列入 GDP 的统计之内，假如这对夫妇外出工作，另外雇人做清洁和烹调工作，那么这对夫妇和佣人的经济活动都会被计入 GDP。说得更明白一些，如果一名男士雇佣一名保姆，保姆的工资也将计入 GDP。如果这位男士与保姆结婚，给保姆不发工资了，GDP 就会减少。需要进一步指出的是，国内生产总值其中所包括的外资企业虽然在我们境内从统计学的意义上给我们创造了 GDP，但利润却是汇回他们自己的国家的。一句话，他们把 GDP 留给了我们，把利润转回了自己的国家，这就如同在天津打工的安徽民工把 GDP 留给了天津，把挣的钱汇回了安徽一样。

看来 GDP 只是一个"营业额"，不能反映环境污染的程度，不能反映资源的浪费程度，看不出支撑 GDP 的"物质"内容。在当今中国，一些官员心目中，说到发展，就是简单的经济数量的增长，这种片面的发展观导致了片面的政绩观。于是，在很多地方，我们看到，一系列跟经济相关的量化指标，与官员的升迁奖罚紧密结合在了一起，政绩甚至简单化为年终报表的数据。在以经济数据、经济指标论英雄的片面政绩观引导下，一些官员也就片面强调 GDP 的作用，不恰当地夸大其功能，把 GDP 放在了一个至高无上的地位，以为它能解决一切问题，从而对官员的考核，也唯 GDP 是瞻，任何其他指标，例如教育、文化、卫生、环保等等，统统都要为 GDP 让路。这样，在现实中，GDP 获得了政策上、体制上、文化上的全面支持，只要经济增长了，其他一切都好说，"一俊遮百丑"。由此也就有了官员对 GDP 的顶礼膜拜，有了资源浪费的亮点工程、半截子工程，以增加 GDP。

（邓聿文《新京报》）

（一）国内生产总值指标的缺陷

国内生产总值是各国官方普遍使用的核算国民收入的指标，但是它在反映社会福利水平方面，存在一系列缺陷。

1. 忽略社会成本

现代的生产活动可能造成环境污染，而污染带来的福利损失并未在国内生产总值统计中做出扣除。例如，造纸可能引起森林的减少、生态环境的破坏和河流污染等，但是国内生产总值只考虑了纸张给人们带来的好处，而没有考虑到这些派生出来的坏处。

2. 未考虑闲暇的价值

经济学中的闲暇指市场活动之外的一切时间，除休息、娱乐和睡眠时间外，还涉及自己在家里学习或动手干活的时间。休息、娱乐和睡眠都可以给人们带来满足，当前许多国家实行了五天工作周就反映了人们在这方面的需求。在市场发育程度较低的发展中国家，许多经济活动都是未经过市场交易的。例如，自己在家里做饭、自己看孩子、自己种供自家食用的蔬菜、自己修自行车或水龙头等。如果这些活雇人来干，则会统计入国内生产总值，但是未经过市场交易的自给自足的经济活动则不会计入国内生产总值。

3. 未涉及地下经济的产值

地下经济指未得到官方统计的市场交易活动，包括非法的市场交易活动（如毒品交易和雇佣职业杀手）和本身合法但由于逃税而没有纳入官方统计的市场交易活动。在发达国家，只要交易中使用现金而不是支票或信用卡，纳税人就可能逃税。家庭雇请保姆和木匠，农场雇佣临时工，餐馆雇招待和厨师等，通常都是现金支出。随着第三产业在国民经济中的比重增大，有些发达国家的地下经济规模有增大趋势。在发展中国家，由于税收制度存在缺陷，地下经济的相对规模往往大于发达国家。

4. 汇率可能造成国内生产总值的扭曲

各国都使用本国货币衡量其国内生产总值。在对国内生产总值进行国际比较时，汇率（即各国货币之间的折算比例）可能造成国内生产总值的扭曲。汇率可能是官方人为规定的（官方汇率），也可能是由外汇市场上的供求关系决定的（市场汇率）。无论汇率是如何决定的，它都可能背离货币的实际价值（货币的购买力）。例如，目前 1 美元能够兑换人民币 6 元多，因此我国用人民币核算的国内生产总值在换成美元时，要除以超过 6 的一个数字。实际上，1 个美元的购买力根本抵不上 6 元人民币，这意味着用美元表示的我国国内生产总值是低估的。

5. 国内生产总值没有涉及收入分配

一个有 100 个人每人年收入为 5 万美元的社会，GDP 为 500 万美元，毫不奇怪，人均 GDP 是 5 万美元。一个有 10 个人赚到 50 万美元而 90 个人一无所有而受苦的社会，GDP 也是这样。很少有人在考虑这两种情况时认为它们是相同的。人均 GDP 告诉我们平均每个人的情况，但平均量的背后是个人经历的巨大不同。

（二）国内生产总值指标的修正

针对国内生产总值指标的缺陷，一些经济学家提出了一些新的指标，其中有代表性的有以下两种。

1. 净经济福利指标（NEW）

它的具体计算办法是用国内生产总值加上闲暇的价值和地下经济的产值，再减去环境污染造成的损失。

从理论上看，净经济福利指标比国民生产总值更准确地反映出人们得到的福利。但是，目前它只是停留在设想阶段，因为其自身也有一些有待改进之处。例如，闲暇的价值和地下经济的产值是难以统计的，环境污染造成的损失也是难以准确估价的。因此，NEW指标的准确性尚受到人们的怀疑。

2. 购买力平价（PPP）

购买力平价是用货币的购买力计算出来的货币比价或汇率，它能够在一定程度上纠正名义汇率（即直接用货币兑换比例表示的汇率）造成的国内生产总值国际比较中的扭曲。例如，世界银行在使用购买力平价重新估算中国的国内生产总值时，发现比它用美元表示的数值提高数倍。

第三节 国内收入核算中的恒等关系

从前面支出法、收入法和生产法所得出的国内生产总值的一致性，可以发现国民经济中存在一个基本平衡关系：总支出 = 总收入。总支出代表了社会对最终产品的总需求，总收入代表了社会对最终产品的总供给。因此，在国民收入核算中有一个恒等关系，即

总供给 = 总需求

下面通过部门经济流程模型进一步分析国民经济中的恒等关系。

一、两部门国民经济流程模型

两部门经济是指只有厂商和居民户两个经济部门的经济。假设在一个封闭经济社会，没有税收和政府购买，也没有进出口，经济关系比较简单。同时，为使分析简化，暂不考虑折旧。在这种经济中，居民户既是生产要素的提供者，向厂商提供各种生产要素，又是最终产品的消费者，用提供生产要素得到相应的收入购买和消费各种产品与服务；厂商既是生产要素的消费者，购买居民户提供的各种生产要素进行商品生产，也是最终产品的提供者，向居民提供各种产品和服务，交换过程就在两者之间不断地循环进行。其经济循环模型如图 8 -1 所示。

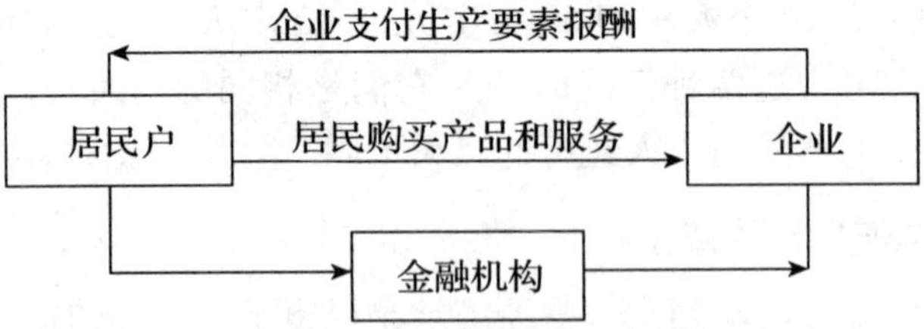

图 8 -1　两部门经济循环模型

在现实经济中，居民用户得到的收入主要有两种用途，一部分用于消费，另一部分存银行；作为企业来讲，不仅满足于简单再生产，都想扩大再生产，也就需要投资。居民将余下的钱存进银行，而银行作为金融机构，借贷给企业用于扩大投资。这样，宏观经济中出现了储蓄和投资，只要企业的投资等于家庭的储蓄，宏观经济就能够正常运转。

在两部门经济中，总需求分为居民的消费需求和企业的投资需求。消费需求与投资需

求可以分别用消费支出与投资支出来代表，消费支出即为消费，投资支出即为投资。所以有：

$$总需求 = 消费 + 投资$$

以 AD 表示总需求，以 C 表示消费，I 表示投资，则上式可写为：

$$AD = C + I$$

在两部门经济中，总供给是全部产品与劳务供给的总和，生产要素供给的总和可以用各种生产要素得到的收入总和来表示，即用工资、利息、地租和利润的总和来表示。工资、利息、地租和利润是消费者提供生产要素所得到的收入。这些收入只能是两个用途：消费与储蓄，所以：

$$总供给 = 消费 + 储蓄$$

以 AS 表示总供给，以 C 表示消费，S 表示储蓄，则上式可写为：

$$AS = C + S$$

在两部门经济中，国民收入的均衡条件是总需求等于总供给，即

$$AD = AS$$

$$C + I = C + S$$

两边同时消去 C，则可以写成：

$$I = S \tag{8.10}$$

二、三部门国民经济流程模型

所谓三部门经济，是指在居民户和企业之外，再加上政府部门的经济活动。

一方面，政府通过对企业和居民户征税，形成财政收入；另一方面，政府通过向企业和居民购买产品和服务，以及向居民户转移支付，形成财政支出。三部门经济循环模型见图 8－2。

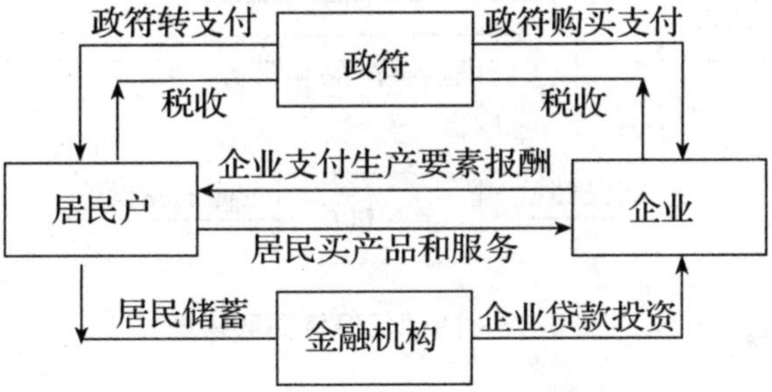

图 8－2　三部门经济循环模型

把政府经济活动考虑进去后，国民收入的构成将发生变化：总需求不仅包括居民户消费需求和企业投资需求，也包括政府的需求，即：

$$总需求 = 消费 + 投资 + 政府支出$$

以 G 表示政府支出，则可以将上式写为：

$$AD = C + I + G$$

总供给不仅包括居民户提供的各种生产要素外，还有政府的供给。政府的供给包括国防、立法、基础设施等公共物品，而政府由于提供这些公共物品而得到税收，税收用来代表政府的供给。所以：

$$总供给 = 消费 + 储蓄 + 税收$$

以 T 表示政府税收，则可以将上式写为：

$$AS = C + S + T$$

在三部门经济中，国民收入的均衡条件是总需求等于总供给，即

$$AD = AS$$

$$C + I + G = C + S + T$$

两边同时消去 C，则可以写成：

$$I + G = S + T \tag{8.11}$$

式（8.11）便是三部门经济正常运行的均衡条件。

三、四部门国民经济流程模型

三部门经济加上国外部门，就成为四部门经济。在现代社会，任何国家的经济运行都不是封闭的，或多或少都会与外国发生某种经济联系，其中最主要的经济联系是进出口贸易。如果把所有的外国也视为一个经济部门，即外国部门，在宏观经济运行过程中又会增加两个变量：出口和进口。经济循环模型如图 8－3。

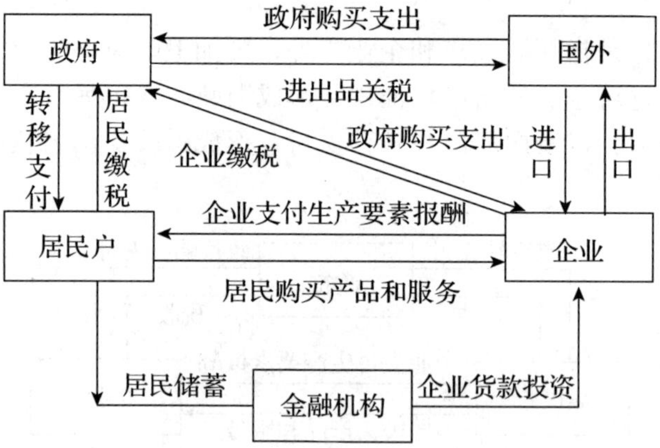

图 8－3　四部门经济循环模型

在四部门经济中，总需求包括了居民户的消费需求、厂商投资需求、政府的购买支出需求和国外的需求。国外的需求相对国内来说就是出口，所以可以用出口来代表国外需求。即：

$$总需求 = 消费 + 投资 + 政府支出 + 出口$$

以 X 表示出口，则可以将上式写为：

$$AD = C + I + G + X$$

在四部门经济中，总供给包括了居民户提供的各种生产要素、政府供给和国外的供

给。国外的供给对于国内来说就是进口，所以用进口来代表国外的供给。

$$总供给 = 消费 + 储蓄 + 税收 + 进口$$

以 M 表示进口，则可以将上式写为：

$$AS = C + S + T + M$$

在三部门经济中，国民收入的均衡条件是总需求等于总供给，即

$$AD = AS$$

$$C + I + G + X = C + S + T + M$$

两边同时消去 C，则可以写成：

$$I + G + X = S + T + M \tag{8.12}$$

在理想情况下，总需求应该等于总供给，国民经济处于一种均衡状态。但在一定时期内的生产活动过程中，总需求与总供给并不总是相等的。有时总需求大于总供给，有时总供给大于总需求，这样就会出现波动。

第四节　简单国民收入决定模型

案例导入

中国储户长期向银行花钱存款，增强消费支出前路漫漫

据彭博社分析报道，中国家庭的储蓄选项本已因大起大落的股市和规模有限的共同基金行业而受到制约，现在经通货膨胀因素调整后向银行存入一年期存款竟然还要付出 0.1% 的成本。实际收益率相比 1 月份时的 1.95% 大幅下滑。中国储户事实上是在花钱向银行存款，这对于中国加强消费支出的努力是一次负面打击。

因银行存款回报率下降，为达成储蓄目标，中国储蓄者将减少支出，这和其他发达国家的情况完全相反，在发达国家存款利率降低，通常意味着消费的机会成本减少，从而能刺激消费支出。但这一“节俭悖论”却在中国公民的身上得到充分体现，因为中国很多人在没有医疗保险和养老金的情况下，都会选择增加存款，来抵消银行存款利率下调所导致的存款收益下降。（资料来源：汇通网）

一、总需求的构成

总需求是指在其他条件不变的情况下，在某一给定的价格水平上人们所愿意购买的产出总量，也即所有生产部门所愿意支出的总量，因此，总需求反映的是经济中不同经济实体的总支出。按照需求主体的不同，总需求可分为居民的需求、厂商的需求、政府的需求、国外部门的需求等。总需求可以看作这些方面需求的总和，这几部分组成如下。

（1）消费者购买是指本国居民用于物品和劳务上的开支，是一个国家总需求中最主要的一个部分。消费者购买主要取决于可支配收入，可支配收入是指个人收入减去税收后的部分。

（2）企业购买是指企业的投资支出，包括固定投资和存货投资两大类。决定投资的因素是产出水平、资本成本以及对未来的预期。

（3）政府购买是指政府在商品与服务上的开支，例如政府购买坦克和筑路设备这样的商品以及对公立学校教师支付的服务费用。与消费者购买和企业购买不同，这一部分是直接由政府的支出政策所决定的。

4. 净出口等于出口值减去进口值。出口以 X 表示，进口以 M 表示，则净出口 $NX = X - M$。其中出口指的是外国对本国物品或劳务的购买，进口指的是本国对外国的物品或劳务的购买。当一个国家的出口大于进口时，净出口为正；当出口小于进口时，净出口为负。净出口代表了外国购买本国生产的最终物品或劳务的净支出。进口取决于国内的收入和产出、国内和国外的价格比率以及本国货币的汇率。出口由国外的收入和产出、相对价格和外汇汇率所决定。因此，净出口取决于国内以及国外的收入水平、相对价格和汇率。

按照需求对象划分，总需求还可分解为对投资品的需求和对消费品的需求，或者对最终产品的需求和对中间产品的需求。因此，总需求又可看作对这些商品的需求总和。

二、总需求与均衡国民收入决定

总需求与总供给相等时的国民收入是均衡的国民收入。当不考虑总供给这一因素时，均衡的国民收入就是由总需求决定的。

前面已经讲过，在开放的经济中，总需求由消费支出、投资支出和政府购买和净出口构成。这四种需求中的任何一种增加，都会引起总需求的增加，从而导致均衡的国民收入增加；反之则相反。例如，储蓄越多，说明消费越少，总需求就越少，这样供过于求，国民收入就减少；同样，在投资和政府支出不变的前提下，税收越多，个人收入就越少，从而消费就减少，总需求就越少，国民收入也会减少。由此可以看出，储蓄和税收都是引起总需求减少的因素。我们可以用图 8－4 来说明这个问题。

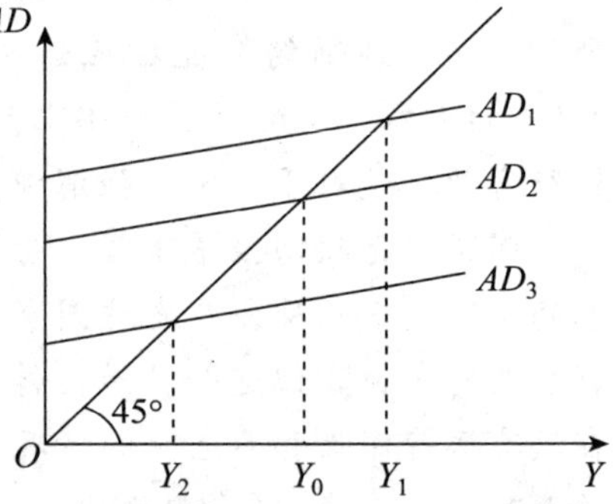

图 8－4　总需求对国民收入的决定

在图 8－4 中，横轴 OY 代表国民收入，纵轴 OAD 代表总需求，45°线表示总需求等于总供给。当总需求为 AD_0 时，决定了均衡的国民收入为 Y_0。如果由于消费增加或者政府支出增加，则总需求移至 AD_1，这时的国民收入增加到 Y_1；相反，如果总需求减少，总需求曲线移至 AD_2，均衡国民收入就会减少至 Y_2。

由此可以看出，如果要增加国民收入，就要减少储蓄、政府税收与进口，增加投资支出、政府购买与出口。正因为增加消费可以促进国民收入增加，而增加储蓄则会使国民收入减少，凯恩斯对勤俭节约的传统美德做出了新的价值判断，提出了著名的节约悖论，即节约导致经济衰退，奢侈促进经济繁荣。

案例分析

蜜蜂的寓言与凯恩斯建立以总需求为中心的宏观经济理论

18世纪初，一个名叫孟迪维尔的英国医生写了一首题为《蜜蜂的寓言》的讽喻诗。这首诗描述了一群蜜蜂的兴衰史。最初，蜜蜂们追求豪华的生活，浪费成性，结果整个蜂群兴旺发达。后来，它们在一个“哲学蜂”的劝说下崇尚节约，结果弄得社会衰落，终于被另一个蜂群所消灭。

这首诗因为宣扬“浪费有功”，当时被英国中塞克斯郡大陪审团判定为败类作品。但在200多年后，这部作品却启发凯恩斯建立了以总需求为中心的宏观经济理论。

在凯恩斯之前，经济学家相信“供给决定需求”。但20世纪30年代大危机时的供给过剩、失业严重使凯恩斯从供给转向需求，建立了以总需求为中心的宏观经济理论。凯恩斯认为，在短期中，总供给水平是既定的，因此，国民收入水平的大小取决于总需求。总需求增加，国民收入增加；总需求减少，国民收入减少。总需求不足正是引起供给过剩和失业的根本原因。这就是宏观经济学中简单的国民收入决定模型，或称凯恩斯国民收入决定模型。

总需求包括消费、投资、政府购买支出和净出口（出口－进口）。因此，增加消费，哪怕是浪费性消费也可以刺激经济繁荣。这正是孟迪维尔《蜜蜂的寓言》的中心思想，不过凯恩斯用现代经济学概念表述了这一思想。我们知道，居民的收入分为两部分，即消费与储蓄，消费增加则储蓄减少。这就又得出一个推论，减少储蓄可以使经济繁荣。但是，这与传统的“节约光荣”正好相反。于是就出现了一个悖论：节约是个人的美德，却使社会萧条；浪费是个人的恶行，却使社会繁荣。人们把这种似乎矛盾的结论称为“节约的悖论”。

当然，这种悖论是一种假象。如果我们分开短期与长期，这个悖论就不存在了。在短期中，总供给能力是固定的（资源与技术不变）。因此，总需求大小决定了国民收入水平。从这种意义上说，当处于30年代那样的萧条或衰退时期时，刺激总需求的确是重要的。但在长期中，一个经济的总供给还取决于资源与技术，这就要增加储蓄了。凯恩斯认为“在长期中我们都要死”，而没有考虑长期问题，仅进行短期分析，所以，节约的悖论就变得“似非而是”了。

三、消费与均衡国民收入决定

家庭用其得到的收入来购买消费品，这项支出就是家庭消费，简称消费。消费受到多种因素的影响，其中主要包括个人可支配收入水平、消费者偏好、利率水平、价格水平和收入分配状况等，凯恩斯认为其中最主要的因素是个人可支配收入水平，储蓄则是个人可支配收入中未用于消费的那部分收入。在简单的国民收入决定理论中，我们假定总需求中的其他部分不变，仅考虑总需求中消费的变动对总需求的影响。这样就要先了解消费函数以及相关的储蓄函数。

（一）消费函数与储蓄函数

1. 消费函数

消费函数是指消费支出与决定消费的各种因素之间的依存关系。影响消费的因素包括商品价格、消费者偏好、收入水平、预期收入、消费环境、家庭成员构成以及相关商品的价格等。但就宏观经济而言，居民户的消费数量主要由经济的总收入即国民收入水平所决定，所以，消费函数表示的是消费与收入之间的关系。一般来说，在其他条件不变的情况下，消费随收入的变动而同方向变动。消费函数的公式是

$$C = f(Y)$$

式中：C 代表消费；Y 代表收入。

消费与收入的关系还可以用平均消费倾向与边际消费倾向来说明。

平均消费倾向（英文缩写 APC）是指消费在收入中所占比重。用公式表示为

$$APC = \frac{C}{Y} \tag{8.13}$$

边际消费倾向（英文缩写 MPC）是指消费增量在收入增量中所占的比例。如果以 ΔC 表示消费增量，以 ΔY 表示收入增量，则边际消费倾向用公式表示为

$$MPC = \frac{\Delta C}{\Delta Y} \tag{8.14}$$

边际消费倾向存在递减规律，如表 8－4 所示。

表 8－4　某家庭的消费函数

收入（Y）	消费（C）	平均消费倾向（APC）	边际消费倾向（MPC）
5 000	5 200	1.04	
6 000	6 000	1	0.8
7 000	6 750	0.96	0.75
8 000	7 380	0.92	0.63
9 000	7 920	0.88	0.54
10 000	8 420	0.84	0.50
11 000	8 820	0.80	0.40

一般来说，由于人们在任何情况下都不能没有消费，因此，APC 是大于零的正数。由于消费增量只是收入增量的一部分，因此，MPC 大于0而小于1，即 $0 < MPC < 1$。

消费与收入之间的关系可以用线性消费曲线来说明，如图 8－5 所示，横轴 OY 代表收入，纵轴 OC 代表消费。图中45°线是收支相抵线，直线上任意一点都表示 $C = Y$。消费曲线 aC 向右上方倾斜，表示随着收入的增加，消费也增加。aC 与45°线相交于 E 点，E 点是收支相抵点。在

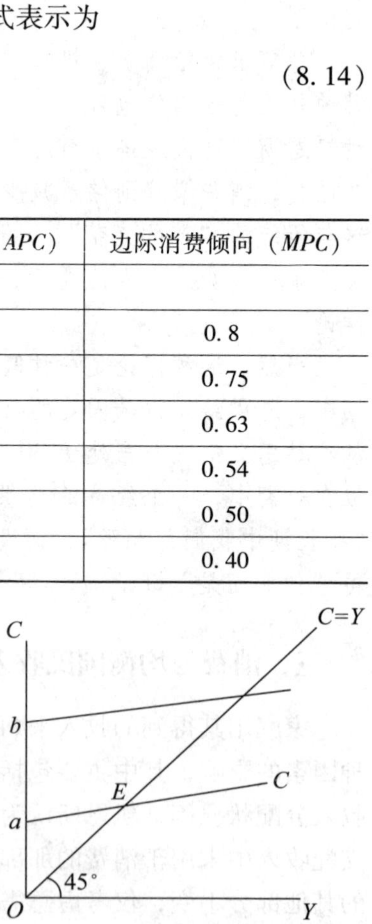

图 8－5　消费曲线

E 点之左，消费大于收入，有负储蓄；在 E 点之右，消费小于收入，有正储蓄。当收入等于零时，消费为 a，a 表示不依存于收入的消费，称为自发性消费，因此消费函数可以表示为：

$$C = a + bY \tag{8.15}$$

式中：a 为自发性消费；b 为边际消费倾向；bY 为引致消费，指随收入的变动而变化的那部分消费。

2. 储蓄函数

储蓄函数是储蓄与决定储蓄的各种因素之间的依存关系。影响储蓄的因素很多，如收入、利率等。与消费函数一样，我们认为收入是储蓄的很重要的影响因素。一般地，储蓄与收入同方向变动。储蓄函数的公式是：

$$S = f(Y)$$

式中：S 代表储蓄，Y 代表收入。

储蓄与收入的关系可以用平均储蓄倾向与边际储蓄倾向来说明。

平均储蓄倾向（英文缩写 APS）是指储蓄在收入中所占的比例。用公式表示为

$$APS = \frac{S}{Y} \tag{8.16}$$

边际储蓄倾向（英文缩写 MPS）是指储蓄增量在收入增量中所占的比例。用公式表示为

$$MPS = \frac{\Delta S}{\Delta Y} \tag{8.17}$$

与边际消费倾向递减相对应，边际储蓄倾向是递增的。可以用储蓄曲线来说明储蓄与收入的关系。如图8－6所示，横轴 OY 代表收入，纵轴 OS 代表储蓄，储蓄曲线 S 向右上方倾斜，表示储蓄与收入同方向变动。S 与 OY 相交于 E，此时储蓄为零，E 点为收支相抵点。在 E 点之左有负储蓄，在 E 点之右有正储蓄。

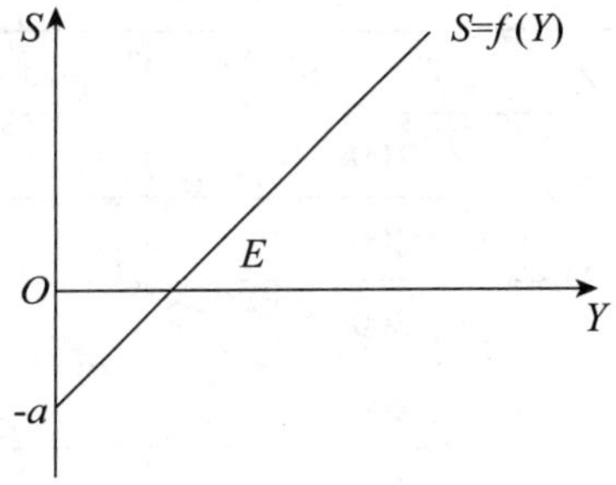

图8－6 储蓄曲线

3. 消费函数和储蓄函数的关系

消费函数和储蓄函数存在相互联系、相互补充的关系。从上一节的分析我们知道，消费与储蓄之和永远等于收入，即 $Y = C + S$，所以

$$S = Y - C$$

将消费函数 $C = a + bY$ 代入上式，得到储蓄函数为：

$$S = -a + (1 - b)Y$$

消费函数与储蓄函数的互补关系也决定了消费倾向与储蓄倾向之间的对应关系：平均消费倾向与平均储蓄倾向之和为1，即

$$APC + APS = 1 \tag{8.18}$$

边际消费倾向与边际储蓄倾向之和为1，即

$$MPC + MPS = 1 \tag{8.19}$$

（二）均衡国民收入的决定

为了简单起见，我们假定经济中没有政府也没有对外贸易。在只存在两部门的条件下，总支出由消费和投资构成，即 $Y=C+I$。为了分析的简化，这里假设投资是一个给定的量，又根据消费函数 $C=a+bY$，可以得出国民收入

$$Y=\frac{a+I_0}{1-b} \tag{8.20}$$

两部门的均衡收入决定可以由图 8－7 来说明。在图 8－7 中，横轴表示收入，纵轴表示消费和投资，45°线上的任何一点到纵轴和横轴的距离都相等，表明总支出等于总收入。根据消费函数可以得到消费曲线。假定投资是自主投资，则在消费曲线上垂直相加投资，就可以得到总支出曲线 $C+I$。总支出曲线与 45°线的交点为 E，表明总支出等于总收入，这点决定的收入水平 Y^* 即是均衡收入水平。

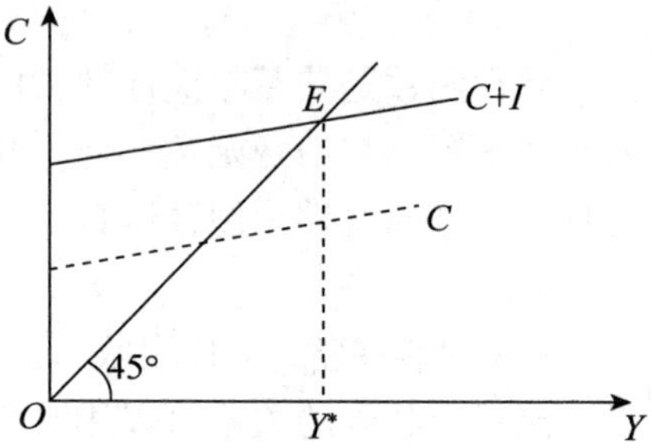

图 8－7　国民收入的决定

可见，只要已知消费函数，就可以求出均衡的国民收入。例如，假定消费函数为 $C=50+0.6Y$，自发的计划投资为 150 元，则均衡收入

$$Y=\frac{50+150}{1-0.6}=500$$

表 8－5 显示了消费函数为 $C=50+0.6Y$ 及自发投资为 150 元时均衡收入的情况。

表 8－5　均衡收入的决定

单位/元

收　入	消　费	储　蓄	投　资
100	110	－10	150
200	170	30	150
300	230	70	150
400	290	110	150
500	350	150	150
600	410	190	150
700	470	230	150

表 8－5 的数据表明，当收入 $Y=500$ 元时，$C=350$ 元，$I=150$ 元，因此，$Y=C+I=500$ 元，说明 $Y=500$ 元是均衡的收入。如果收入小于 500 元，例如当收入为 400 元时，$C=290$ 元，加上投资 150 元，总支出为 440 元，超出了收入 400 元，这意味着企业销售出去的产量大于它们生产出来的产量，存货出现意外的减少，这时扩大生产是有利可图的。于是企业会增雇工人，增加产量，使收入向均衡收入靠拢；相反，如果收入大于 500 元，比如收入为 600 元，说明企业生产出来的产量大于它们的销售量，存货出现意外的增加，于是，企业便会减少生产，使收入仍向 500 元靠拢。

案例分析

破窗经济的启示

一个流氓打破了一家商店的窗子玻璃。店主无奈只有再买一块，假如，为此花了200美元。玻璃店的老板把这200美元中的80%，即160美元用于其他支出。得到这笔支出的人收入增加160美元，又把其中的80%支出……如此循环下去最后整个经济中的收入增加了1000美元。流氓打破玻璃不仅无过，反而有“功”，因为刺激了经济发展。这就是所谓的破窗经济。

破窗经济说明最初投资增加（店主买玻璃）会引起经济中相关部门收入与支出增加的连锁反应，从而使最后国民收入的增加大于最初投资的增加，这种过程被称为乘数效应。最后国民收入的增加量与最初投资增加量的比称为乘数。由于国民经济各部门之间相互关联，某一部门投资的增加一定会引起其他部门收入与支出的增加，所以，乘数必定大于1。乘数的大小取决于得到收入的部门支出的多少，即边际支出倾向的大小（如果支出用于消费也可以用边际消费倾向的概念）。边际支出倾向是增加的支出在增加的收入中所占的比例（边际消费倾向是增加的消费在增加的收入中所占的比例）。例如，增加的收入为200美元，增加的支出为160美元，则边际支出倾向为0.8（如果支出的160美元为消费，就是边际消费倾向为0.8）。乘数是1减边际支出倾向（或边际消费倾向）的倒数。在上例中，当边际支出倾向为0.8时，乘数为5，所以，最初投资增加200美元，最后使国民收入增加了1 000美元。

破窗经济的例子所揭示的是现实中存在的乘数原理。但要注意两点。一是乘数原理的作用是有条件的，只有经济中资源没有得到充分利用，乘数才起作用，最初投资的增加才能起到使国民收入数倍增加的作用。衰退时期，政府采用扩张性财政政策增加政府支出正是利用乘数的作用。但如果经济已实现了充分就业，最初投资的增加就不会引起这种乘数效应，只会引起通货膨胀。二是乘数也是一把“双刃剑”，投资增加会引起国民收入成倍增加，投资减少也会引起国民收入成倍减少。所以，乘数效应会加剧经济波动。

当然，尽管破窗经济形象地说明了乘数原理，但我们并不是要把打破窗户作为最初的投资刺激，因为这毕竟是一种浪费行为。我们要以有经济效益的投资引起乘数效应，不能用浪费刺激经济，“流氓破坏有功”是谬论。我们也不能把自然灾害看作是刺激经济的好事。灾害毕竟要使经济蒙受损失，何况经济中可以刺激投资的好事还是很多的。经济学家用破窗经济的例子无非是要形象地说明乘数原理，如果把它理解为“破坏有功”，那就歪曲其本意了。

四、乘数原理

乘数原理是英国经济学家卡恩首先提出的，凯恩斯在《通论》中加以运用。所不同的是，卡恩的乘数是就业乘数，而凯恩斯的乘数是投资乘数。

乘数原理也称为倍数原理。简单地说，所谓乘数就是指投资增加引起国民收入增加的倍数。假设一个国家增加一笔投资，我们以ΔI来表示，由此引起的国民收入的增加量以ΔY来表示，则$\Delta Y = K\Delta I$，即当增加一笔投资时，由此所引起的国民收入的增加量并不仅限于该投资的增加量，而是原来这笔投资的若干倍。其中K是大于1的正数，因此称为乘数原理。

现假设某社会的消费函数为$C = 50 + 0.6Y$，投资为150万元，当国民经济达到均衡状态时，均衡的国民收入为500万元。现假设某公司决定新建一个工厂，从而使投资由原来的150万元增加到现在的250万元，即投资增量$\Delta I = 100$万元，当国民经济达到均衡状态时，国民收入由原来的500万元达到现在的750万元，即$\Delta Y = 250$万元。可见由该笔投资增加所引起的国民收入的增加量是投资增加量的2.5倍。为什么当投资增加时，国民收入的增加量会是投资增加量的若干倍呢？下面我们来分析一下这个过程。

首先，当投资增加100万元时，增加的这一部分投资用来购买生产资料或劳动力等生产要素。那么这100万元就以工资、利息、利润和租金的形式流入生产要素所有者手中，也就是居民的手中，这样居民的收入就增加了100万元，也就是说国民收入增加了100万元，记为$\Delta Y_1 = 100$万元。

第二时期，由消费函数可知，边际消费倾向为0.6。当居民手中收入增加了100万元后，其中的60万元（即100万元×0.6）要用于消费。此时，这60万元也以工资、利息、利润和租金的形式流入拥有消费品的生产者手中，也就是居民的手中，这样居民的收入就又增加了60万元，也就是说国民收入增加了60万元，记为$\Delta Y_2 = 60$万元。

同样，这些消费品的生产者会把这60万元中的36万元（即60万元×0.6）用于消费，则国民收入增加了36万元，记为$\Delta Y_3 = 36$万元。

这个过程不断地循环下去，最后使国民收入增加了250万元。其过程是

$$
\begin{aligned}
&100 + 100 \times 0.6 + 100 \times 0.6^2 + \cdots + 100 \times 0.6^{n-1} \\
&= 100 \times (1 + 0.6 + 0.6^2 + \cdots + 0.6^{n-1}) \\
&= \frac{1}{1 - 0.6} \times 100 \\
&= 250\ (\text{万元})
\end{aligned}
$$

此式表明，当投资增加100万元时，收入增加了250万元，即乘数

$$K = \Delta Y / \Delta I = 2.5$$

上面的例子也说明，乘数 = 1/(1 − 边际消费倾向)，即$K = 1/(1 - PC)$，由于$MPS = 1 - MPC$，因此，

$$K = \frac{1}{1 - MPC} = \frac{1}{MPS} \tag{8.21}$$

可见，乘数大小和边际消费倾向有关，边际消费倾向越大，或边际储蓄倾向越小，则乘数就越大。

第五节 IS-LM 模型

前面的理论中，我们只考察了产品市场的投资与储蓄的均衡，而没有考虑到货币市场的流动偏好与货币供给的均衡。如果同时考虑到产品市场与货币市场的均衡，就要引入 *IS-LM* 分析。这里，I 指投资，S 指储蓄，L 指流动偏好即货币的需求，M 是货币供给。*IS-LM* 分析同时分析产品市场和货币市场的均衡，说明在实现两种市场同时均衡时利息率与国民收入的相互配合关系。

一、产品市场的均衡：IS 曲线

（一）IS 曲线的定义

IS 曲线是描述产品市场均衡时，即 $I=S$ 时，国民收入与利率之间存在着反向变动关系的曲线。或者说，*IS* 曲线是使产品市场达到均衡时利率和国民收入组合点的轨迹。

（二）IS 曲线的推导

我们以两个部门为例，推导出 IS 曲线。在前面的分析中我们假定投资是外生的固定不变的常数，即假定 $I=I_0$，现在假定投资 I 是关于利率 r 的函数，即 $I=I(r)$。投资是关于利率的减函数，利率越高，投资越少；利率越低，投资越大。在这里我们假设投资函数为 $I=I_0-hr$，其中 I_0 为常数。

已知消费函数为 $C=a+bY$，又 $Y=C+S$，则储蓄函数为 $S=Y-C=-a+(1-b))Y$。当产品市场达到均衡时有：$I=S$，根据这个条件可以得出，$I_0-hr=-a+(1-b)Y$，即

$$Y=\frac{I_0+a-hr}{1-b}=\frac{I_0+a}{1-b}-\frac{h}{1-b}r$$

由此可以看出当 $I=S$ 时国民收入 Y 与利率 r 的关系，即国民收入与利率呈反向变化。下面我们举个例子，假设投资函数为 $I=1\,000-200r$，消费函数为 $C=500+0.5Y$，则储蓄函数为 $S=Y-C=-500+0.5Y$。当产品市场达到均衡时，$I=S$，即 $Y=3\,000-400r$。

当 $r=1$ 时，$Y=2\,600$

当 $r=2$ 时，$Y=2\,200$

当 $r=3$ 时，$Y=1\,800$

当 $r=4$ 时，$Y=1\,400$

当 $r=5$ 时，$Y=1\,000$

……

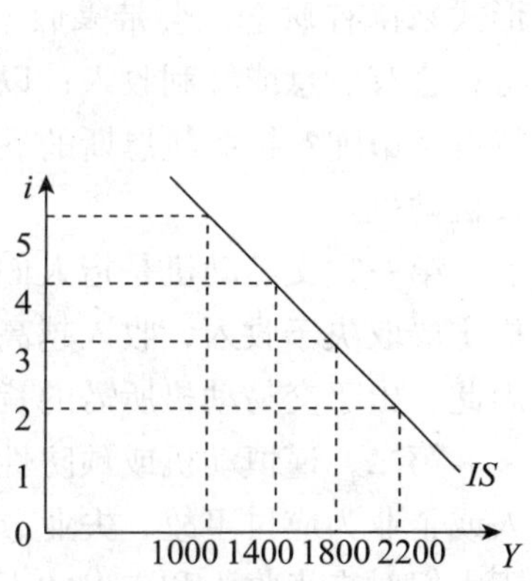

图 8－8　IS 曲线

在坐标系中以纵轴代表利率，横轴代表国民收入，则可以得到一条反映利率和收入之间相互关系的曲线。如图 8－8 所示，这条曲线上任何一点都代表一定的利率和收入的组合，在这样的组合下，投资和储蓄都是相等的，即 $I=S$，从而产品市场是均衡的，因此这条曲线称为 IS

曲线。

从上例可以看出，IS 曲线是从投资与利率的关系（投资函数）、储蓄与收入的关系（储蓄函数）以及储蓄和投资的关系（储蓄等于投资）中推导出来的。即

$$\left.\begin{array}{ll} I=I(r) & \text{投资函数} \\ S=S(Y) & \text{储蓄函数} \end{array}\right\}$$

$$I=S \quad \text{均衡条件}$$

（三）IS 曲线的位置移动

导致 IS 曲线位置移动的因素主要有以下几个方面。

第一，投资需求的变化。在其他条件不变时，如果投资边际效率提高，或出现了技术革新，或投资者对投资前景预期乐观，在每一利率水平上投资量都会增加，从而使 IS 曲线向右上方移动；反之，IS 曲线将向左下方移动。

第二，储蓄或消费函数的变化。在其他条件不变时，人们的储蓄意愿提高了，储蓄曲线将向上平行移动，使每一储蓄水平所对应的国民收入下降，IS 曲线将向左下方移动。如果是消费意愿提高了，情况则相反。

第三，政府开支或税收的变化。如果其他条件不变，在政府采取扩张性财政政策，增加政府开支或减免税收时，与每一利率水平相对应的国民收入水平也会提高，IS 曲线将向右上方移动。如果政府实行紧缩性财政政策，就会使 IS 曲线向左下方移动。

二、货币市场的均衡：LM 曲线

货币市场的均衡取决于货币的需求和供给。LM 曲线表示货币需求等于货币供给时，国民收入和利率之间的函数关系。或者说，国民收入和利率应该怎样配合，才能保证货币需求量和货币供给量始终相等。

（一）货币的需求

货币的需求又称“流动性偏好”。所谓“流动性偏好”是指人们宁肯以牺牲利息收入而储存不生息的货币来保持财富的愿望或动机。我们都知道，人们如果以货币以外的其他形式来持有财富，会带来收益。例如，以债券形式持有，会有利息收入；以股票形式持有，会有股息或红利收入；以房产形式持有，会有租金收入，等等。那么为什么人们愿意持有货币呢？按照凯恩斯的观点，人们储存货币是出于三种动机：交易动机、谨慎动机和投机动机。

第一，交易动机是指人们为了应付日常支出的需要而持有一部分货币的动机。交易动机主要取决于收入，收入越高，交易数量越大，为应付日常支出所需要的货币量就越多。因此，出于交易动机所需的货币量是收入的函数。

第二，谨慎动机或预防性动机是指为了预防意外支出而持有一部分货币的动机，如个人或企业为应付事故、失业、疾病等意外事件而需要持有一定数量的货币。谨慎动机产生于人们对未来收入和支出的不确定性，这一部分所需的货币主要决定于人们对意外事件的看法，从整个社会来看，这部分货币量和收入密切相关。因此，出于谨慎动机所需的货币

量大致也是收入的函数。

因此，如果用 L_1 表示交易动机和谨慎动机所引起的全部货币需求量，用 Y 表示收入，这种货币需求和收入的函数关系可以表示为

$$L_1 = L_1(Y) \text{或者} L_1 = kY$$

式中 k 是出于上述两种动机所需货币量同实际收入的比例关系，Y 为具有不变购买力的实际收入。例如，若实际收入为 1 000 万元，交易动机和谨慎动机需要的货币量占收入的 20%，则 $L_1 = 1\,000 \text{万元} \times 0.2 = 200 \text{万元}$。

第三，投机动机是指人们为了抓住购买生利资产例如债券等有价证券的有利机会而持有一部分货币的动机。人们持有货币可以随时抓住有利的投机机会，但是会损失利息。当利率较低时，持有货币所损失的利息就较少，人们对货币的需求量就大，反之则相反。因此出于投机动机对货币的需求量与利率成反方向变动关系。

用 L_2 表示投机动机引起的货币需求量，用 r 表示利率，则 L_2 与 r 的关系用函数关系表示为

$$L_2 = L_2\ (r)$$

下面我们来具体分析一下。每张债券的利息是固定不变的，假定一张债券一年可获得利息 10 元，若利率为 5%，则它的市场价值为 200 元，因为 200 元在利率 $r=5\%$ 时放到银行也可以得到 10 元的利息。所以债券的市场价值等于债息与利率相除得到的商值。同理，若 $r=4\%$ 时，债券市场价值为 250 元；若 $r=10\%$，则债券的市场价值为 100 元。可见，债券的市场价值和利率成反比关系。

凯恩斯指出，在任一时刻，人们心中存在着某种“标准”的利率（如年利率 5%）。假如现行利率为 6%，那么他会预期利率将趋于下降。此时，他将按照 166.7 元即 10 元/0.06 的市价用货币买进这张债券，以便日后利率下降到 5%，债券价格上涨到 200 元时卖出债券，换回货币。反之，如果现行利率为 4%，一张债息为 10 元的债券的市价为 250 元，此时，由于他预期将来利率会升回到 5%，他将按 250 元的市价卖出债券，换回货币（这就构成了货币需求，即持有货币而不持有债券），以便日后利率上升，从而债券价格下降到 200 元时再买进债券。由此可以看出，出于投机动机的货币需求是利率的函数，两者反方向变化，利率越高，投机性货币需求越少；利率越低，投机性货币需求越多。

当利率极高时，投机动机引起的货币需求量等于零。也就是说，人们认为此时利率不大可能再上升，或者说，债券的市场价格不大可能再下降，因而会将持有的货币量全部换成债券。反之，在利率极低例如 2% 时，人们预期利率不可能再低下去了，也就是债券未来的价格只会下跌。此时，人们必然卖出债券以持有货币，由此，货币当局在公开市场活动中收购债券所增加的货币供应量，必然全部被公众作为货币保存在身边，所以凯恩斯称之为“流动性陷阱”。此时，投机性货币需求的利率弹性为无穷大，货币需求曲线在利率降低到 2% 时变成一条与横轴平行的直线，如图 8-9所示。

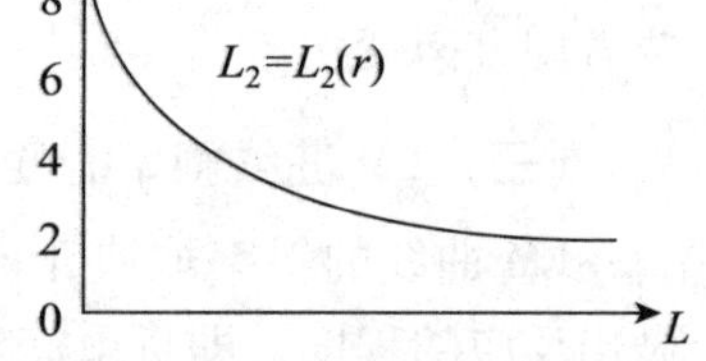

图 8-9 投机动机的货币需求

在货币市场上，对货币的总需求是三种动机形成的总需求量。把 L_1 和 L_2 加在一起，便可以得到全部的货币需求量。即

$$L = L_1(Y) + L_2(r)$$

货币的总需求与利率的关系如图 8－10 所示。

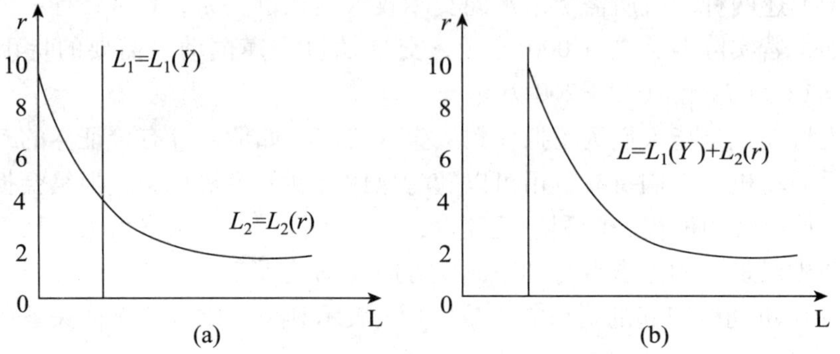

图 8－10　货币总需求

图 8－10（a）中的垂线 L_1 表示为满足交易动机和谨慎动机的货币需求曲线，是关于收入的函数，与利率无关，所以垂直于横轴。L_2 表示满足投机动机的货币需求曲线，它起初向右下方倾斜，表示货币的投机需求量随利率下降而增加，最后为水平状，表示“流动性偏好陷阱”。把 L_1 和 L_2 加总即货币的总需求量，见图 8－10（b）。

（二）LM 曲线

货币的供给量由货币当局决定，是一个不变的常数。当货币市场达到均衡时，货币的需求和供给相等，即 L＝M。所以存在如图 8－10 的均衡模型。

该模型也表明了在货币市场达到均衡时，国民收入与利率之间的关系。当国民收入 Y 增加时，L_1 增加，为了保持货币市场均衡，L_2 减少。因为 L_2 是关于利率的减函数，所以利率 r 上升。因此当 Y 增加时，利率 r 上升。反之，如果国民收入 Y 减少，L_1 减少，则 L_2 增加。L_2 是关于利率的减函数，则利率 r 减少。因此当 Y 减少时，利率 r 下降。综上，国民收入与利率同方向变动。我们把表示这种 Y 与 r 的函数关系的曲线称为 LM 曲线。LM 曲线是使货币需求等于货币供给的国民收入和利率的组合点的轨迹。LM 曲线如图 8－11 所示。

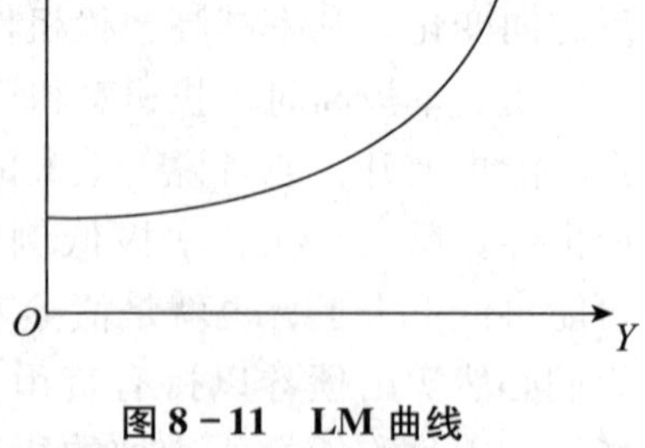

图 8－11　LM 曲线

LM 曲线向右上方倾斜，说明国民收入越多，为使得货币总需求恰好等于既定的货币供给的利息率越高，两者同方向变化。

（三）LM 曲线斜率的变化与位置移动

LM 曲线的斜率取决于利率变动时人们对货币需求做出反应的程度，即货币需求的利率弹性。西方经济学家认为一条完整的 LM 曲线包括三条斜率不同的线段，分别是与低利率相适应的水平凯恩斯区域、与高利率相适应的垂直古

典区域和介于两者之间的向上倾斜的中间区域，如图 8－12 所示。

由于 LM 曲线是由货币的供给和需求共同形成的，所以 LM 曲线位置的移动也取决于货币供给与需求的变化。

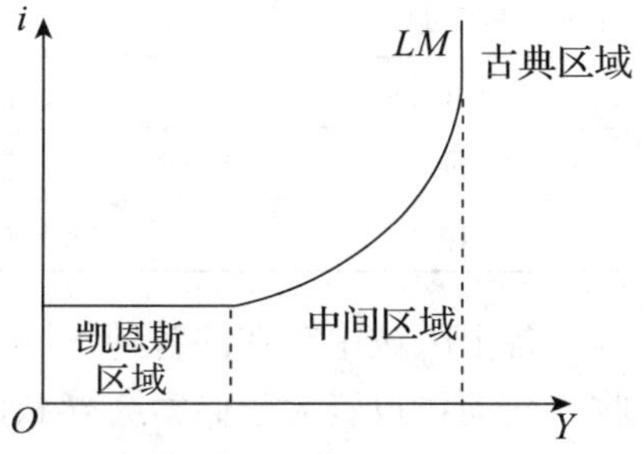

图 8－12　LM 曲线斜率的变化

首先，货币供给量的变化直接影响 LM 曲线位置的移动，从而就会使国民收入与利率变动。在其他条件不变的情况下，如果政府采取扩张性货币政策，增加货币供给量，LM 曲线会向右下方移动；如果货币供给量减少，则 LM 曲线会向左上方移动。这将导致国民收入和利率发生相应的变动。

其次，由交易动机决定的货币需求和由投机动机决定的货币需求发生变化，也会影响 LM 曲线位置的移动。如果在相同的利率水平上，货币的投机需求增加，或者在相同的国民收入水平上，货币的交易需求增加，就会出现货币需求大于货币供给的情况，这实际上就相当于货币供给量的下降，所以，LM 曲线会向左上方移动。如果情况相反，LM 曲线则向右下方移动。

三、产品市场与货币市场的一般均衡：IS-LM 曲线

（一）国民收入与利率的决定：IS-LM 模型

把 IS 曲线与 LM 曲线放在同一幅图上，就可以得出说明两个市场同时均衡时，国民收入与利率决定的 IS-LM 模型，如图 8－13 所示。

在图 8－13 中，IS 曲线上的每一点都表示产品市场均衡时收入与利率的组合，LM 曲线上的每一点都表示货币市场均衡时收入与利率的组合。

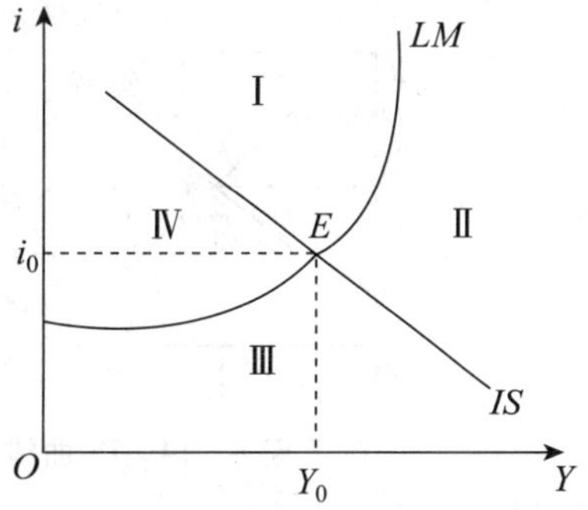

图 8－13　IS-LM 曲线

IS 曲线与 LM 曲线相交于 E 点，E 点就表示产品市场与货币市场同时达到了均衡，这时决定了均衡的利率水平为 i_0，均衡的国民收入水平为 Y_0。

从图 8－13 中可以看到，*IS* 曲线和 *LM* 曲线把平面分成四个区域：Ⅰ、Ⅱ、Ⅲ、Ⅳ，在 *IS* 曲线的右方即区域Ⅰ、Ⅱ内，投资小于储蓄。在 *IS* 曲线的左方即区域Ⅲ、Ⅳ内，投资大于储蓄。位于 LM 曲线右方的区域Ⅱ、Ⅲ内，货币需求大于货币供给，位于 LM 曲线左方的区域Ⅰ、Ⅳ内，货币需求小于货币供给。

上述关系可以概括为表 8－6。

表 8－6　IS 曲线和 LM 曲线把平面分成四个区域

区　域	产品市场	货币市场
Ⅰ	$I<S$ 有超额产品供给	$L<M$ 有超额货币供给

（续）

区　域	产品市场	货币市场
Ⅱ	I > S 有超额产品需求	L < M 有超额货币供给
Ⅲ	$I > S$ 有超额产品需求	$L > M$ 有超额货币需求
Ⅳ	$I < S$ 有超额产品供给	$L > M$ 有超额货币需求

各个区域中存在的各种不同组合的 *IS* 与 *LM* 非均衡状态会得到调整。*IS* 不均衡会导致收入变动：投资大于储蓄会导致收入上升，投资小于储蓄会导致收入下降。*LM* 不均衡会导致利率变动：货币需求大于货币供给会导致利率上升，货币需求小于货币供给会导致利率下降。从不均衡到均衡的调整过程是在市场自发力量的作用下完成的，这种调整最终都会趋向均衡利率和均衡收入。

（二）产品市场和货币市场均衡的变动

1．IS 曲线的移动

投资的增加、政府扩张性财政政策的推行和消费意愿的普遍提高会导致 *IS* 曲线右移；相反的情况会导致 *IS* 曲线左移。在 *LM* 曲线不变的情况下，向右移动的 *IS* 曲线和 *LM* 曲线相交于 E_1，E_1表示一个较高收入和较高利率的均衡组合；向左移动的 *IS* 曲线和 *LM* 曲线相交于 E_2，E_2表示一个较低收入和较低利率的均衡组合，如图 8－14 所示。这里的分析可以用来说明财政政策对国民收入和利率的影响。

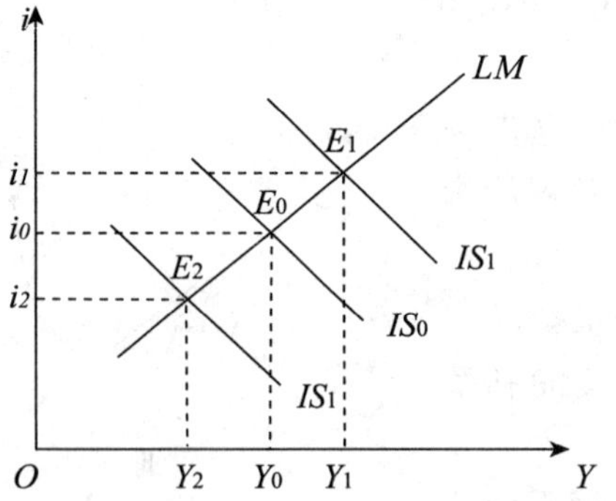

图 8－14　IS 曲线的移动

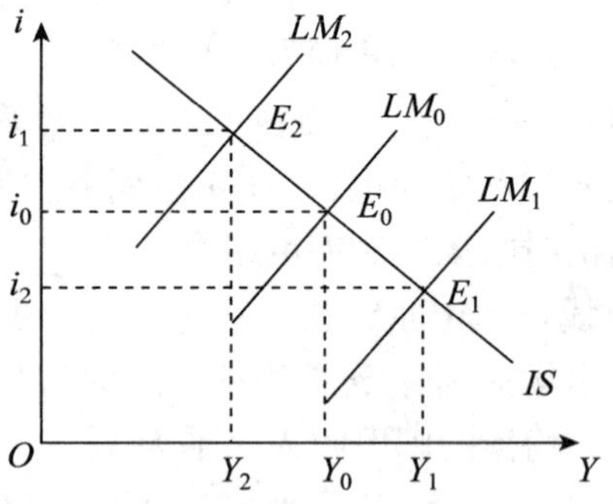

图 8－15　LM 曲线的移动

2．LM 曲线的移动

货币供给增加，会使 LM 曲线向右移动；货币供给减少，会使 LM 曲线向左移动。在 IS 曲线不变的情况下，向右移动的 LM 曲线和 IS 曲线相交于 E_1，E_1表示一个较高收入和较低利率的均衡组合；向左移动的 *LM* 曲线和 *IS* 曲线相交于 E_2，E_2表示一个较低收入和较高利率的均衡组合，如图 8－15 所示。这里的分析可以用来说明货币政策对国民收入和利率的影响。

当然，我们也可以分析 IS 曲线和 LM 曲线同时移动对国民收入与利率的影响，从而说明财政政策与货币政策的共同作用与配合，这里就不详细说明了，请读者自行进行分析。

总之，IS-LM 模型分析了储蓄、投资、货币需求与货币供给对国民收入和利率的影响。这一模型不仅概括了总需求分析，而且还可以用来分析财政政策和货币政策。因此，这一模型被称为宏观经济学的核心。

案例分析

IS-LM 模型与我国宏观经济政策选择

人们通常运用 IS-LM 模型来分析宏观经济政策的效力，并以该模型所体现的经济思想作为政府宏观经济政策选择的理论依据。但我国宏观经济学的实践表明，以 *IS-LM* 模型为依据的扩张性宏观经济政策尤其是扩张性货币政策并没有取得预期的效果。

IS-LM 模型的形状取决于 *IS* 曲线和 *LM* 曲线的斜率。以我国投资的利率弹性对 *IS* 曲线斜率的影响看，由于市场经济体制在中国还没有完全确立，政府在企业投资中还起着一定的作用，企业自身还不能自觉地按市场经济原则办事，这必然导致企业投资对利率的反应没有一般市场经济国家敏感，从而导致中国的 *IS* 曲线比一般市场经济国家的 *IS* 曲线陡峭。从边际消费倾向变化对 *IS* 曲线的影响看，储蓄的超常增长表明，中国的边际消费倾向已经远远低于在目前收入水平应具有的水平，收入与消费之间已出现了严重的失衡，这种失衡必然导致我国的 *IS* 曲线比在正常情况下陡峭。

那么，中国的 *LM* 曲线的斜率如何呢？首先，中国正处于新旧体制交替的过程中，中国居民对货币的预防性需求急剧膨胀，从而打破了收入与消费之间的稳定关系，使中国的货币交易需求的收入弹性不再稳定，导致 *LM* 曲线不断趋向平坦。其次，从货币投机需求的利率弹性对我国 *LM* 曲线斜率的影响看，在目前的中国，由于金融市场、资本市场尚不十分完善，广大居民缺乏多种投资渠道，利率的变化对人们的投机性货币需求影响并不大，投机需求的利率弹性较小，其对 *LM* 曲线的影响是使 *LM* 曲线比较平坦。

由以上分析，我们可以得出以下结论。

其一，在进行政策选择时，必须考虑政策的有效性和确定性。在一定的经济形势下，一些政策比另一些政策更加有效，一些政策的影响比另一些政策的影响具有更大的确定性。在我国目前的状况下，*IS* 曲线陡峭，*LM* 曲线平坦，这时，财政政策效果十分有效，货币政策效果有限。近几年，利率连续下调对消费和投资的刺激十分有限已经告诉我们，目前条件下，货币政策充分发挥作用的环境并不存在，继续下调利率很难取得预期的效果。因此，在运用扩张性经济政策以刺激需求时，应把重点放在财政政策上。

在运用扩张性财政政策时，必须注意不同措施的效果。由于悲观预期的存在，居民的预防性货币需求无限膨胀，企业对未来利润率的预期也比较悲观，试图通过增加居民（尤其是收入较高阶层居民）收入以扩大消费需求，通过降低利率以扩大投资需求的愿望在实践中具有很大的不确定性，很可能由于公众的不配合使这些政策的作用受到限制。而政府购买和直接投资的效果则是十分确定的，因此，在政策措施选择上，应加大政府开支和用于失业、养老等方面的转移支付和直接投资。基于此，我们认为政府通过构建公共工程以刺激需求的政策是明智的，而在通过增加居民收入以刺激消费上，应把重点放在增加边际消费倾向较高的低收入阶层身上。

其二，在进行政策选择时，应考虑政策的效力与市场完善程度的关系。宏观经济政策作用的发挥，取决于市场经济制度的完善程度，在制度尚不完善的条件下，货币政策的作用自然受到限制；而财政政策是通过税收和政府支出的变化直接影响经济的运行，尤其是政府支出的变化带有强烈的行政色彩，对市场制度的要求没有货币政策那么高，因此，在市场制度尚不十分完善的情况下，扩张性政策的作用应主要通过财政政策来实现。

财政政策之所以比货币政策更容易发挥作用，是由我国现阶段经济体制和财政政策本身的特点决定的。我们在强调本身带有行政色彩的财政政策作用时，应该谨防片面夸大行政手段的作用，防止出现旧体制、旧的管理方法的复归。更不能因为一些经济手段暂时的失灵而否认其作用，为倒退寻找理论依据。

其三，货币政策的重点应放在为其充分发挥作用创造制度环境上。目前我国 *LM* 曲线的形状表明，希望通过降低利率以刺激投资和消费的货币政策注定不会有多大作用。在这种情况下，人们很容易回到老路上去，即希望通过直接增加或减少货币供给量来达到一定的宏观经济目标，这种带有明显行政色彩的货币政策是我们以前常用的。如果说，在经济“软着陆”时期，行政性的货币政策曾经起过很大作用的话，那么，在经济萧条时期，行政性的扩张货币政策很可能是一副毒药，这样做的后果是非常严重的，极易酿成严重的金融危机。中国金融机构存在的严重问题和东南亚金融危机已经使我们清醒地认识到了这一点。目前，我国货币政策的重点不在于扩张本身，（因为间接的扩张效果有限，直接的扩张可能酿成灾难性后果。）而在于完善金融市场、资本市场及需要银行介入的再分配制度和消费制度，为货币政策充分发挥作用创造良好的制度环境。

在市场机制发育不完善的条件下，宏观经济政策的实行不仅要服务于宏观经济管理的目标，而且要肩负起塑造市场体系的重任，以减少政策实施的制约因素。在目前至未来一个相当长的时期内，重建宏观经济运行环境比宏观经济政策实施更为重要。只有建立起完善的市场体系，才能找到渐进地实现宏观调控目标的途径。

摘自 logistics. nankai. edu. cn

第六节 AD-AS 模型

在前面的总需求分析中，我们假设总供给可以适应总需求的增加而增加，以及价格水平不变。但在现实经济中，总供给总是有限的，价格水平也是变动的。在总需求—总供给模型中，我们把总需求分析与总供给分析结合起来，说明总需求与总供给如何决定国民收入水平与价格水平。

一、总需求曲线

（一）总需求曲线的含义

影响总需求（英文缩写 AD）的因素很多，例如价格水平、人们的收入、对未来的预期、财政政策与货币政策等。总需求主要受价格水平影响，因此，总需求曲线表示对各种产品的需求总量和对应的价格水平之间的关系。总需求曲线是一条斜率为负值、向右下方倾斜的曲线，如图 8－16 所示。总需求曲线的这种形状表明，在其他因素不变的条件下，价格水平越高，总需求越小；反之，价格水平越低，总需求就越大。

（二）总需求曲线的移动

总需求曲线向右下方倾斜表明物价水平下降增加了物品与劳务的需求总量。但是，许多其他因素也影响物价水平为既定时的物品与劳务的需求量。当这些因素中的一种变动时，总需求曲线也会发生移动。

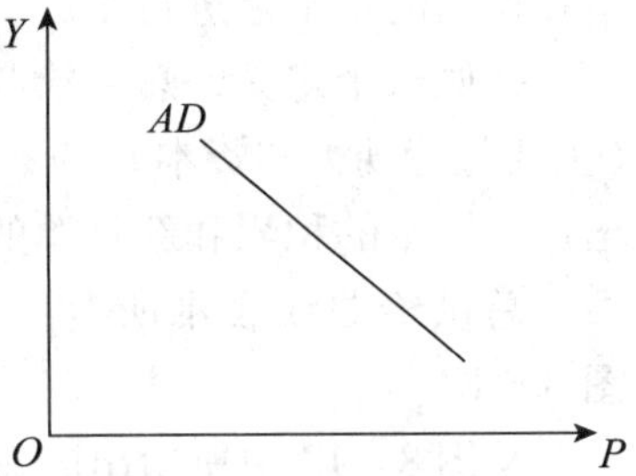

图 8－16 总需求曲线

1. 消费引起的移动

假设人们突然变得更为关注其退休后的生活而减少了他们的现期消费。由于图 8－16 总需求曲线在物价水平为既定时，物品与劳务的需求量减少了，所以总需求曲线向左平行移动。相反，由于某种原因使人们更富有，并不太关心储蓄，从而引起消费支出增加，这就意味着在物价水平为既定时物品与劳务的需求量增大了，因此，总需求曲线向右平行移动。

2. 投资引起的移动

企业在物价水平为既定时由于某种原因而改变投资量会使总需求曲线发生移动。例如，某生产行业引进了效率更好的生产设备，而且许多企业决定投资于新的生产设备。由于在物价水平为既定时物品与劳务的需求量增多了，总需求曲线将向右平行移动。相反如果企业对未来经济状况持悲观态度，它们就会减少支出，这样就会使总需求曲线向左平行移动。

3. 政府购买引起的移动

政府购买是决策者移动需求曲线最直接的方法。例如，假设政府决定减少公共基础设施的建设，由于在既定物价水平下物品与劳务的需求减少了，总需求曲线将向左平行移动。相反，如果政府开始建设更多的公共基础设施，致使在物价水平为既定时物品与劳务的需求量增多，这样总需求曲线就向右平行移动。

4. 净出口引起的移动

在物价水平为既定时改变净出口的事件也会使总需求曲线移动。例如，当其他国家经济衰退而减少了对本国物品的购买时，就减少了本国的净出口，使本国的总需求曲线向左平行移动。当其他国家的经济复苏增加了对本国物品的购买时，就增加了本国的净出口，使得本国的总需求曲线向右平行移动。有时，净出口也会由于汇率的变动而变动。例如，人民币升值使得中国物品相对于外国物品更为昂贵，这就减少了净出口，使得总需求曲线向左平行移动。相反，如果人民币贬值则使得总需求曲线向右平行移动。

二、总供给曲线

（一）总供给曲线的含义

总供给（英文缩写 AS）是指给定现行价格、生产能力和成本，所有厂商想要生产并出售的产品总量。为了讨论方便，我们以总产出代表总供给。

企业一般打算在潜在产出水平上进行生产。但是，如果价格低、需求不足，企业可能在低于潜在产出的水平进行生产；而在价格高、需求旺盛的条件下，企业可能偶尔在高于潜在产出的水平上进行生产。

按照这个定义，总供给与潜在产出水平有密切联系。影响总供给的因素有生产资源（主要是劳动力和资本）的数量以及生产资源的利用效率，即社会的技术水平。劳动力的增加、资本的积累和新资源的发现及技术进步将推动潜在产出水平的提高。

总供给曲线表示所有厂商想要生产的产出总量和对应的价格水平之间的关系，见图 8－17。

从图 8－17 中所给出的总供给曲线可以看出，它大体上可以分为以下三个区间。

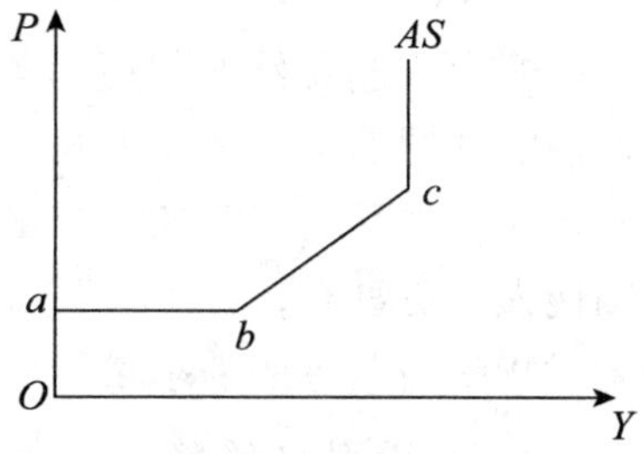

图 8－17　总供给曲线

第一区间：$a-b$，这时总供给曲线大体上是一条水平线。其经济含义是：这时社会上还存在着一部分闲置资源，因此即使物价总水平保持相对稳定，总供给数量也会随总需求的增加而增加，即可以在不提高价格水平的情况下，增加总供给。这一模型是由凯恩斯提出来的，所以呈水平状的总供给曲线又称为“凯恩斯总供给曲线”。

第二区间：$b-c$，这时总供给曲线向右上方倾斜。其经济含义是：这时社会上已经不存在便宜的闲置资源，总供给的增加，主要依靠社会平均的单位资源利用效率的提高。但这时，总需求的增加如果没有相应的物价总水平的提高，供给者是不愿意继续增加总供给数量的。在这种情况下，物价总水平的变动与总供给规模的变动之间，呈明显的正相关关系。这种情况在短期中存在，所以向右上方倾斜的总供给曲线被称为“短期总供给曲线”。

第三区间：c 以上，这时总供给曲线基本上是一条垂直线。其经济含义是：这时的总供给已经趋近于潜在的总供给，继续动员社会闲置资源和提高社会平均的单位资源利用效率的余地已经很小。因此，无论价格水平如何上升，总供给也不会增加。这是因为资源已经得到了充分利用，即经济中实现了充分就业，总供给已无法增加。在长期中总是会实现充分就业的，因此，这种垂直的总供给曲线称为“长期总供给曲线”。

（二）总供给曲线的移动

经济中任何改变产品和劳务产出水平的因素变动都会引起总供给曲线的移动。由于产品和劳务的产量取决于劳动、资本、自然资源和技术知识，所以，这些因素的变化可以引起总供给曲线的移动。

1. *劳动引起的移动*

设想一个国家由于移民大量增加，工人的数量增加，供给的物品和劳务的数量也增加了，这样就会使得总供给曲线向右移动。相反，如果许多工人离开这个国家到国外，则总供给曲线向左移动。

2. 资本引起的移动

经济中资本存量的增加提高了生产的效率，从而增加了物品与劳务的供给量，使得总供给曲线向右移动。相反，如果经济中资本存量的减少降低了生产率，减少了物品与劳务的供给量，这样就会使得总供给曲线向左移动。

3. 自然资源引起的移动

经济的生产取决于自然资源，包括土地、矿藏和天气。例如，新矿藏的发现使得总供给曲线向右移动；使农业减产的气候变化使得总供给曲线向左移动。

4. 技术知识引起的移动

技术知识的进步在很大程度上能够影响总供给水平。例如，电脑的发明和一些新技术的出现可以使我们用既定的劳动、资本和自然资源生产出更多的物品和劳务，进而使得总供给曲线向右移动。

案例分析

石油危机的影响

自从1970年以来，美国经济中一些最大的经济波动源于中东的产油地区。原油是生产许多物品与劳务的关键投入，而且世界大部分石油来自几个中东国家。当某个事件（通常是源于政治）减少了来自这个地区的原油供给时，世界石油价格上升。美国生产汽油、轮胎和许多其他产品的企业会有成本增加。结果是总供给曲线向左移动，这又引起滞胀。

第一起这种事件发生在70年代中期。有大量石油储藏的国家作为欧佩克成员走到了一起。欧佩克是一个卡特尔：一个企图阻止竞争并减少生产以提高价格的卖者集团。而且石油价格的确大幅度上升了。

在几年后几乎完全相同的事又发生了。在70年代末期，欧佩克国家再一次限制石油的供给以提高价格。从1978年到1981年，石油价格翻了一番多，结果又是滞胀。第一次欧佩克事件之后通货膨胀已有一点平息，但现在每年的通货膨胀率又上升到10%以上。但是，由于美联储不愿意抵消这种通货膨胀的大幅度上升，很快又是衰退。失业从1978年和1979年的6%左右在几年后上升到10%左右。

世界石油市场也可以是总供给有利移动的来源。1986年欧佩克成员之间爆发了争执，成员国违背限制石油生产的协议。在世界原油市场上，价格下降了一半左右。石油价格的这种下降减少了美国企业的成本，这又使总供给曲线向右移动。结果，美国经济经历了滞胀的反面：产量迅速增长，失业减少，而通货膨胀率达到了多年来的最低水平。

摘自 jpkc. gdcvi. net.

三、总需求—总供给的均衡

总需求—总供给模型把总需求曲线与总供给曲线结合在一起来说明国民收入与价格水平的决定。可以用图8－18来说明这一模型。

总供给曲线中我们以“短期总供给曲线”部分为例。在短期中，宏观经济的目标是充分就业和物价稳定，即：不存在非自愿失业，同时，物价既不上升，也不下降。在图 8－18 中，当总需求曲线和总供给曲线相交于 E_0点时，产量处于充分就业的水平，价格为 p_0，而此时的价格既不会上升，也不会下降。即 E_0点表示宏观经济管理的短期目标，即充分就业和价格稳定。

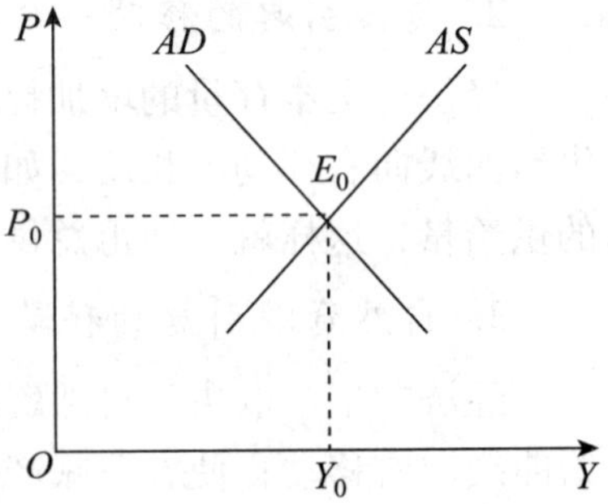

图 8－18 总需求—总供给模型

当影响总需求和总供给的因素发生变化时，总需求和总供给曲线会发生移动，则物价水平和产量水平会发生相应的变化。

当总供给不变时，若影响总需求的因素发生变化使得总需求曲线发生移动，则均衡的物价水平和产出水平都会发生变化。例如，在总供给不变的情况下，当社会投资增加，使得总需求曲线向右平行移动，即由 AD_0移动到 AD_1，如图 8－19（a）所示。此时，均衡的物价水平由 P_0上升到 P_1，产出水平由 Y_0增加为 Y_1。同理，当总需求曲线向左平行移动时，均衡的物价水平下降，均衡的产出水平也下降。

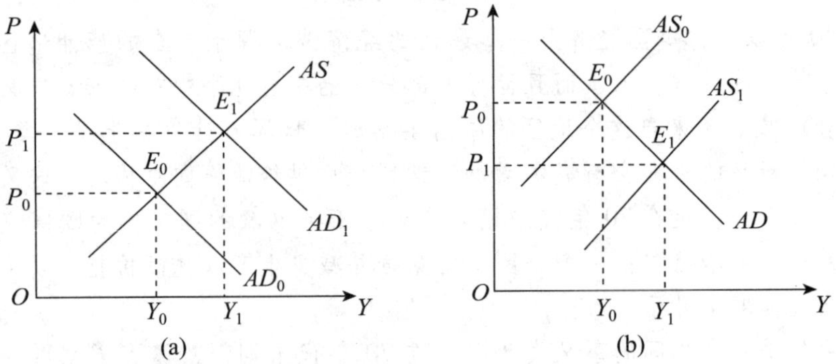

图 8－19 总需求和总供给的移动

当总需求不变时，若影响总供给的因素发生变化使得总供给曲线发生移动，则均衡的物价水平和产出水平也会发生变化。例如，在总需求不变的情况下，当技术进步，使得总供给曲线向右移动，即由 AS_0移动到 AS_1，如图 8－19（b）所示。此时，均衡的物价水平由 P_0下降到 P_1，产出水平由 Y_0增加为 Y_1。同理，当总供给曲线向左移动时，均衡的物价水平上升，均衡的产出水平下降。

案例分析

从短缺到过剩的转换：我国经济的运行态势

从已有的政策决策以及从各方面的专家论证意见看，人们对下述判断已具有相当的共识，即在我国国民经济的运行过程中，供求关系已处于普遍性的供大于求的失衡状态之中。根据 20 世纪 90 年代末内贸部对 610 种主要商品的调查，供求基本平稳的为 403 种，供大于求的为 206 种，供不应求的只有棕榈油一种。除商品供给过剩外，生产能力过剩、资金供给过剩以及劳动力过剩目前在我国也表现得十分突出。

经济过剩的出现是社会总供给大于总需求的必然结果。从我国1981～1997年16年需求结构变化趋势看，最终消费率基本上以平均每年0.6个百分点的幅度持续下降，由1981年的67.5%降至1997的54.8%，与70%的国际平均水平相比，显然偏低。最终消费率过低，必然导致国内总需求不足，从而使经济运行中出现过剩。这是我国经济增长中面临的一个突出问题。

从供给方面看，我国的经济过剩是因为有效供给缺乏，无效供给过多。能创造、适应需求的供给是有效供给，抑制需求的供给就是无效供给。无效供给因不能满足消费者的需求，在参与市场的交换中，就不能实现由w—g的“惊险跳跃”，结果就会表现为过剩。有效需求不足与有效供给不足有直接关系。几年前，不少人就提出在我国应培育新的消费热点，这些消费热点是轿车、住房、旅游等，但“热点”并未热起来，原因在于价格太高，令消费者望而生畏。以住房而言，目前全国大约有331万缺房户，但据国家统计局提供的资料，我国商品房累计空置率很高，中心城市、沿海开放城市商品房空置更为严重。

经济过剩不是资本主义国家的专利，在我国向社会主义市场经济体制的目标迈进过程中，由于历史和现实的原因，造成产品的供给与居民需求之间的脱节，随着社会主义市场经济的发展，市场体系的完善，“历史遗留问题”的解决，价格机制的正位，政策制定者、管理者、生产者、消费者市场心理的成熟和理性化，社会主义市场经济条件下的经济过剩将不再是一个难题。

摘自 jpkc. gdcvi. net

本章知识小结

• 国内生产总值（GDP）是指一国一年内所生产的最终产品（包括产品与劳务）的市场价值的总和。国内生产总值是衡量一个国家整体经济状况最重要的指标。在国民经济核算体系中有不同的计算国内生产总值的方法，其中，主要有支出法、收入法以及生产法。

• 国民收入核算体系包括一系列总量指标，主要包括国内生产总值（GDP）、国内生产净值（NDP）、国民收入（NI）、个人收入（PI）、个人可支配收入（PDI），从而能全面地反映一国或地区国民经济运行的过程和全貌。国内生产总值是各国官方普遍使用的核算国民收入的指标，但是它在反映社会福利水平方面，存在一系列缺陷。针对国内生产总值指标的缺陷，一些经济学家提出了一些新的指标，其中有代表性的有：净经济福利指标（NEW）、购买力平价（PPP）。

• 支出法、收入法、生产法所算出的国民生产总值基本上是一致的，说明国民经济中有一个基本的恒等关系。总支出代表了社会对最终产品的总需求，而总收入和总产量代表了社会对最终产品的总供给。因此，在国民收入核算中有一个恒等关系，即总供给＝总需求，包括两部门、三部门、四部门的收入构成及恒等关系。

• 总需求反映的是经济中不同经济实体的总支出，总需求按照需求主体划分，可分解为居民的需求、厂商的需求、政府的需求、国外部门的需求等。即总需求由消费、支出、政府购买及净出口构成。这四种需求中的任何一种增加，都会引起总需求的增加，从而导致均衡的国民收入增加。与此相反，这四种需求中的任何一种需求减少，都会引起总需求的减少，进而导致国民收入的减少。

居民的消费函数表示居民的消费与其可支配收入相关变动的关系，它反映了居民消费倾向的变动趋势。随着居民可支配收入的增加，边际消费倾向呈下降趋势，因而使居民的消费倾向趋于下降。居民的储蓄函数表示居民的储蓄与其可支配收入相关变动的关系，它反映了居民储蓄倾向的变动趋势。随着居民可支配收入的增加，边际储蓄倾向呈上升趋势，因而使居民的储蓄倾向趋于上升。

投资增加引起国民收入增加的倍数叫作乘数。乘数大小和边际消费倾向有关，边际消费倾向越大，或边际储蓄倾向越小，则乘数就越大。

• IS 曲线是指在产品市场均衡条件下，即当 $I=S$ 时，用来反映国民收入和利率之间相互关系的曲线。

LM 曲线表示在货币市场达到均衡时，利率与国民收入之间的关系。按照凯恩斯的观点，人们储存货币是出于三种动机：交易动机、谨慎动机和投机动机。货币的供给量由货币当局决定，是一个不变的常数。当货币市场达到均衡时，货币的需求和供给相等，即 $L=M$。

IS 曲线与 LM 曲线的交点表示产品市场和货币市场同时达到了均衡。

• 总需求曲线向右下方倾斜表明物价水平下降增加了物品与劳务的需求总量。当消费、投资、政府购买及净出口这些因素中的一种变动时，总需求曲线就会发生移动。

总供给曲线分为三个部分，即呈水平状的“凯恩斯总供给曲线”，向右上方倾斜的“短期总供给曲线”以及垂直的“长期总供给曲线”。总供给曲线的移动由劳动、资本、自然资源和技术知识的变化所引起。

练 习 题

一、名词解释

1. 国内生产总值　2. 名义 GDP　3. 实际 GDP
4. 支出法　5. 收入法　6. 部门法
7. 国民收入　8. 个人可支配收入　9. 总需求
10. 消费函数　11. 储蓄函数　12. 平均消费倾向
13. 边际消费倾向　14. 平均储蓄倾向　15. 边际储蓄倾向
16. 乘数原理　17. IS 曲线　18. LM 曲线
19. 交易动机　20. 谨慎动机　21. 投机动机
22. 总供给

二、单项选择题

1. 下列哪一项应计入 GDP 中的是（　　）。
   A. 面包厂购买的面粉　　B. 购买 40 股股票

C. 家庭主妇购买的面粉　　D. 购买政府债券

2. 在下列三种情况中作为最终产品的是（　　）。

A. 公司用于联系业务的小汽车　　B. 工厂用于运送物品的小汽车

C. 旅游公司用于载客的小汽车　　D. 以上都是

3. 一国的国内生产总值大于国民生产总值，则该国公民从国外取得的收入（　　）外国公民从该国取得的收入。

A. 大于　　B. 小于　　C. 等于　　D. 不能确定

4. 国民生产总值与国民生产净值之间的差别是（　　）。

A. 直接税　　B. 间接税　　C. 折旧　　D. 公司未分配利润

5. 国民生产净值与国民收入的差别是（　　）。

A. 间接税　　B. 直接税　　C. 公司未分配利润　D. 消费

6. 下面不属于国民收入部分的是（　　）。

A. 租金收入　　B. 福利支付　　C. 工资　　D. 利息净额

7. 如果个人收入为 960 元，个人所得税为 100 元，消费等于 700 元，利息支付总额为 60 元，个人储蓄为 100 元，则个人可支配收入为（　　）。

A. 860 元　　B. 800 元　　C. 700 元　　D. 760 元

8. 在一般情况下，国民收入核算体系中，数值最小的是（　　）。

A. 国民生产净值　B. 个人收入　　C. 个人可支配收入　D. 国民收入

9. 按百分比计算，如果名义 GDP 上升（　　）价格上升的幅度，则实际 GDP 将（　　）。

A. 小于，下降　　B. 超过，不变　　C. 小于，不变　　D. 超过，下降

10. 假设某地经济第一年即基年的当期产出为 500 亿元，如果第 8 年 GDP 物价缩胀指数提高了一倍，而实际产出增加了 50%，则第 8 年的名义产出等于（　　）。

A. 2 000 亿元　　B. 1 500 亿元　　C. 1 000 亿元　　D. 750 亿元

11. 下面不属于总需求的是（　　）。

A. 政府支出　　B. 税收　　C. 净出口　　D. 投资

12. 在四部门经济中，GDP 是指（　　）的总和。

A. 消费、净投资、政府购买和净出

B. 消费、总投资、政府购买和净出口

C. 消费、总投资、政府购买和总出口

D. 消费、净投资、政府购买和总出口

13. 消费函数的斜率取决于（　　）。

A. APC　　B. 与可支配收入无关的消费的总量

C. MPC　　D. 由于收入变化而引起的投资的总量

14. 如果 MPC 为常数，那么消费函数将是（　　）。

A. 一条不通过原点的直线　　B. 一条相对于横轴向上凸的曲线

C. 以上说法均不准确　　D. 一条通过原点与横轴成 45°的直线

15. 下列可以引起消费函数向上移动的是（　　）。

A. 现期可支配收入的增加　　B. 预期未来收入增加
C. 利率上升　　D. 以上均不正确

16. 假定其他条件不变，厂商投资增加将引起（　　）。
A. 消费水平下降，国民收入增加　　B. 消费水平提高，国民收入增加
C. 消费水平不变，国民收入增加　　D. 储蓄水平下降，国民收入增加

17. 假设边际储蓄倾向为0.3，投资增加60亿元，可预期均衡的GDP增加（　　）。
A. 20亿元　　B. 120亿元　　C. 180亿元　　D. 200亿元

18. 如果消费函数为$C=100+0.8(Y-T)$，并且政府支出和税收同时增加1元，则均衡的收入水平将（　　）。
A. 保持不变　　B. 增加3元　　C. 增加1元　　D. 下降4元

19. 假定总供给曲线为水平，MPS为0.25，那么自主性支出增加10亿元将使均衡国民收入水平上升（　　）。
A. 2.5亿元　　B. 10亿元　　C. 250亿元　　D. 40亿元

20. 简单国民收入决定理论涉及的市场是（　　）。
A. 产品市场　　B. 货币市场　　C. 劳动市场　　D. 国际市场

21. 一般说来IS曲线的斜率（　　）。
A. 为负　　B. 为正　　C. 为零　　D. 等于1

22. IS曲线上的每一点都表示（　　）。
A. 产品市场上投资等于储蓄时收入与利率的组合
B. 使投资等于储蓄的均衡货币额
C. 货币市场的货币需求等于货币供给时均衡的货币额
D. 产品市场和货币市场都均衡时的收入与利率的组合

23. 如果证券价格高于均衡价格，可得出（　　）。
A. 人们持有过多的用于投机需求的货币
B. 人们持有过少的用于投机需求的货币
C. 证券持有者将得到资本收益
D. 证券持有者将蒙受资本损失

24. 货币供给的增加（　　）。
A. 使LM曲线左移　　B. 使LM曲线右移
C. 使IS曲线右移　　D. 使IS曲线左移

25. 若中央银行在增税的同时减少货币供给，则（　　）。
A. 利率必然上升　　B. 利率必然下降
C. 均衡的收入水平必然上升　　D. 均衡的收入水平必然下降

26. 假定经济处于“流动性陷阱”之中，乘数为4，政府支出增加了80亿元，那么（　　）。
A. 收入增加将超过320亿元　　B. 收入增加320亿元
C. 收入增加小于320亿元　　D. 收入增加不确定

27. 下列选项中不属于总需求的是（　　）。

A. 政府支出　　B. 净出口　　C. 税收　　D. 投资

28. 在非充分就业的条件下，扩大总需求会使（　　）。

A. 国民收入增加　　B. 总供给曲线向右移动

C. 利率下降　　D. 物价水平下降

29. 技术进步会引起（　　）。

A. 短期总供给曲线和长期总供给曲线都向右方移动

B. 短期总供给曲线和长期总供给曲线都向左方移动

C. 短期总供给曲线向右方移动，长期总供给曲线不变

D. 长期总供给曲线向右方移动，短期总供给曲线不变

三、判断题

1. GNP 等于各种最终产品和中间产品的价值总和。（　　）
2. 今年建成并出售的房屋的价值和去年建成而在今年出售的房屋的价值都应计入今年的 GNP。（　　）
3. 用作钢厂炼钢用的煤和居民烧火用的煤都应计入 GNP 中。（　　）
4. 购买普通股票是投资的一部分。（　　）
5. 居民购买住房属于个人消费支出。（　　）
6. 若一国人口迅速增长时，为保证人民生活水平不致下降，GNP 必须以同样快的速度增长。（　　）
7. 从理论上讲，按支出法、收入法和部门法所计算出的 GNP 是一致的。（　　）
8. 个人收入等于消费与储蓄之和。（　　）
9. 均衡的国民收入一定等于充分就业的国民收入。（　　）
10. 把各种要素的收入相加得出的结果就是国内生产总值。（　　）
11. 消费和储蓄都与收入成同方向变动，所以，收入增加，消费和储蓄都可以增加。（　　）
12. MPC 上升将减少收入。（　　）
13. 在任何情况下，乘数原理都是适用的。（　　）
14. 交易量越大，对货币的交易需求也越大。（　　）
15. 利率越低，用于投机的货币越多。（　　）
16. 货币市场均衡只有在货币需求等于货币供给时存在。（　　）
17. 价格水平的降低或提高对 LM 曲线无影响。（　　）
18. 政府支出的增加会使 IS 曲线右移，移动量与政府支出增加量相等。（　　）
19. 物价水平上升和总资本减少都会使总需求曲线向左方移动。（　　）
20. 总供给曲线的不同情况主要取决于资源利用的情况。（　　）
21. 在短期总供给曲线时，总需求的变动会引起国民收入与价格水平同方向变。（　　）

22. 在长期总供给曲线时，总需求的变动会引起国民收入与价格水平同方向变动。（　）

四、计算题

1. 某经济社会在某时期发生了以下活动：

（1）一银矿公司支付7.5万美元工资给矿工，矿工开采了50万磅银卖给一银器制造商，售价10万美元；

（2）银器制造商支付5万美元工资给工人，工人造一批项链卖给消费者，售价40万美元。

要求：（1）用支出法计算GDP；

（2）每个生产阶段生产了多少价值？用增值法计算GDP；

（3）在生产活动中赚得的工资、利润分别为多少？用收入法计算GDP。

2. 社会原始收入1 000亿元，消费800亿元，当收入增加至1 200亿元时，消费增至900亿元，计算：

（1）APC、APS、MPC、MPS。

（2）当自发总需求增加50亿元时，国民收入会增加多少？

（3）如果自发总需求增加80亿元，国民收入增加200亿元，此时的乘数、MPS、MPC是多少？

3. 假设某经济社会的消费函数为$C=100+0.8Y$，投资为50亿元：

（1）求均衡收入，消费和储蓄；

（2）若投资增至100，求增加的收入；

（3）若消费函数变为$C=100+0.9Y$，投资仍为50，收入和储蓄各为多少？投资增至100时收入增加多少？

（4）消费函数变化后，乘数如何变化？

4. 在一个封闭经济中，有如下等式：$Y=C+I+G$；$C=100+0.9Y_d$（Y_d为可支配收入），当投资$I=300$亿元，政府购买$G=160$亿元，税收$T=0.2Y$。

（1）当经济运行达到平衡时，国民收入水平为多少?，乘数是多少？

（2）假设政府购买G增加到300亿元，新的均衡收入水平为多少？

（3）假设投资不是外生变量，而是内生的由方程$I=300+0.2Y$决定时，并且政府购买仍然是$G=160$亿元，那么新的均衡收入水平和乘数各为多少？

5. 设一个经济的消费函数为$C=100+0.8Y$，投资函数为$I=1\,000-2\,000i$，货币需求函数为$L=0.5Y-1\,000i$，若央行的名义货币供给量$M=5\,000$，求该经济的总需求函数。

五、分析问答题

1. 假定有张某和李某，张某为李某提供服务，应得报酬200元；李某为张某提供服务，应得报酬100元。张某和李某两人结算，张某收取李某100元。在核算GDP时，应计入多少？

2. 试比较GDP统计的三种不同方法。

3．国民收入中的基本总量有几个？它们之间的关系如何？

4．简要说明 GNP 与 GDP 的关系。

5．说明用 GDP 作为反映国民经济总体活动水平的指标的利弊。

6．按照凯恩斯观点，增加储蓄对均衡收入有何影响，什么是“节俭的悖论”？试解释。

7．解释投资乘数定义、公式、作用过程及作用条件。

8．简述凯恩斯的货币需求理论。

9．简述货币市场和产品市场同时均衡的过程。

10．政府采取扩张总需求的政策对价格和利息率会有什么样的影响？

第九章 失业与通货膨胀理论

学习目标

1. 了解失业的概念、失业的类型、失业的原因和失业治理的政策；
2. 了解通货膨胀的含义、通货膨胀的衡量；
3. 掌握通货膨胀的类型、了解抑制通货膨胀的政策；
4. 明白失业和通货膨胀之间的关系。

本章重点和难点

1. 失业和失业率的含义；
2. 失业的类型与根源；
3. 凯恩斯对需求不足失业的解释；
4. 通货膨胀的含义与类型；
5. 对通货膨胀原因的解释；
6. 菲利浦斯曲线的含义。

案例导入

不同时期美国经济水平与通货膨胀的大小关系（1993—2008）

第一阶段：1993 至 2000 年：经济处于繁荣期，低通胀率。

1993 年克林顿就职前，美国联邦政府负债 2 900 亿美元，2000 年克氏挂冠而去，联邦政府已经成功盈利了两年。高就业率，物价稳定，国际汇率稳定，使得美国经济稳健发展，美国此时是处于温和的通胀中。

第二阶段："9 · 11 事件"后至次贷危机前：经济处于衰退期，通胀率不断走高。

"9 · 11 事件"后，美国高科技经济成为泡沫。两次反恐战争使国防预算大大增加，人们出于安全原因，尽可能减少对美国的注资。美国政府发行了高额的债券，以维持日常的各项开销。房地产业仍然兴盛，但是危机已经在孕育中。

第三阶段："次贷危机"至 2008 年：美国经济处于萧条期，高失业率，低就业率，高通货膨胀率。

"次贷危机"使美国经济处于崩溃的边缘，一些银行为了谋取暴利，利用 20 ~ 30 倍的投资杠杆谋取暴利。A 银行可以用 30 亿美元的资产获得 600 亿 ~ 900 亿美元的贷款。假定利率是 3%，A 银行可获利 18 亿 ~ 27 亿。无限的放贷导致美元没有充分用于经济建设，回流现象很严重。与此同时房产业发展迅猛，美国零首付的交易模式漏洞百出。五大投行的破产改组，标志着金融危机的到来，美国经济全面进入萧条阶段，此时通胀率也随之升高。

第一节 失　业

案例导入

2014 年部分青年失业率超过 50%的国家

金融危机以来，全球失业率普遍持续下降，但青年人高失业率一直是一个问题，不少国家超过一半的青年人处于失业状态。国际劳工组织报告显示，截至 2014 年，全球大约有 7 330 万青年人失业，仅略低于 2009 年的 7 660 万。以下采用的是国际劳工组织（International Labor Organization）对 2014 年青年失业率的估算值。

1. 希腊

2014 年青年失业率：64.8%，15 ~ 24 岁青年占总人口比例：9.72%。

实际上，希腊的经济问题由来已久，自希腊独立以来有一半时间都是在金融危机中度过，贪污腐败每年消耗 8% ~ 10% 的 GDP，而富人和中产阶级一直想方设法逃税，而希腊一直未能走出经济危机，依靠国际债权人的救援。许多年轻人就生活在这样的经济环境中，超过一半 25 ~ 34 岁的年轻人还与父母居住在一起，许多人很难找到工作。

2. 波黑

2014 年青年失业率：60.2%，15 ~ 24 岁青年占总人口比例：12.36%。

波黑的私人部门工作工资低、工作条件恶劣，而且由于就业需求非常高，工人很容易受到剥削，雇主经常会以解雇相威胁。此外，波黑的人才外流也很严重。与其他巴尔干国家一样，移民的大量涌入也带来了更多问题。

3. 西班牙

2014 年青年失业率：58.2%，15 ~ 24 岁青年占总人口比例：9.56%。

西班牙不但青年失业率奇高，而且其辍学率在欧洲也是最高的。西班牙经历了长达十年的建筑繁荣，许多年轻人中途退学，从事这些报酬不错的建筑工作。但随着建筑繁荣终结，西班牙出现了大量 20 岁左右的失业青年。现在，没有一技之长的西班牙年轻人转向了那些一直是移民者在干的工作，而有技能的人也在俯身低就一些技术含量较低的工作。

4. 法属瓜德罗普岛；55.1%；法属马提尼克岛；54.7%；法属留尼旺岛；54.41%；马其顿共和国；54.32%。

根据国际劳工组织的数据，过去 5 年欧洲一直是青年高失业率的“高发区”，相比之下，亚洲地区以及南撒哈拉非洲部分地区失业率相对较低。此外，中欧和东南欧（非欧盟）、独联体国家、拉丁美洲、加勒比海地区、南撒哈拉非洲地区中期和长期内青年失业率一直在下降。

（资料来源：新浪财经 http：//finance. sina. com. cn。）

一、失业和失业率

（一）失业

达到就业年龄具备工作能力谋求工作但未得到就业机会的状态称为失业。满足失业的基本条件包括四点。

（1）在一定年龄范围内。世界上各个国家对工作年龄和失业的范围都有不同的规定，联合国规定的劳动年龄为15岁以上，美国、中国规定是16岁，加拿大、美国、日本规定15岁。

（2）有能力工作。

（3）愿意按现行工资率工作，为寻找工作付出过一定的努力，即有求职活动。

（4）目前没有工作。

（二）失业率

经济学中失业状况最基本的衡量指标是失业率。失业率是指失业人数占劳动力人数的百分比，公式表示为：

$$失业率=\frac{失业人数}{劳动力总数}\times 100\%$$

按照国际劳工组织规定，失业人数是指一定劳动者年龄以上，有劳动能力，在某一时间内没有职业或工作时间没有达到规定标准，正在寻找有报酬的工作，并已在就业机构进行了登记的人员。式中，劳动力总数是失业人数和就业人数之和。而各国统计失业率的方法也是略有不同的。

失业率的变动在西方国家每月都是头条新闻。以美国为例，失业率的数据是每月大约对6 000个家庭进行随机抽样调查出来的，并在每月第一个星期五发表上个月失业率的估计数字，为官方决策提供了一个参考数据。

二、失业的类型

失业按照消费者意愿可划分为自愿失业和非自愿失业两大类型。自愿失业指在不愿意接受现行工资率而放弃工作机会的情况下发生的失业。非自愿失业指劳动者愿意接受现行工资仍然找不到工作而出现的失业。

宏观经济学以非自愿失业为研究对象。按照失业的原因，非自愿失业包括以下类型。

（一）摩擦性失业

摩擦性失业是指劳动力在正常的流动过程中所产生的暂时性失业，即由生命周期、人口迁移以及努力想得到更好工作岗位等原因而产生的失业。在一个动态的经济中，各行业、各部门和各地区之间的劳动力需求变动是经常发生的，人们出于自愿或被迫离开原来的地区或职业寻找新的工作，离开旧工作到找到新工作存在一段时间间隔，期间这些人就处于失业状态。摩擦性失业量的大小取决于劳动力流动性的大小和寻找工作所需要的时间。由于在动态经济中，劳动力的流动是正常的，所以，摩擦性失业的存在也是正常的，即使在充分就业的情况下也会发生。

（二）结构性失业

结构性失业是由于经济结构（产业结构和地区经济结构）变化，使劳动力供给和需求在产业、地区分布等方面不一致引起的失业。经济发展、技术进步、消费者需求的变化等都会引起经济结构的变化，进而引起对劳动力的需求结构发生变化（地区经济的不平衡发展、新产业的出现、消费者需求结构的改变等）。而劳动力供给结构的调整常常滞后于劳动力需求结构的变化，从而产生结构性失业。这时劳动力的供求在总量是平衡的，在结构上是不一致的。一方面有许多岗位等待着劳动者来应聘，另一方面又存在着许多人由于条件的限制不能抓住工作机会。

结构性失业和摩擦性失业是有区别的。在纯粹摩擦性失业情况下，劳动力供给结构与劳动力需求结构相吻合，每一个寻找工作的人，都有一个适合于他的职位空缺，只是寻找者尚未找到这个空缺而已。摩擦性失业是劳动市场的信息不完全、供求没有很好匹配的结果；在结构性失业情况下，劳动力的供给结构与劳动力的需求结构是不相符合的，寻找工作者找不到与自己的技能、居住地区相符合的工作。一般来说，摩擦性失业者失业时间较短，而结构性失业的时间较长，当事人更加痛苦。

（三）周期性失业

周期性失业又称为总需求不足的失业，是指经济衰退引起劳动力需求小于劳动力供给的失业。根据凯恩斯的分析，就业水平取决于国民收入的水平，而国民收入水平取决于总需求，总需求不足一般都出现在经济萧条时期，是周期性出现的，这种失业属于非自愿失业。

凯恩斯把总需求分为消费需求和投资需求，他认为：国民收入水平与边际消费倾向决定了消费需求，预期的未来利润率（即资本边际效率）与利息率水平决定了投资需求。在国民收入既定的情况下，消费需求取决于边际消费倾向。随着收入的增加，消费也增加，但消费的增加低于收入的增加，从而造成了消费不足。边际消费倾向呈现递减规律。投资为了获得最大纯利润，这一利润取决于投资预期的利润率（即资本边际效率）与为了投资贷款所支付的利息率。如果预期的利润率大于利息率，则纯利润越大，投资越多；反之，如果预期的利润率越小于利息率，则纯利润越小，投资越少。资本的边际效率的递减说明预期的利润率是下降的。同时由于货币需求（即心理上的流动偏好）的存在，利息率的下降就有一定的限度，这样也使得利润率与利息率间的差距缩小，引起投资需求不足。消费需求不足与投资需求不足造成总需求不足，从而引起非自愿失业，即周期性失业的存在。

因此，周期性失业的原因是有效需求（与总供给相等时的总需求）不足。而造成有效需求不足的原因则是三大心理规律的作用：边际消费倾向递减规律导致消费不足；资本边际效率的递减造成投资需求不足；流动偏好规律使利率的下降有一个最低限度，无法拉开利润率和利率之间的差距以刺激投资。

（四）临时性或季节性失业

临时性或季节性失业是由于某些行业的生产的时间性或季节性变动所引起的失业。例如，建筑业和码头装卸，遇到坏天气，或舱盖打不开，使得建筑施工不得不停下来，运输装卸也常常雇佣临时工。在农业部门，冬季是季节性失业的最高点，秋季是季节性失业的最低点。这些行业的生产时间性或季节性是客观条件或自然条件决定的，很难改变。因此，这种失业也是正常的。

（五）隐蔽性失业

隐蔽性失业是由于官方统计没有考虑到的失业。例如有的人过去没有找到满意的工作，对今后找到工作丧失信心，从而放弃了寻找工作的努力。这部分人是愿意工作的，但是他们放弃了努力，而没列入官方统计的失业率中。

三、失业的经济损失

（一）奥肯定理

失业通常随经济周期中的产量波动而变化。产量与失业之间的这种明显的同步运动，首先被美国经济学家阿瑟·奥肯以数字关系加以表达，这就是奥肯定理。奥肯定理指出失业率与实际国民收入增长率之间的反方向变动关系，实际国民收入增长率相对于潜在国民收入增长率每下降2%，失业率就上升1%。需要说明的是奥肯定理主要适用于没有实现充分就业的情况，即失业率是周期性失业率。充分就业时，自然失业率与实际国民收入增长率的这一关系就要弱得多。一般估计在1∶0.76左右。

奥肯定理揭示了失业与经济增长之间的内在关系，失业的变动引起经济增长的变动，同样经济增长的变动也引起失业的相应变动。从失业增加引起经济增长减少的角度看，奥肯定理说明了失业对经济带来的损失。

案例导入

奥肯定理

阿瑟·奥肯，美国新泽西州泽西城人。1956年获哥伦比亚大学经济学博士学位，后任教于耶鲁大学，讲授经济学。1961年，他得到肯尼迪总统及其经济顾问委员会海勒教授的垂青，被邀担任总统经济顾问委员会成员。1964年，他又被聘为约翰逊总统经济顾问委员会成员，而且1968年被任命为该委员会主席。他倾向于凯恩斯主义派，长期以来致力于宏观经济理论及经济预测的研究，并且从事于政策的制定及分析。奥肯的著作甚多，但大多是研究报告，在美国经济学界有相当的影响。

他在理论上的主要贡献是分析了平等与效率的替换关系，提出了估算“可能产出额”的“奥肯定理”。

阿瑟·奥肯发现了周期波动中经济增长率和失业率之间的经验关系，即当实际GDP增长相对于潜在GDP增长（美国一般将之定义为3%）下降2%时，失业率上升大约1%；当实际GDP增长相对于潜在GDP增长上升2%时，失业率下降大约1%，这条经验法则以其发现者为名，称之为奥肯定理。潜在GDP这个概念是奥肯首先提出的，它是指在保持价格相对稳定情况下，一国经济所生产的最大产值。潜在GDP也称充分就业GDP。

可以用以下公式描述这个定理：

失业率变动百分比 = $-1/2\times$（GDP 变动百分比 -3%）。

根据这个公式，当实际 GDP 的平均增长率为 3% 时，失业率保持不变。当经济扩张快于 3% 时，失业率下降的幅度等于经济增长率的一半。例如，如果 GDP 到第二年度增长 5%（高出正常水平 2%），奥肯定理预期失业率下降 1%。当 GDP 下降，或增长不到 3% 时，失业率上升。例如，如果 GDP 到第二年度下降 1%，奥肯定理预期失业率上升 2%。

奥肯定理的一个重要结论是：为防止失业率上升，实际 GDP 增长必须与潜在 GDP 增长同样快。如果想要使失业率下降，实际 GDP 增长必须快于潜在 GDP 增长。

奥肯定理曾经相当准确地预测失业率。例如，美国 1979—1982 年经济滞涨时期，GDP 没有增长，而潜在 GDP 每年增长 3%，3 年共增长 9%。根据奥肯定理，实际 GDP 增长比潜在 GDP 增长低 2%，失业率会上升 1%。当实际 GDP 增长比潜在 GDP 增长低 9% 时，失业率会上升 4.5%。已知 1979 年失业率为 5.8%，则 1982 年失业率应为 10.3%（5.8% +4.5%）。根据官方统计，1982 年实际失业率为 9.7%，与预测的失业率 10.3% 相当接近。

需要注意的是，奥肯所提出经济增长与失业率之间的具体数量关系只是对美国经济所做的描述，而且是特定一段历史时期的描述，不仅其他国家未必与之相同，而且今日美国的经济也未必仍然依照原有轨迹继续运行。因此，奥肯定理的意义在于揭示了经济增长与就业增长之间的关系，而不在于其所提供的具体数值。

（二）失业的经济影响

（1）失业对个人及家庭的影响。若是自然失业，则会给家庭带来闲暇的享受；若是非自然失业，则会使失业者及家庭的收入和消费受到影响，失业后，家庭收入急剧下降，消费支出和生活水平也随之下降。

（2）对厂商的影响。失业增加后，厂商产品的销售市场萎缩，有效需求下降，产出降低，生产力闲置，利润开始下降。于是厂商会减少投资需求，减少新生产力的形成。

（3）对国民经济的影响。既有财政方面的损失，又有国民收入方面的损失。从财政方面看，失业增加了社会保障金及福利的支出，此时的财政收入往往比较少，因而造成财政困难。从国民收入方面看，失业则造成实际国民收入减少，失业率升高必然带来国民经济增长率的下降。

除经济影响外，失业还有一系列社会影响，比如失业者的经济拮据，生活贫困；家庭不稳定等，进而会影响社会的稳定。

案例导入

占领华尔街

2000 年代后期全球金融危机爆发，许多大公司濒临破产，导致美国等许多国家经济萎靡不振和失业率居高不下。一个位于加拿大的组织——Adbusters Media Foundation（以宣传反消费主义而闻名，简称 Adbusters）提议举行和平的集会活动以占领华尔街，以此来反抗美国政治领袖在解决经济危机中的不够有作为的表现。

尽管该项活动由“Adbusters”杂志提出来的，不过实际活动并无具体领导者。来自匿名者的积极行动分子鼓励该组织的成员参与这个活动，从而使得该运动得以壮大。随后，包括纽约市大型集会（NYC General Assembly）和美国愤怒日（U. S. Day of Rage）在内的其他组织也都给予积极响应。在该活动于9月17日举行之前，纽约市长迈克尔·布隆伯格发表了一份书面声明表示“民众有抗议的权利，如果他们想要抗议，我们将乐于确保他们有举行活动的地点”。

之后，美国青年和市民高喊着“占领华尔街”的口号，连续举行示威，抗议金融资本和政治权利相勾结。以高学历、低工资一代为主的示威队伍在证券交易所附近的公园露宿。他们效仿埃及青年的广场示威，“占领华尔街”的口号迅速传开。

（资料来源：http：//www. baike. com/wiki/）

四、反失业政策

（一）扩张性财政和货币政策

扩张性财政与货币政策指以刺激总需求为目的的财政政策和货币政策，包括增加政府支出、减税、增加货币供给量和降低利率等方面。某项具体的财政政策或货币政策措施对就业会产生一种乘数效应，或者说它能直接或间接地引起就业人数成倍增加。例如，政府投资修一条高速公路，直接给建筑工人带来就业机会。筑路需要筑路机械，可能增加机械厂的就业机会。筑路工人有了收入以后，可能要买小轿车或住房，又给汽车制造工人或建筑工人带来了就业就会。但是，扩张的财政和货币政策的着眼点是刺激总需求，它只能解决周期性失业问题。

（二）人力政策

人力政策又称为劳工政策，指政府为使劳动者适应工作机会要求采取的一系列政策措施，主要解决结构性失业问题。其具体内容是：提供职业训练、提供就业信息、反对就业歧视、增加劳动力的流动性、改革失业制度，由消极救济变为积极就业。

（三）工资管制

在现实生活中工资存在向下刚性，其产生的原因在于：第一，工会以罢工相威胁，要求工资上升，并不允许工资下降；第二，隐性契约，即劳资双方达成默契，资方在衰退期间不降低工资，劳方在繁荣时期不要求提高工资；第三，局内人（企业内部的劳动者）和局外人（希望到该企业工作的人）工资趋同，这是由于局内人担心局外人接受低工资会使他们取代自己，企业担心局外人在接受训练后因低工资而转到别的企业工作；第四，厂商担心降低工资会使高质量的劳动力转移到别的企业去；第五，较高的工资会增加偷懒的机会成本，一旦被开除，他们将无法在其他企业得到同样的高工资，从而更加努力工作。

由于工资在高水平条件上存在向下刚性，限制了企业对劳动力的需求，并从而造成失业。在低工资水平时，企业可以用人来替代机器，从而增加就业。针对这种情况，政府可能在特定时期进行工资管制，限制工资的上涨速度或冻结工资。

第二节　通货膨胀

案例导入

委内瑞拉陷入恶性通货膨胀

赢得低收入阶层支持的查韦斯在1998年当选为委内瑞拉总统。查韦斯一方面批评美国和外国资本，另一方面高举“21世纪社会主义”旗帜，实行国有化政策，利用原油资金来救助贫困者，结果人气飙升。但在2013年查韦斯去世后，实行激进经济政策的弊端开始显现出来，如今陷入了前所未有的危机。

近几年，食品和手纸等生活必需品一直短缺，商店门前往往从凌晨开始就排起长队。委内瑞拉实行商品限购，居民只能凭身份证每周购买一次。收银台安装了指纹识别系统，以防止一些人多买商品。

物价急剧上涨也冲击了居民生活。国际货币基金组织说，委内瑞拉2015年的通货膨胀率高达约275%，2016年将达到720%。而委内瑞拉政府说，该国在2015年9月底的通货膨胀率为141.5%。

委内瑞拉外汇收入的96%来自于原油，现在，外汇因原油价格下跌而严重短缺。由于实行限价政策，企业缺乏生产积极性，物资日益缺乏，结果导致该国依赖进口商品，通货膨胀日趋严重。物资严重短缺、治安状况恶化对居民生活构成了严重威胁。

（资料来源：新华网 http：//news. xinhuanet. com）

通货膨胀是一种纸币现象，凡是实行纸币制度的国家，都有可能发生通货膨胀。由于世界各国现在实行的是纸币制度，因而通货膨胀又是一个世界性问题，是宏观经济中最令人困惑、争议最多的问题之一。

一、通货膨胀的含义、测定与种类

（一）通货膨胀的含义

对于通货膨胀这样一个普遍现象，经济理论对它的解释各不相同，但一般都接受这样的定义：通货膨胀是指纸币制度下，由于货币的发行量超过了流通中的实际需要量，由此引起的货币贬值以及一般物价水平持续普遍上涨的现象。

根据定义，通货膨胀的含义应包括以下三方面。

（1）通货膨胀是指一般物价水平的持续上涨，即物价总水平的普遍上升，而不是指某种或某些商品价格的上涨。通货膨胀期间，个别物价可以不变，有时还可能下降，但一般物价水平呈上升趋势。因此局部或个别的商品和劳务的上涨，以及季节性、偶然性和暂时性的价格上涨都不能称为通货膨胀。

（2）通货膨胀是与纸币发行过多联系在一起的。物价上涨可以由许多原因引起，如资源短缺、结构失调、商品质量提高等，但仅仅是这些原因引起的价格上涨，不能算作通货膨胀，只有当纸币超过了客观经济过程的需要量时，才能称为通货膨胀。

（3）通货膨胀的形式可以是公开的，也可以是隐蔽的。如实行配给制和价格管制时看起来没有物价上涨，但一旦取消配给制或放开物价，价格水平就会普遍上涨。

（二）通货膨胀的测定

衡量通货膨胀的指标是价格指数。价格指数是目前世界各国衡量通货膨胀的主要指标之一，是表明商品价格从一个时期到下一个时期变动程度的指数。

$$\text{通货膨胀率} = \frac{\text{本期价格指数} - \text{上期价格指数}}{\text{上期价格指数}} \times 100\%$$

由于统计口径、方法、选择对象的不同，反映物价水平变化的价格指数也有多种，其中最主要和常用的有三种。

（1）消费者物价指数（Consumer Price Index，CPI）是表示居民购买的零售商品平均价格变动的指数。基本意思是，人们选择一组（相对固定的）商品或劳务，比较它们按当期价格购买的花费和按基期价格购买的花费，公式表示为：

$$CPI = \frac{\text{一组固定商品按当期价格计算的价值}}{\text{一组固定商品按基期价格计算的价值}} \times 100$$

例如，假设2010年为基年，2010年某国普通家庭每月购买某一种商品的费用为520美元，2014年购买同样商品的费用是770美元，那么该国2014年的消费者物价指数就为：

$$CPI_{2014} = \frac{770}{520} \times 100 = 148$$

*CPI*既可以作为通货膨胀的测定指标，又可以作为工资、津贴调整的依据。许多国家均采用消费者物价指数来衡量通货膨胀率，但是这一指数局限于统计居民家庭消费的商品和劳务，而把国家消费和集团消费排除在外，这是它的主要缺陷。

（2）生产者物价指数（Produce Price Index，PPI）表示企业购买的批发物品平均价格变动的指数，是衡量各个时期生产资料与消费资料批发价格变化的指标。计算生产者价格指数的步骤和计算消费者物价指数相同，但是它所选择的物品的种类与后者不同，特别是包含了大量的中间物品，即需要进一步加工的物品。

（3）国民生产总值平减指数（GDP Deflator，GDP）是反映国民生产总值中涉及的产品和服务平均价格变动的指数。它是按当年价格计算的国内生产总值对按不变价格计算的国内生产总值的比率，即名义GDP除以实际*GDP*。该指数比CPI指数更全面，因为它包括GDP中所有产品和劳务的价格。

（三）通货膨胀的种类

经济学家根据不同的标准对通货膨胀分类，这里介绍按价格上升速度的分类。

（1）温和的通货膨胀，指每年价格上升的比例在10%以内。其中3%左右的物价上升称为爬行的通货膨胀，是经济发展的润滑剂。因为通常人们感觉不到这种价格上升，会将任何小于物价上升幅度的货币工资的上升当作实际工资的上升。这样，一方面，工人增加劳动供给；另一方面，厂商增加劳动需求（实际工资下降），最终使就业量和收入增加。保持了温和的通货膨胀，也就实现了物价稳定。

（2）奔腾的通货膨胀，也叫加速的通货膨胀，指年通货膨胀率在10%以上100%以内。

这时，货币流通速度的提高和货币购买力的下降均具有较快的速度。奔腾的通货膨胀发生后，公众预期价格还会上涨，因而采取各种措施保护自己，以免受通货膨胀之害，这使得通货膨胀加剧，一旦奔腾的通货膨胀站稳了脚跟，便会出现严重的经济扭曲。例如，我国20世纪80年代左右出现的30%左右的通货膨胀就属于奔腾的通货膨胀。

（3）恶性通货膨胀，也叫超级通货膨胀，指通货膨胀率在100%以上。

发生这种通货膨胀时，价格持续猛涨，人们都尽快地使货币脱手，从而大大加快了货币的流通速度。其结果是对货币完全失去信心，购买力猛降，货币失去交易功能，各种正常的经济联系遭到破坏，致使货币体系和价格体系完全崩溃。在严重的情况下，还会出现社会动乱。

例如1920—1923年的德国或者在第二次世界大战以后的中国和匈牙利所发生的五花八门的价格上涨。在德国，政府开动货币印刷机，把货币和价格都推向天文数字水平。从1922年1月到1923年11月，价格指数从1上升到100亿，一份德国报纸1921年是0.3德国马克，两年后上升到7 000万德国马克。这种恶性的通货膨胀对德国经济产生了十分不利的影响，以致人们往往把它作为纳粹兴起和第二次世界大战的原因。而我国1936年100元钱能够买一头牛，到了1946年只能买到一个煤球。在当代，俄罗斯和中欧国家都出现过这种通货膨胀。

二、通货膨胀的成因

西方经济学家认为，价格是由需求和供给决定的，因此从供给和需求两个方面探讨通货膨胀的成因。

（一）需求拉上型通货膨胀

总需求增加，使得总需求超过总供给引起的通货膨胀称为需求拉上型通货膨胀。根据传统的凯恩斯理论，通货膨胀源于总需求超过充分就业情况下的总供给，也就是说，过度需求向上拉动物价水平，从而导致通货膨胀，可以解释为“过多的货币追求过少的商品”。

当总供给曲线的位置不变时，总需求曲线向右方移动会导致价格水平的上升，这只是问题的第一步，通货膨胀的下一步就是一旦物价水平上升，工人会要求提高工资，银行会提高利率，土地所有者会提高地租，引起总供给曲线向右上方移动，使国民收入减少，失业增加。进而政府不得不采取扩张性的财政政策或货币政策刺激总需求，启动新一轮的需求拉上型的通货膨胀。如图9－1：图中横轴Y表示国民收入，纵轴P表示一般价格水平，AD为总需求曲线，AS为总供给曲线。总需求曲线由AD_0移到AD_1的位置，使物价由P_0上升到P_1，启动了需求拉上型通货膨胀。作为一

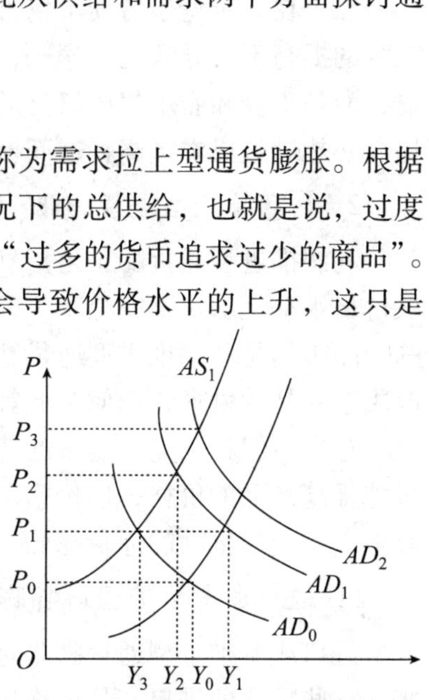

图9－1　需求拉上型通货膨胀

个动态的过程，通货膨胀有其自身发展的机制。当要素供给因价格上涨而提高要素价格后，总供给曲线由 AS_0上升到 AS_1的位置，使价格水平由 P_1进一步上升到 P_2。由于总供给减少使国民收入较少到 Y_2的水平，政府不得不采取扩张性的经济政策，当总需求曲线因此右移到 AD_2的位置后，价格水平进一步上升 P_3，这就是需求拉上型通货膨胀。

（二）成本推进型通货膨胀

为了从供给方面说明为什么会发生一般价格水平上涨，西方学者提出了成本推动型通货膨胀理论。成本推进型通货膨胀是指成本提高导致总供给减少，使得总需求大于总供给引起的一般价格水平持续和显著的上涨。这是从产品和劳务的供给方面来解释物价水平的变动，成本推动型通货膨胀可能有三种根源：工资成本的增加、利润的增加、进口原料成本的增加。

对成本推进型通货膨胀也可以借用图 9－1 来解释。表现为总供给曲线左移造成的价格上升。期初，总供给和总需求曲线分别为 AS_0和 AD_0，价格水平为 P_0。生产成本增加使 AS_0上升到 AS_1的位置，导致价格水平 P_0到 P_1。这些使国民收入由 Y_0减少到 Y_3，为了减少失业和刺激经济，政府使用扩张的财政政策与货币政策，使总需求曲线由 AD_0上升到 AD_1位置。这种做法虽然使国民收入增加到 Y_2，但是物价进一步上升到 P_2。当然，这种价格水平的上涨将启动新一轮的成本推进型通货膨胀。从根本上看，成本推进型通货膨胀与需求拉上型通货膨胀的区别在于开始的推动力的差异，具体来说有工资成本、利润成本通货膨胀和进口成本推动的通货膨胀。

1. 工资推进型通货膨胀

工资推进型通货膨胀是指不完全竞争的劳动市场造成的过高工资导致的一般价格水平的上涨。在完全竞争劳动市场上，工资率会随着劳动的供给和需求的变动而上升或下降，工资的提高不会导致通货膨胀；而现代社会属于不完全竞争劳动市场，工资不再是竞争工资，而是工会和雇主集体议价的结果。由于工资的增长率超过了生产率的增长率，工资的提高必然导致成本提高，进而使一般价格水平上涨，这就是工资推进型通货膨胀。

2. 利润推进型通货膨胀

利润推进型通货膨胀是指寡头企业和垄断企业利用市场势力谋取过高利润所导致的一般价格水平上涨。不完全竞争的劳动力市场是工资推进型通货膨胀的前提，而不完全竞争的产品市场是利润推进型通货膨胀的前提。如果产品价格完全由市场决定，那么价格完全取决于商品的供求，任何企业都不能通过控制产量来改变市场价格，这种类型的通货膨胀就不存在；但在不完全竞争的劳动市场上，寡头企业和垄断企业在追求利润最大化时，有可能提高产品的价格，使价格的上涨速度超过成本增长的速度。如果这个过程得以推广，就会产生利润推动的通货膨胀。

3. 进口成本推进型通货膨胀

进口成本推进型通货膨胀是指在开放经济中，由于进口原料价格上升而引起的通货膨胀。一些重要的进口产品价格提高，则会引起某些以进口品为主要投入的企业生产成本上升，从而使这些行业的产品价格上涨，波及整个经济时，就形成进口成本推进型通货膨胀。例如20世纪70年代，西方诸国通货膨胀的一个重要原因就是世界市场上石油价格的大幅上涨。

（三）需求拉上和成本推进混合型通货膨胀

有些通货膨胀不能简单地理解为需求拉上或成本推进型，而是它们同时发挥作用，并相互影响、互相促进的结果。对于成本推进型通货膨胀，如果没有需求相应增长，则通货膨胀就不能持续下去。由于劳动者工资的提高，引起成本推进型通货膨胀，倘若需求并无增加，产品价格上升了，就会使生产下降，失业扩大，过高的失业率使单纯成本推动的通货膨胀停止。此时增加总需求，才能使产量恢复到原来的水平，而价格水平继续上升。

（四）结构性通货膨胀

结构性通货膨胀是由于社会经济结构变动而引起的物价水平在一定时期内持续上涨。经济体系中某些部门的劳动生产率比较高，从而货币工资率较高；另一些部门的劳动生产率比较低，这些部门的货币工资率按理来说也应该比较低，但在“攀比效应”或“看齐效应”作用下，劳动生产率较低的部门的货币工资也比较高。然而由于没有相应的物质基础，货币工资率的上升必然引起这些部门的产品的平均成本上升和价格上升，进而引起整个社会的通货膨胀

（五）政府发行了过多的货币

有的经济学家认为，通货膨胀唯一的成因是货币总量相对物品总量不断增大。概括地说，就是货币过多而物品过少。而大家都知道，只有政府才有权力印刷钞票，所以通货膨胀的成因，就是政府发行了过量的钞票。政府有各种各样的理由多印钞票，例如，在一些税收不健全的国家，政府为了负担开支，就是通过增印钞票来暗中征税；另外，政府为了增加教育、基础设施或国防开支，或为了援助灾民，也会增印钞票。

案例分析

中国1993—1994年的通货膨胀

我国自改革开放以来特别是20世纪90年代初期，经济一直保持良好的增长势头：1991年的经济增长率为8%，1992年为13.2%，1993年为13.4%；1994为11%，工业总产值达到42 572.7亿元。但是，1994年的通货膨胀率也是历史上最高的：全国商品零售物价指数涨幅高达27.1%，居民消费价格指数涨幅高达24.1%。

从货币投放量来看，我国1994年的货币投放并未超过经济增长所需要的数量。全年国家银行贷款余额为31 602.9亿元，比上年增长19.5%，1994年末市场货币流通量约为7 270亿元，比上年增长24%，与年工业总产值增长率21.35%的增幅相差不太大。但是，1992年流通中的货币量比上年增加了36.4%，1993年则增加了35.3%，两年的增长率均高于经济增长与物价上涨幅度之和。它们累积起来的影响滞后到1994年，最终导致零售物价和居民生活费用的上涨。

另外，当时正值我国价格改革迈出一大步之际，主要农产品收购价格和石油、煤炭等生产资料价格有明显提高。这本是对计划经济中不合理定价方式的调整，但在客观上提高

了企业的生产成本。随后，中央又出台了税制改革和汇率并轨以及国家机关、事业单位的工资改革，企业也进行了工资套改，这些都加重了各种企业的成本负担，最终造成物价上涨。

从投资需求看，20 世纪 90 年代以来也开始呈现明显的膨胀。1985 年，全社会的固定资产投资为 2 543 亿元，1990 年增至 4 451 亿元，1993 年猛增至 11 829 亿元，1994 年竟达 16 000 亿元。就固定资产投资率来说，1993 年已高达 39.7%，1994 年增速虽略有回落，但也仍然高达 36.5%。投资结构本身也不够合理，这主要表现是：农业投入连年下降，工业的投入则猛增；高速增长的工业投入有与消费需求脱节之处，一些产品超过了市场需求（市场容量），造成生产能力过剩，其中尤以耐用品为突出。其中，汽车的生产能力过剩量达 3/4，冰箱达 2/3，彩色电视达 1/2，空调达 1/2，洗衣机达 1/3，棉衣纺达 1/3。生产过剩的结果必然是商业库存迅速增加。1984 年，我国的商业库存仅为 2 000 亿元，1990 年突破了 6 000 亿元。与此同时，国有企业亏损严重，到 1994 年末亏损面已超过 40%。由于企业亏损过多，财政收入减少，支出大增，导致赤字。全国财政赤字硬预算 1988 年为 78.55 亿元，1994 年为 700 亿元；软预算赤字 1988 年为 349 亿元，1993 年突破了 1 000 亿元。由于财政赤字越来越严重，政府不是向银行大量透支，就是大量发行国债，无论怎样做，都会促成大量的货币发行，引发通货膨胀。

三、通货膨胀的经济影响

（一）造成实际收入和财富分配的再分配

通货膨胀对社会不同成员的收入分配有不同的影响，一些人从中受益，另一些人受损。首先，通货膨胀不利于靠固定的货币收入维持生活的人，例如大多数工薪阶层、退休者、失业和贫困者、接受政府救济者、债权人。对于这部分人而言，当名义工资率的增长小于通货膨胀率的增长幅度时，收入落后于上升的物价水平，实际收入因为通货膨胀而减少，购买力随着价格的上升而下降，由于收入是固定的没有变化，他们的生活水平必然要降低。而对于靠变动收入维持生活或利润收入者，则可从通货膨胀中收益。

其次，通货膨胀对储蓄是不利的。价格的上涨，存款的实际价值或购买力降低，存款在银行的人会遭受严重的打击。像养老保险、固定价值的证券财产等，本用于防患未然及养老的，通货膨胀造成的结果是其实际价值下降。

再次，通货膨胀不利于债权人，而有利于债务人。例如甲向乙借出去 1 000 元，利息是 10%，1 年后的本息是 1 100 元，在通货膨胀是 10% 时，甲没有得到一分钱的利息，即通货膨胀牺牲了债权人的利益而使债务人获利。

最后，通货膨胀有利于政府而不利于公众。这是由于：随着名义工资的增加，个人的所得税将增加；政府是净债务人，通货膨胀使政府的内债负担下降；货币发行量过多引起的（财政向银行透支）通货膨胀是一种直接剥夺民众的行为。

（二）影响资源的合理配置

通货膨胀使价格信号扭曲，无法正常反映社会供求状况，使价格失去调节经济的作用，资源的重新配置不合理，破坏正常的经济秩序，价格失去核算功能，降低经济运行效率。

（三）影响国民收入和就业水平的变化

通货膨胀对国民收入和就业水平的影响，主要有如下三种情况。

（1）非预期的温和的需求拉上型通货膨胀会增加国民产出和就业。假设总需求增加，造成一定条件下的温和需求拉上型通货膨胀，产品价格的上涨快于货币工资率的上涨，从而增加了企业的利润。利润增加刺激企业扩大再生产，减少了失业，增加了国民产出。

（2）成本推动型通货膨胀会使收入或产量减少，引起失业。原总需求水平下，经济实现了充分就业和物价稳定。当发生成本推动型通货膨胀时，物价被抬高，原总需求能购买的实际产品数量减少，所以产出下降，进而引起失业。

（3）超级通货膨胀导致经济崩溃。价格持续上升使消费者和企业产生通货膨胀预期，估计物价水平会再升高，因此降低了储蓄与投资，过度消费，使得经济增长率下降；生活成本的增加使劳动者要求提高工资，导致企业增加生产和扩大就业的积极性丧失；企业在通货膨胀预期下会增加存货，但当资金链断裂时银行拒绝提供信贷，企业贷款困难，被迫减少存货，生产收缩。恶性通货膨胀出现时，货币失去结算功能，市场经济机制紊乱，经济崩盘。

四、抑制通货膨胀的对策

从长期来看，通货膨胀的消极作用非常明显，因此各国政府都把抑制通货膨胀作为主要的宏观经济目标。

（一）实行紧缩性的需求管理政策

紧缩性的需求管理政策指政府通过抑制总需求的政策来抑制通货膨胀，使总需求曲线右移，降低通货膨胀率。如可采取减少政府支出、增税、减少货币供给量和提高利率等手段。

（二）收入政策

收入政策是政府通过影响人们收入的政策措施来消除成本推进型通货膨胀的办法。收入政策主要包括：工资和物价管制；道德规劝；政府、工会和企业间的协商；以税收杠杆来实现工资和物价增长的指数化。

（三）稳定货币的供应

货币学派认为，通货膨胀的直接原因是货币发行量过多。因此他们主张实行单一的货币政策，即货币供给量的增长率和国内生产总值的增长率相适应。这种理论已为许多国家的政府所采纳。

（四）人力投资政策

结构性通货膨胀的根源是市场的不完全性。其中，由于资源完全缺乏流动性所造成的高货币工资率在通货膨胀中起着重要的作用。如果能够增强劳动力向这些部门的流动性，结构性通货膨胀便会在一定的程度上得到控制。人力投资政策基本内容是由政府提供一笔资金用于职业培训，以减轻资源流动性的阻力。如果它能够消除失业和空位并存的局面，各部门的收入差距便会缩小，攀比行为所刺激的工资和物价上涨的势头便会减弱。

在实际生活中，抑制通货膨胀主要是以衰退为代价的。这说明政府在进行宏观调控时，以通货膨胀政策刺激就业和产量的增长是不明智的，政府的短期行为会使其在长期中付出巨大的代价。

案例导入

历史上几个典型的通货膨胀案例

许多人认为通货膨胀是纸币条件下的特有产物，在金属货币流通条件下不可能发生。这种看法是很不确切的。以下关于通货膨胀的案例中，我们可以看出通货膨胀的发生有在纸币条件下的，也有在金属货币条件下的。

（一）古罗马的通货膨胀：铸币成色下降的恶果

公元138—301年，古罗马军服的价格上涨了166倍，自2世纪中叶至3世纪末，小麦价格——物价水平的主要标志——涨了200倍。这一次通货膨胀，无论如何也不能归罪于纸币，因为纸币要到其后1 000年才出现。

古罗马实行的是金属货币制度，包括金、银、铜和青铜。政府财政基本上采用现金形式。帝国的皇帝们为了强化他们对资源的控制，相继削减铸币尺寸或在铸币中添加贱金属。同时却希望凭着自己的权威保持其价值不变——这当然是不可能的。这种违背经济规律的行为在罗马帝国时代代代相传，最终导致的结果是铸币贬值，物价上涨。公元235—284年，古罗马政治陷入无政府状态，通货膨胀臻于极致，铸币急剧贬值。在公元253—268年之间，银币的含银量还不到5%。

（二）黑死病与价格行为

14世纪中叶，欧洲普遍出现了温和的通货膨胀。在3年的时间里，物价至少翻了一番。作为通货膨胀，这一时期并不引人注目，值得重视的是它的背景——黑死病。这是一种能致人猝死的病疫。在当时，此病夺取了2 000万人的生命，是当时整个欧洲人口的1/3。在病疫流行期间，商品的价格出现了突然的、短暂的下降。原因很明显，人口锐减导致需求下降，而流通中的货币及商品存量却基本不变，但幸存者的需求却是有限的。而随着疫情的过去，物价又回升了。原因是储存消耗殆尽，同时由于人口减少，产量随之下降——因为生产者的生活条件恶劣，因而生产人员减少的数量远大于有稳定需求的富人。

（三）西班牙：白银与价格革命

16世纪，西班牙物价上涨4倍多，年上涨率1.5%，贵金属过剩是这次通货膨胀的根源。1501—1600年，由墨西哥和秘鲁神话般的矿山产出的1 700万公斤纯银和18.1万公斤纯金涌入西班牙。除官方渠道，走私的数量估计相当于官方进口的10%，相对于已有的储存，来自新世界的金银可谓数额巨大。无论如何，贵金属的涌入掀起了一场价格革命。这次通货膨胀价格上涨缓慢，没有对西班牙的各个经济部门产生什么影响。想想年增长率

1.5%，这在目前来说是经济发展过程中一个再合适莫过的数字了。但在当时，它至少证明了这样一些观点：① 货币不等于财富；② 和缓的通货膨胀可以和经济增长兼容；③ 白银减缓了制度变革的压力；④ 以贵金属为保证的货币制度并不能预防通货膨胀；⑤ 西班牙最终没有留住海外流入的金属；⑥ 始于西班牙的通货膨胀扩散到其贸易对象；⑦ 对经济规律的懵懂无知并不妨碍人们自行其事；⑧ 货币幻觉尽管充满了神秘，但如果人们警惕周围的变化，其迷惑性必将大大降低。

（四）德国：经典的通货膨胀

1923 年间德国的经济状况——恶性通货膨胀，迄今为止只有 1946 年的匈牙利和 1949 年的中国出其右。如果 1922 年 1 月的物价指数为 1，那么 1923 年 11 月的物价指数则为 100 亿。如果一个人在 1922 年初持有 3 亿马克债券，两年后，这些债券的票面价值早就买不到一片口香糖了。沃伦教授和皮尔逊教授曾将德国的通货膨胀数字绘成书本大小的直观柱状图，可是限于纸张大小，未能给出 1923 年的数据柱，结果不得不在脚注中加以说明：如果将该年度的数据画出，其长度将达到 200 万英里。

德国在一战败北之后，丧失了 1/7 的领土和 1/10 的人口，各种商行及工业产品均减少，同时按 1921 年金马克赔偿 1 320 亿赔款。在操作中，德国不得不靠发行纸币来渡过难关，结果是陷入灾难的深渊。当时政府以极低的利率向工商业者贷款，同时投放巨额纸币，它们又很快贬值，从而债务人得以用廉价的马克偿还贷款。"新富"们在通货膨胀中发了大财，"旧富"们面临崩溃。各个经济部门和各个家庭生活在此不公平中受到致命打击。

（五）前苏联战时共产主义的通货膨胀

在十月革命以前，俄国就已走上了通货膨胀之路。革命后，为了保障政权，必须控制国家资源。因此，前苏联印发纸币，维持庞大的预算开支。在 1918—1920 年间，反动力量很快聚集，发起反扑，此时前苏联开始实行战时共产主义。由于经济基础薄弱，社会产品总量短缺，再加上连年战争，使生产得不到恢复，战时共产主义的分配物品远不能满足人们的基本需要。于是黑市猖獗，物价飞涨。

（资料来源：http：//www. jjxj. com. cn 作者：樊西峰）

五、失业与通货膨胀的关系

案例导入

宏观经济政策与失业率

近年来，美国失业率保持一种相对稳定状态，而欧洲的失业率却急剧上升而且保持在 30 年前的水平之上。

如何解释两地劳动力市场的差别呢，部分原因在于两地的宏观经济政策不同。美国只有一个中央银行，即联邦储备系统。它严格监控美国经济。当失业率提高影响到居民对经济的信心时，美联储会放松银根，实行积极的货币政策，刺激总需求和提高产出，并防止失业率的进一步提高，实际上这是通过提高通胀率来降低失业率的方法。

而今天的欧洲还不存在这样的机构，欧洲是个国家联盟，它的货币政策由欧洲中央银行统一制定，由于考虑到各国情况的复杂性，欧洲中央银行的目标主要是保持物价的稳定，奉行强有力的货币政策，全力保持低利率和低通胀。在这样的情况下，就无法利用通货膨胀政策来降低失业率。

有关宏观经济中这两个基本问题，是许多经济学家所关心的，不同的学派有不同的回答。这里介绍几种有代表性的说法。

（一）凯恩斯学派的观点

按照凯恩斯主义理论，失业与通货膨胀是不会并存的。在没有达到充分就业时，总需求增加只会引起国民收入增加而价格水平不变；达到充分就业后，总需求增加则价格上升而国民收入保持不变。前边讲的周期性失业理论，说明了失业与通货膨胀不会并存的道理。

（二）菲利普斯曲线

菲利普斯曲线是用来表示失业与通货膨胀之间交替关系的曲线，由新西兰经济学家菲利普斯提出。

1958 年，菲利普斯根据英国 1861—1957 年失业率和货币工资变动率之间的对应关系，绘出的一条曲线。该曲线揭示了失业率与货币工资增长率之间互为增长的关系，即低失业率必然伴随着高货币工资增长率；反过来，失业率较高时，货币工资增长率较低，甚至为负数。

以萨缪尔森为代表的新古典综合派根据通货膨胀率 = 货币工资增长率 - 劳动生产增长率这一关系对最初的曲线进行的改造，用来解释失业率与通货膨胀率之间的替换关系，即失业率低，通货膨胀率高；物价水平稳定或通货膨胀率低，失业率高。菲利普斯曲线如图 9 - 2 所示，横轴表示失业率，纵轴表示通货膨胀率，向右下方倾斜的曲线就是菲利普斯曲线。

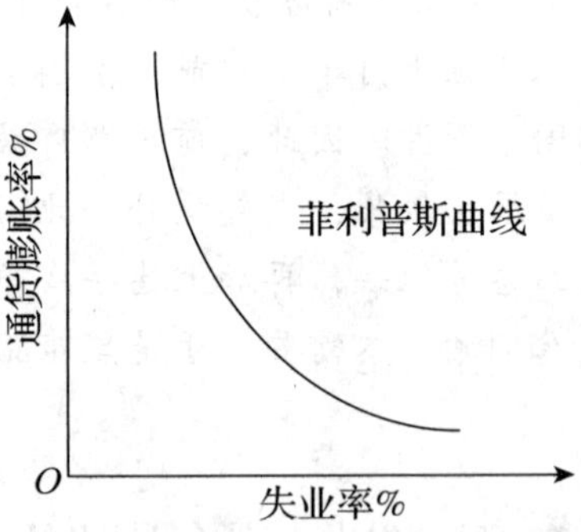

图 9 - 2　菲利普斯曲线

这就是说，失业率高表明经济处于萧条阶段，这时工资和物价水平都较低，从而通货膨胀率也就比较低；反之失业率低说明经济正处于繁荣阶段，这时工资和物价水平都较高，从而通货膨胀率也就高。失业率与通货膨胀率之间存在反向变动关系，因为通货膨胀使实际工资下降，从而能刺激生产，增加劳动需求，减少失业。

菲利普斯曲线提出了这样几个重要的观点。

（1）通货膨胀是由工资成本的推动引起的，这就是成本推动型通货膨胀理论。

（2）承认了通货膨胀和失业的交替理论，否定了凯恩斯的失业和通胀不并存的理论，为后期解释“滞胀”提供依据。

（3）当失业率为自然失业率时，通货膨胀率为 0。因此，也可以把自然失业率定义为通货膨胀率为 0 时的失业率。

（4）为政策的选择提供了理论依据。宏观经济政策的制定者可以在一定时期内对失业率和通货膨胀率做出选择。例如，如果政策制定者可以忍受高通货膨胀，就可以拥有低失业率，或者可以通过高失业来维持低通货膨胀率。前提是要确定一个社会临界点，即社会可认可或容忍的最大失业率和通货膨胀率。

菲利普斯曲线所反映的失业与通货膨胀之间的关系基本符合20世纪50～60年代西方经济的实际情况。然而20世纪70年代“滞胀”出现了，失业与通货膨胀就不存在这种交替的关系了，于是对失业和通货膨胀间的关系又有了新的解释。

（三）短期菲利普斯曲线和长期菲利普斯曲线

1. 货币主义学派的观点

20世纪70年代，资本主义世界遭遇到新的经济问题——“滞胀”。滞胀是指一定时期持续的通货膨胀伴随着萧条或经济停滞的发展。1969年新上任的尼克松政府为了治理通货膨胀的问题采取了紧缩的货币和财政政策，希望以失业为代价，降低通货膨胀。结果通货膨胀率没有沿菲利普斯曲线滑动，而是向右移动，剧烈失业增加，通货膨胀仍维持在原来较高的水平。面对这一新的挑战，以后的经济学家对“滞胀”作了种种解释。认为菲利普斯曲线在短期内有效，从长期看菲利普斯曲线则是一条垂直线。

货币主义学派代表人物米尔顿·弗里德曼在解释菲利普斯曲线时引入了适应性预期，即人们根据过去的经验形成并调整对未来的预期。他们认为，由于短期中工人来不及调整通货膨胀预期，使预期的通货膨胀率可能会低于实际发生的通货膨胀率。这样，工人所得到的实际工资可能小于先前预期的实际工资，从而使实际利润增加，刺激了投资，就业增加，失业率下降。所以向右下方倾斜的菲利普斯曲线在短期内仍可以成立，也被称为短期菲利普斯曲线。这说明，在短期中引起通货膨胀上升的扩张性财政和货币政策可以增加就业，宏观经济政策是有效的。

但是，长期中，工人将根据实际发生的情况不断调整自己的预期，使预期的通货膨胀与实际的通货膨胀一致。这时，工人会要求增加名义工资，使实际工资不变，从而通货膨胀就不会起到减少失业的作用。这时菲利普斯曲线是一条从自然失业率出发的与横轴垂直的线，即长期菲利普斯曲线。因为在长期中经济可以实现充分就业，表明失业与通货膨胀之间不存在交替关系。说明以引起通货膨胀为代价的扩张性财政政策和货币政策并不能减少失业，宏观经济政策长期无效。

如图9－3，长期菲利普斯曲线与横轴垂直，说明在长期中通货膨胀率无论怎样上升，失业率都维持在自然失业率的水平上。这条新的菲利普斯曲线是现代货币主义者对凯恩斯主义理论的否定。由此指出了国家为调节经济运行采取减少失业的政策在长期内是无效的。

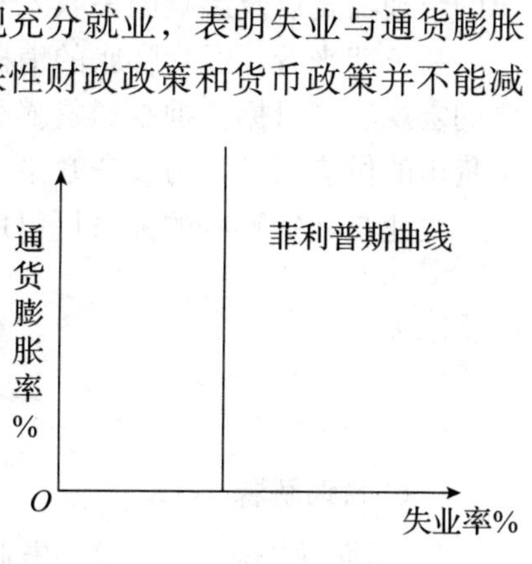

图9－3　长期菲利普斯曲线

2. 理性预期学派的观点

理性预期学派则采用的是理性预期而非适应性预

期。理性预期是合乎理性的，预期值与以后实际发生的值总是一致的。在这种预期之下，无论是短期还是在长期，预期的通货膨胀率与实际发生的通货膨胀率总一致，从而也就无法以通货膨胀为代价来降低失业率，所以菲利普斯曲线始终为一条从自然失业率出发的垂线，即失业与通货膨胀始终不存在交替关系，宏观经济政策始终无效。

在现实中菲利普斯曲线所表示的关系有时存在，有时不存在。经济发展中复杂的经济学也是多元化的，各国经济发展情况不同，经济理论的适用性也不同。

本章知识小结

• 失业是指劳动者没有能够就业。衡量经济中失业状况最基本的指标是失业率。失业率是指失业人数占劳动力人数的百分比。失业可划分为自愿失业和非自愿失业两大类型。宏观经济学以非自愿失业为研究对象。按照失业的原因，非自愿失业包括：摩擦性失业、结构性失业、总需求不足的失业、临时性或季节性失业以及隐蔽性失业。

失业对个人及家庭、厂商以及整个国民经济都会带来一定的影响。其中，奥肯定理揭示了失业与经济增长之间的内在关系，说明了失业给经济带来的损失。

为了消除失业带来的消极影响，可以采用反失业政策，包括扩张性财政和货币政策、工资管制政策以及相应的人力政策。

• 通货膨胀是指纸币制度下，由于货币的发行量超过了流通中的实际需要量，由此引起的货币贬值以及一般物价水平持续普遍上涨的现象。衡量通货膨胀的指标是价格指数，其中最主要和常用的有三种：消费者物价指数、生产者物价指数、国民生产总值平减指数。

按照价格上升的速度可将通货膨胀分为三类，即温和通货膨胀、奔腾的通货膨胀和恶性通货膨胀。按照通货膨胀的成因，可将通货膨胀分为需求拉上型通货膨胀、成本推进型通货膨胀、需求拉上和成本推进混合型通货膨胀、结构性通货膨胀以及政府发行了过多的货币。

通货膨胀可以对社会经济带来影响，可以造成实际收入和财富分配的再分配、影响资源的合理配置以及影响国民收入和就业水平的变化等。

从长期来看，通货膨胀的消极作用非常明显，因此各国政府都把抑制通货膨胀作为主要的宏观经济目标。抑制通货膨胀的主要政策有：紧缩性的需求管理政策、收入政策、稳定货币的供应以及人力投资政策。

失业与通货膨胀的关系可以用菲利普斯曲线来说明。

练 习 题

一、名词解释

1．周期性失业　　2．失业率　　3．通货膨胀

4．菲利普斯曲线　　5．奥肯定律

二、单项选择题

1. 需求拉上型通货膨胀（　　）。
   A. 通常用于描述某种供给原因引起的通货膨胀
   B. 表示经济制度已调整过的预期通货膨胀
   C. 通常用于描述总需求的增长所引起的价格波动
   D. 以上均是
2. 在下列引起通货膨胀的成因中，最有可能是成本推进型通货膨胀的是（　　）。
   A. 预算赤字　　B. 世界性商品的价格上涨
   C. 投资率下降　　D. 银行贷款的扩张
3. 菲利普斯曲线说明（　　）。
   A. 通货膨胀可以导致失业率的上升
   B. 通货膨胀与失业率之间存在着正相关关系
   C. 通货膨胀与失业率之间存在着负相关关系
   D. 通货膨胀与失业率毫无关联
4. 自然失业率（　　）。
   A. 取决于价格水平
   B. 恒为零
   C. 是经济处于潜在产出水平时的失业率
   D. 没有摩擦性失业时的失业率
5. 假如经济发生了严重的通货膨胀，受害者将是（　　）。
   A. 债权人　　B. 退休金领取者
   C. A 和 B 所指的人　　D. 无法判断

三、分析问答题

1. 失业主要有哪些类型？失业的社会代价是什么？
2. 通货膨胀的原因是什么？
3. 菲利普斯曲线有什么政策含义？
4. 什么是需求拉上型通货膨胀？什么是成本推进型通货膨胀？什么是结构性通货膨胀？

第十章 经济周期与经济增长理论

学习目标

1. 掌握经济周期、经济周期的阶段、经济周期的分类、经济周期的原因；
2. 理解经济增长的含义与基本特征、经济增长的因素、了解经济增长的基本模型；
3. 理解经济发展、经济增长与经济发展的关系；
4. 理解可持续发展的含义与特征，可持续发展模式与传统经济发展模式的区别、可持续发展的原则与对策；
5. 理解循环经济的含义与特征、循环经济与传统经济增长方式的区别、循环经济增长的对策。

本章重点和难点

1. 经济周期的含义与阶段；
2. 经济增长的含义；
3. 经济增长的因素；
4. 哈罗德-多马经济增长模型；
5. 经济发展；
6. 经济增长与经济发展的关系；
7. 可持续发展；
8. 循环经济。

案例导入

日本经济的增长与萧条

第二次世界大战摧毁了日本大量的资本存量，1945 年以前，日本经济的发展可谓是步履蹒跚。然而战后日本经济通过占领军实施的经济民主化，为自己奠定了崭新的腾飞基础。

1947 年起日本采用了集中物力、财力、人力投入到煤炭、钢材生产上去的“倾斜生产方式”，1948 年起日本经济虽然伴有通货膨胀，但终于走上了经济复兴的轨道。被称为“稳定中的恐慌时期”，广大人民被迫储蓄，大量资金流入大企业。正是这样，扶助了此后大企业的发展，却导致了中小企业的倒闭，失业率增加，社会日趋不安。就在这个时期，1950 年 6 月爆发了朝鲜战争，日本的生产活动因战争特需飞跃增长，并且很快在 1951 年，年度实际国民生产总值恢复到战前水平。1951 年 9 月签订了媾和条约，占领军时期就此告终。随之朝鲜战争也宣告结束，产业界一时陷入了动乱频频发生的逆反性不景气局面。但是，这仅仅是过渡到经济高速发展的小小间歇而已。

从1955年开始之后的10年间，日本经济实际平均增长率为8%，几乎在长达1/4个世纪内，日本经济以世界最高的增长率持续发展。在1948到1972年间，日本每年人均产出增长率为8.2%，而同时期美国每年人均产出增长率仅为2.2%。1955年日本的国民生产总值在资本主义国家中尚居第7位，而12年后的1967年却跃居至第2位，过去的“中等发达国家”一跃成为“经济大国”。

20世纪90年代后，日本多年高速增长的经济进入了持久的衰退期。在随后的10年中，实际GDP平均增长率仅为1.3%。工业生产停滞，1980—1991年上升了50%后，1992—2002年下降了8%。1990年的失业率为2.1%，至2002年时已升至5.4%，这一数据是自1953年日本政府开始编辑统计资料以来的最高失业率。2002年后，日本经济开始复苏，但举步维艰。

（资料数据来源：百度及都重留人著《日本经济奇迹的终结》）

第一节　经济周期

一、经济周期含义

（一）经济周期的定义

1825年英国出现了历史上第一次的经济危机，从那以后，这种现象每隔几年到几十年就要重复发生一次，人们把这种经济现象叫作危机与恐慌。1862年法国经济学家朱格拉发表著作《论法国、英国和美国的商业危机以及发生周期》，首次将危机作为经济周期波动性的一个阶段来看待。19世纪中叶至今，西方经济学家提出了近百种关于经济周期的理论。1946年，美国经济学家米切尔和伯恩斯在《衡量经济周期》一书中给经济周期下了一个经典的定义：经济周期是在主要按商业企业来组织活动的国家的总体经济活动中所看到的一种波动：一个周期由几乎同时在许多经济活动中所发生的扩张，随之而来的同样普遍的衰退、收缩和一个周期的扩张阶段相连的复苏所组成；这种变化的顺序反复出现，但并不是定时的；经济周期的持续时间在一年以上到十年或者十二年；它们不再分为具有接近自己的振幅的类似特征的更短周期。这个定义受到经济学界的普遍认可。

理解经济周期应该把握以下几点：

（1）周期是现代社会不可避免的经济活动；

（2）经济周期是总体经济活动的波动；

（3）一个经济周期依照顺序可以分为繁荣、衰退、萧条和复苏四个阶段；

（4）经济周期在各种经济活动中反复出现，但每个周期的时间长短不一。

（二）经济周期的阶段

经济周期一般经过繁荣、衰退、萧条t复苏四个阶段，其中繁荣与萧条是两个主要阶段，衰退与复苏是两个过渡性阶段，如图10－1。

其中每个阶段具有各自的特点。

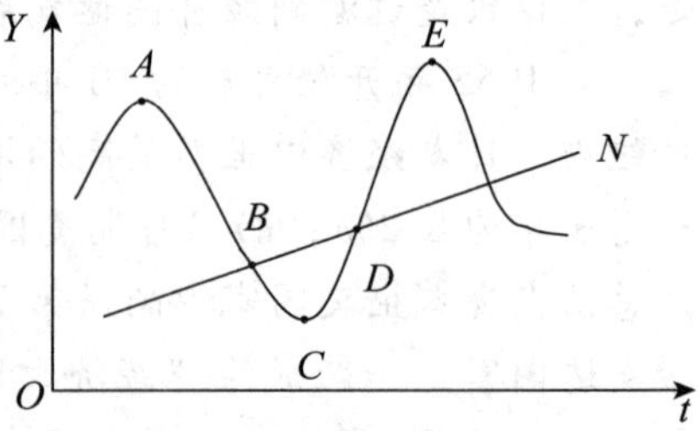

图 10-1　经济周期的阶段

图中：A—B 为衰退　B—C 为萧条
C—D 为复苏　D—E 为繁荣

繁荣阶段：国民收入与经济活动高于正常水平的一个阶段。该阶段市场需求旺盛，企业产品库存减少，固定资产投资增加，导致企业利润明显增加。虽然此时物价和市场利率也有一定程度的提高，但是生产的发展和利润的增加幅度会大于物价和利率的上涨幅度，推动股价的大幅上扬。就业增加，公众对未来持乐观态度。繁荣的最高点称为顶峰，这时就业与产量达到最高。而后股票与商品的价格开始下降，存货水平提高，公众的情绪由乐观转为悲观，繁荣开始转向衰退。

衰退阶段：是从繁荣到萧条的过渡阶段，经济开始从顶峰下降，但仍未低于正常水平。由于繁荣阶段的过度扩张，社会总供给开始超过总需求，经济增长减速，存货增加，物价上涨，公司的成本日益上升，加上市场竞争日趋激烈，业绩开始出现停滞甚至下滑的趋势。投资者开始抛售手中的股票，当越来越多的投资者加入到抛出股票的行列时，股价形成不断向下的趋势。

萧条阶段：国民收入与经济活动低于正常水平的一个阶段。其特征是投资减少、产品滞销、价格下跌、企业利润减少、信用紧缩、生产减少、失业增加，公众对未来持悲观态度。萧条的最低点称为谷底，这时就业与产量跌至最低。随之股票与商品价格开始回升，存货开始减少，公众的情绪由悲观转为乐观，萧条开始转向复苏。

复苏阶段：是从萧条到繁荣的过渡时期，经济逐渐走出谷底，物价和利率仍处于较低水平，股价回升，但仍未达到正常水平。

二、经济周期的分类

在研究经济周期时，经济学家根据每个经济周期时间长短的不同，把经济周期划分为不同类型。由于每个经济学家所依据的统计资料和划分标准不同，就有了不同的经济周期类型，这里介绍几种主要类型。

（一）朱格拉周期

朱格拉周期是针对资本主义经济中一种为期 9～10 年的周期性波动而提出的理论。1862 年法国经济学家克里门特·朱格拉在《论法国、英国和美国的商业危机以及发生周期》一书中首次提出市场经济存在着 9～10 年的周期波动。这种中等长度的经济周期被后人称为朱格拉周期，也称中周期。

朱格拉在研究人口、结婚、出生、死亡等统计时注意到经济事物存在有规则的波动现象。他认为存在危机或恐慌并不是一种独立的现象，而是社会经济运动三阶段——繁荣、危机与清算中的一个。三个阶段的反复出现就形成了周期现象。他还指出，危机好像疫病一样，是已发达的工商业中的一种社会现象，在某种程度内这种周期波动是可以被预见或采取某种措施缓和的，但并非可以完全抑制。政治、战争、农业欠收以及气候恶化等因素并不是周期波动的主要根源，它们只能加剧经济恶化的趋势。周期波动是经济自动发生的现象，与人民的行为、储蓄习惯以及他们对可利用资本与信用的运用方式有着直接联系。

（二）基钦周期

基钦周期，即短波理论，是1923年美国经济学家约瑟夫·基钦在《经济因素中的周期与倾向》中提出的。基钦根据美国与英国1890年到1922年的利率、物价、生产和就业等统计指标，从厂商生产过多时就会形成存货、减少生产的现象分析，指出经济波动有大周期和小周期之分。小周期平均长度为40个月，一个大周期通常由2个或3个小周期构成，这种约40个月的周期被称为基钦周期或短周期。

（三）康德拉季耶夫周期

康德拉季耶夫周期理论是考察资本主义经济中历时50～60年的周期性波动的理论。平均长度为54年左右的长期波动，称为康德拉季耶夫周期，又叫长周期。

1925年前苏联经济学家康德拉季耶夫在《经济生活中的长波》中研究了英、法、美等资本主义国家18世纪末到20世纪初100多年的批发价格水平、利率、工资、对外贸易等36个系列统计项目资料，分析认为资本主义的经济发展过程可能存在3个长波。第一个长波从1789年到1849年，上升部分为25年，下降部分35年，共60年；第二个长波从1849年到1896年，上升为24年，下降为23年，共47年；第三个长波从1896年起，上升24年，1920年以后是下降趋势。全过程为140年，包括了两个半的长周期，显示出经济发展中平均为50～60年一个周期的长期波动。

康德拉季耶夫还指出，生产技术的变革、战争和革命、新市场的开发、金矿的发现、黄金产量和储量的增加等因素都不是导致长波运动的根本原因。例如，新市场的扩大一般不会引起长时期的经济高涨。相反，经济高涨会使扩大新市场成为可能和必要。新技术的发现一般出现在长周期的下降阶段，这些新发现只会在下一个大的上升阶段开始时被大规模地应用。由于长周期的上升阶段在扩大经济实力方面引起高度紧张的局势，因此，它又是挑起战争和革命的主要因素。长波产生的根源是资本主义经济实质固有的那些东西，尤其与资本积累密切相关。

（四）熊彼特周期

熊彼特经济周期理论以技术创新为基础研究经济周期运动。1939年美籍奥地利经济学家约瑟夫·阿洛伊斯·熊彼特在《经济周期》一书中，将朱格拉周期、基钦周期和康德拉季耶夫长周期进行了综合分析。他认为3个基钦周期构成1个朱格拉周期，6个朱格拉周期构成1个康德拉季耶夫周期。

熊彼特以重大创新为标志，将资本主义经济发展划分为三个长周期。第一个长周期从18世纪80年代到1842年，是产业革命发展时期，纺织工业的“创新”在其中起了重要作用；第二个周期从1842年到1897年，是蒸汽和钢铁时代；第三个周期从1897年到20世纪50年代，是电气、化学和汽车工业时代。每个长周期中有中等创新引起的波动，形成若干中周期，而每个中周期中还有小创新引起的波动，形成若干短周期。

（五）库兹涅兹周期

库兹涅兹周期理论是一种从生产和价格的长期运动中揭示主要资本主义国家经济周期的理论。1930 年美国经济学家西蒙·库兹涅兹在《生产和价格的长期运动》中提出了一种与建筑业相关的经济周期，这种周期长度为 15～25 年不等，平均长度为 20 年左右。这也是一种长周期，称为库兹涅兹周期或建筑业周期。

库兹涅兹认为现代经济体系是不断变化的，这种变化存在一种持续，不可逆转的变动，即“长期运动”。他根据美、英、法、德、比利时等国 19 世纪初叶到 20 世纪初期 60 种工、农业主要产品的生产量和 35 种工、农业主要产品的价格变动的时间数列资料，剔除其间短周期和中周期的变动，着重分析了有关数列的长期消长过程，提出在主要资本主义国家存在着长度从 15 年到 20 年不等、平均长度为 20 年的长周期。这种周期与人口增长而引起的建筑业增长和衰退相关，即由建筑业周期变动引起，且在工业国家中产量增长呈现逐渐减少的趋势。

三、经济周期的成因

（一）外因论

外因论认为，周期源于经济体系之外的因素——太阳黑子、战争、革命、选举、金矿或新资源的发现、科学突破或技术创新等。

1. 太阳黑子理论

太阳黑子理论把经济的周期性波动归因于太阳黑子的周期性变化。因为据说太阳黑子的周期性变化会影响气候的周期变化，而这又会影响农业收成，而农业收成的丰歉会影响到工业、商业、工资、投资、购买力等各个方面，从而引起经济萧条。太阳黑子的出现是有规律的，大约每十年出现一次，因而经济周期大约也是每十年一次。该理论由英国经济学家杰文斯于 1875 年提出。

2. 创新理论

创新是奥地利经济学家 J. 熊波特提出的用以解释经济波动与发展的一个概念。所谓创新是指一种新的生产函数，或者说是生产要素的一种“新组合”。生产要素新组合的出现会刺激经济的发展与繁荣。当新组合出现时，老的生产要素组合仍然在市场上存在。新老组合的共存必然给新组合的创新者提供获利条件。创新可以提高生产效率，进而带来盈利，引起其他企业效仿。银行信用扩大，对资本品的需求增加，经济走向繁荣，而一旦新组合技术普及，超额利润消失，对银行信用和资本品的需求减少，最后的阶段——停滞阶段也就临近了。进入停滞阶段后，如果没有新的技术创新出现，很难刺激大规模投资，从而难以摆脱萧条。这种情况直到新的创新出现才被打破，经济进入下一周期的繁荣阶段。总之，该理论把周期性的原因归之为科学技术的创新，但科学技术的创新不可能始终如一地持续不断地出现，从而必然有经济的周期性波动。

案例分析

技术革命和经济周期变化趋势

从工业化到现在，世界经济呈现出具有规律性的周期变动已经历了五个长周期，分别为“早期机械化”技术革命、“蒸汽动力和铁路”技术革命、“电子和重型工程”技术革命、“福特制和大生产”技术革命和“信息和通讯”技术革命为主导的世界经济周期。第五个长周期“信息和通讯”技术革命发端于20世纪80年代中期，美国凭借在以IT技术为核心的高新技术方面的优势，率先进入一个以IT时代为特征的新长周期，其他发达国家和发展中国家大多在世纪之交正在或开始步入第五个长周期。按照经典的周期理论推算，预计这一长周期持续的时间还有30年左右。这一周期发生了以IT产业为主要内容的新的产业革命。随着关键技术，特别是电脑、激光、微电子、电信和因特网等信息技术的广泛应用，新的技术经济体系已经成型，信息产业及信息密集型服务业成为美国新经济的主导性产业，产业结构再次优化升级，特别是第三产业成为国民经济中比重最大的产业。

在第五个长周期中的短周期运行规律已发生了重大变化，其中最突出的就是短周期的扩张期比过去拉长，从1991年3月至2000年12月扩张期达到117个月。但是，在今后一段时间里，IT产业如果不出现更高级别的技术创新，就意味着以IT产业为主导产业的第五个长周期开始从创新中高级阶段进入成本竞争阶段。进入成本竞争阶段的IT产业及其产品，从需求来讲有可能会迅速地向全球扩散，并将导致全球供给的增加和过剩。正是以IT产业为主导的新经济发展的这种质变，使得美国经济增长的基本面发生了变化，从长周期的繁荣阶段转向长周期的衰退阶段。

平均来看，每个长经济周期推动经济增长的技术革命从产生到消亡的时间一般约50年（其中前25年为周期的繁荣期，后25年为周期衰退期）。技术革命往往具有二重性：它们产业结构升级过程中创造投资高潮和生产的高潮，此时经济周期处于繁荣阶段，创新占据主导地位，周期的主导产品供不应求；另一方面又同时制造着投资低潮和生产低潮的潜在可能性，此时经济周期处于衰退阶段，主导产品供过于求，于是成本竞争阶段取代创新阶段成为经济衰退阶段的主要特征。

3. 政治性周期理论

该理论认为经济周期与政策的稳定和经济政策（主要是为了循环解决通货膨胀和失业问题）的行为关系紧密。政府为维持较高的经济增长速度，就要扩大总需求，导致通货膨胀；政府为了制止通货膨胀，就要制造一次衰退；衰退后，迫于人民的压力又不得不再次执行充分就业政策，推动新的高潮，形成周期性活动。政治性周期的产生有三个基本条件：① 凯恩斯国民收入决定理论为政策制定者提供了刺激经济的工具；② 选民喜欢高经济增长、低失业以及低通货膨胀的时期；③ 政治家喜欢连选连任。

案例分析

政治性经济周期

苏黎世大学的布鲁诺弗雷和耶鲁大学的威廉诺德豪斯等一些经济学家认为，选举过程和经济波动之间存在着某种密切联系。

首先，他们指出选民对经济状况非常敏感。如果经济处于高失业率水平，人们倾向于对在任者投反对票，将经济恶化归因于他们。政治学家和经济学家做过非常仔细的研究，试图运用这些经济因素预测选举结果，比如众议院的席位分布将发生怎样的变化。

其次，这些经济学家认为政治家们了解这一点。由于政治家想再次当选，因此总是做好计划，在选举期间推行一些讨人喜欢的经济政策。

最后，该理论指出选民的目光短浅。经济学家认为这将使政治学家们过分刺激经济，讨好选民，即使这在选举之后可能出现反作用。过热的经济产生通货膨胀。选举过后，为了平息通胀，政府又要减缓经济的发展，造成失业。但选民的记忆有限，怨恨不会持久。只要在下一次选举之前经济有所好转，他们就会变得宽宏大量。因此，按照这种观点，选举过程是经济波动的一个主要诱因。

（二）内因论

内因论认为，周期是经济体系内部——收入、成本、投资在市场机制作用下的必然现象。

1. 纯货币理论

该理论主要由英国经济学家霍特里在1913—1933年的一系列著作中提出。纯货币理论认为经济周期是一种纯货币现象，经济波动完全是由于银行体系交替地扩张和紧缩信用所造成的，尤其短期利率起着重要的作用。在发达资本主义社会，流通工具主要是银行信用。当银行体系扩大信用降低利率时，商人会增加向银行的借款，从而增加向生产者的订货，生产扩张和收入的增加就会推动经济增长。但银行的信用能力不是无限的，当银行体系被迫停止扩大信用时，商人得不到贷款，减少向生产者的订货，出现生产过剩的危机，就会带来经济衰退。衰退时期，自己逐步流回银行，银行又可以扩大信用，促进经济复苏。

2. 投资过度理论

投资过度理论把经济的周期性循环归因于投资过度。由于投资过多，与消费品生产相对比，资本品生产发展过快。资本品生产的过度发展促使经济进入繁荣阶段；资本品的生产过度引起了消费品生产的减少，从而形成了经济结构的失衡。同时资本品生产过多必将引起资本品过剩，于是出现了生产过剩危机，经济进入萧条。这样，投资的变动引起了经济中的周期波动。

3. 消费不足理论

消费不足理论的出现较为久远。早期有英国经济学家西斯蒙第和法国经济学家马尔萨斯，近代则以英国经济学家霍布森为代表。该理论把经济的衰退归因于消费品的需求赶不上社会对消费品生产的增长，消费需求不足引起对资本品需求不足，使整个经济出现生产过剩。而消费不足的根源是国民收入分配不公所造成穷人购买力不足而富人的过度储蓄。该理论一个很大的缺陷是，它只解释了经济周期危机产生的原因，而未说明其他三个阶段，因此在周期理论中，它并不占有重要位置。

4．心理理论

心理理论和投资过度理论是紧密相联的。该理论认为经济的循环周期取决于投资，而投资大小主要取决于业主对未来的预期，乐观和悲观的预期相互交替就引起了经济的繁荣与萧条。任何一种原因刺激投资活动，引起高涨，人们对未来预期则持乐观程度。这种乐观程度一般总会超过合理的经济考虑下的应有程度，导致了过多投资，经济过度繁荣。过度乐观的情绪一旦造成错误并被察觉后，又会变成过分悲观的预期，从而过度减少投资，带来经济萧条。

四、乘数—加速原理

乘数—加速原理相互作用理论：是把投资水平和国民收入变化率联系起来解释国民收入周期波动的一种理论，是最具影响的内生经济周期理论。美国经济学家萨谬尔森在1939年发表的一系列论著中建立了用乘数和加速相互作用的过程来解释经济周期的模型。他认为投资增长通过乘数的作用会引起总收入或总供给的增加，随之引起消费增加，消费品数量的增加又会引起投资的再增加。这种投资增长的速度要比总收入或总供给增长的速度快，收入或消费需求的增加必然引起投资若干倍增加，而收取或消费需求的减少必然引起投资若干倍减少，就是所谓的“加速原理”。

在国民经济中，投资与国民收入是相互影响的。乘数原理说明了投资变动对国民收入变动的影响，而加速原理要说明国民收入变动对投资变动的影响。所以乘数—加速原理是论证投资取决于国民收入（或产量）变化率的理论。

为了更好理解这一原理，我们首先了解资本—产量比率、投资和加速数。

资本—产量比率是指平均生产一单位的产量所需要的资本量。若以 K 表示资本量，Y 表示产量，α 表示资本—产量比率，则资本产量比率的定义公式为：

$$\alpha=\frac{K}{Y}$$

由上式可得下式：

$$K=\alpha\cdot Y$$

该公式表明，资本量是产量的函数，资本量随产量的变化而变化。

假设生产200万元的产品需300万元的资本设备，则资本—产量比率 $\alpha=300/200=1.5$。也就是说生产1元的产品，需要1.5元的资本设备。

投资可以分为总投资（投资总量）、重置投资（补偿报废的资本设备的投资）和净投资（资本总量的增量）。总投资 = 净投资 + 重置投资。

加速数又称为加速系数，是指增加一定产量所需要增加的净投资，即资本增量与产量增加量之比。而资本增加量实际上就是投资，因此加速数也是净投资量与产量增加量之比。若以 W 表示加速数，以 I_t 表示本期净投资，ΔK 表示资本增量，Y_t 表示本期的产量，Y_{t-1} 表示上一期的产量，产量增加量 $\Delta Y=Y_t-Y_{t-1}$，则加速数的定义公式为：

$$W=\frac{I_t}{Y_t-Y_{t-1}}=\frac{I_t}{\Delta Y}=\frac{\Delta K}{\Delta Y}$$

假设增加投资 300 万元，可以使产量或者收入增加 100 万元，则加速数 $W=300/100=3$。也就是说每增加 1 元的产品或者收入，需要增加 3 元的投资。

加速数可以表示净投资的生产率的高低。由加速定义公式可得：

$$I_t = W(Y_t - Y_{t-1})$$

资本—产量比率和加速数的大小取决于生产技术水平。在短期内，生产技术水平不发生变化，因此，资本—产量比率等于加速数。在下面分析中假定生产技术水平不变，即有 $\alpha = W$。

由于总投资等于净投资加重置投资即折旧，所以，若以 I_{gt}、I_t、D_t 分别代表本期总投资、本期净投资和本期重置投资，则可以得到总投资的计算公式：

$$I_{gt} = I_t + D_t = W(Y_t - Y_{t-1}) + D_t$$

据此可得到乘数—加速模型的完整含义：

（1）在经济中投资、国民收入、消费相互影响，相互调节。

如果政府支出为既定（即政府不干预经济），只靠经济本身的力量自发调节，那么就会形成经济周期。周期中各阶段的出现，正是乘数与加速原理相互作用的结果。而在这种自发调节中，投资是关键的，经济周期主要是投资引起的。

（2）乘数与加速原理相互作用引起经济周期。

具体过程是：投资增加引起产量的更大增加，产量的更大增加又引起投资的更大增加，国内生产总值的更大增加又通过加速效应引起投资的更大增加，这样，经济就会出现繁荣。然而，产量达到一定水平后由于社会需求与资源的限制无法再增加，这时就会由于加速原理的作用使投资减少，投资的减少又会由于乘数的作用使产量继续减少，这两者的共同作用又会使经济进入萧条。萧条持续一定时期后由于产量回升又使投资增加、产量再增加，从而经济进入另一次繁荣。正是由于乘数与加速原理的共同作用，经济中就形成了由繁荣到萧条，又由萧条到繁荣的周期性运动过程。

（3）政府可以通过干预经济的政策来影响经济周期的波动。

乘数 - 加速原理表明国内生产总值的变化会通过加速数对投资产生加速作用，而投资的变化又会通过投资乘数使国内生产总值成倍变化，即利用政府的干预（比如政府投资变动）就可以减轻经济周期的破坏性，甚至消除周期，实现国民经济持续稳定的增长。

第二节 经济增长理论

案例导入

为什么富裕的国家的生活水平高

当你在世界各国旅行时，你会看到生活水平的巨大差别。在美国、日本或德国这样的富国，平均每人的收入是印度、印度尼西亚这样的穷国平均每人收入的十几倍。这种巨大的收入差异反映在生活质量的巨大差异上。富国有更多的汽车，更多的电话、电视机，更好的营养，更安全的住房，更好的医疗以及更长的预期寿命。

即使在一个国家内，生活水平也随着时间推移而发生了巨大变化。在美国过去一个世纪以来，按人均实际 GDP 衡量的平均收入每年增长 2% 左右。虽然 2% 看来并不大，但这种增长率意味着平均收入每 35 年翻一番。由于这种增长，今天的平均收入是一个世纪以前的 8 倍左右。因此，普通美国人享有比他们的父母、祖父母高得多的经济繁荣。

用什么来解释这些呢？富国如何能确保自己的高生活水平呢？穷国应该采取什么政策加快经济增长，以便加入发达国家的行列呢？这些问题是宏观经济学中最重要的问题。我们应该分三步进行研究：第一，我们要考察人均实际 GDP 的国际数据。使我们对世界各国生活水平程度与增长的差别大小有一个大体了解。第二，我们考察生产率的作用，生产率是一个工人每小时生产的物品与劳务量之比。特别是，我们要说明，一国的生活水平是由其工人的生产率决定的，而且，我们要考虑决定一国生产率的因素。第三，我们要考虑生产率和一国采取的经济政策之间的关系。

经济增长一直是经济学界非常关注的一个话题。人类生存发展的基础和前提就是物质的丰富，一个国家发展的目标就是国富民强。而稳定持续增长的经济可以满足人们的这些需求。早期亚当斯密和大卫李嘉图等人都对人类财富的增长做出了探讨，真正意义上的现代经济增长理论是英国经济学家哈罗德和美国经济学家多马在凯恩斯宏观经济理论模型的基础上，对各国国民收入的增长进行了长期的研究的基础之上发展起来的。

一、经济增长概述

（一）经济增长的含义与特征

经济增长通常是指一国在一定时期内国内生产总值或国民收入的增长，即总产出量的增加。经济增长也不是名义 GDP 的增加，而是指实际 GDP 的增加，即剔除了价格因素的影响之后的 GDP 增加。常提到的经济增长率表示本年度的经济总量的增量与去年的经济总量的比值。若以 G 表示经济增长率，ΔY_t 表示本年度经济总量的增量，Y_{t-1} 表示去年的经济总量，则有 $G=\dfrac{\Delta Y_t}{Y_{t-1}}$。

要理解经济增长的含义，需要注意以下几点。

（1）经济增长集中表现在经济实力的增长上，而这种经济实力的增长就是商品和劳务总量的增加，即国民生产总值的增加。如果考虑到人口的增加和价格的变动，也可以说是人均实际国民收入的增加。但经济增长未必带来社会福利的增进和个人幸福的增加。

（2）第二，技术进步是实现经济增长的必要条件。

（3）经济增长的充分条件是制度与意识形态的相应调整。社会制度和意识符合经济增长的需要，技术手段才能发挥相应的作用，经济才能增长。比如我国的改革开放、联产承包制等制度变革，带来了经济的巨大增长。

（二）经济增长的特征

库兹涅兹根据主要发达资本主义国家近百年的数据，总结了现代社会经济增长的 6 个特征。

（1）按人口计算的产量、人口以及资本形成的高增长率。也就是说，人均产量的增长率要高于人口的增长率。只有这样才能保证整个经济有正的积累。

（2）生产率本身也是高速增长的。这是技术进步的标志和结果，这里的生产率包括劳动生产率，也包括生产要素的全要素生产率。这是我们每一个人都能切身感受到的。

（3）经济结构的迅速变革。主要包括产业结构、就业结构、消费结构及进出口结构的变革。

（4）社会结构和意识形态迅速变化。

（5）经济增长是在世界范围内扩大的技术的变革，导致了世界各国的联系越来越紧密，经济增长是世界各国都在追求的目标。

（6）世界各国经济增长是不平衡的。目前而言，占世界人口四分之三的国家还是落后的，国际范围内贫富差距在逐渐拉大。

二、经济增长的基本类型

按照不同的划分标准，可以把经济增长划分为不同的类别。

（一）按照要素投入方式划分

一种是通过增加生产要素的数量来实现经济增长，即依靠资金、资源的大量投入来增加产品的数量的外延式粗放型增长方式；另一种是通过提高生产要素的质量、优化结构配置、提高使用效率来实现经济增长，即主要依靠科技进步和提高劳动者的素质来增加产品的数量和提高产品质量等的内涵式集约型增长方式。

（二）按照需求方式划分

一种是依靠内需消费拉动经济增长的内需主导型经济增长方式；另一种是依靠国际市场、国外消费带动经济增长的出口导向型经济增长方式。

（三）按照经济增长动力方式划分

一是要素驱动型经济增长方式；二是投资驱动型经济增长方式；三是创新驱动型经济增长方式；四是财富驱动型经济增长方式。

（四）按增长主导功能作用划分

可划分为政府导向型经济增长方式和市场导向型的经济增长方式。

三、经济增长的源泉

经济增长源泉的分析要说明的是有哪些因素影响着一国的经济增长率。经济增长是产量的增加，因此可以通过总生产函数来研究增长的源泉。

总生产函数是总产量与生产中使用的全部生产要素的投入量之间的函数关系。用公式表示则是：

$$Y=F(K,\ L,\ A)$$

上式中，Y代表产量，K代表资本，L代表劳动，A代表技术。

由上式可以看出，经济增长的源泉是资本、劳动和技术进步。

（一）资本

资本可分为物质资本和人力资本两类。物质资本又称为有形资本，指厂房、设备、存货等的存量。人力资本又称为无形资本，指体现在劳动者身上的投资，如劳动者的知识、技能以及健康状况等。虽然在经济增长中人力资本的作用十分重要，但是却不易结算，因此在研究经济增长时所说的资本一般都是指物质资本

资本增加是经济增长的重要条件。在经济增长中，一般的规律是资本的增加要大于劳动力的增加，从而每个劳动力所拥有的资本量，即人均资本量是提高的。只有人均资本量提高，才会有人均产量的提高。

经济增长的开始阶段，资本的增加是十分重要的，许多经济学家都把资本作为实现经济增长的首要任务。在经济增长的后期阶段，资本的相对作用就会下降。但从西方各国的情况看，仍然是储蓄率高、资本增加快的国家经济增长率也较高。

（二）劳动

劳动是指劳动力的增加。劳动力是数量与质量的统一，因此，劳动力数量的增加有三方面的来源，劳动人口的增加、就业率的提高以及劳动时间的延长；而劳动质量的提高则是劳动者文化技术及身体素质的提高。由于劳动力的质量难以估算，因此经济增长中的劳动概念一般指劳动力的数量。

劳动在经济增长中的作用是不言而喻的。劳动与资本之间在一定范围内存在着一种替代关系：当资本不足时可以通过增加劳动来弥补；同样在劳动不足时也可以通过增加资本来弥补。在经济增长的不同阶段中，劳动的重要程度也是不同的。

案例分析

人口与经济增长

20 世纪 80 年代，世界人口增加了 8.44 亿，几乎相当于 1800 年的世界总人口（9 亿）。同一时期，世界人均 GDP 的增加量等于 1820 年人均 GDP 的总量（以 1990 年美元计算）：20 世纪 80 年代人均 GDP 增加了 661 美元，1820 年的人均 GDP 只有 651 美元。20 世纪 80 年代末的世界人口是 1800 年的 7 倍，但 1990 年的世界产出总量是 1820 年的 40 倍，世界人均 GDP 则是 1820 年的 8 倍。

经济增长并非仅仅局限在发达国家。在亚洲和大洋洲的发展中国家，1990 年的人均 GDP 是 1820 年的 5.5 倍，拉丁美洲的这一比例为 7.1 倍，非洲则为 2.9 倍。在 19 世纪，欧洲人口增加了 85%；20 世纪，发展中国家人口增长了 350%。尽管人口增长率有如此大的差别，在 20 世纪的百年间，亚洲和拉丁美洲的人均收入的增长率仍超过了欧洲、北美和澳大利亚在 19 世纪的增长率。即便在非洲，尽管其在过去的 30 年中经济状况很不好，其人均收入的增长也快于 19 世纪的南欧和东欧国家。

按照马尔萨斯的观点，不断增长的人口将一直制约着社会养活自己的能力，人口的力量永远大于地球上生产人的必需品的力量，而对人口增长唯一限制的是“灾难和罪

恶”——即通过战争、饥荒和瘟疫来抑制人口的增长。因为人口的高速增长将导致人地关系的失衡，造成过剩人口，即农业经济陷入了停滞的“低水平均衡陷阱”。此外，人口的迅速增长不仅仅消费了产出额的大部分，也抑制了储蓄额的增加，从而影响了国内生产总值的增长，造成了人口增长的马尔萨斯危机。

但是，以上事实说明，人口增长对经济增长的影响有时并非马尔萨斯预言的那样。那么，马尔萨斯到底是对还是错呢？

（三）技术进步

技术进步可以提高生产率，即在技术进步的条件下同样的生产要素投入能提供更多的产品，这是技术进步在经济增长中的作用。技术进步包括这样几方面的内容。

（1）知识的进展。即知识增加、新兴科学技术在生产中的运用、新技术的发明与创造。

（2）资源配置的改善。主要指人力资源配置的改善，即劳动力和资本从效率低的部门转移到效率高的部门，这种转移可以提高生产率。

（3）规模经济。由于企业扩大规模而引起的生产成本下降，收益增加。企业采用新技术与先进设备，扩大生产规模，会提高生产率。这也就是一般所说的大规模生产的经济效益。

（4）管理水平的提高。即企业组织改善与管理水平提高所带来的经济效益。

应当指出的是，这里所分析的经济增长的源泉是指经济因素，它所假定的前提是社会制度和意识形态已经符合经济增长的要求。但在不具备这一假设条件时，社会制度和意识形态对经济增长是很重要的。非经济因素，尤其是政治因素，也是经济增长中应考虑的。一个社会驯化具备了经济增长所要求的基本制度条件，有了一套能够促使经济增长的制度之后，这些经济因素才能发挥其作用。战后许多发展中国家之所以经济发展缓慢，关键不是缺乏资本、劳动或技术，而是没有改变封建制度，甚至奴隶制度。

四、经济增长的模型

为研究经济增长的原因，量化各个要素和经济增长的关系，经济学家建立了各种经济增长模型。经济增长模型是经济增长理论的概括表现，它说明经济增长和有关变量之间的关系。经济增长模型并不是具体考察一国经济发展的过程、分析制约该国经济增长的因素，而是运用传统的均衡分析方法，论证所谓的经济均衡增长问题。换言之，经济增长模型是探讨经济长期稳定均衡增长的模型。

（一）哈罗德-多马模型

哈罗德-多马经济增长模型以凯恩斯的有效需求不足理论为基础，研究一个国家长时期内国民收入和就业的稳定均衡增长所需的条件。1948 年英国经济学家罗伊·F. 哈罗德在《动态经济学导论》一书中系统地提出了他的增长模型。20 世纪 40 年代中期，美国经济学家埃夫塞·多马在《扩张与就业》、《资本扩张、增长率和就业》以及《资本积累问题》等论文中独立地提出了与哈罗德模型基本相同的增长模型。

1. 哈罗德-多马模型是以一些严格的假设条件为前提的

（1）全社会所生产的产品只有一种，可为消费品，也可为资本品；

（2）生产中只能使用劳动和资本这两种生产要素，且为固定技术系数，即它们在生产中的比率是固定的，不能相互替代；

（3）产品的规模收益不变，即规模扩大时不存在收益递增或是递减；

（4）不存在技术进步；

2. 哈罗德-多马模型的基本公式

哈罗德模型的基本公式由三个经济变量组成：产量（或收入）增长率 G；储蓄率（储蓄量在国民收入中所占的比例）S；资本—产出比率 C。

哈罗德经济增长模型的公式是：$G=\frac{S}{C}$

根据这一模型的假设，资本与劳动的配合比率是不变的，从而资本—产量比率也是不变的。这样，经济增长率实际就取决于储蓄率。例如，假定资本—产出比率 C 为 5，如果储蓄率 S 为 15%，则经济增长率 G 为 3%。在资本—产出比率不变的条件下，储蓄率高，则经济增长率高；储蓄率低，则经济增长率低。可见，这一模型强调的是资本增加对经济增长的作用，分析的是资本增加与经济增长之间的关系。

3. 哈罗德-多马经济增长模型内容分析

此模型认为资本与劳动的配合比例是不变的，只有储蓄全部转化为投资产量（Y）、资本存量（K）和投资（I），才能按增长率 G 年复一年地增长下去。投资具有双重效应，不仅能增加总需求，而且也能增加总供给。要使逐年的新投资不断扩大的生产能力始终得到充分利用，则产量（或收入）应按固定不变的增长率逐年增长。哈罗德称这种增长率 G_w 为有保证的增长率，又称之为均衡增长率或合意的增长率，指的是企业感到满意并愿意维持下去的增长率，它由合意的储蓄率 S_d 和合意的资本—产出比率 C_r 共同决定，其公式是：$G_w=\frac{S_d}{C_r}$。

自然增长率 G_n，又称为“社会最适宜的增长率”，指的是在人口增长和技术进步的条件所能达到的最大增长率，由最适宜储蓄率 S_O 和合意的资本—产出比率 C_r 的比率决定，其公式是：$G_n=\frac{S_O}{C_r}$。

一个国家任何一年里实际上实现的增长率，哈罗德称之为实际增长率 G。在长期中实现经济稳定增长的条件是实际增长率、有保证的增长率和自然增长率一致，即 $G=G_w=G_n$。

为了使社会经济实际上能够均衡地增长，要求 $G=G_w$。在现实经济中，由于储蓄不一定全部转化为投资，或总需求与总供给不一定相等，所以 G 和 G_w 的完全一致仅是偶然的巧合。一旦实际增长率和有保证的增长率不一致时，在继后的时期里将出现累积性的经济扩张（$G>G_w$）或经济收缩（$G<G_w$）。

哈罗德认为，自然增长率 G_n 和均衡增长率 G_w 的背离将使一个社会处于长期停滞或长期高涨的状况。

例如，$G_w > G_n$，这表明储蓄和投资的增长率（从而资本存量的增长率）超过了劳动力的增长率。在这种场合下，资本家将进一步缩减其投资，使经济处于萧条状态。

反之，假如 $G_w < G_n$，则表明现存资本设备处于极为充分的利用状态，因而提供了高额利润，由此将刺激资本家进一步进行新的投资。这样社会经济将处于高涨的状态。

如果 $G_w = G_n$，意味着全部劳动力和生产设备在现实的技术水平下得到了充分的利用，这时如果 G 也等于 G_w，则整个经济实现了充分就业的长期的均衡增长。所以哈罗德认为，$G = G_w = G_n$是其增长模型中的理想境地。

（二）新古典经济增长模型

新古典经济增长模型的基本公式的是由英国经济学家 J. 米德提出的。他对哈罗德—多马模型进行了修正，它放弃了哈罗德—多马模型中关于资本和劳动力不可替代及不存在技术进步的假设，重新提出了自己的前提条件。并在此条件下得出结论，建立了新的经济增长模型。由于他们的理论具有凯恩斯以前的传统经济学的痕迹，强调了价格对资本—劳动比率的调节作用，与新古典经济的观点相似，故称新古典经济增长模型。

1. 新古典模型的基本假设

（1）生产中只使用劳动和资本两种生产要素，且两种要素可以相互替代，因此，资本—劳动比率是一个变化的量；

（2）在任何时候，这两种生产要素都可以得到充分的利用；

（3）生产的规模效益不变。

2. 新古典模型的基本公式

新古典模型的公式是：

$$G = a\left(\frac{\Delta K}{K}\right) + b\left(\frac{\Delta L}{L}\right) + \frac{\Delta A}{A}$$

上式中，用 a 和 b 分别代表资本和劳动对总产出的贡献比例，$\frac{\Delta K}{K}$为资本增长率；$\frac{\Delta L}{L}$为劳动增长率，$\frac{\Delta A}{A}$代表技术进步率。

这一模型的含义是：

（1）决定经济增长的因素是资本的增加、劳动增加和技术进步。

（2）资本—劳动比率是可变的，从而资本—产量比率也是可变的。这是对哈罗德模型的重要修正。因此，经济增长不仅可以通过改变储蓄率即资本增长来实现，而且可以通过资本—劳动比率改变资本—产量比率来实现。

（3）资本—劳动比率的变动和资本—产量比率的变动是通过价格的调节来实现的。如果资本量大于劳动量，资本的相对价格下降，劳动的相对价格上升，从而就使生产中更多地使用资本，更少地利用劳动，通过资本密集型技术来实现经济增长。反之，如果资本量小于劳动使用量，就会使资本的相对价格上升，劳动的相对价格下降，从而使生产中更多地使用劳动，更少地利用资本，通过劳动密集型技术来实现经济增长。这样通过价格调节使资本和劳动得到充分利用，经济稳定增长。

总之，新古典经济增长模型的基本含义是：可以通过市场调节，即通过市场上生产要素价格的变动，来改变资本—劳动比率或资本—产量比率，从而实现稳定的经济增长。

五、其他经济增长理论

经济增长理论的研究可以概括为两条：其一是从建立经济模型入手，从理论上分析经济稳定增长的必要条件，如哈罗德、多马等；其二是从经济发展的历史资料入手，运用历史的非均衡分析的方法，研究影响经济增长的因素，作为加速经济增长的借鉴。其一已经在前面做过分析。下面介绍其二的内容。

（一）肯德里克全要素生产率分析

20 世纪 60 年代初由美国经济学家肯德里克提出了全要素生产率分析。肯德里克对美国不同时期生产率的发展趋势进行了研究，以确定各个生产要素生产率提高对经济增长的重要作用。因此全要素生产率分析是通过对影响经济增长各种因素的分析，来考察生产率的提高对经济增长所作贡献的一种理论。

从 20 世纪 50 年代开始，肯德里克就根据一定时期的实际统计资料来估算技术进步对产量增长所作的贡献。在计算时，他首先估算出这一时期劳动投入量的增加和资本投入量的增加各自对该时期内产量增长所作的贡献，然后将这种贡献从该时期内的实际增加量中减去，剩余的数值就是技术进步对产量的增长所作的贡献。

肯德里克还从美国国民收入统计资料入手，分析确定了经济增长中劳动生产率提高和生产要素投入量增加各自所占的比重，以进一步考察生产率提高（即技术进步）对经济增长的作用和影响。在分析时，他使用了全部要素生产率（即产量与全部要素投入量之比）这一概念。利用这一概念，肯德里克计算出 1889—1957 年间美国国营经济领域中，全部要素生产率平均每年增长 1.7%，实际产值平均每年增长 3.5%。也就是说，实际产值的年增长率中有将近 1/2 是劳动和资本投入量增加的结果；另一半则由这些投入量的效率所带来，即是生产率提高的结果。肯德里克认为，影响要素生产率提高的因素是复杂的，主要有：无形投资（对研究、发展、教育、训练的投资）的增加；资源配置的合理化及其适应经济变化的速度；技术革新的扩散程度；生产规模的变动。

（二）丹尼森的经济增长因素分析

美国经济学家丹尼森运用并发展了肯德里克全要素生产率分析，对影响经济增长的因素作了更为具体的划分。丹尼森认为影响增长率的主要因素有总投入量（劳动和资本的投入量）及单位投入量的产量（全要素生产率）两类。

属于生产要素投入量方面的因素有：就业人数及年龄、性别的构成；包括非全日制工作的工人在内的工时数；就业人员的教育年限；资本存量的大小。

属于生产要素生产率方面的因素有：资源配置的改善，主要是指低效率工作使用的劳动力比重的减少；规模经济；知识进展。

丹尼森的结论是在经济增长过程中，要素生产率的增长起着越来越大的作用，而知识进展则对经济增长影响最大。因此为了促进经济增长，就需要重视教育，开发新技术，提高科学管理水平。

（三）零经济增长理论

1. 经济增长极限论

美国经济学家麦多斯1972年在《增长的极限》一书中提出了增长极限论。这是一种否定经济增长的可能性的观点。

麦多斯认为，影响经济增长有五个因素：人口增长、粮食供应、资本投资、环境污染和能源消耗。这五个因素的共同特点是其增长都表现为指数增长——即按照一定的百分比递增。他的观点是：假定世界上自然的、经济的和社会的关系没有重要变化，那么粮食短缺、资源耗尽、污染加剧，世界上人口和工业生产能力将会发生无法控制的崩溃。

麦多斯提出的避免人类崩溃的主要措施是：在出生率和死亡率之间增加一个环路，使每年的出生婴儿数等于该年的预计死亡数，从而保持人口不变；在投资和折旧之间增加一个环路，使投资率等于折旧率，这样使工业资本保持不变。从而保持对立力量的平衡，达到“全球均衡状态”。麦多斯还指出，为了保持持续的均衡状态，还需要有控制增长的技术政策。

2. 经济增长怀疑论

经济增长怀疑论是从价值判断的角度对经济增长的必要性表示怀疑和否定的一种观点，由美国经济学家米香提出。他认为经济增长并非一定是人们生活水平的提高，相反，人们为经济增长所付出的代价，尤其在社会与文化方面却是极高的。

首先使人们失去了许多美好的享受和幸福，诸如无忧无虑的闲暇，田园诗式的感受，清新的空气等。

其次，经济增长所带来的仅仅是物质享受的增加，而物质享受却不是人们幸福的唯一源泉。特别是随着社会的发展，人们并不把物质享受作为自己追求的唯一目标，有些物质产品的增加甚至给人们带来负效用。

最后，由于人们对幸福的理解取决于他在社会上的相对地位，因此，经济增长虽然增加了个人收入的绝对量，却并不一定能够提高他在社会中的相对地位，从而也就不一定能够为他带来幸福。

米香由此认为：即使经济增长是可能的，也不是可取的；应当停止经济增长，恢复过去那种田园式的生活。

3. 对零增长理论的反驳

西方国家许多经济学家都认为麦多斯对基本经济关系与参数的估算是错误的，经济增长中出现的粮食、污染以及资源等问题是可以通过发展经济的办法得到解决的。相反，如果实行零经济增长，使技术停滞，人类只能自取灭亡。

美国经济学家贝克尔认为，米香的反经济增长观点代表了西方中产阶级的思想。由于这些人占有的商品满足了他们的大部分需要，才转而注意生活质量。他们反对经济增长的又一原因是经济增长使他们失去了许多特权，如其旅行由过去的舒适变为现在的拥挤等。西方著名经济学家托宾也反对经济增长怀疑论和零经济增长理论，主张用经济增长的办法解决出现的问题。

但我们也应该看到麦多斯、米香等人提出的许多问题确实是当今世界各国经济发展中出现的重大问题。一国要谋求较快的增长速度，必须重视研究影响其经济增长的诸多因素，并制定相应的政策和措施，努力改善和提高制约其经济增长的主要因素，以实现其经济的长期稳定和快速的增长。

本章知识小结

• 经济周期是在主要按商业经济来组织活动的国家的总体经济活动中所看到的一种波动，一个周期由几乎同时在许多经济活动中所发生的扩张，随之而来的是同样普遍的衰退、收缩和复苏组成，这样变化的顺序反复出现。经济周期一般经过繁荣、衰退、萧条、复苏四个阶段。

经济学家根据每个经济周期的时间长短的不同可以把经济周期划分为不同类型，主要有：朱格拉周期、基钦周期、康德拉季耶夫周期、熊彼特经济周期以及库兹涅兹周期。

关于经济周期的成因主要有外因论和内因论。外因论认为，周期源于经济体系之外的因素——太阳黑子、战争、革命、选举、金矿或新资源的发现、科学突破或技术创新等等。内因论认为，周期源于经济体系内部——收入、成本、投资在市场机制作用下的必然现象。

乘数—加速原理相互作用理论是把投资水平和国民收入变化率联系起来解释国民收入周期波动的一种理论，是最具影响的内生经济周期理论。认为引起经济周期的因素是总需求，在总需求中起决定作用的是投资。这种理论是把乘数原理和加速原理结合起来说明投资如何自发地引起周期性经济波动。

• 经济增长通常是指在一个经济周期的高峰期和下一个经济周期的高峰期相比而言的 GDP 变化。因此经济增长不是指现存资源的利用率的提高所带来的 GDP 的增加，而是指社会生产能力的提高而带来的 GDP 的增加。

经济学家分析认为经济增长的源泉是资本、劳动和技术进步。据此，概括出多种经济增长模型，这些经济模型说明经济增长和有关变量之间的关系。常见的经济增长模型有：哈罗德-多马模型及新古典经济增长模型。

练　习　题

一、名词解释

1. 经济周期　　　　2. 经济增长

二、多项选择题

1. 经济周期的阶段有（　　）。

A. 繁荣　　B. 衰退　　C. 萧条　　D. 复苏

2. 在熊彼特周期中，一个长周期包括（　　）个中周期，一个中周期包括（　　）个短周期。

A. 6，3　　B. 4，4　　C. 5，6　　D. 5，5

3. 在《增长的极限》中，麦多斯认为影响经济增长且为指数增长的因素有（　　）。

A. 人口增长　　B. 粮食生产

C. 资本投资　　D. 环境污染和资源消耗

4. 在现代经济增长理论中，哈罗德—多马模型强调（　　）对经济增长的促进作用。

A. 技术进步　　B. 人力资本　　C. 资本积累　　D. 管理效率

5. 经济增长方式可以分为（　　）两种方式

A. 简单再生产　　B. 外延的经济增长

C. 内涵的经济增长　　D. 粗放型经济增长

三、判断题

1. 用现行价格计算的 GDP 可以反映一个国家或地区的发达程度。（　　）
2. 繁荣和萧条是经济周期的过渡阶段。（　　）
3. 经济增长可以简单地定义为一国在一定时期内国内生产总值的增长，即总产量的增加。（　　）
4. 经济增长和经济发展是相同的概念。（　　）

四、分析问答题

1. 如何运用乘数和加速数的相互作用来说明经济周期的波动？
2. 经济周期有几个阶段？有哪些主要种类？
3. 丹尼森是如何对经济增长因素进行分析的？
4. 简述新古典增长理论内容。

第十一章　宏观经济政策

学习目标

1. 理解政府进行宏观经济调控的原因和措施；
2. 掌握宏观经济政策的目标、宏观经济政策的工具；
3. 了解财政政策的内容和适用的情况；
4. 理解货币政策、凯恩斯主义货币政策的内容和传导机制、货币政策的工具及运用。

本章重点和难点

1. 宏观经济政策的目标；
2. 凯恩斯革命；
3. 财政政策的内容与运用；
4. 货币政策的内容与运用。

案例导入

“罗斯福新政”——由被动到自动地实行扩张性财政政策

1933 年罗斯福总统上台，拉开了“罗斯福新政”的序幕。“罗斯福新政”的一个最主要的特点就是扩大财政支出，开办政府工程，实行失业救济，以此振兴经济。这些扩张性的财政支出政策，导致了财政支出规模迅速扩大，赤字也急剧上升。虽然罗斯福早期并不是赤字财政的信奉者，但“罗斯福新政”的结果却导致了美国政府连年赤字，巨额的赤字与其说是出于主观意愿，不如说是为环境所迫。但赤字财政使美国经济摆脱了危机，经济重回良性增长之路。

第一节　宏观经济政策概述

一、宏观经济政策的形成和发展

宏观经济政策是指国家或政府为了纠正市场失灵，有意识、有计划地运用一定的政策工具，调节与控制社会总需求与总供给，以达到一定的宏观经济调控目标所实施的一系列方针、行为规则和措施的总称。宏观经济政策的形成与发展，是与凯恩斯主义和宏观经济学的形成和发展相一致的。

20 世纪 30 年代以来，宏观经济政策的形成发展大体经历了三个阶段。

第一阶段：从 20 世纪 30 年代到第二次世界大战前。期间，凯恩斯在 1936 年发表的《就业、利息与货币通论》，为各国政府干预经济提供了理论依据。该书从总需求角度分析国民收入的决定，并用有效需求不足来解释失业存在的原因，提出放弃自由放任的经济政策，主张国家干预经济。

第二阶段：第二次世界大战后到 20 世纪 70 年代。美国政府在 1946 年通过的《就业法》把实现充分就业、促进经济繁荣作为政府的基本职责。英国也在 1944 年发表了《就业政策白皮书》。这标志着国家将全面而系统地干预经济，由此，宏观经济政策的发展进入一个新时期。这一时期的宏观经济政策以凯恩斯主义为基础，主要政策工具是财政政策和货币政策。

第三阶段：20 世纪 70 年代初，西方国家出现了高通货膨胀率与高失业率并存的“滞涨”局面，这迫使西方国家重新审视和反思国家干预的宏观经济政策。于是，宏观经济政策的发展进入第三阶段。在这个阶段，最主要的特征是自由放任思潮的复兴。自由放任思潮主张减少国家干预，加强市场机制的调节作用。因此，经济政策的自由化与多样化，成为宏观经济政策的重要发展。

值得注意的是，1992 年美国总统克林顿上台后，又强调了国家干预，希望依靠国家的力量振兴美国经济。这也许是又一次加强国家干预经济的一个信号。

总的来说，20 世纪 30 年代以后的资本主义国家进入国家垄断资本主义时期。这一时期的总趋势是要借助国家的力量克服市场经济本身所固有的缺陷。当然，资本主义社会的经济基础是市场经济，利用市场机制来调节经济是基本的，但国家的宏观调控已是现代市场经济的一个重要组成部分。正如经济学家所说的，现代经济已成为一种混合经济。国家对经济的干预，并不是一成不变的，也不是不断加强的。有时国家会干预多一些，有时会少一些，但国家干预的总趋势是不变的，只是不同时期，干预程度与干预方式会有所不同。当今，宏观经济政策的一项重要任务，是如何把市场机制与国家干预更好地结合起来。

二、宏观经济政策的目标

任何一项经济政策的制定都是根据一定的经济目标而进行的，宏观经济政策也不例外。西方经济学家认为，政府的宏观经济政策的目标主要包括四个方面，即充分就业、物价稳定、经济增长和国际收支平衡。

（一）充分就业

充分就业是指一切生产要素（包括劳动）都有机会以自己愿意的报酬参加生产的状态，即全社会的经济资源被充分利用的经济状态。经济学家常用失业率的高低作为衡量充分就业与否的尺度。西方经济学家一般把失业分为三类：摩擦性失业、自愿失业和非自愿失业。摩擦性失业是指在生产过程中，由于难以避免的摩擦造成的短期、局部性失业，如劳动力流动性不足、工种转换困难引起的失业。自愿失业是指工人不愿接受现行工资水平而形成的失业。非自愿失业是指工人愿意接受现行工资水平，但仍然找不到工作的失业。凯恩斯认为，如果非自愿失业已经消除，失业仅限于摩擦性失业和自愿失业的话，就实现了充分就业。也就是说，充分就业并不等于所有的劳动者都能就业，在充分就业的状态下，有可能存在失业。政府关心的是非自愿失业，关注的是自然性失业率。大多数西方经济学家认为，经济社会的自然性失业率一般为4%～6%，失业率控制在6%以内都是正常的。各个国家在经济发展的不同时期都会根据经济形势确定自然失业率的水平，只有自然失业率保持在一定的水平之下，社会才可以接受。例如，美国的自然失业率在20世纪50～60年代为3.5%～4.5%，70年代为4.5%～5.5%，80年代为5.5%～6.5%。

失业会影响经济发展和人们生活水平的提高，给社会和家庭带来损失。在社会生活中，人们都希望在较短的时间内得到一份收入丰富的工作。因此，降低失业率，实现充分就业，常常被认为是政府宏观经济政策的首要目标。

（二）物价稳定

物价稳定是指经济中价格总水平的基本稳定。由于各种商品价格变化的繁杂和统计的困难，西方经济学家一般借用价格指数来表示价格水平的变化。价格指数用来表示若干种商品的价格水平，可以用一个简单的百分数时间数列来表示不同时期的一般价格水平的变化方向和变化程度。价格指数主要有消费物价指数（CPI）、批发物价指数（WPI）和国民生产总值折算指数（GNP deflator）三种。消费者物价指数（Consumer Price Index），英文缩写为CPI，是反映与居民生活有关的产品及劳务价格所统计出来的物价变动指标，通常作为观察通货膨胀水平的重要指标。批发物价指数（Wholesale Price Index），英文缩写WPI，是通货膨胀测定指标的一种，根据商品批发价格变动资料所编制，反映不同时期生产资料和消费品批发价格的变动趋势与幅度的相对数。批发价格是在商品进入零售、形成零售价格之前，由中间商或批发企业所制定的价格，其水平决定于出厂价格或收购价格，对零售价格有决定性影响。因此有经济学家认为批发物价指数比消费物价指数具有更广泛的物价变动代表性。国民生产总值折算指数（GNP deflator）是反映国民生产总值中涉及的产品和服务平均价格变动的指数。它等于用当期价格计算的国民生产总值除以用基期价格计算的国民生产总值，再乘以100%。

稳定物价作为宏观经济政策的目标，主要是控制通货膨胀对经济的不良影响。实践表明，西方国家的通货膨胀无法完全消除，大部分国家均把随轻微物价上涨而带来的通货膨胀视为正常的经济现象。

案例分析

维持物价稳定就是政府直接定价吗

维持物价稳定并不是政府直接定价，而是要维持价格由市场供求关系决定的秩序，以免降低了市场配置资源的效率；维持物价稳定，并不是要使市场价格固定不变，通常情况下，温和的通货膨胀常常成为刺激经济增长的有效途径。

（三）经济增长

经济增长是指一个时期内经济持续均衡增长，即一定时期内经济社会所产生的人均产量或者人均收入的增长，维持一个适度的增长率，培育一个经济持续增长的能力。经济增长率超出社会各方面承受能力过高，将会扭曲经济结构，破坏经济平衡，带来适得相反的结果。同样，经济增长率过低，也会影响经济社会的整体发展。西方经济学家普遍认为，经济活动的最终目的是为了满足人们各种各样的消费行为，而消费的效用最大化是以经济增长为前提的。因此，适度的经济增长率是政府宏观经济政策的重要目标。

（四）国际收支平衡

在开放经济中，国际收支平衡对于各国有着非常重要的作用。国际收支平衡主要是要求一国能够保持汇率稳定，同时其进出口达到基本平衡，达到既无大量的国际收支赤字又无过度的国际收支盈余。从长期来看，无论是国际收支赤字还是盈余，都会对一国的经济政策和政策目标产生重要影响。长期的国际收支赤字需要以外汇储备或者国债来偿还，而外汇储备和国债的数量又是有限的，这样将不可避免地导致国内通货膨胀；反之，长期的国际收支盈余将削弱私人部门对消费和投资的积极性，使国内消费和投资减少，从而对充分就业和经济增长产生不利的影响。

西方经济学家认为，一国的国际收支状况不仅反映了这个国家的对外经济交往情况，而且反映了一国经济的稳定程度。随着交通和通信成本的下降，国际间经济交往日益密切，如何平衡国际收支成为一国宏观经济政策的重要目标之一。

虽然宏观经济政策有以上四种主要目标，但这四种目标却不可能同时达到，而且相互之间既存在联系，又存在矛盾。其中，经济增长与充分就业是基本统一的，存在高度的正相关关系。除此之外，其余目标之间都存在矛盾。

物价稳定与充分就业之间的矛盾。两者之间存在反向变动关系：失业率低，物价上涨率高；失业率高，物价上涨率低。因为要减少失业或者实现充分就业，需要创造更多的就业机会，这就要求增加投资，刺激社会需求增加，即增加货币供应量，而货币供应量的增加容易导致物价上涨；如果降低物价上涨率，就需要减少货币供应量以抑制投资和社会需求的增加，这意味着减少就业机会，提高失业率。物价稳定与充分就业，两者通常不能兼顾，可能的选择是：失业率较高的物价稳定，通货膨胀较高的充分就业，在物价上涨率和失业率之间权衡，相机抉择。作为宏观经济政策的重要目标只能根据当时的社会经济条件，寻求物价上涨率与失业率之间的某种适当组合。

物价稳定与经济增长之间的矛盾。现代市场经济的实践表明，经济往往伴随物价的上涨而增长。与分析物价上涨和充分就业关系的道理一样，经济的快速增长要求投资需求、消费需求快速增长，进而要求扩张货币供给量，从而带动物价上涨。于是，经济增长常常伴随物价上涨。当然，从根本上来说，只有经济增长了，商品丰富了，稳定物价才能有物质基础。正因为二者之间的矛盾，中央银行的货币政策也只能根据当时的社会经济条件，寻求物价上涨和经济增长之间的某种适当组合。

经济增长和充分就业与国际收支平衡之间的矛盾。经济增长和充分就业要求放松银根，增加货币供给量，刺激进口增加，促使国际收支出现逆差；反之，如果紧缩银根，减少货币供应量，虽然会减少进口，有利于国际收支平衡，但又会增加失业和出现经济衰退。

宏观经济政策目标之间的矛盾，要求政策制定者或者确定重点政策目标，或者对这些政策目标进行协调。政策制定者在确定宏观经济政策目标时，既要受自己对各项政策目标重要程度理解的限制，又要受社会可接受程度的制约。如何对这些目标做出最适当的抉择和取舍，是当代各国政府与经济学者所面临的难题。不同的国家，在不同时期，对宏观经济政策目标的选择和侧重点会有所不同。同时，不同流派的经济学家对政策目标也有不同的理解。

三、宏观经济政策工具

宏观经济政策工具，又称为宏观经济政策手段，是指用来实现宏观经济政策目标所使用的工具。宏观经济政策的工具多种多样，不同的政策工具在不同时期、不同国家运用有着不同的效应。在宏观经济政策工具中，常用的工具主要有需求管理政策、供给管理政策以及国际经济政策。

（一）需求管理

需求管理是指一国政府通过调节总需求以实现其经济政策目标的宏观经济政策工具。最初由凯恩斯提出，产生于20世纪30年代的经济大危机时期。凯恩斯主义者认为，决定就业与物价水平的关键是总需求，因此，宏观经济政策应该对总需求进行调节与控制，从而实现总需求与总供给的平衡，达到既无失业又无通货膨胀的目标。

需求管理的基本思想是：当总需求小于总供给，即经济处于萧条时期，要求扩大总需求，实行扩张性的经济政策，刺激投资，增加就业；当总需求大于总供给，即经济处于通货膨胀时期，要求控制总需求，实行紧缩性的经济政策。

需求管理的政策工具主要是财政政策和货币政策。当经济处于萧条时期时，实行扩张性财政政策与扩张性货币政策；当经济处于通货膨胀时期时，实行紧缩性财政政策与紧缩性货币政策。

（二）供给管理

供给管理是通过调节总供给来达到一定宏观经济目标的宏观经济政策工具。供给即生产，在短期内影响供给的主要要素是生产成本，特别是生产成本中的工资成本。在长期内影响供给的主要要素是生产能力，即经济潜力的增长。因此，供给管理的政策主要包括：收入政策，通过控制工资以及物价来抑制通货膨胀；人力政策，通过改善劳动力市场状况来减少失业；经济增长政策，通过增加生产要素的数量，提高生产要素的效率来提高经济的生产潜力，促进经济增长。

案例分析

从习近平总书记讲话看“供给侧”改革十大要点

2015年底召开的中央经济工作会议，对“十三五”开局之年的经济工作进行了全面部署，强调要着力推进供给侧结构性改革，推动经济持续健康发展。当前中国所面临的问题是新兴行业产能严重较低导致的增量供给不足与传统行业产能严重过剩导致的存量供给过剩的矛盾。解决这一矛盾要着力依靠供给侧改革，同时配合适度的总需求扩张。从习近平近几年的讲话中可以总结出落实供给侧改革的十大要点。

一是行政体制改革：激活官员，简政放权。中共十八大从我国发展全局出发，提出了深化行政体制改革的要求和任务，围绕稳增长、调结构、防风险、惠民生，着力深化体制机制改革。深入推进政企分开、政资分开、政事分开、政社分开，建设职能科学、结构优化、廉洁高效、人民满意的服务型政府。

二是国企改革：激活企业做大、做强、做优。国企是推进现代化，保障人民共同利益的重要力量，发展混合所有制经济，防止国有资产流失，推进国有企业的现代化，健全国有资本合理流动机制，推进国有资本布局战略性调整。

三是金融改革：激活资本，盘活存量。加大金融改革创新力度，增强服务我国经济发展、配置全球金融资源能力。积极培育公开透明、健康发展的资本市场，扩大金融业双向开放。改革并完善适应现代金融市场发展的金融以及监管框架，实现金融风险监管全面覆盖。

四是财税改革：激活地方政府，重构央地关系。财税是国家治理的基础和重要支柱，深化财税体制改革，建立健全有利于转变经济发展方式，形成全国统一市场，促进社会公平、正义的现代财税制度。适度加强中央事权和支出责任。

五是创新改革：激活技术创新，提高全要素生产率。培育发展新动力。优化劳动力、资本、土地、技术、管理等要素配置，激发创新创业活力，推动大众创业，万众创新，推动新技术、新产业、新业态蓬勃发展，加快实现发展动力转换。

六是市场出清：打破刚兑，清理不良，消化产能。中国面临着地方政府债务、部分行业产能过剩等问题。打破刚性兑付，清理银行不良资产，促进产业优化重组。

七是住房改革：化解房地产库存，可持续健康发展。房地产是一个经济问题，更是一个民生问题。要化解地产库存，通过加快农民工市民化，推进以满足新市民为出发点的住房制度改革，推进经济结构性改革，帮助企业保持竞争优势。

八是投融资改革：开正门，堵歪门。推进政策性金融机构改革，综合考虑各方面因素，科学评估政府和社会资本合作，建设-经营-转让等不同的投融资和运营模式，优中选优，优势互补，力求合作的经济效益、社会效益最大化。

九是涉外改革：从初次开放到二次开放。当前世界经济复苏乏力，各国重视增长，反对贸易保护主义。当前我国应进一步完善对外开放战略布局，推进双向开放，促进国内、国际要素有序流动，促使资源高效配置，市场深度融合。

十是智库改革：把智库建设提上外交层面，成为国际交流与合作的第二轨道，激活思想，广开言路，让思想引领中国前行，推动科学决策、民主决策，推进国家治理体系和治理能力现代化，增强国家软实力。

（三）国际经济政策

国际经济政策主要是针对开放经济而言的。随着世界经济的发展，各国经济之间的往来和影响日益密切，这使一国经济政策目标的实现在很大程度上受其国际关系的影响，因此，一国有必要根据其国际收支关系来制定其国际经济政策，主要包括外贸政策、外汇政策等。

第二节　财政政策

案例导入

美国富人为什么要求向国家多纳税?

有网络文章报道，美国的200位顶级富豪不久前联名写信给美国总统奥巴马和参众两院院长，目的是主动要求国家对他们多征税。这封公开信中这样写道：“我们现在写信，是敦促你们将国家利益置于政治考量前，为了我们国家的财政健康和民众的福利，我请求你们对年收入100万美元以上的人加税……我们作为忠实的公民提出这样的请求。我们的国家面临着选择——要么我们偿还债务，为未来做好储备，要么我们逃避金融责任，损害国家的潜力。我们的国家有恩于我们，它为我们提供了成功的基础。现在，我们希望能保持这样的稳固基础，以便其他人也能和我们一样成功。请为我们国家做正确的事情吧，提高对我们的征税吧，谢谢!”

要求加税的富豪们是怎么看待税收对于国家发展的重要性呢？政府的钱从哪里来，又到哪里去？如何才能保证政府资金的高效使用？这些就是我们需要探讨的财政政策。为了更好地发挥政府在经济发展过程中的积极作用，保证政府资金来源合理、使用恰当，政府就必须制定合适的财政政策。

一、财政政策的含义

财政政策是指国家根据所确定的宏观经济目标，通过财政收入和财政支出的变动调节社会需求，进而影响宏观经济运行过程与结果的基本准则和措施的总和。财政政策的基本手段是通过对收入和支出的调节，按照“逆经济风向行事”的基本原则，在经济萧条时，实行扩张性的财政政策，增加总需求；在经济繁荣时，采取紧缩性的财政政策，减少总需求，以缓解通货膨胀的压力。

二、财政政策的基本内容

在凯恩斯主义之前，财政政策的目的是为政府的各项开支筹集资金，以实现财政收支平衡。在凯恩斯主义之后，财政政策是作为国家职能部门进行需求管理的重要工具，以实现既定的财政目标。财政政策的内容与措施在不断地丰富和发展。纵观西方经济学的发展，财政政策主要包括三方面内容：财政收入政策、财政支出政策、财政赤字政策。

（一）财政收入政策

在政府的收入构成中，税收是最重要的组成部分。西方国家财政收入的增长，在很大程度上来源于税收收入的增长。税收是一个政府赖以生存的经济基础，没有税收收入，政府难以维持运转，所以纳税是每一个公民的义务。在美国流行着这样一种形象的说法：“每个人有两件事情不可避免，一件是死亡，另一件就是纳税。”这充分说明税收对于政府的重要作用。税收作为国家财政收入的主要来源，是国家凭借其政治力参与社会分配的重要形式，是政府组织财政收入的基本手段，具有强制性、无偿性、固定性三个基本特征。

税收收入大体可分为三类，即财产税、所得税和货物税。财产税是对不动产、房地产即土地和土地上的建筑物等所征收的税。所得税是对个人和公司的收入征收的税。例如，个人的工薪收入和股票债券存款等资产的收入。公司的利润税、财产税和所得税又称直接税，是由纳税人负担不能转嫁给别人的税。这两种税收一般为累进税，即财产和收入越多边际税率累进提高。货物税又称为间接税，是对生产流通和消费等各个环节的货物征收的一种税，如营业税、消费税。这种税通常是按固定不变的税率征税。

除税收之外，公债也是政府财政收入的一个组成部分。当政府税收不足以弥补政府支出时，就会发行公债。公债是国家举借的内外债的总称。政府公债的发行，一方面能增加财政收入，影响财政支出；另一方面可以影响金融市场的扩张或紧缩，进而影响货币供求和社会总需求水平，所以公债也是重要的财政政策工具。

（二）财政支出政策

有收入就要进行支出。财政支出是指整个国家中各级政府支出的总和，它由许多具体的支出项目构成，主要包括政府购买、政府转移支付和政府投资。

政府购买是指政府对商品和劳务的购买。政府购买是一种实质性的支出，有着商品和劳务的实际交易，主要包括购买军需品、警察装备用品、机关办公用品、支付政府公务员报酬以及维护治安支出等。它直接形成社会需求和购买力，构成国民收入的一个重要组成部分，是计入 GDP 的四大需求项目（消费、投资、政府购买和净出口）之一，其规模直接关系到社会总需求的增减，对整个社会的总支出具有十分重要的调节作用。在总支出不足、失业增加时，政府可以通过扩大对商品和劳务的需求，提高购买水平，以此来抑制经济的衰退；相反，在总支出过多、价格水平不断上升时，政府可以通过缩小对商品和劳务的需求，降低购买水平，抑制通货膨胀的发生。

政府转移支付是指政府在社会福利、社会保险、农业补贴、贫困救济和补助等方面的支出。相对于政府购买而言，单纯的转移支付本身并没有形成对社会产品的需求，即政府转移支付不一定形成对市场的购买力。转移支付实际上是社会收入的再分配，就是将收入在不同社会成员之间进行转移和重新分配，所以在按支出法计算国民收入时，它不构成国民收入的组成部分，但却影响社会需求，是财政支出政策的工具之一。在总支出不足、失业增加时，政府要增加社会福利费用，提高转移支付水平；相反，在总支出过多、价格水平持续上升时，政府要减少社会福利费用，降低转移支付水平。

政府投资是指政府对于公共项目工程和国家特殊重大项目的固定资产投资和存货投资。在西方，因为绝大部分投资都是私人投资，所以有时此项也包括在政府购买支出中。我国实行社会主义市场经济制度，投资是政府支出的重要项目，主要用于发挥政府作用，筹集资金进行关系国计民生的重大项目建设。

（三）财政赤字政策

在经济萧条时期，政府必须增加支出，减少收入，这样就有可能出现财政赤字，即政府收入小于支出。财政赤字又称预算赤字，是指一国政府财政年度预算支出超过年度收入的差额。在国际上，衡量财政赤字有两条警戒线。第一条警戒线是：财政赤字占 GDP 的比重不能超过 3%。一旦超过，就会出现财政风险。第二条警戒线是：政府的财政赤字不能超出财政总支出的 15%。

政府实行赤字财政政策主要是通过发行债券来进行的，通常有两种方式。一种方式是把债券卖给中央银行，称为货币筹资。因为中央银行可以把政府债务作为准备金发行货币。这种方式的优点是政府不必还本付息，从而减轻了政府的债务负担。但缺点是会增加货币供应量而引起通货膨胀。另一种方式是把债券卖给中央银行以外的其他人，如个人、企业、商业银行等，称为债务筹资。政府债券相当于政府向公众借钱的依据。这种筹资方式就是政府向公众借钱，优点是不会增加货币供应量，也不会直接引发通货膨胀，但缺点是政府必须还本付息，这使政府背上了沉重的债务负担。公债政策是赤字财政政策不可分割的重要组成部分，由于它在现代经济中的地位日益重要，又被成为现代财政政策。

在实际经济活动中，政府不能仅用一种方法筹资，因为货币筹资过多，增加通货膨胀压力；债务筹资过多不仅财政负担加剧，而且公众有可能会拒绝购买。因此，政府往往交替使用两种方法进行筹资。

凯恩斯主义经济学家认为，赤字政策不仅是必要的，而且是可能的。原因如下。

（1）国家发行一定的公债，债务人是国家，债权人是公众，国家与公众的根本利益是一致的。政府的财政赤字是国家欠公众的债务，也就是自己欠自己的债务。

（2）只要政府政权是稳定的，这就保证了债务的偿还是有保证的，不会引起信用危机。

（3）债务用于发展经济，创造有实用价值的社会资本，政府因经济发展而有能力偿还债务，弥补赤字。

这三条就是人们常说的“公债哲学”。

三、财政政策的主要思想

（一）财政制度的内在稳定器

内在稳定器是指经济系统本身存在的一种会减少各种干扰对国民收入冲击的机制，能够在经济繁荣时期自动抑制通货膨胀，在经济衰退时期自动减轻萧条。西方经济学家认为，财政制度本身就具有自动稳定经济的功能。当经济发生波动时，财政制度的内在稳定作用就会自动发挥，调节社会总需求水平，减轻以致消除经济波动。财政制度的这种内在稳定经济的功能主要体现在以下三方面：

1. 政府税收的自动变化

在税制体系中，企业所得税和个人所得税一般实行累进税率制度，不同的收入水平缴纳不同比例的税金。税收对稳定经济的自动调节作用主要体现在累进税率制度方面。在税率不变的情况下，当经济衰退时，收入自动减少，纳税人缴纳所得税自动进入较低纳税档次，税收就会自动减少，从而起到抑制经济衰退的作用；反之，当经济繁荣时，收入自动增加，税收会随收入增加而自动增加，从而使消费和总需求相对减少，有助于减轻由于需求过大而引起的通货膨胀。现实中，税收的这种因经济变动而自动发生变化的内在机动性和伸缩性主要就是通过实行累进税率制度而实现的。

2. 政府转移支付的自动变化

政府转移支付之所以是一种自动稳定器，是因为当总收入发生变动时，它能影响可支配收入和消费支出，从而有利于减轻总需求的波动。例如，社会保障体系作为一个社会的安全网和避风港，政府通过转移支付可以对老弱病残、鳏寡孤独、失业退休人员提供最基本的生活保障。当经济出现衰退和萧条时，失业增加，符合救济条件的人数增加，失业救济和其他福利开支就会相应增加，这样就可以抑制人们收入特别是可支配收入的下降，进而抑制消费需求的下降。当经济繁荣时，失业人数减少，失业救济和其他福利支出也会相应减少，从而抑制可支配收入和消费的增长。

3. 农产品价格维持制度

多年来，世界上很多国家对农产品价格实行补贴支持政策。经济萧条时，社会总需求普遍下降，对农产品的需求也下降。由于农产品市场具有完全竞争的性质，相对于其他产品而言，其市场价格下降的幅度会更大一些。政府按照农产品价格维持制度，依据支持价格收购农产品，可使农民收入和消费维持在一定水平上。经济繁荣时，社会总需求增加，对农产品的需求也相对增加，农产品的价格随之上升。这时政府减少对农产品的收购并抛售农产品，限制农产品价格上升，也就抑制了农民收入的增加，从而减少了社会总需求的增加量。

总的来说，财政制度的内在稳定器的不同内容对经济自动调节的作用和力度是很不一样的。但其作用十分有限。它只能减轻经济萧条或通货膨胀的程度，而不能改变其总趋势；它只能对财政政策起到自动配合的作用，而不能代替具体的财政政策。因而，仍需要政府有意识运用财政政策来调节经济。

案例分析

拉弗曲线

“拉弗曲线”理论是由“供给学派”代表人物、美国南加利福尼亚商学研究生院教授阿瑟·拉弗提出的。该理论之所以被称之为“供给学派”是因为它主张以大幅度减税来刺激供给从而刺激经济活动。“拉弗曲线”的基本含义是，税收并不是随着税率的增高在增高，当税率高过一定点后，税收的总额不仅不会增加，反而还会下降。因为决定税收的因素，不仅要看税率的高低，还要看课税的基础即经济主体收入的大小。过高的税率会削弱经济主体的经济活动积极性，因为税率过高企业只有微利甚至无利，企业便会心灰意冷，纷纷缩减生产，使企业收入降低，从而削减了课税的基础，使税源萎缩，最终导致税收总额的减少。当税收达到100%时，就会造成无人愿意投资和工作，政府税收也将降为零。

从另一方面来看，税率过高不仅使企业微利甚至无利，企业会心灰意冷，而且还可能促使企业偷逃税收，从而导致税收总额的减少。如果用开口朝下的一个抛物线的高度表示税收，两个底端的连接线表示税率，把横竖两条直线交叉成一个直角坐标，这便构成一个标准的“拉弗曲线”。“拉弗曲线”表明了税收与税率之间的关系：当税率为零时，税收自然也为零；而当税率上升时，税收也逐渐增加；当税率增加到一定点时，税收额达到抛物线的顶点，这是最佳税率，如再提高税率，则税收额将会减少。

当年拉弗教授在一次宴会上，为了说服当时福特总统的白宫助理切尼，使其明白只有通过减税才能让美国摆脱“滞胀”的困境，拉弗即兴在餐桌上画了一条抛物线，以此描绘高税率的弊端。后来，“拉弗曲线”理论得到了美国前总统罗纳德·里根的支持。在1980年的总统竞选中，里根将拉弗所提出的“拉弗曲线”理论作为“里根经济复兴计划”的重要理论之一，并以此提出一套以减少税收、减少政府开支为主要内容的经济纲领。里根执政后，其减税的幅度，在美国的历史上实为罕见，经济增长也出现当时少有的景气，可以说“拉弗曲线”理论立下了汗马功劳。

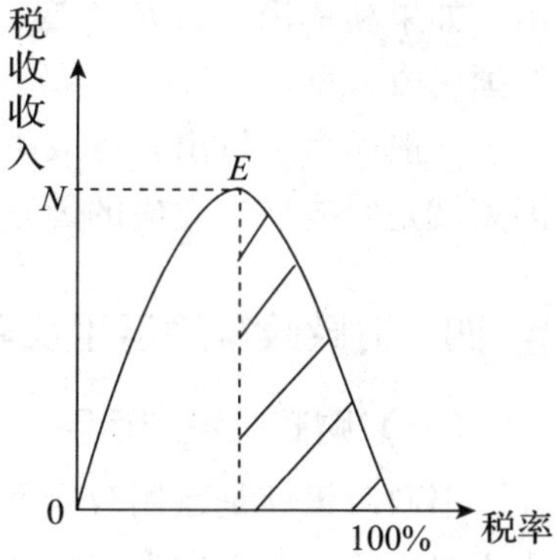

图11－1　拉弗曲线

（二）财政政策的“挤出效应”

财政政策的“挤出效应”是相对于扩张性财政政策而言的，是指政府支出增加所引起的私人消费减少或投资降低，即以政府开支代替了私人开支。财政政策挤出效应存在的最重要原因就是政府支出增加引起利率上升，而利率上升会引起私人投资与消费减少。

下面几种财政政策都有可能导致挤出效应。

（1）政府对公共图书馆增加拨款。这样，公众就会更多地利用公共图书馆的书籍，而减少在书店的购买支出。

（2）政府增加公共教育经费。这样，公众接受私人教育的支出将减少。

（3）政府增加对公共交通费用拨款。这样，公众的交通费用支出将减少，随着道路质量的提高，汽车保养费用将降低。

（4）随着政府支出的不断增加，财政势必出现赤字，赤字的规模也日益膨胀。为弥补财政赤字，政府不得不扩大资金筹集，或者提高实际利率。这样，必然影响私人的投资能力。

财政政策有没有挤出效应主要取决于经济环境，如果经济繁荣时私人消费和投资都会增加，总需求大于总供给，政府就应该减少财政支出，抑制经济过热，否则会有挤出效应；经济萧条时私人消费和投资都在减少，总供给大于总需求，政府就应该增加财政支出，刺激经济增长，才不会有挤出效应。下面采用IS-LM模型，结合商品市场和货币市场及其均衡来进一步分析财政政策的挤出效应，如图10－1所示。

在图10－1所示的IS-LM模型中，当IS曲线为IS_0时，IS_0与LM相交于E_0，决定了国民收入为Y_0，利率为R_0。政府支出增加，即自发总需求增加，IS曲线从IS_0向上方移动到IS_1，IS_1与LM相交于E_1，国民收入为Y_1，

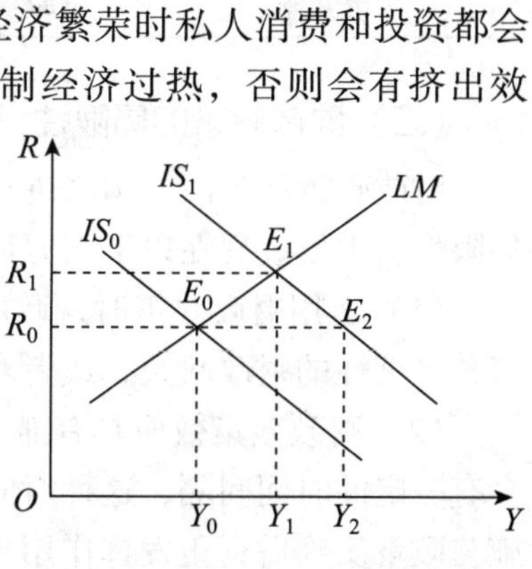

图11－2　财政政策挤出效应图

利率为 R_1。在政府支出增加，从而国民收入增加的过程中，由于货币供应量没有发生变化（*LM* 曲线没有变动），而货币需求随国民收入的增加而增加，从而引起利率的上升。这种利率上升减少了私人的投资与消费，即一部分政府支出增加，实际上是对私人支出的替代，并没有起到增加国民收入的作用。这就是财政政策的挤出效应。从图 10－1 中可以看出：如果利率仍然为 R_1 不变，那么国民收入应该增加为 Y_2，Y_2-Y_1 就是挤出效应所减少的国民收入量。

一般而言，挤出效应取决于 *IS* 曲线和 *LM* 曲线的斜率。影响 *IS* 曲线、*LM* 曲线斜率的因素就是影响挤出效应的因素。

四、财政政策的运用及局限性

（一）财政政策的运用

财政政策就是运用政府开支与税收来调节经济。具体来说，在经济萧条时期，总需求小于总供给，经济中存在失业，政府就要通过扩张性的财政政策来刺激总需求，以实现充分就业。扩张性财政政策就是政府通过增加支出和减少税收来刺激经济的政策。政府通过增加对公共工程的支出及购买来刺激私人投资，通过增加转移支付来增加个人消费，这样可以有效地刺激总需求；通过降低税率，可以使个人增加可支配收入，增加消费；通过减少企业的所得税，增加企业的收入，从而使投资得以增加，最终刺激总需求。在经济繁荣时期，总需求大于总供给，经济中存在通货膨胀，政府则要通过紧缩性财政政策来抑制总需求，以实现物价稳定。紧缩性财政政策是通过减少政府支出与增加税收来抑制经济的政策。政府通过减少公共工程的支出与购买来抑制投资；通过减少转移支付来减少个人消费，从而抑制总需求；通过提高税率使个人可支配收入减少，从而减少消费；通过增加企业所得税减少企业的收入，进而减少投资，以实现对总需求的抑制。具体运用见表 10－1。

表 10－1　财政政策的运用

经济发展状况	市场供需状况	财政政策类型	主要政策措施
经济萧条	总需求小于总供给	扩张性财政政策	增加支出和减少税收
经济繁荣	总需求大于总该给	紧缩性财政政策	减少支出与增加税收

（二）财政政策的局限性

财政政策作为西方国家进行宏观经济调控的重要手段而得到广泛使用，但其本身也有局限性，主要表现在以下几方面。

（1）运用财政政策时，政府需要根据经济发展的不同情况，分别采取扩张性的财政政策和紧缩性的财政政策，或者对财政政策和货币政策结合运用。

（2）财政政策效应具有滞后性。任何一项政策，从决策到在经济中达到预期的目标都会有一定的时间间隔，这种时间间隔称为政策时滞，也称为政策时延。财政政策的决策实施与政策实施后真正发挥作用也存在着时滞问题，这不仅影响到政策效力的发挥，而且还可能导致政策实施结果与政策目标相悖。例如，在经济萧条时期，政府为了反萧条增加财政支出而修建一些大型工程，在工程修建过程中，经济本身可能已进入高涨时期，实施结果反而加剧了通货膨胀。

（3）财政政策的挤出效应产生与民争利问题。挤出效应的结果是增加公共投资就会减少同等数量的民间投资，总投资保持不变。一般有两种情况：一是在一定时期内社会资源是既定的，政府支出的扩大往往与私人企业争夺资源，所以在政府扩大支出的同时抑制了私人企业的投资需求，从而使政府财政支出的扩张作用被部分或全部取消。二是在有效需求不足的情况下不存在公共投资对私人投资的挤出效应。因为这时有效需求不足，商业银行的贷款贷不出去，如果政府增加开支，就可以弥补私人投资不足，最后达到总需求的增加。这就是凯恩斯主义的财政支出政策。在第一种情况下，财政政策的挤出效应就会产生与民争利的问题。

（4）政府投资的效率一般不高，因此长时间实行扩张性的财政政策会造成全社会投资效率下降。在政府采取财政政策对经济发展进行调控的过程中，也不可避免会出现“政府失灵”现象，宏观决策的科学性、政府的工作效率及官僚主义等因素，都会不同程度地导致政策负效应的产生。

第三节　货币政策

案例导入

皇家造币局局长牛顿

英国著名物理学家牛顿以告诉我们物体运动的三个基本规律而闻名于世，可是你知道吗？牛顿曾担任皇家造币局局长这一职务达 28 年之久，直到他去世前为止。而且牛顿由于在任职期间为捍卫英国王冠而做出的功绩，1705 年 4 月，英国女王安娜授予他贵族称号，牛顿因此被褒奖为艾萨克爵士。牛顿为金本位制的形成所做出的贡献虽然可能是偶然的，但却是巨大的，如果从 1717 年牛顿确定黄金价格算起，到 1816 年英国从法律上确定金本位制，再到后来 1815～1914 年“英国霸权”100 多年的历史，我们就可以清晰观察到牛顿提出黄金定价后这二百年间英国是如何利用金银套购最终成为金融霸主。而中国白银却因产量增长快于经济的增长，先于黄金退出货币领域，因此蒙受了巨额的损失。

一般认为，宏观经济政策的重点在于财政政策，20 世纪 60 年代以后，美国的凯恩斯主义强调货币政策与财政政策同样重要，主张双管齐下，以有效促进经济繁荣。因此，货币政策成为宏观经济政策的又一重要组成部分。

一、货币政策的基础知识

要了解货币政策，必须具备一些西方货币银行制度的相关知识。

（一）货币的基本知识

1. 货币的职能

从经济学角度看，货币是人们普遍接受的、能够充当交换媒介的特殊商品。在现代经济社会中，货币的职能主要体现在以下五方面。

(1) 价值尺度。货币可以作为一种价值尺度，用以衡量一切商品和服务的价值，也就是价格。

(2) 流通手段。货币作为一种流通手段也就是经常所说的交换媒介，它可以使整个社会摆脱物物交换的累赘和不便。

(3) 储藏手段。货币可以代表财富，被人无限制地储藏起来，并可随时变换成货币持有者所需的商品。

(4) 支付手段。这里的支付，实质上是指延期支付，即买者向卖者购买物品，采用赊购的方式，先得到物品，后支付货款。

(5) 世界货币。由于货币发行权在于各国政府，因此在国际贸易中，商品交换一般不再采取铸币或者纸币形态，而直接以通行的贵金属形态出现，或者将各国货币折算成一定的兑换比率，彼此流通。

2. 货币需求

人们对货币的需求有三种类型：交易需求、预防需求和投机需求。

(1) 交易需求。货币的交易需求是指人们为了支付生产或日常生活开支所必需的货币量。人们取得收入后，一般不可能一分钱都不花，他必须保留一部分现金或者活期存款，以购买日常生活所用的物品或者用以周转。如果人们的收入增加，支出也会相应地增加，那么货币的交易需求也会增加。因此，货币的交易需求是货币收入的函数。货币的交易需求总是占货币收入的一定比例，货币的交易需求与利率水平也有一定的关系。

(2) 预防需求。货币的预防需求就是备用之意。人们由于多种原因，总是要保留一部分货币，以备应急之用。人们持有一定量的货币，有时完全是为了谨慎。人们不愿意购买有息债券，宁愿把现金保存在家中，随用随拿，这样比较保险。货币的预防需求与收入水平有密切的关系，随着人们活动次数的增加和价格水平的上升，货币的预防需求也会随之增加。

(3) 投机需求。货币的投资需求是指投机家和非投机家出于投机目的而需持有的货币量。货币的投机需求与收入没有多大关系，但与金融市场中通行的利率有十分密切的关系。货币投机需求的目的既不是为了交易之用，也不是为了预防之用，而是期望将来得到较大的收益。这种货币需求也称为流动偏好需求。它与利率成反比例关系。如果利率较高，人们便不愿意继续持有货币，而是将其换成有息资产以取得利息。这样，当利率高到一定程度时，货币的投机需求就有可能消失。反之，如果利率较低，低到货币持有者认为持有货币与掌握有息资产没有区别，甚至认为将钱放在自己手中更加便利，那么货币的投机需求就会增加。

总之，货币需求既与国民收入有密切的关系，又与利率有密切的关系。货币需求是国民收入的递增函数，是利率的递减函数。

(二) 现代国家的银行制度

现代国家的银行分为两类：中央银行和商业银行。中央银行是国家银行、政府银行，它统筹管理全国金融活动，实施货币政策以影响经济。一般认为，中央银行主要有三方面的职责：第一，作为商业银行的银行，接受商业银行的存款，向商业银行发放贷款，领导监督商业银行的业务活动；第二，代表国家发行纸币；第三，运用货币政策调节经济。中央银行的最终政策目标是：稳定币值和物价；维持高度就业；促进经济增长；保障国际收支平衡，与国家的宏观经济政策目标相一致。

商业银行是一种金融企业，性质和一般企业一样，从事的业务主要包括吸收存款、发放贷款和代客结算，商业银行从这些活动中获得利润。

（三）银行创造货币的机制

在运用货币政策调节经济的活动中，商业银行体系具有创造货币的机制，即放款能产生派生存款。这一机制与商业银行的法定准备金制度、活期存款以及银行的贷款转化为客户的活期存款等制度紧密相关。

商业银行的资金主要来源于存款。为了应付存款客户随时取款的需要，确保银行信誉与银行体系的稳定，银行不能把全部存款放出，必须保留一部分，即为存款准备金。在现代银行制度中，这种准备金在存款中应占的比率是由中央银行代表国家以法律形式规定的，故称为法定准备金。按法定准备金率提留的准备金就是法定准备金。商业银行在吸取存款后，必须按法定准备金率保留准备金，其余部分才可作为贷款发放。正是这种以较小比率的准备金来支持活期存款的能力，使得银行体系得以创造货币。

在经济发达国家，商业银行的活期存款就是货币，它可以用支票在市场上流通。所以，活期存款的增加就是货币供给量的增加。客户得到商业银行贷款后，一般并不取出现金，而是把得到的贷款汇入同自己有业务往来的商业银行，以便随时取用。这样，商业银行的存贷款活动就会创造货币，在中央银行货币发行量并未增加的情况下，使流通中货币量增加。商业银行创造货币的多少，取决于由中央银行规定的法定准备金率。下面举例说明这一点。

假定法定准备金率为20%，银行客户会将其一切货币收入以活期存款的形式存入银行。在这样的情况下，最初某商业银行（A）所吸收的存款为100万元，该商业银行可以发放贷款80万元，得到80万元贷款的客户把这笔贷款存入另一家商业银行（B），该商业银行又可发放贷款64万元，得到64万元的客户把这笔贷款存入另一家商业银行（C），该商业银行又可发放贷款51.2万元……，由此，这样持续下去，各银行的存款总和为：

$$
\begin{aligned}
100+80+64+51.2+\cdots &= 100\times(1+0.8+0.8^2+0.8^3+\cdots++0.8^{n-1})\\
&=\frac{100}{1-0.8}\\
&=500\ (\text{万元})
\end{aligned}
$$

也就是说，在此例题中，100万元的存款创造出了500万元的货币。如果以R代表原始存款，D代表存款总额，即创造出的货币，r代表法定存款准备金率（$0<r<1$），则商业银行体系能创造出的货币量的公式是：

$$D=\frac{R}{r}$$

由这一公式可以看出，商业银行能创造出来的货币量与法定存款准备金率成反比，与原始存款成正比。

（四）货币乘数

银行创造货币的机制说明中央银行发行 1 元钞票，但实际货币增加量不止 1 元。因为，在这 1 元钞票存入商业银行的情况下，还会创造出新的货币量。货币乘数就是表明中央银行发行的货币量所引起的实际货币供给量增加的倍数。中央银行发行的货币称为货币基础或高能货币，这种货币具有创造出更多货币量的能力，用 H 表示。货币供应量，即增加 1 单位高能货币所增加的货币量，用 M 表示，则货币乘数 mm 的公式为：

$$mm = \frac{M}{H}$$

假如中央银行发行了 1 单位高能货币，社会货币供给量增加了 4 单位，即货币乘数为 4。同样，根据已知的中央银行发行的高能货币与货币乘数也可以计算出货币供应量的增加额。

二、货币政策的含义和特征

（一）货币政策的含义

货币政策是指政府根据宏观经济调控目标，通过中央银行对货币供给和信用规模进行管理来调节信贷供给和利息率水平，以影响和调节宏观经济运行状况的方针、政策和措施的总称。

（二）货币政策的特点

（1）货币政策着眼于控制社会总需求的目标。货币政策通过其传导机制调节社会总需求，并间接地影响社会总需求与总供给的互动，使二者保持平衡。

（2）货币政策是一种间接的控制措施。即主要采用经济手段和法律手段，对市场行为主体的经济活动实施间接调控。只有在特定情况下，才采用必要的直接控制和管理措施。

（3）货币政策是一种较长期的经济政策，而非短期的经济政策。也就是说，货币政策的最终目标是一种长期性的政策目标，如稳定物价、实现充分就业、促进经济增长和保障国际收支平衡等。

三、两种不同学派的货币政策

（一）凯恩斯主义的货币政策

货币供应量的变动影响利率，利率的变动通过对投资和总需求的影响而影响国内生产总值。这就是凯恩斯主义货币政策的理论基础。

1. 货币政策的机制

凯恩斯主义货币政策通过对货币供给量的调节来调节利率，再通过利率的变动来影响总需求。这样，凯恩斯主义货币政策的作用机制为：

在这种货币政策中，政策的直接目标是利率，调节利率的目的是调节总需求，总需求的变动是最终的目标。

凯恩斯主义以人们的财富只有货币与债券这两种形式的假设作为货币量可以调节利率的前提。在这一假设与前提之下，债券是货币的替代物，人们在保存财富时只能在货币与债券之间做出选择。持有货币无风险也没有收益；持有债券有收益但有风险。人们在保存财富时总要使货币与债券之间保持一定的比例。如果货币供给量增加，人们就要以货币购买债券，债券的价格就会上升；反之，如果货币供给量减少，人们就要抛出债券以换取货币，债券的价格就会下降。债券价格公式为：

$$债券价格 = \frac{债券收益}{利率}$$

这说明债券价格与债券收益的大小成正比，与利率的高低成反比。因此，货币供给量增加，债券价格上升，利率下降；反之，货币供给量减少，债券价格下降，利率上升。

利率的变动影响投资，而投资又是总需求中的重要组成部分，因此，利率的变动影响总需求和国内生产总值，影响国民经济的运行与发展。

2. 货币政策工具

货币政策是中央银行借改变货币供给量以影响国民收入和利息的政策。凯恩斯主义货币政策的工具主要包括公开市场业务、再贴现政策和准备金政策。

1）公开市场业务

公开市场业务是指中央银行在金融市场上买进或卖出有价证券以调节货币供给量的政府行为。有价证券主要有国库券、其他政府债券、政府机构债务和银行承兑汇票。中央银行发现经济过冷，就买进有价证券，这实际上是发行货币，从而增加货币供给量，鼓励人们去消费、去投资以刺激经济的回升。中央银行发现经济过热，就卖出有价证券，这实际上是回笼资金，减少市场货币流通量，人们用于消费和投资的资金会相应较少，经济就会适度降温。公开市场业务能够灵活而有效地调节货币供给量，针对市场资金多余和短缺的具体时间和领域进行操作。因此，公开市场业务是中央银行经常使用的最重要的货币政策工具。这一工具最明显的优点在于中央银行掌握主动权，缺点在于它受一国国债规模、国债市场发达程度、银行体制等多重因素的影响。

2）再贴现政策

再贴现政策是指中央银行利用提高或降低贴现率来达到紧缩或扩张商业银行信贷能力的一种手段。商业银行资金不足时，可以将未到期的商业票据卖给中央银行从而取得资金，一般称之为再贴现。商业银行向中央银行进行再贴现所支付的利息率称为再贴现率。贴现期限一般比较短，为 1 ~ 14 天。贴现政策包括变动贴现率与贴现条件，其中，最主要的是变动贴现率。在经济萧条时期，中央银行降低贴现率或放松贴现条件，使商业银行得到更多的资金，这样可以增加其对客户的放款，放款的增加又可以通过创造货币的机制增加流通中的货币供给量，降低利息率。反之，当经济过热时，中央银行提高贴现率或严格贴现条件，使商业银行资金短缺，减少对客户的贷款或收回贷款，贷款的减少也可以通过银行创造货币的机制减少流通中的货币供给量，提高利息率。

再贴现率是中央银行最早运用的货币政策工具，主要是为了解决商业银行周转资金短缺的问题，而且货币当局通常只是对商业银行的短期资金缺口提供再贴现，因此，变动再贴现率在货币政策中的重要性已经大大减弱了。事实上，商业银行和其他金融机构也尽量避免使用再贴现率来解决资金缺口问题，只是将它作为紧急求援的手段，以免给人留下财务状况不良的印象。对于这种短期周转资金不足，商业银行完全可以通过同业拆借市场来弥补。经济学家普遍认为，使用再贴现率实际上并不是为了发挥再贴现政策的作用，而主要是为了发出一种市场信号，即中央银行降低再贴现率，预示着经济有可能出现萎缩趋势，政府希望引发市场的扩张行为；反之，中央银行提高再贴现率，预示着经济有可能出现高涨趋势，政府希望遏制市场过渡需求的势头。

3）准备金率

准备金率是指商业银行在其吸取的存款中，上交中央银行作为现金准备的比率。几乎所有实行中央银行制度的国家都实行了存款准备金制度。这一制度最初是为了保障商业银行的负债清偿能力，最终保障存款客户的资金安全而设立的，后来演变为中央银行控制商业银行的信用量和调节整个金融活动的政策工具。中央银行通过改变准备金率，可以影响货币供给量与利率。在商业银行的准备金率达到法定要求的情况下，中央银行降低准备金率就会使商业银行产生超额准备金。这些超额准备金可以作为贷款发放，通过银行创造货币的机制，即可增加货币供给量，降低利息率。反之，中央银行提高准备金率，使商业银行原有的准备金低于法定要求，迫使商业银行收回贷款，通过银行创造货币的机制减少货币供给量，提高利息率。

从理论上讲，变动准备金率是中央银行控制货币供给最简单、最有力的方法，但中央银行一般不轻易使用这一方法。因为变动准备金率会影响所有的金融机构，对银行扩张和收缩作用剧烈，容易导致小银行破产；如果准备金变动频繁，将使得金融机构正常贷款业务受到干扰而无所适从。

除了以上三种主要的工具外，货币政策还有几项次要的工具。①道义劝告。中央银行通过导向性的宣传，对商业银行给予指导和告诫，以取得商业银行的政策配合。这种劝告没有法律上的约束力，但往往是一种暗示，各种金融机构是否采取合作态度，可能影响其从贴现窗口得到的贷款，因而也能起一定的作用。②垫头规定。即局部控制，规定购买有价证券时必须付出的现金比例。如规定垫头为50%，则购买证券时必须拿出50%的现金。③规定利息率上限。即规定商业银行和其他金融机构对定期存款和储蓄存款的利息率的上限，又称为Q号条例。④控制分期付款条件。⑤控制抵押贷款条件。

（二）货币主义的货币政策

货币主义的货币政策属于供给管理范畴，在传递机制上与凯恩斯主义的货币政策不同。货币主义的基础理论是现代货币数量论，即认为影响国民收入和价格水平的不是利息率而是货币量。这一论点可以从以下三个方面进行说明。

1. 现代货币数量论的政策机制——货币供给量的变动影响整体价格水平

货币主义认为，人们的财富不仅仅是货币与债券，还有股票、住宅、珠宝、耐用消费品等多种形式，人们保存财富，实际上是在各种财富之间进行选择。因而，货币供给量的变动主要不是影响利息率，而是影响各种资产的相对价格。货币供给量增加，各种资产的价格就会上升，从而直接刺激生产，使国民收入增加。而各种资产价格上升，又会影响到其他物品的价格，使国民经济整体价格水平上升。

2. 利息率不应成为货币政策的目标

货币主义者反对以利息率作为货币政策的目标。他们认为，货币供给量的增加只会在短期内降低利息率，其主要影响还是提高利息率。因为，第一，货币供给量的增加会使总需求增加，总需求的增加又有两种影响：一是使货币需求量增加；二是提高了价格水平。这两种作用的结果，将使货币的实际供给量减少，利息率提高。第二，人们对通货膨胀的预期也会影响利息率。因为名义利息率应该等于实际利息率加预期的通货膨胀率。货币供给量的增加提高了预期的通货膨胀率，从而也提高了名义利息率。以上两方面说明，货币政策无法限定利息率。

3. 货币政策应以控制货币供给量为中心，制止通货膨胀，保证经济正常发展

货币主义认为，货币政策不应该是一项刺激总需求的政策，而应该是防止货币本身成为经济失调根源的政策。早期传统的货币数量论的核心论点就是：物价水平与货币数量成正比，货币价值与货币数量成反比。货币主义全盘接受并发展了早期货币数量论，主张采取控制货币数量的金融政策，即根据经济增长的需要，按一固定的比率增加货币供给量，从而制止通货膨胀，为经济的发展创造一个良好的环境，这就是人们所称的"简单规则的货币政策"。

四、货币政策的运用及其局限性

（一）货币政策的运用

中央银行运用货币政策直接控制货币供给量，其政策工具主要包括公开市场业务、改变再贴现率和法定准备金率。在不同的经济形势下，中央银行要运用不同的货币政策来调节经济，或者采取扩张性货币政策，或者采取紧缩性货币政策。具体运用见表 10－2。

表 10－2　货币政策的运用

经济发展状况	市场供需状况	货币政策类型	主要政策措施
经济萧条	总需求小于总供给	扩张性货币政策	增加货币供给量与降低利率
经济繁荣	总需求大于总该给	紧缩性货币政策	减少货币供给量与提高利率

在经济萧条时期，总需求小于总供给，政府就要运用扩张性货币政策。所谓扩张性货币政策，就是通过提高货币供给的增长速度来刺激总需求的增长。具体包括在公开市场上买进有价证券、降低贴现率并放松贴现条件、降低存款准备金率等，从而增加货币供给量，降低利息率，达到刺激总需求的目的。

在经济繁荣时期，总供给小于总需求，政府就要运用紧缩性货币政策。所谓紧缩性货币政策，就是通过降低货币供给的增长速度来使利息率上升，信用规模紧缩，从而抑制消

费和投资的增长，降低总需求水平。具体包括在公开市场上卖出有价证券、提高贴现率并严格贴现条件、提高存款准备金率等，从而减少货币供给量，提高利息率，达到抑制总需求的目的。

对货币政策的具体运用，西方各国不尽相同。20 世纪 70 年代中期后，货币主义的货币政策在美国、英国等国逐渐取代了凯恩斯主义的货币政策，但在更多的国家，至今仍以凯恩斯主义的货币政策为主流。

案例分析

2015 年期间中国人民银行 5 次降息 5 次降准应对经济下行风险

2015 年，中国经济运行遭遇到不少预期内和预期外的冲击与挑战，经济下行压力持续加大。面对错综复杂的形势，党中央、国务院坚持稳中求进的工作总基调，实施了一系列稳增长、调结构、促改革、惠民生、防风险的政策组合，期间中国人民银行一年内连续 5 次降息，5 次下调存款准备金率。具体实施过程如下：

2015 年以来，央行降息共 5 次。

3 月 1 日，金融机构一年期贷款基准利率下调 0.25 个百分点至 5.35%；一年期存款基准利率下调 0.25 个百分点至 2.5%；

5 月 11 日，金融机构一年期贷款基准利率下调 0.25 个百分点至 5.1%；一年期存款基准利率下调 0.25 个百分点至 2.25%；

6 月 28 日，金融机构一年贷款基准利率下调 0.25 个百分点至 4.85%；一年期存款基准利率下调 0.25 个百分点至 2%；其他各档次贷款及存款基准利率、个人住房公积金存贷款利率相应调整。

8 月 26 日，金融机构一年期贷款基准利率下调 0.25 个百分点至 4.6%；一年期存款基准利率下调 0.25 个百分点至 1.75%；；其他各档次贷款及存款基准利率、个人住房公积金存贷款利率相应调整。

10 月 24 日，金融机构一年期贷款基准利率下调 0.25 个百分点至 4.35%。

央行 5 次降准。

2 月 5 日，中国人民银行下调金融机构人民币存款准备金率 0.5 个百分点；

4 月 20 日，中国人民银行下调金融机构人民币存款准备金率 1 个百分点；

6 月 28 日起，对“三农”贷款占比达到空向降准标性的城市商业银行和县城农村商业银行降低存款准备金率 0.5 个百分点；对“三农”或小微卸货款达到空向降准标性的国有大型商业银行、股分制商业银行、外资银行降低存款准备金率 0.5 百分点；降低财务公司存款准备金率 3 个百分点。

9 月 6 日，中国人民银行下调金融机构人民币存款准备金率 0.5 个百分点；

10 月 24 日，下调金融机构人民币存款准备金率 0.5 个百分点。同时，对符合标准的金融机构额外降低存款准备金率 0.5 个百分点。

中国人民银行在 2015 年内，多次下调存贷款利率和存款准备金率，是为贯彻落实适度宽松的货币政策，保证银行体系流动性充分供应，促进货币信贷稳定增长，发挥货币政策在支持经济增长中的积极作用。

（二）货币政策的局限性

货币政策作为经济发达国家宏观经济政策的重要手段而被广泛使用，但其本身也存在一定的局限性。

（1）政府把握货币政策制定和执行的时机难度很大。货币政策与财政政策一样，实施的基本原则也是“逆经济风向行事”，因此要取得良好的调节效果，就必须对经济运行的状况及总体发展做出正确的判断。在现实经济生活中宏观经济指标错综复杂，一方面加大了政府判断经济形势的难度，另一方面也使人们很难选择在最合适的时机执行特定的货币政策，从而使货币政策的调节效果往往不够理想。

（2）货币政策在实际运用过程中作用有限。虽然在现实中，各国普遍使用货币政策调节经济运行，但由于各种因素的干扰，政策实施的效果往往难以达到预期目标。例如，在经济衰退时期，尽管中央银行采取扩张性措施，如降低存款准备金率和再贴现率等，增加贷款，刺激经济，但商业银行往往为了安全起见不愿冒此风险。企业则认为市场前景黯淡，预期利润率低，也不愿为增加投资而向银行借款。在通货膨胀时期，尽管中央银行采取措施提高利率，但企业会认为此时有利可图，从而置较高利率于不顾，一味增加借款。

（3）货币政策的效果可能被货币流通速度的变化所抵消。在经济繁荣时期，人们对前景预期乐观而增加支出，在物价上涨时，人们宁愿持有货物而不愿持有货币，于是货币流通速度加快，产生扩大货币供给量的效果；在经济衰退时期，政府实行扩张性货币政策，扩大货币供给量，但由于人们压缩开支，使货币流通速度放慢，产生减少货币供给量的效果。

（4）经济中不同部门对利率变动的敏感性不同。当利率因货币供给量的变化而发生变化时，对利率变动敏感的部门的投资会迅速发生变化，而对利率变动不敏感的部门的投资变动较小，这样就有可能造成产业结构的失衡。

案例分析

伯南克对美国经济的影响

伯南克2006年接替格林斯潘出任美联储主席，并在2010年2月获得总统提名而开始四年的连任。不过，伯南克并没有能像前任那样赶上美国经济大红大紫时的幸运，反而在任职不久即遭遇到了百年一遇的金融危机。

2008年因美国次贷引起的金融危机不但使百年金融老店雷曼兄弟破产，更引发了整个世界的金融风险，世界经济犹如在惊涛骇浪中一只飘摇不定的大船随时有触礁的可能。伯南克挂帅的美联储在金融海啸之中扬起了宽松货币政策的樯橹。短短15个月内，伯南克将联邦基准利率从5.25%降至0，同时大胆进行公开市场操作注入流动性。不仅如此，伯南克力谏国会通过了7 000亿美元的大规模救市计划，并在危机之后力举强化对金融机构的监管，使得号称美国历史上最严厉的金融监管法案尘埃落定。虽然这些激进的政策主张让伯南克招来了许多诟病，却让美国经济“避免了另一次大萧条”（奥巴马语）。为此，伯南克被美国《时代》周刊推选为2009年年度风云人物，美国国会在2009年也给予了伯南克19.67万美元的最高奖金。

在美国，美联储的最高领导机构是由总统任命，并得到议会批准的7位理事会成员构成，每位成员任职14年，每2年更换一位。理事会主席，即美联储主席由总统任命并得到议会批准，任期为4年。伯南克由小布什任命为美联储主席。在美国，决定货币政策的机构是联邦公开市场委员会，由美联储7位理事和12个地区联邦储备银行总裁组成（其中5位有投票权，除纽约联邦储备银行总裁外，其他4位轮流担任），这些地区联邦储备银行总裁并不是政府任命，而是选举产生。因此货币政策由美联储的联邦公开市场委员会决定，不受政府议会和政府干预。

因此，在美国甚至全世界，伯南克的一言一行都备受关注。2013年北京时间1月15日凌晨，美联储主席伯南克在密歇根大学杰拉德福特公共政策学院发表讲话。从其讲话内容看，伯南克依然相对倾向于继续维系现今的宽松政策，而这其实与市场此前的预期出入不大。受此影响美指出现小幅下滑，白银大幅上行。北京时间2013年6月20日凌晨消息，美联储发布声明后，美联储主席伯南克在新闻发布会上发表讲话，称美联储可能会从2013年晚些时候开始逐渐减少量化宽松（QE）规模，并在2014年年中的时候完全结束QE。伯南克的讲话让市场经历了剧烈波动：美国国债收益率飙升，美股大跌，三大股指均跌逾1.1%，金价创一个月新低，美元大涨，日元下跌，日经指数期货在激增后大幅回落，美国信贷市场普遍大幅跳水。

美国国债市场收益率飙升，以5年期国债收益率的急涨最为明显，激增至2011年8月以来最高水平，10年期国债收益率触及2.32%：标普500指数波动中大幅下跌，三大股指均跌逾1.1%；金价大跌，触及每盎司1 348.50美元，创一个月新低。

从上述案例来看，伯南克对美国经济乃至世界经济都有着重大影响，一方面是货币政策在美国经济中的重要性以及美国经济对世界经济的重要性；二是美联储的独立性以及决策权。

第四节 财政政策和货币政策的配合

案例导入

金融危机时美国政府的财政政策和货币政策

2008年10月3日，美国总统布什批准了《2008年紧急经济稳定法案》，推出有史以来最大规模的7 000亿美元的金融救援计划。主要内容包括：一是授权美国财政部建立受损资产处置计划（TARP），在两年有效期内分步使用7 000亿美元资金购买金融机构受损资产；二是建立受损资产处置计划后，允许财政部向金融机构受损失资产提供保险；三是成立金融稳定监督委员会和独立委员会对法案的实施进行监督；四是对接受政府援助企业的高管薪酬做出限制；五是与国外金融监管部门和中央银行合作；六是将保护纳税人利益放在重要位置；七是增加对丧失抵押品赎回权的房贷申请人的帮助。美国政府通过一系列的财政政策和货币政策组合使用最终防止了金融危机的进一步扩大。

在宏观经济调控中，财政政策和货币政策是两种基本的调控手段。但是，如前文所述，无论是财政政策还是货币政策，在对宏观经济运行调控的过程中都有其局限性。因此，要实现宏观经济政策的目标，促进经济协调发展，必须要将财政政策和货币政策协调运用。

一、财政政策和货币政策相互配合的必要性

财政政策和货币政策作为一国政府调节总需求的宏观政策，由于进行调节的方法和手段不同，对国民收入和利率作用不同，各自具有的特点和优缺点不同，这些不同决定了两种政策相互配合运用的必要性。

（一）两种政策的侧重点不同

财政政策的核心是通过变动或调整财政收支规模调节社会总需求，侧重点是进行国民经济结构性调整，其优势在于解决经济衰退和就业问题。而货币政策的核心是通过变动货币供给量，使货币供给量与需求量之间形成一定的对比关系，进而调节社会的总需求与总供给，侧重点是进行国民经济总量调控，优势在于解决通货膨胀问题。

（二）两种政策的调整机制不同

财政政策和货币政策虽然都是利用经济杠杆的间接调节手段调节企业和居民的经济行为，但是财政政策可以利用法律、行政手段等强制性付诸实施，因而可控性强，收效快；而货币政策只能采取货币政策工具进行间接调控，其效果取决于微观经济主体自愿地做出反应后才能逐步见效，因而可控性弱，收效慢。

（三）两种政策的时滞性不同

时滞性是指从政策制定和实施到收到效果之间有一个时间滞后效应。广义的时滞包括三个方面，即认识时滞、决策时滞和收效时滞。其中，认识时滞是指从经济现象发生变化到决策者对这种需要调整的变化有所认识所经过的时间，这段时间的长短，主要取决于行政部门掌握经济信息和准确预测的能力。决策时滞是指政府当局将分析结果提交立法机构审议通过所占用的时间。收效时滞是指政策正式实施到已经对经济产生影响所需要的时间。一般来说，从认识时滞看，由于只涉及经济问题的发现与对策研究，财政政策和货币政策认识时滞大体一致。从决策时滞看，由于财政政策措施要通过立法机构，经过立法程序，比较费时，因此时滞较长；相比之下，货币政策可由中央银行的公开市场业务直接影响货币数量，时滞较短。从收效时滞看，由于财政政策工具直接影响社会的有效需求，从而使经济活动发生有利的反应；而货币政策主要是影响利率水平的变化，通过利率水平变化引导经济活动的改变，不会直接影响社会有效需求，因此，财政政策的收效时滞比货币政策短。

（四）两种政策在膨胀和紧缩需求方面的作用不同

在经济生活中，有时会出现需求不足、供给过剩，有时会出现需求过旺、供给短缺。这种需求与供给失衡的原因很复杂，但从宏观经济看，主要是由财政和信贷分配引起的，

而财政与信贷在膨胀和紧缩需求方面的作用又是有区别的。财政赤字可以扩张需求，财政盈余可以紧缩需求，但财政本身并不具有直接创造需求即创造货币的能力，唯一能创造需求、创造货币的是银行存款。因此，财政的扩张和紧缩效应一定要通过信贷机制的传导才能发生。从这个意义上说，银行信贷是扩张或紧缩需求的总闸门。

正是由于财政政策和货币政策对宏观经济的调节作用不同，这就要求财政政策和货币政策必须配合使用。如果财政政策和货币政策各行其是，就必然会产生碰撞与摩擦，彼此抵消力量，从而减弱宏观调控的效应和力度，也难以实现预期的调控目标。

二、财政政策与货币政策的相机抉择

相机抉择是指一国政府根据经济的实际运行情况而采取相应的宏观经济政策。按照调节经济总量的要求，财政政策和货币政策一般分为扩张性、紧缩性和中性三种。目前，西方国家根据经济运行的实际情况，进行财政政策与货币政策的相机抉择，其典型的配合形式主要有四种：扩张性财政政策与紧缩性货币政策、紧缩性财政政策与扩张性货币政策、扩张性财政政策与扩张性货币政策、紧缩性财政政策与紧缩性货币政策。人们通常以松紧搭配来概括财政政策与货币政策的配合，即“双松”、“双紧”“一松一紧”。政府在进行调节时，根据国民经济中可能出现的总需求与总供给的态势，兼顾当前利益与长远利益，进行不同的政策组合和搭配。比较常见的有以下三种情况。

（一）扩张性财政政策与扩张性货币政策

如果经济处于严重萧条状况，则减少失业、增加收入就成为政府的当务之急。此时可以运用扩张性财政政策与扩张性货币政策的相互配合，一方面增加政府支出、减少税收，另一方面增加货币供给量，降低利率。

（二）紧缩性财政政策与紧缩性货币政策

如果经济中发生了严重的通货膨胀，则抑制通货膨胀成为政府的首要目标。此时政府可以运用紧缩性财政政策与紧缩性货币政策的相互配合，在减少政府支出与增加税收的同时减少货币供给量。这样一方面会减少总需求，另一方面又在很大程度上避免了因此而引起的利率下降，从而达到尽快消除通货膨胀的目的。

（三）松紧搭配的财政政策与货币政策

上述两种政策的配合在短时间内可以取得一定的效果，但长期实行会对经济平稳发展产生不利影响。因为，扩张性财政政策的实施会使生产能力进一步扩大，从而加深经济萧条中更为严重的生产能力过剩，加剧供求之间的矛盾。此外，扩张性货币政策带来的货币供给量的增加常常会造成通货膨胀，这对经济长期、持续的增长极为不利。而在经济过度繁荣时，中央银行通过出售国债、回笼货币，虽然有助于降低通货膨胀，但却增加了财政的利息负担，从而引发了中央银行与财政部的矛盾，中央银行的政策措施往往会因为照顾财政的“利益”而受到一定的影响。针对上述情况，各国在政策实施过程中，将扩张性财政政策与紧缩性货币政策相配合或者将扩张性货币政策与紧缩性财政政策相配合，一方面有助于刺激总需求，另一方面有助于抑制通货膨胀。在选择具体的政策措施时，首先要对经济运行状况进行测定，再根据萧条与通货膨胀的不同程度，对各项具体措施进行适当的搭配。

相机抉择的实质是灵活地运用各种政策，它包括的范围相当广泛。在运用不同的政策措施时，要根据国民经济发展的不同情况采取不同的政策工具，要对不同政策措施的时延、经济因素或非经济因素的影响进行全面的综合分析，以提高政策运用的技巧和效应。在实行相机抉择的财政政策与货币政策相配合的宏观调控方法时，政府可以根据国民经济发展的实际情况采用不同的搭配类型。具体的搭配类型及应用情况如表 10－3 所示。

表 10－3　财政政策与货币政策的搭配类型及其适用的宏观经济环境

政策类型		财政政策		
		松（扩张性）	中性	紧（紧缩性）
货币政策	松	社会总需求严重不足，商品价值实现普遍困难，生产能力和资源得不到充分利用，严重失业	社会总需求不足，供给过剩，企业投资不足，主要的经济比例结构没有大问题	社会总需求与总供给大体平衡，但公共消费偏旺而投资不足，生产能力和资源方面有增产潜力
	中性	社会总需求略显不足，供给过剩，经济结构有问题，主要是公共消费不足，公共事业及基础设施落后	社会总供给与总需求基本平衡，社会经济比例结构也基本合理，社会经济发展健康，速度适中	社会总需求大于社会总供给，经济的比例结构无大问题，财政支出规模过大，非生产性积累与消费偏高
	紧	社会总供给与总需求大体平衡，公共事业、基础设施落后，生产力布局不合理	社会总需求过大，有效供给不足，经济效益较差，已出现通货膨胀，但财政在保障社会公共需求上正常	社会总需求大大超过社会总供给，发生了严重的通货膨胀

案例分析

调结构、稳增长——2015 年中国宏观经济政策重大调整

2015 年，中国经济经历了巨大的考验，国内经济增速下行，上证指数近乎腰斩，国际大宗商品价格接近历史低位，发达国家经济复苏缓慢，美国预期加息引起的汇率波动资本外逃，面对错综复杂的国内外形势，一年来，中国政府坚持实施积极的财政政策和稳健的货币政策，更加注重预调微调，更加注重定向调控，用增量，盘存量，重点支持薄弱环节。用微观活力支撑宏观稳定，以供给创新带动需求扩大，以结构调整促进总量平衡，确保了经济全年运行在合理区间。

国企改革关键之年

“国企改革”成为贯穿 2015 年的高频词，中央全面深化改革领导小组召开了 11 次会议，有 6 次研究国企改革。设计图、指导意见紧锣密鼓地提出，内容涵盖了国企发展的诸

多领域。这不仅意味着改革阶段的递进，当然也标志着改革阵痛时刻的迫近。2015年两会期间，李克强总理报告表明有序推进混合所有制。

9月13日，中共中央、国务院印发的《关于深化国有企业改革的指导意见》公布，从《指导意见》来看，分类是为了让国有企业与市场的深度融合点，走向市场，让活力迸发；完善现代企业制度是为了打造充满生机活力的市场主体，完善企业市场化经营机制，激发企业的内在活力；发展混合所有制经济，是引入各类资本的外在活力；推动国有资本合理流动优化配置，是清理堵塞，是造就新的活力，让"营"这一目标得以实现。

在央企重组喧嚣了一年之后，进入12月份突然发力。仅短短10天就有3起重组，涉及6家央企近万亿资产。2015年重组的央企已达10家，为近5年来之最。

金融改革发力之年

2015年，我国金融大事不断，金融改革措施逐步落实，改革步伐不断加快，3月31日，国务院公布《存款保险条例》。《条例》规定，存款保险实行限额偿付，最高偿付限额为人民币50万元。据央行测算，这一标准可以覆盖99.63%存款人的全部存款。4月12日，国务院表示批复同意国家开发银行、中国进出口银行、中国农业发展银行的改革实施方案。方案明确了3家政策性银行的功能定位，并要求其建立和强化资本约束机制。其中，国家开发银行明确坚持开发性金融机构定位，中国进出口银行则要强化政策性职能定位，中国农业发展银行以政策性业务为主体，建设成为具备可持续发展能力的农业政策性银行。

7月18日，央行等十部委联合印发了《关于促进互联网金融健康发展的指导意见》，互联网金融行业从此进入有法可依、规范发展的新阶段。10月29日，中国人民银行等部门发布《进一步推进中国（上海）自由贸易试验区金融开放创新试点加快上海国际金融中心建设方案》。《方案》共有40项举措，既包括对现有内容的深化，也推出了新的改革举措，被普遍视为"新阶段深化上海自贸试验区和上海国际金融中心建设的纲领性文件"。

12月11日，人民银行等部委发布《浙江省台州市小微企业金融服务改革创新试验区总体方案》和《吉林省农村金融综合改革试验方案》。同日，人民银行发布关于金融支持广东、天津、福建自由贸易试验区建设的指导意见，分别以深化粤港澳合作、发展融资租赁、推进两岸金融合作为重点，在扩大人民币跨境使用、资本项目可兑换、跨境投融资等方面开展金融开放创新试点。

农业改革创新之年

2015年2月1日中央一号文件《关于加大改革创新力度加快农业现代化建设的若干意见》围绕促进农民增收，加大惠农政策力度。围绕城乡发展一体化，深入推进新农村建设围绕增添农村发展活力，全面深化农村改革。围绕做好"三农"工作，加强农村法制建设。

2015年3月23日国务院发文《关于深化供销合作社综合改革的决定》推动供销合作社由流通服务向全程农业社会化服务延伸、向全方位城乡社区服务拓展，加快形成综合性、规模化、可持续的为农服务体系，在农资供应、农产品流通、农村服务等重点领域和环节为农民提供便利实惠、安全优质的服务。

2015年5月22日财政部、农业部发文《关于调整完善农业三项补贴政策的指导意见》一是在全国范围内调整20%的农资综合补贴资金用于支持粮食适度规模经营。二是选择部分地区开展农业“三项补贴”改革试点。试点的主要内容是将农业“三项补贴”合并为“农业支持保护补贴”，政策目标调整为支持耕地地力保护和粮食适度规模经营。

2015年11月2日到2020年，农村各类所有制经济尤其是农村集体资产所有权、农户土地承包经营权和农民财产权的保护制度更加完善，新型农业经营体系、农业支持保护体系、农业社会化服务体系、农业科技创新体系、适合农业农村特点的农村金融体系更加健全，城乡经济社会发展一体化体制机制基本建立，农村社会治理体系和农村基层组织制度更加完善，农民民主权利得到更好保障，农业农村法律法规进一步完善并加强，农村基层法治水平进一步提高，农业现代化水平和农民生活水平进一步提升，农村经济社会发展更具活力。

民生改革火热之年

养老新政养老金“双轨制”成为历史。今年1月，国务院发布《关于机关事业单位工作人员养老保险制度改革的决定》，多年来的养老金双轨制正式废除。根据决定，单位缴纳基本养老保险费的比例为本单位工资总额的20%，个人缴纳基本养老保险费的比例为本人缴费工资的8%，由单位代扣。8月，国务院印发《基本养老保险基金投资管理办法》，养老金可以投资股票、股票基金、混合基金、股票型养老金产品，这类投资资金所占比例上限最高可达基金资产净值的30%。同时，国有重点企业改制、上市，养老基金可以进行股权投资。

2015年9月分级诊疗医改进入新阶段，国务院办公厅印发《关于推进分级诊疗制度建设的指导意见》，部署分级诊疗制度建设，按照疾病的轻重缓急及治疗的难易程度进行分级，不同级别的医疗机构承担不同疾病的治疗，从而提高医疗卫生资源的利用效率和效益，形成科学有序就医格局，进一步缓解看病难的问题。据统计，目前已有28个省份、1 000多个县市区开展了分级诊疗试点。

2015年10月出租车改革专车合法化并纳入监管，《网络预约出租汽车经营服务管理暂行办法》（征求意见稿）和《关于深化改革进一步推进出租汽车行业健康发展的指导意见》（征求意见稿）出台，针对网约“专车”、出租车的“份子钱”、牌照、定价等公众关切的焦点问题提出了改革方向。

户籍改革沪粤等大城市实行积分落户，“十三五”规划建议提出，深化户籍制度改革，促进有能力在城镇稳定就业和生活的农业转移人口举家进城落户，并与城镇居民有同等权利和义务。实施居住证制度，努力实现基本公共服务常住人口全覆盖。今年12月10日，《北京市积分落户管理办法（征求意见稿）》发布，对居住证持证人申请落户的条件进行量化。目前北京、上海、广州、天津等一线城市均实施积分落户制度，为推进户籍制度改革打下关键的基础。12月12日，国务院正式公布《居住证暂行条例》，提出在全国建立居住证制度，推进城镇基本公共服务和便利向常住人口全覆盖，明确了居住证持有人通过积分落户的通道。

全面“二孩”积极应对人口老龄化。今年10月，党的十八届五中全会公报指出：促进人口均衡发展，坚持计划生育的基本国策，完善人口发展战略，全面实施一对夫妇可生育两个孩子政策，积极开展应对人口老龄化行动。我国计划生育政策通过不断调整和完善，适应人口结构发展变化

保障房改革，公租房将扩大到非户籍人口。2015年中央经济工作会议指出，要明确深化住房制度改革方向，以满足新市民住房需求为主要出发点，以建立购租并举的住房制度为主要方向，把公租房扩大到非户籍人口。据统计，2015年，全国城镇保障性安居工程计划新开工740万套（其中各类棚改580万套），基本建成480万套。今年1至10月，全国城镇保障性安居工程已开工747万套，基本建成688万套，均超额完成年度目标任务。

本章知识小结

- 宏观经济政策是指国家或政府为了纠正市场失灵，有意识、有计划地运用一定的政策工具，调节与控制社会总需求与总供给，以达到一定的宏观经济调控目标所实施的一系列方针、行为规则和措施的总称。
- 政府的宏观经济政策的目标主要包括四个方面，即充分就业、物价稳定、经济增长和国际收支平衡。
- 财政政策是指国家根据所确定的宏观经济目标，通过财政收入和财政支出的变动调节社会需求，进而影响宏观经济运行过程与结果的基本准则和措施的总和。
- 财政政策的运用：在经济萧条时期，总需求小于总供给，经济中存在失业，政府要通过扩张性的财政政策来刺激总需求，以实现充分就业；在经济繁荣时期，总需求大于总供给，经济中存在通货膨胀，政府则要通过紧缩性的财政政策来抑制总需求，以实现物价稳定。
- 货币政策是指政府根据宏观经济调控目标，通过中央银行对货币供给和信用规模进行管理来调节信贷供给和利息率水平，以影响和调节宏观经济运行状况的方针、政策和措施的总称。
- 货币政策的运用：在经济萧条时期，总需求小于总供给，为了刺激总需求，政府要运用扩张性货币政策，如增加货币供给量，降低利率，刺激总需求；在经济繁荣时期，总需求大于总供给，为了抑制总需求，政府要运用紧缩性货币政策，如减少货币供给量，提高利率，抑制总需求。
- 相机抉择是指一国政府根据经济的实际运行情况而采取相应的宏观经济政策。

练 习 题

一、名词解释

1．宏观经济政策　2．财政政策　3．货币政策　4．挤出效应　5．相机抉择

二、单项选择题

1. 当经济中存在失业时，政府应采取的财政政策工具是（　　）。
   A. 增加政府支出　　B. 提高个人所得税
   C. 提高公司所得税　　D. 增加货币发行量
2. 当经济中存在通货膨胀时，政府应采取的财政政策工具是（　　）。
   A. 增加政府支出和减少税收　　B. 减少政府支出和减少税收
   C. 减少政府支出和增加税收　　D. 增加政府支出和增加税收
3. 政府把个人所得税从20%降到15%，这是（　　）。
   A. 内在稳定器的作用　　B. 一项财政收入政策
   C. 一项财政支出政策　　D. 一项公共政策
4. 下列因素中，不是经济中内在稳定器的是（　　）。
   A. 政府投资　　B. 个人所得税
   C. 社会保证金和失业保险　　D. 农产品支持价格
5. 要实施扩张性财政政策，可采取的措施是（　　）。
   A. 提高税率　　B. 减少政府购买
   C. 增加政府转移支付　　D. 降低再贴现率
6. 财政政策的挤出效应存在的最重要原因就是政府支出增加引起（　　）。
   A. 利率上升　　B. 利率下降
   C. 利率为零　　D. 利率为负数
7. 中央银行最常用的政策工具是（　　）。
   A. 法定存款准备金率　　B. 公开市场业务
   C. 再贴现率　　D. 道义劝告
8. 公开市场业务是指（　　）。
   A. 商业银行的信贷活动　　B. 中央银行增减对商业银行的贷款
   C. 中央银行买卖政府债券的活动　　D. 中央银行增减货币发行量
9. 中央银行提高再贴现率会导致货币供给量的（　　）。
   A. 增加和利率提高　　B. 减少和利率提高
   C. 增加和利率降低　　D. 减少和利率降低
10. 要实施扩张性货币政策，中央银行可采取的措施是（　　）。
   A. 卖出国债　　B. 提高准备金率
   C. 降低再贴现率　　D. 减少货币供应

三、多项选择题

1. 下列属于财政支出的政策工具的是（　　）。
   A. 税收　　B. 政府投资　　C. 政府购买　　D. 转移支付
2. 扩张性财政政策包括（　　）。
   A. 增加政府支出　　B. 减少政府支出

C. 增加税收　　D. 减少税收

3. 下列属于内在稳定器的是（　　）。

A. 政府购买　　B. 税收

C. 政府公共工程支付　　D. 政府转移支出

4. 经济萧条时期，政府应该（　　）。

A. 增加政府购买支出　　B. 减少政府财政支出

C. 增加税收　　D. 减少税收

5. 西方国家的财政政策主要包括（　　）。

A. 财政收入政策　　B. 财政支出政策

C. 货币金融政策　　D. 财政赤字政策

6. 实行赤字财政政策可以（　　）。

A. 在短期内刺激经济增长　　B. 在长期内刺激经济增长

C. 在经济萧条时使经济走出衰退　　D. 使经济持久繁荣

7. 下列属于货币职能的有（　　）。

A. 支付手段　　B. 流通手段　　C. 贮藏手段　　D. 世界货币

8. 凯恩斯货币理论认为，人们对货币需求的类型主要包括（　　）。

A. 交易需求　　B. 消费需求　　C. 预防需求　　D. 投机需求

9. 凯恩斯货币政策的主要工具有（　　）。

A. 公开市场业务　　B. 再贴现率

C. 法定准备金率　　D. 税率

10. 依据凯恩斯货币理论，当经济不景气时，政府应该（　　）。

A. 在公开市场上买进有价证券　　B. 提高再贴现率

C. 降低再贴现率　　D. 放松贴现条件

四、判断题

1. 内在稳定器是政府酌情使用的一种财政政策。（　　）
2. 作为财政政策手段的政府购买支出和税收，它们对国民收入的调节作用是数量上的增减变化。（　　）
3. 经济萧条时期扩大政府支出没有“挤出效应”，繁荣时期扩大政府支出有“挤出效应”。（　　）
4. 在其他条件不变的情况下，增加公债的负担在通货膨胀时期比经济萧条时期更重要。（　　）
5. 财政政策的挤出效应是指政府支出增加引起的私人支出减少。（　　）
6. 当收入增加时，人们购买增加，货币交易需求也将增加。（　　）
7. 中央银行是银行的银行，在必要时对企业发放贷款。（　　）
8. 提高存款准备金率是为了增加银行的贷款量。（　　）
9. 货币政策和财政政策都是由政府制定，用以调节经济。（　　）
10. 凯恩斯主义货币政策和货币主义货币政策的作用机制是一样的。（　　）

五、计算题

假定某银行吸收存款 100 万元，按规定要留存准备金 15 万元，请问：

（1）存款准备金率是多少？

（2）商业银行能创造出多少货币？

六、分析问答题

1. 宏观经济政策的目标有哪些？
2. 西方经济的需求管理政策主要包括哪些？
3. 财政政策的主要内容是什么？
4. 货币政策的主要工具是什么？
5. 在经济萧条时期和经济繁荣时期如何运用不同的财政政策与不同的货币政策？

参 考 文 献

[1] 保罗·萨谬尔森，威廉·诺德豪斯. 经济学［M］. 16 版. 萧琛，等，译. 北京：华夏出版社，1999.

[2] N 格里高利·曼昆. 经济学原理（上、下）［M］. 梁小民，译. 北京：机械工业出版社，2003.

[3] 约瑟夫·E 斯蒂格利茨，卡尔·E. 经济学（上、下）［M］. 3 版. 黄隆峰，张帆，译. 北京：中国人民大学出版社，2002.

[4] 高鸿业. 西方经济学［M］. 6 版. 北京：中国人民大学出版社，2014.

[5] 厉以宁. 西方经济学［M］. 北京：高等教育出版社，2003.

[6] 梁小民. 西方经济学基础教程［M］. 3 版. 北京：北京大学出版社，2014.

[7] 宋承先沃尔什. 现代西方经济学（宏观经济学）［M］. 上海：复旦大学出版社，2004.

[8] 尹伯成. 西方经济学简明教程［M］. 4 版. 上海. 上海人民出版社，2003.

[9] 刘文波，龚谊承. 西方经济学［M］. 北京：清华大学出版社，2015.

[10] 黎诣远. 西方经济学［M］. 北京：高等教育出版社，2007.

[11] 吴易风，刘凤良，吴汉洪. 西方经济学［M］. 北京：中国人民大学出版社，1999.

[12] 缪代文. 西方经济学［M］. 北京：中国人民大学出版社，2011.

[13] 梁小民. 西方经济学导论［M］. 4 版. 北京：北京大学出版社，2014.

[14] 孙烨. 西方经济学［M］. 北京：清华大学出版社，2014.

[15] 刘辉煌. 西方经济学［M］. 北京：中国人民大学出版社，2014.